COMITÉ EUROPÉEN DE DROIT RURAL
EUROPEAN COUNCIL FOR AGRICULTURAL LAW
EUROPÄISCHES KOMITEE FÜR AGRARRECHT

SCHRIFTEN ZUM AGRAR-, UMWELT- UND VERBRAUCHERSCHUTZRECHT

Edited by / publiée par / herausgegeben vom
Institut für Landwirtschaftsrecht, Universität Göttingen

Volume 75

European Council for Agricultural Law/Comité Européen de Droit Rural/Europäisches Komitee für Agrarrecht

edited by Prof. Dr. Roland Norer, General Delegate in the name of European Council for Agricultural Law

CAP Reform: Market Organisation and Rural Areas

Legal Framework and Implementation

XXVIII European Congress and Colloquium of Agricultural Law, Potsdam, 9-13 september 2015

XXVIIIe Congrès et Colloque Européen de Droit Rural, Potsdam, 9-13 septembre 2015

XXVIII. Europäischer Agrarrechtskongress mit Kolloquium, Potsdam, 9-13 September 2015

Nomos

Die Bände 1 – 52 sowie die Jahrbücher Band I – VI
sind erschienen bei Carl Heymanns Verlag KG, Köln

Die Deutsche Nationalbibliothek verzeichnet diese Publikation in der Deutschen Nationalbibliografie; detaillierte bibliografische Daten sind im Internet über http://dnb.d-nb.de abrufbar.

The Deutsche Nationalbibliothek lists this publication in the Deutsche Nationalbibliografie; detailed bibliographic data are available on the Internet at http://dnb.d-nb.de

ISBN 978-3-8487-2834-3 (Print)
978-3-8452-7439-3 (ePDF)

British Library Cataloguing-in-Publication Data
A catalogue record for this book is available from the British Library.

ISBN 978-3-8487-2834-3 (Print)
978-3-8452-7439-3 (ePDF)

Library of Congress Cataloging-in-Publication Data
CEDR
CAP Reform : Market Organisation and Rural Areas
Legal Framework and Implementation
CEDR (ed.)
558 p.
Includes bibliographic references and index.

ISBN 978-3-8487-2834-3 (Print)
978-3-8452-7439-3 (ePDF)

1. Auflage 2017

This publication is funded by the Federal Ministry of Food and Agriculture (BMEL), Bonn, by the Deutsche Gesellschaft für Agrarrecht (DGAR), Frankfurt am Main, and by the Landwirtschaftliche Rentenbank, Frankfurt a.M.

Cette publication a été financée par le ministère fédéral de l'alimentation et de l'agriculture (BMEL), Bonn, la Deutsche Gesellschaft für Agrarrecht (DGAR), Frankfurt a.M., et la Landwirtschaftliche Rentenbank, Frankfurt a.M.

Diese Veröffentlichung wurde gefördert mit Mitteln des Bundesministeriums für Ernährung und Landwirtschaft (BMEL), Bonn, der Deutschen Gesellschaft für Agrarecht (DGAR), Frankfurt a.M., und der Landwirtschaftlichen Rentenbank, Frankfurt a.M.

Gefördert durch:

Bundesministerium
für Ernährung
und Landwirtschaft

aufgrund eines Beschlusses
des Deutschen Bundestages

DGAR
Deutsche Gesellschaft
für Agrarrecht

rentenbank

Contenu - Content - Inhalt

V. Rapport de Synthese – Synthesis Report – Synthesebericht

VI. Rapports Nationaux – National Reports – Landesberichte

I.
Session d’ouverture – Opening – Eröffnung

Preface

Prof. Dr. Roland Norer
General Delegate CEDR
University of Lucerne

The XXVIII European Congress and Colloquium of Agricultural Law, held in Potsdam from 9 to 13 september 2015, were organized by the European Council for Rural Law (Comité Européen de Droit Rural; C.E.D.R.) in co-operation with the German Association for Agricultural Law (DGAR) and the University of Potsdam.

The overlapping theme of the congress was "CAP-REFORM: MARKET ORGANISATION AND RURAL AREAS. LEGAL FRAMEWORK AND IMPLEMENTATION". The academic work was developed in three separate commissions, national reports provided background information for the discussions within the commissions. All three commissions terminated their academic activities by drawing conclusions and extending recommendations to the competent authorities of the European Union, member and non-member states and international organisations.

The topic for commission I was "MARKET ORGANISATION: LEGAL FRAMEWORK AND IMPLEMENTATION". This commission dealt with a series of questions such as: revised First Pillar, direct payments (including active farmer, capping, basic payment, "greening", cross compliance, integrated system, transparency), intervention and private storage, external trade or quota systems.

Commission II chose the topic "RURAL AREAS: LEGAL FRAMEWORK AND IMPLEMENTATION". This commission dealt, among others, with the following questions: revised Second Pillar (including the legal framework at EU level as well as national programmes), with particular reference to transfers of property, agricultural lease, infrastructure, regional policy and agricultural structural measures.

Commission III tackled the topic "SIGNIFICANT CURRENT DEVELOPMENTS IN RURAL LAW". It dealt with questions such as genetic modification, patentability of genetically modified animals and plants, legislation concerning plant varieties and seeds, zootechnical legislation, food security, climate change or TTIP.

This publication contains the following parts:

- the opening speeches of Prof. Dr. Dieter *Schweizer*, President of the C.E.D.R., Prof. Dr. Matthias *Dombert*, 1. chairman of the German Association for Agricultural Law (DGAR), Christian *Schmidt*, Minister of the Federal Ministry of Food and Agriculture, Czesław Adam *Siekierski*, Chair of the Committee on Agriculture and Rural Development of the European Parliament and Prof. Dr. Rudolf *Mögele*, Deputy Director-General DG AGRI;
- the scientific introduction by Prof. Dr. Joseph A. *McMahon*, University College Dublin;
- the questionnaires and the general reports of the three commissions, written by Prof. Dr. José *Martinez*, University of Göttingen (commission I), Ass. Prof. Dr. János Ede *Szilágyi*, PhD, University of Miskolc (commission II) and Prof. Dr. Alessandra *Di Lauro*, University of Pisa, and Dr. Luc *Bodiguel*, CNRS, University of Nantes (both commission III);
- the synthesis report of the Delegate General of the C.E.D.R., Prof. Dr. Roland *Norer*, University of Lucerne;
- the conclusions and recommendations of the three commissions and
- the summaries of the national and individual reports to the three commissions.

In the spirit of the tradition of the C.E.D.R. I would like to thank the German Association for Agricultural Law (DGAR) for the successful organisation of the congress. Participation here in Potsdam has been a unique experience for all participants.

Scientific work has been challenging and ambitious. The general reporters of the commissions and the presidents directed it efficiently and productively. Them as well as all national and individual *rapporteurs* deserves more than a big thank for the excellent contributions to this inspiring XXVIII European Congress and Colloquium of Agricultural Law.

Prof. Dr. Dieter Schweizer
Président CEDR

Monsieur le Ministre Schmidt - merci encore d'avoir accepté de parrainer ce congrès
Monsieur le Ministre-président Woidke,
Monsieur le Professeur Dombert,
Monsieur le Doyen Lettl,
Monsieur le Président de la commission de l'agriculture et du développement rural du Parlement européen Siekierski,
Monsieur le Président de la commission agricole du Bundestag, Gerig, cher Alois,
Monsieur le Directeur général adjoint, Mögele, cher Rudolf,
Monsieur le Directeur général Beger, cher Gunter,
Mesdames et Messieurs les députés du Bundestag et des parlements des Länder,
Mesdames et Messieurs les représentants de l'Union européenne,
Mesdames et Messieurs les scientifiques,
Mesdames et Messieurs les juristes,

En tant que président du Comité Européen de Droit Rural, j'ai l'honneur et le grand plaisir de vous souhaiter la bienvenue à l'occasion du 28e Congrès de droit rural du Comité Européen de Droit Rural (CEDR) ici à Potsdam.

Le dernier Congrès européen de droit rural a eu lieu à l'Université de Lucerne en 2013. Nous gardons tous de bons souvenirs de cet évènement réussi. Le dernier Congrès de droit rural organisé en Allemagne a eu lieu à l'Université de Bonn en 1997.

Nous sommes réunis ici pour discuter du droit rural ainsi que du droit de l'espace rural, c'est à dire de la conception et de la mise en œuvre de ce domaine de droit, à savoir

- du **cadre juridique régissant les exploitations agricoles et forestières**
- des **conditions de vie des populations rurales** en particulier des **conditions de vie des agriculteurs** et finalement
- du droit des **consommateurs**.

L'intérêt porté à notre Congrès est énorme. Les participants au Congrès de cette année proviennent de virtuellement tous les continents, de l'Europe, de l'Amérique du Nord et du Sud, de l'Afrique et de l'Asie. Certains parmi eux ont même dû faire le tour du monde pour venir à Lucerne (par exemple à partir du Brésil ou du Mozambique).

Ce vif intérêt démontre que le Congrès européen de droit rural est le noyau central du droit rural européen ainsi que du Comité Européen de Droit Rural.

C'est ici que des idées naissent !

C'est ici que la cadence est imposée !

C'est à partir d'ici que partent les impulsions !

C'est ici que les contacts sont noués !

C'est ici que des réseaux s'établissent!

Au cours des deux dernières années, nous avons recensé un grand nombre de personnes intéressées provenant d'Amérique du Sud et d'Afrique et souhaitant adhérer au CEDR. Le Comité de Direction du Comité Européen de Droit Rural a étendu la possibilité d'affiliation loin au-delà des frontières européennes.

D'où le plaisir d'avoir parmi nous non seulement des participants au Congrès mais aussi des **membres** du CEDR venant des quatre continents susmentionnés.

Au fond, le droit rural ainsi que le droit de l'espace rural constituent des domaines juridiques fascinants de grande importance macroéconomique et sociale.

Quasiment tous les jours, la politique agricole, mise en œuvre dans les États par le droit rural, se trouve au cœur même de la société. Des millions de personnes portent un intérêt à

- la sécurité alimentaire
- la promotion des structures et des exploitations pertinentes
- la protection et l'éthique des animaux

- la sécurisation de la santé et la qualité des produits alimentaires
- la sécurisation et la conception du commerce de denrées alimentaires
- la création et la préservation de l'espace naturel
- la préservation des ressources naturelles
- la protection de l'environnement
- la question du changement climatique
- la protection des sols

Suite à l'ère paléolithique, période dominé par la culture des chasseurs-cueilleurs, 18.000 avant Jésus Christ, les premières populations de chasseurs-cueilleurs changèrent de style de vie pour devenir des sociétés sédentaires vivant de l'agriculture et de l'élevage. Ce nouveau style de vie nécessitait une réglementation – peut-être pas aussi vaste que de nos temps – mais le droit rural était né.

Ainsi, le Code de Hammurabi (18.000 avant Jésus Christ) le plus ancien recueil de lois de l'ancien monde comporte déjà

- des règles régissant la production de vin et de bière
- des règles régissant la gestion et la location des terres
- des règles régissant l'utilisation et la sauvegarde des ressources naturelles, en particulier de l'eau, des pâturages et des forêts (incroyable, à quel point le droit rural était déjà « durable » à l'époque!).

Pendant de nombreux siècles, jusqu'à nos jours, le droit foncier, le droit de bail à ferme, le droit successoral agricole et le droit de la société coopérative étaient les thèmes déterminants. Durant des milliers d'années, le droit rural avait été élaboré par les régions ou les États nationaux. Cependant, avec la création de la Communauté économique européenne en 1957, la compétence législative concernant le droit rural fut transférée en grande partie à l'État national à la Confédération de l'Union européenne. Il apparait, que le ministre français de l'agriculture de l'époque, Pierre de Felice, avait tout de suite reconnu le sort qui attendait l'agriculture et l'espace rural, car quelques mois plus tard seulement, cette même année, il initia la création du Comité Européen de Droit Rural dont le siège est situé à Paris.

Au niveau européen, le droit rural a très bien prospéré et comprend aujourd'hui environ 40.000 pages.

Cette année, nous devons pour la première fois intégralement transposer la réforme actuelle de la politique agricole commune dans les États membres. Voilà pourquoi, au sein de la **Commission I**, nous abordons les questions de la réforme des organisations communes de marché et des paiements directs. La discussion portera sur les questions de l'acceptation sociale des instruments de régulation du marché, des incidences sur la structure des revenus, de la définition de l'exploitant agricole actif, des possibilités quant à la dégressivité, du couplage, du régime des petits exploitants agricoles ainsi que du transfert de fonds du premier vers le deuxième pilier. 12 rapports nationaux ont été rédigés pour la Commission I.

17 rapports ont été présentés au sein de la **Commission II**. Celle-ci est divisée en deux parties. La première partie traite du deuxième pilier de la politique agricole commune, à savoir du développement rural, du développement structurel des exploitations agricoles, des entreprises de transformation et de commercialisation, de la diversification, de la rénovation des villages, des jeunes agriculteurs et du rôle des femmes dans les zones rurales.

Des scientifiques, des praticiens, des avocats, des juges ainsi que des experts des ministères et de l'administration examineront en droit comparé la mise en œuvre de la réforme de la PAC dans les États membres afin d'identifier les forces et les faiblesses ainsi que les améliorations possibles et d'apporter si possible une contribution à la réduction des charges administratives et à une meilleure mise en œuvre. La participation des scientifiques et des praticiens issus de pays non membre de l'UE sera une inspiration et apportera une note particulière aux discussions.

En venant à la deuxième partie de la Commission II, nous quittons le domaine de la mise en œuvre de la PAC pour arriver aux questions de l'achat transfrontalier et non agricole de surfaces agricoles. Seront étudiées les dispositions des législations nationales concernant les propriétaires fonciers, les exploitants des sols, les transactions effectuées par les « hommes de paille » ainsi que les droits de gage immobilier.

La **Commission III** traitera les défis actuels de la législation agricole et se penchera sur les grandes évolutions du droit de l'espace rural des deux dernières années, le Partenariat transatlantique de commerce et d'investissement (TTIP), le changement climatique, la protection des surfaces agricoles (Année internationale des sols), les propositions de l'UE concernant la législation zootechnique et la brevetabilité des animaux. Dans ce domaine, 20 rapports nationaux ont été reçus.

Le droit rural et le droit de l'espace rural définissent les conditions-cadre du développement des zones rurales. Cela signifie : amélioration de la sécurité alimentaire, emplois, création de valeur, amélioration du niveau de vie. Par conséquent, les Congrès européens de droit rural ainsi que le Comité Européen de Droit Rural sont devenus très intéressants pour les pays en développement. Pour le Congrès de cette année, nous misons activement sur ce développement. Au nom du Ministre fédéral de la Coopération économique et du Développement, Dr. Gerd Müller, le Directeur général Dr. Beger tiendra un discours d'introduction au sein de la Commission III sur le thème du rôle du droit rural pour le développement de l'agriculture et de l'espace rural dans les pays en développement.

Je suis persuadé que tous ces sujets d'actualité importants susciteront un grand intérêt.

Je profite de l'ouverture du Congrès pour vous annoncer la publication de la première édition d'un journal CEDR.

Vous le trouverez parmi vos documents de participation. La parution de ce journal nous a permis de répondre à un souhait caressé de longue date, à savoir de dédier au domaine d'action du CEDR sa propre revue juridique internationale.

Cette revue sera alimentée par d'éminents juristes de la Commission européenne, de la Cour européenne, des ministères, du parquet, du magistrat ainsi que du monde scientifique d'Europe et d'Amérique du Nord et du Sud. Il est également prévu de mettre au service des sociétés nationales de droit rural ce journal CEDR sous forme de magazine électronique avec des informations actuelles.

Même si normalement nous saluons le déroulement de nos Congrès dans le cadre de notre cérémonie de clôture, je tiens d'ores et déjà à remercier cordialement M. Roland Norer pour la préparation scientifique de ce Congrès et tout particulièrement pour avoir mis sur pied notre première revue.

Aujourd'hui déjà, je tiens également à remercier la Société allemande de droit rural à laquelle nous devons l'organisation parfaite de ce Congrès européen de droit rural dans ce cadre fastueux. Mes remerciements s'adressent en particulier au premier président, le professeur Dombert et au trésorier, M. Jens Kollmann, juriste d'entreprise auprès de la Landwirtschaftliche Rentenbank, l'institution centrale allemande de refinancement pour l'agriculture et l'alimentation, ainsi qu'à tous leurs collaborateurs.

Je me réjouis de pouvoir annoncer aux accompagnateurs un superbe programme d'activités dans la belle ville de Potsdam avec une visite du château de Sanssouci et une excursion en bateau vendredi soir.

Les excursions techniques couvrent des sujets de la plus grande actualité. Ainsi, une excursion vous permettra de visiter l'Institut d'Etudes et d'Essais pour l'élevage et les détenteurs d'animaux à Gross-Kreutz qui traite des sujets du bien-être animal, de la robustesse et de la performance de vie ainsi que de l'impact de la détention d'animaux de rente sur l'environnement.

Dans le cadre de l'autre excursion, également de grande actualité, vous visiterez une laiterie biologique dont le lait provient d'exploitations biologiques et qui paie un prix d'au moins 45,5 cents par litre.

Nous nous réjouissons de compter plus de 200 personnes provenant de 30 pays qui participent à notre Congrès. Parmi les participants je salue de nombreux jeunes juristes. Ce Congrès offre un excellent cadre pour le développement prospère du droit rural et du Comité Européen de Droit Rural, mais aussi pour les rencontres et les amitiés. Saisissons cette chance qui nous est offerte pendant les jours à venir.

Je souhaite à tous les participants de ce Congrès ainsi qu'à nous tous des échanges scientifiques fructueux reposant sur une approche pratique ainsi que des précieuses impulsions et au droit rural international un développement prospère pour le bien de l'agriculture, des espaces ruraux et de tous ceux qui y vivent.

Je déclare ouvert le 28e Congrès européen de droit rural.

Opening Adress

Prof. Dr. Dieter Schweizer
President of the CEDR

Federal Minister Schmidt – thank you again for assuming the patronage,
Minister-President Woidke,
Professor Dombert,
Dean Professor Lettl,
Chair of the Committee on Agriculture and Rural Development of the European Parliament, Mr Siekierski,
Chair of the Agricultural Committee in the German Bundestag Gerig, dear Alois,
Deputy Director General Dr Mögele, dear Rudolf,
Director-General Dr Beger, dear Gunter,
Members of the German Bundestag and of the Länder parliaments,
Representatives of the European Union,
Esteemed researchers,
Dear legal experts,

In my capacity as President, it is a great honour and pleasure for me to welcome you here in Potsdam at the 28th European Congress of Rural Law of the European Council for Rural Law (CEDR).

The last European Congress of Rural Law was held in 2013 at the University of Lucerne. We still have fond memories of this successful event. In Germany, the last European Congress of Rural Law was held at the University of Bonn in 1997.

We are meeting here to discuss agricultural and rural law, in particular the application and shaping of this legal area and thereby

- the **legal framework for agricultural and forestry businesses**,
- the **living conditions** of people in rural areas, especially of **farmers**, and last but not least
- the rights of **consumers**.

This event has attracted a great deal of interest. Participants of this year's congress have come from all parts of the world, including Europe, North and South America, Africa and Asia. Some participants have even travelled around the world, coming from Brazil or Mozambique.

This interest shows that the European Congress of Rural Law is a key pillar of European agricultural law and the European Council for Rural Law!

You develop ideas!

You set the pace!

You give fresh momentum!

You establish new contacts!

You develop networks!

In particular over the course of the last two years, many persons in South America and Africa have voiced their interest in joining the CEDR. The Board of the European Council for Rural Law has opened up membership way beyond the confines of Europe.

This is why we do not only have congress participants from North and South America, Africa and Asia, but also **members** from these continents among us.

Generally speaking, agricultural law and rural law are fascinating legal areas, being of great significance for the economy and society as a whole.

Agricultural policy ultimately implemented in the countries by agricultural law is at the heart of society, day in, day out. Millions of people are interested in

- Securing their food base
- Promoting the necessary structures and supporting the holdings
- Ensuring animal welfare and promoting animal ethics
- Securing health and the quality of foods
- Securing and shaping food trade
- Creating and preserving cultural landscapes
- Maintaining the natural resources
- Environmental protection
- Climate change
- Soil protection

Following the Old Stone Age of hunters and gatherers, at 18,000 BC some hunter and gatherer communities turned towards a sedentary lifestyle, engaging in arable farming and livestock rearing. This move required regulations which might not have been as far-reaching as they are today, but still; agricultural law was born.

Already in the Codex Hammurabi (18,000 BC), the oldest compendium of laws from the Old World, you can find

- Production regulations on wine and beer
- Rules on cultivating and leasing land
- Rules on using and preserving natural resources, in particular water, grazing lands and forests (it is surprising how modern agricultural law was back then → "sustainability"!)

For centuries up until today, the defining issues have been land transactions, tenancy legislation, agricultural inheritance law and cooperative law. While agricultural law was being established over the course of thousands of years by regions or nation states, legislative competence in the area of agricultural law was transferred from the nation state to the federation of states of the European Union when the European Economic Community was founded in 1957.

The former French Agricultural Minister Pierre de Felice immediately recognised the implications this would have for agriculture and rural areas, so he initiated the foundation of the European Council for Rural Law in Paris only a few months later in the same year.

Agricultural law at a European level has flourished so far, mounting up to around 40,000 pages.

This year, the first complete implementation of the current reform of the 2013 Common Agricultural Policy across Member States is on the table. In **Commission I** we therefore look at the reform of market organisations and direct payments. We deal with a number of questions, such as how willing society is to accept market organisation instruments, ramifications for the income structure, the definition of the active farmer, leeway with regard to degression, coupling, small farmers' scheme, and reallocation of funds from the first pillar to the second pillar. 12 national reports have been prepared for Commission I.

17 national reports have been made available to **Commission II**. The Commission is made up of two groups. Group I looks at the second pillar of the implementation of the Common Agricultural Policy, namely the development of rural areas, the establishment of structures in agricultural, processing and marketing companies, diversification, village renewal, young farmers, and women in rural areas.

Researchers, practitioners, lawyers and judges, experts in ministries and administration will carry out a comparative law evaluation of the implementation of the CAP reform in the individual Member States. They will identify strengths and weaknesses, develop measures for improvement and by doing so, they will hopefully make a contribution to slashing red tape and improving implementation. Participating researchers and practitioners from non-EU countries will spice up and give fresh impetus to the discussions.

With regard to group II of Commission II, we turn away from implementing CAP and look at cross-border purchases of agricultural land for non-agricultural purposes. The focus is on national legislation with respect to land owners, land users, straw buying, and mortgages.

Commission III looks at current agricultural law challenges and analyses the most important developments of rural law over the last two years, the transatlantic trade and investment partnership TTIP, climate change and protection of agricultural land (International Year of Soils), EU proposals on zootechnical legislation and patentability of animals, for which 20 national reports have been received.

Agricultural and rural law set the framework conditions for the development of rural areas. This means in turn: Improving food security, creating jobs, adding value and improving living conditions. This is why the European Congresses on Rural Law and the European Council for Rural Law have become so appealing for developing countries. At this congress we proactively pick up on this trend. On behalf of the Federal Minister for Economic Cooperation and Development, Dr Gerd Müller, Director General Dr Beger will give a keynote address in Commission III on the importance of agricultural law for the development of agriculture and rural areas in developing countries.

I am convinced that all of these current and vital topics will be with great interest.

I would also like to seize the opportunity of opening the Congress of Rural Law to announce the publication of the **first** edition of a CEDR Journal.

You can already find it in your delegates' bags. A long-held wish, namely to dedicate our own, international law journal to the purview of CEDR, has become a reality.

Distinguished lawyers from the European Commission, the European Court of Justice, the ministries, the legal profession, the judiciary and from science, coming from Europe, North and South America, will be responsible for the journal. The CEDR Journal will further be expanded into an internet journal, providing current news on developments at the national Rural Law Councils.

Even if we will only be able to appreciate the Congress' smooth operations at the closing ceremony, already today I would like to thank Mr Roland Norer very much for the scientific preparation of this congress and for developing our first journal!

I would also like to thank the German Society for Agricultural Law for their outstanding organisation of the European Congress of Rural Law and for choosing the best possible setting. I would like to thank in particular the First Chairman Prof Dombert and the Treasurer Jens Kollmann, in-house lawyer at the Landwirtschaftliche Rentenbank (central refinancing institution for agriculture and the food industry) and their employees.

I am delighted that we can offer a wonderful accompanying person's programme in the beautiful city of Potsdam, including a visit to the Sanssouci Palace and a steamboat trip on Friday evening.

In light of the current situation, the field trips could not be more fitting. One excursion group will visit the research and experimental institute for livestock breeding and animal husbandry in Groß Keutz, which is concerned with animal welfare, resilience and life performance as well as the environmental impact of animal husbandry.

The other group, covering another current issue, will visit an organic dairy which sources its milk from certified organic farms and pays after all a milk price of 45.5 cents.

We are delighted to welcome more than 200 participants from 30 countries at our congress. Many young lawyers, in particular, have come to this congress. It offers excellent conditions for agricultural law and the European Council for Rural Law whilst also providing opportunities for face-to-face encounters and making new friends. Let us seize this opportunity over the coming days!

I wish all participants and all of us an animated scientific and practice-oriented exchange, valuable ideas and a beneficial further development of European and international agricultural law for the benefit of agriculture, rural areas and the people living in rural areas.

I declare the 28th European Congress of Rural Law open.

Eröffnungsansprache

Prof. Dr. Dieter Schweizer
Präsident CEDR

Sehr geehrter Herr Bundesminister Schmidt – nochmals vielen Dank für die Übernahme der Schirmherrschaft,
sehr geehrter Herr Professor Dombert,
sehr geehrter Herr Dekan Professor Lettl,
sehr geehrter Herr Vorsitzender des Ausschusses für Landwirtschaft und Ländliche Entwicklung des Europäischen Parlamentes Siekierski,
sehr geehrter Herr Ministerpräsident des Landes Brandenburg Woidke
sehr geehrter Herr Vorsitzender des Agrarausschusses im Deutschen Bundestag Gerig, lieber Alois,
sehr geehrter stellvertretender Generaldirektor Dr. Mögele, lieber Rudolf,
sehr geehrter Herr Ministerialdirektor Dr. Beger, lieber Gunter,
liebe Abgeordnete aus dem Deutschen Bundestag und aus den Landtagen,
sehr geehrte Vertreterinnen und Vertreter der Europäischen Union,
sehr geehrte Wissenschaftlerinnen und Wissenschaftler,
liebe Juristinnen und Juristen,

Es ist mir eine große Freude und eine große Ehre Sie als Präsident zum 28. Agrarrechtskongress der Europäischen Gesellschaft für Agrarrecht (CEDR) in Potsdam willkommen heißen zu dürfen.

Der letzte Agrarrechtskongress wurde 2013 an der Universität Luzern abgehalten. In Deutschland fand der letzte Europäische Agrarrechtskongress 1997 an der Universität in Bonn statt.

Das Agrarrecht und das Recht des Ländlichen Raums, konkret die Anwendung und Gestaltung dieses Rechtsbereichs und damit

- der **Rechtsrahmen für die land- und forstwirtschaftlichen Unternehmen**
- die **Lebenssituation der Menschen** in den Ländlichen Räumen, insbesondere auch **der Bauern und Bäuerinnen** und nicht zuletzt auch
- das Recht der **Verbraucher**

hat uns hier zusammengeführt.

Die Teilnehmer und Teilnehmerinnen unseres diesjährigen Kongresses stammen von nahezu allen Kontinenten, aus Europa, Nord- und Südamerika, Afrika und Asien. Einzelne Teilnehmer haben sogar eine Weltreise (etwa aus Brasilien oder Mozambique) auf sich genommen.

Dieses große Interesse zeigt: Der Europäische Agrarrechtskongress ist die Herzkammer des Europäischen Agrarrechts und der Europäischen Gesellschaft für Agrarrecht!

Hier werden Ideen entwickelt!

Hier wird der Takt vorgegeben!

Von hier gehen Impulse aus!

Hier werden Kontakte geknüpft!

Hier entstehen Netzwerke!

Gerade in den letzten zwei Jahren gab es viele Interessenten aus Südamerika und Afrika, die gerne Mitglied im CEDR werden wollten. Der Vorstand der Europäischen Gesellschaft für Agrarrecht hat die Möglichkeit der Mitgliedschaft weit über Europa hinaus geöffnet.

Wir haben daher nicht nur Kongressteilnehmer aus Nord- und Südamerika, Afrika und Asien, sondern wir haben inzwischen auch **Mitglieder** aus diesen Kontinenten in unseren Reihen.

Im Grunde ist das Agrarrecht und das Recht des Ländlichen Raums ein faszinierender Rechtsbereich mit großer gesamtwirtschaftlicher und gesellschaftlicher Bedeutung.

Die Agrarpolitik, die nun mal durch das Vehikel des Agrarrechts umgesetzt wird, steht fast jeden Tag im Mittelpunkt der Gesellschaft. Millionen Menschen interessieren sich für Themen wie

- Sicherung der Ernährungsgrundlage
- Förderung entsprechender Strukturen und Betrieben
- Schutz und Ethik der Tiere
- Sicherung der Gesundheit und Qualität der Lebensmittel
- Sicherung und Gestaltung des Handels mit Lebensmitteln
- Schaffung und Erhaltung der Kulturlandschaft
- Erhaltung der natürlichen Lebensgrundlagen
- Schutz der Umwelt
- Klimawandel
- Schutz des Bodens.

Nach dem Zeitalter der Menschen als Jäger und Sammler in der Altsteinzeit wandelten sich 18.000 v.Chr. einige Jäger- und Sammlergesellschaften zu sesshaften Gesellschaften, die Ackerbau und Viehzucht betrieben. Dies erforderte Regelungen – vermutlich nicht so umfangreich wie heute – und das Agrarrecht war geboren.

Bereits im Codex Hammurabi (18.000 v. Chr.), der ältesten Gesetzessammlung der alten Welt finden sich

- Landbewirtschaftungs- und Landpachtregeln
- Regeln über Nutzung und Erhaltung der natürlichen Ressourcen, insbesondere von Wasser, Weide und Wald (erstaunlich, wie modern das Agrarrecht zu jener Zeit war → „Nachhaltigkeit"!)
- sowie Produktionsvorschriften für Wein und Bier.

Grundstückverkehr, Pachtrecht, Landwirtschaftliches Erbrecht, Genossenschaftsrecht waren – über viele Jahrhunderte bis heute – die bestimmenden Themen. Wurde das Agrarrecht über Jahrtausende von den Regionen oder Nationalstaaten geschaffen, wurde durch die Errichtung der Europäischen Wirtschaftsgemeinschaft 1957 die Rechtsetzungskompetenz im Bereich des Agrarrechts in weiten Teilen vom Nationalstaat auf den Staatenbund übergeleitet. Der damalige französische Landwirtschaftsminister, Pierre de Felice, hat wohl sofort erkannt was auf die Landwirtschaft und den Ländlichen Raum zukommt und hat nur wenige Monate später, noch im selben Jahr, die Gründung der Europäischen Gesellschaft für Agrarrecht mit Sitz in Paris initiiert.

Das Agrarrecht ist auf europäischer Ebene sehr gut gediehen und bis heute auf etwa 40.000 Seiten angewachsen.

In diesem Jahr wird die Reform der Gemeinsamen Agrarpolitik 2013 erstmals vollständig umgesetzt. Wir setzen uns daher in der **Kommission I** mit der Reform der Marktorganisationen und der Direktzahlungen auseinander. Dabei geht es um Fragen der gesellschaftlichen Akzeptanz von Marktordnungsinstrumenten, Auswirkungen auf die Einkommensstruktur, Definition des aktiven Betriebsinhabers, Gestaltungsräume hinsichtlich der Degression, Kopplung, Kleinlandwirteregelung sowie Umschichtung von Mitteln der 1. in die 2. Säule. Für die Kommission I sind 12 Nationale Berichte erstellt worden.

In der **Kommission II** liegen 17 Nationale Berichte vor. Sie ist in zwei Teile untergliedert. Der Teil I befasst sich mit der 2. Säule der Umsetzung der Gemeinsamen Agrarpolitik, nämlich der Entwicklung der Ländlichen Räume, der Strukturentwicklung landwirtschaftlicher Unternehmen, Verarbeitungs- und Vermarktungsunternehmen, Diversifizierung, Dorferneuerung, Junglandwirte und Frauen in Ländlichen Räumen.

Hier werden Wissenschaftler, Praktiker, Rechtsanwälte, Richter, Ministeriums- und Verwaltungsexperten die Umsetzung der GAP-Reform in den einzelnen Mitgliedstaaten rechtsvergleichend untersuchen, Stärken und Schwächen herausarbeiten, Verbesserungsmöglichkeiten entwickeln und hoffentlich auch einen Beitrag zum Bürokratieabbau und einer besseren Umsetzung leisten. Die Teilnahme von Wissenschaftlern und Praktikern aus Nicht-EU-Ländern wird den Diskussionen Würze und Inspiration geben.

Mit dem Teil II der Kommission II verlassen wir das Thema der Umsetzung der GAP und befassen uns mit dem grenzüberschreitenden und außerlandwirtschaftlichen Erwerb von landwirtschaftlichen Flächen. Es wird dabei nach den nationalen Gesetzgebungen im Hinblick auf Landeigentümer, Landnutzer, Strohmanngeschäfte und Grundpfandrechte gefragt.

Die **Kommission III** behandelt die aktuellen agrarrechtlichen Herausforderungen und untersucht die bedeutendsten Entwicklungen des Rechts der Ländlichen Räume in den letzten zwei Jahren, wie Transatlantische Handels- und Investitionspartnerschaft TTIP, Klimawandel, Schutz der landwirtschaftlichen Flächen (Internationales Jahr des Bodens), EU-Vorschläge zum Tierzuchtrecht oder Patentierbarkeit von Tieren. Hierzu sind 19 Nationale Berichte eingegangen.

Die Eröffnung des Agrarrechtskongresses darf ich auch nutzen, das Erscheinen der ersten Auflage eines CEDR- Journals zu verkünden. Es befindet sich bereits in Ihren Teilnehmertaschen. Ein langgehegter Wunsch, dem Arbeitsgebiet des CEDR eine eigene, internationale juristische Fachzeitschrift zu widmen, ist hier in Erfüllung gegangen.

Namhafte Juristen aus den Ministerien, der Europäischen Kommission, des Europäischen Gerichtshofes, der Anwaltschaft, der Richterschaft und der Wissenschaft, aus Europa, Nord- und Südamerika werden diese Zeitschrift tragen. Das CEDR-Journal soll auch als Internetzeitschrift mit aktuellen Hinweisen auf einschlägige Rechtsetzung und Rechtsprechung und den Entwicklungen bei den Nationalen Agrarrechtsgesellschaften weiter ausgebaut werden.

Unserem Generaldelegierten Roland Norer darf ich für die wissenschaftliche Gestaltung des Kongresses und ganz besonders auch für die Entwicklung unseres ersten Journals herzlich danken!

Weiter geht mein Dank an die Deutsche Gesellschaft für Agrarrecht, die den Europäischen Agrarrechtskongress ausgezeichnet organisiert und ihm einen würdigen Rahmen verschafft hat. Zu allererst darf ich mich beim Ersten Vorsitzenden der Deutschen Gesellschaft für Agrarrecht, Herrn Professor Matthias Dombert, dem 2. Vorsitzenden, Herrn Leitenden Landwirtschaftsdirektor Volkmar Nies und dem Schatzmeister, Herrn Syndikus Jens Kollmann von der Landwirtschaftlichen Rentenbank, bedanken.

Weiterer Dank für die Organisation gebührt Frau Veronika Baumann vom Landwirtschaftsministerium Brandenburg, Frau Regierungsdirektorin Dr. Heike Gehrke vom Bundesjusitz- und Verbraucherschutzministerium sowie unserer Generalsekretärin Letizia Bourges.

Die exzellente Organisation zeigt sich auch an dem wunderbaren Begleitprogramm in der schönen Stadt Potsdam, mit Sanssouci und einer Dampferfahrt am Freitagabend.

Die fachlichen Exkursionen lassen sich an Aktualität nicht mehr übertrumpfen. Eine geht zur Lehr- und Versuchsanstalt für Tierzucht und Tierhalter nach Gross-Kreutz, die sich mit den Themen der Tiergerechtheit, Robustheit und Lebensleistung, sowie der Umweltwirkungen der Tierhaltung beschäftigt. Die andere Exkursion, nicht weniger aktuell, führt zu einer Bio-Molkerei, die ihre Milch von zertifizierten Biobetrieben bezieht und immerhin einen Milchpreis von 45,5 Cent bezahlt.

Wir freuen uns, dass wir über 200 Teilnehmer aus 27 Ländern bei unserem Kongress haben. Gerade auch viele junge Juristen und Juristinnen besuchen diese Veranstaltung. Sie bietet einen exzellenten Rahmen für die gedeihliche Weiterentwicklung des Agrarrechts und der Europäischen Gesellschaft für Agrarrecht, aber auch für menschliche Begegnungen und Freundschaften. Lassen Sie uns diese Chance in den nächsten Tagen nutzen.

Den Tagungsteilnehmern und uns allen wünsche ich einen regen wissenschaftlichen und praxisorientierten Austausch, wertvolle Ideen und dem europäischen und internationalen Agrarrecht eine gedeihliche Weiterentwicklung zum Wohle der Landwirtschaft, der Ländlichen Räume und der darin lebenden Menschen.

Ich erkläre den 28. Europäischen Agrarrechtskongress für eröffnet.

Mot de Bienvenue – Welcome Address – Willkommensansprache

Prof. Dr. Matthias Dombert
1. Vorsitzender DGAR

Meine sehr verehrten Damen und Herren,

der Präsident der Europäischen Agrarrechtsgesellschaft, Prof. Dr. Dieter Schweizer, hat mir für diese Begrüßung eine klare Weisung gegeben: „Sie können über alles sprechen – nur nicht über 5 Minuten.“ Deswegen werde ich jetzt versuchen, in 5 Minuten deutlich zu machen, warum ich mich freue, Sie als Vorsitzender der Deutschen Gesellschaft für Agrarrecht herzlich begrüßen zu können. Ich freue mich einmal, dass Sie unserer Einladung so zahlreich gefolgt sind. Ich freue mich, dass dieser Kongress gemeinsam mit der Juristischen Fakultät durchgeführt wird, deren Mitglied ich seit vielen Jahren bin. Ich freue mich schließlich, dass unsere Veranstaltung mit dem Bundeslandwirtschaftsminister an der Spitze das Interesse von so vielen hochrangigen politischen Entscheidungsträgern findet. Zu guter Letzt freue ich mich, dass Sie sich Brandenburg und die Landeshauptstadt Potsdam als Tagungsort ausgesucht haben. Und last but noch least: Gerade weil wir in Brandenburg sind, freut es mich, dass der Ministerpräsident dieses Bundeslandes es in seinem Terminkalender doch noch möglich gemacht hat, bei uns zu sein und nach Herrn Bundeslandwirtschaftsminister Dr. Schmidt zu sprechen.

Die Deutsche Gesellschaft für Agrarrecht sieht im Kongress des CEDR eine Bestätigung ihres Weges in den letzten Jahren. Wir haben seit einiger Zeit viel Wert darauf gelegt, uns rechtspolitisch zu Wort zu melden. Wir haben sehr viel Wert darauf gelegt, nicht nur einen Erfahrungsaustausch unter Kollegen zu ermöglichen, sondern auch gegenüber der Agrarpolitik Stellung zu nehmen und an den Diskussionen der Agrarpolitik teilzuhaben. Wir halten dies für notwendig, weil der Gesetzgeber manchmal in der Gefahr steht, nicht in ausreichendem Maße auf die besonderen Bedingungen der Landwirtschaft einzugehen. Dieser Erfahrungsaustausch und die rechtspolitische Diskussion gemeinsam – das ist es, was die Tätigkeit unserer nationalen Gesellschaft in den letzten Jahren geprägt hat. Das ist es auch, was ich diesem Kongress von Herzen wünsche.

Discours de Bienvenue

Christian Schmidt, MdB
Ministre fédéral de l'alimentation et de l'agriculture

Monsieur le Président, Professeur Schweizer,
Monsieur le Professeur Dombert,
Monsieur le Doyen, Lettl,
Monsieur le Ministre-président, Woidke,
Monsieur le Président de la commission agricole du Bundestag allemand, Gerig, cher Alois,
chers collègues parlementaires,
Mesdames et Messieurs les représentants de l'Union européenne,
Mesdames et Messieurs les scientifiques,
Mesdames et Messieurs les juristes,

I. Bienvenue

Actuellement, l'Union européenne est mise à rude épreuve. Nous devons prouver maintenant que nous sommes capables de parler d'une seule voix et de recueillir un large consensus. Cela vaut pour le traitement des hommes ayant fui des pays moins favorisés pour chercher chez nous refuge et sécurité tout comme pour la gestion des problèmes en Grèce.

Les circonstances actuelles de la politique agricole demandent, elles-aussi, une forte volonté de dialogue de la part de l'Europe. Formant une unité de 28 pays démocratiques, nous avons de nombreuses opinions à concilier.

Quant à l'Europe, l'ancien chancelier allemand Helmut Kohl a déclaré une fois:

> « L'Europe ne pourra s'imposer qu'en parlant d'une seule voix et en unissant ses forces. »

Avec la politique agricole commune nous avons réussi à créer une telle réglementation solidaire qui unit les forces en Europe, qui assume la responsabilité pour nos agriculteurs et qui garantit des conditions de marché uniformes et équitables.

Elle fait ses preuves à l'heure actuelle où la situation sur le marché est difficile à cause de la sécheresse, de l'embargo russe et de la baisse de la demande de produits laitiers en Chine.

II. La politique agricole commune compte tenu de la situation actuelle du marché

Dans le cadre de la politique agricole commune, nous avons pris les dispositions nécessaires pour assurer la viabilité des exploitations agricoles dans un environnement volatil et pour préserver leur capacité productive dans les années à venir.

Nous avons adopté un budget communautaire impressionnant : quant aux dépenses agricoles, pour la seule année 2015, le budget est de 44 milliards d'euros pour le premier pilier et de 18 milliards d'euros supplémentaires pour le deuxième pilier!

Au vue de ces montants importants, un cadre juridique et réglementaire équilibré et réfléchi est indispensable pour gérer les critères d'octroi des aides et les conditions du soutien ainsi que le paiement, les contrôles et les sanctions. En même temps, nous, juristes, ne devons jamais perdre de vue que le niveau de détail élevé de la réglementation est aussi générateur de bureaucratie.

Je m'engage en faveur d'une simplification de la politique agricole commune. Les agriculteurs ne doivent pas être contraints à gaspiller leur temps de travail précieux en remplissant des formulaires inutiles. C'est pourquoi, nous avons élaboré 45 propositions de simplification transmises ensuite au Commissaire Hogan.

Ces propositions de simplification trouvent un sol fertile à Bruxelles.

Ainsi, les premières modifications ont déjà été réalisées : Nous sommes par exemple parvenus à simplifier les procédures concernant les surfaces d'intérêt écologique dans le cadre du « verdissement ».

Et le calendrier de la Commission prévoit la mise en œuvre d'autres mesures en automne de cette année. Ce n'est que le début, mais je continuerai d'œuvrer pour davantage de simplification.

Le Congrès de droit rural pourra certainement aussi fournir des éléments de réflexion utiles à la réalisation de cet objectif. Je me réjouis que vous vouliez évaluer les premières expériences requises et discuter sur les propositions d'adaptation car les échanges de points de vue, notamment aussi à l'égard de la PAC post 2020, sont très importants pour la politique, la pratique et le secteur économique.

Eu égard aux circonstances prévalant actuellement sur le marché, la PAC revêt une importance particulière. En raison de la faiblesse de la demande de produits laitiers sur les marchés asiatiques, de l'embargo russe ainsi que des pertes de récolte causées par des phénomènes météorologiques, la situation du marché est difficile. La forte augmentation des quantités produites fait baisser les prix.

Grâce aux paiements directs au titre du 1er pilier, les agriculteurs jouissent d'une sécurité financière de base et peuvent investir les fonds disponibles là où cela s'avère nécessaire. Ils sont libres de décider !

Mes approches politiques visent à rendre l'agriculture résistante pour qu'elle puisse s'imposer sur le marché. À cet effet, dans les circonstances prévalant actuellement sur le marché, nous avons besoin, d'une part, d'aides efficaces à court terme pour faire face à une pénurie de liquidités. D'autre part, à long terme, il convient de créer des structures garantissant une répartition équitable de la responsabilité au sein de la chaîne de valeur.

Lors du Conseil extraordinaire tenu lundi passé à Bruxelles, nous, les ministres européens de l'Agriculture, avons posé les jalons pour parvenir à ce but.

Dans ce contexte, la position soutenue entre autre par l'Allemagne a pu s'imposer : Nous continuerons sur la voie engagée, celle de l'orientation vers le marché. Il n'y aura pas de retour vers une régulation du marché et un régime de quotas. Car les agriculteurs sont également bien conscients du fait que dans un marché mondial, des systèmes de régulation du marché axés uniquement sur le marché intérieur ne sont pas une solution. Tout en poursuivant sur la voie empruntée de la réforme de la politique agricole commune, nous apporterons notre soutien à nos agriculteurs.

Nous avons convenu de veiller à ce que le secteur agricole bénéficie effectivement des fonds agricoles, issus notamment des paiements plus importants que prévus dans le cadre du superprélèvement imposé aux agriculteurs pour dépassement des quotas laitiers. La Commission mettra à disposition un demi-milliard d'euros pour un ensemble complet de mesures.

La plus grande partie des moyens financiers octroyés dans le cadre de cet ensemble de mesures de la Commission sera mise à la disposition directe des États membres. Il est important que tous les États membres puissent profiter de ces aides. Désormais, la Commission est demandée de présenter une proposition relative à la répartition exacte de ces moyens. Je veillerai à ce que, grâce à ces moyens financiers, la liquidité de nos agriculteurs soit augmentée de manière rapide et non bureaucratique.

Nous devons renforcer l'effet de ces aides en versant le plus tôt possible les paiements directs. Je lance un appel aux Länder pour qu'ils prennent toutes les mesures nécessaires pour accélérer le processus. Quant à ma personne, je m'assurerai que les moyens financiers soient disponibles en temps utile. Un autre élément principal de l'ensemble de mesures adopté au niveau communautaire est le vaste « programme de promotion des exportations » de l'Union européenne.

Dans ce cadre, la Commission et les États membres entreprendront des efforts conjoints pour éliminer les entraves aux échanges et les restrictions à l'accès au marché existantes. Des actions ciblées visent à promouvoir les ventes à l'intérieur et à l'extérieur de l'Union européenne.

Pourtant, en ce qui concerne la question des restitutions à l'exportation, ma réponse est un «non» catégorique afin de ne pas compromettre l'orientation de la PAC vers le marché.

L'affaiblissement de la demande en Chine et l'embargo russe montrent clairement à quel point les exportations sont importantes pour nos produits laitiers. Nous avons besoin de ces marchés. Sans les exportations, de nombreux producteurs laitiers se trouveront contraints d'abandonner leurs activités. C'est pourquoi mon ministère offre des mesures de promotion des exportations. Ici, le potentiel n'est pas encore pleinement exploité!

En organisant un « sommet d'exportation », je compte baser la coopération avec l'industrie sur des approches encore plus stratégiques afin de développer des solutions spécifiques adaptées aux marchés visés.

Sur le marché national, nous avons une demande stable. J'en appelle au commerce et aux laiteries à payer des prix justes et équitables pour les produits laitiers précieux.

En tant que consommateurs, nous devons nous rendre compte qu'en choisissant toujours le produit le moins cher au supermarché nous favorisons le changement structurel dans le secteur agricole. Et nous devons comprendre qu'une telle évolution se fait non seulement au désavantage des petites exploitations agricoles mais aussi au détriment de la diversité et de l'origine régionale des produits vendus dans les magasins.

Il ne s'agit pas de recourir à des instruments anciens et impropres mais de bénéficier des possibilités offertes par les marchés ouverts. Cette orientation vers le marché est soutenue par un filet de sécurité proposé par l'État et par la rémunération des prestations publiques assurées par notre agriculture.

III. Volatilité des prix et spéculations sur les marchés des matières premières agricoles

Cependant, si le marché offre de nouvelles perspectives, il comporte également des risques étant donné que les marchés agricoles sont toujours volatils. La matière première négociée sur un tel marché est soumise à de nombreux facteurs variables car la récolte varie d'une année à l'autre.

Ces fluctuations du prix systémiques sont donc plutôt une composante de marché à long terme qu'un phénomène de courte durée. Nous disposons d'instruments pour nous prémunir contre ces fluctuations du marché, tels que celui des marchés à terme des marchandises.

Or : Les denrées alimentaires sont les produits qui nous nourrissent et qui ne peuvent donc pas être traitées comme n'importe quel bien économique. Nous devons valoriser les denrées alimentaires et nous ne pouvons pas accepter qu'elles soient utilisées comme simples objets de spéculation hasardeuse sur les marchés financiers.

Et pourtant, je suis clairement favorable à une protection éprouvée et intelligente contre les risques à l'aide des marchés à terme agricoles. Ces types de marché sont essentiels aussi bien pour les consommateurs que pour les agriculteurs, les négociants et les transformateurs. Ils permettent non seulement de se prémunir contre les fluctuations des prix mais donnent aussi des indices utiles quant à la formation des prix sur les marchés agricoles.

Les investisseurs financiers sans rapport commercial avec le secteur agricole apportent quand même une contribution importante: en couvrant le risque des agriculteurs et des négociants, ils créent de la liquidité.

Par contre, pour éviter que des acteurs hasardeux puissent fausser la formation des prix durant certaines phases du marché, nous avons élaborée une nouvelle réglementation des marchés financiers au niveau communautaire. Grâce à cette réglementation, le comportement des investisseurs financiers devient plus transparent. En même temps, l'introduction de nouvelles règles ciblées empêche la manipulation et l'abus de marché.

Mais il est à noter que la réglementation des marchés financiers ne fonctionnera que si le plus grand nombre possible de pays y participe. Face à ce problème, l'Europe doit avancer ensemble et unir ses forces !

Entre-temps, ces nouvelles règles ont été mises en œuvre dans l'Union européenne. Par cette mesure, nous avons contribué de façon notable à l'objectif visé, à savoir que les marchés à terme agricoles amortissent les fluctuations sans devenir un risque.

Nous avons également fait des progrès considérables au niveau international. Au sein du G20, les pays industrialisés et les pays à économie émergente les plus importants se sont mis d'accord sur le principe de la transparence et sur la réglementation appropriée des marchés à terme de marchandises.

Les marchés à terme agricoles montrent clairement que nous faisons partie d'un réseau mondial d'échanges. Et cela vaut pour l'agriculteur en Allemagne aussi bien que pour celui au Costa Rica. Que nous agissons au nom de l'Union européenne ou au sein d'autres alliances internationales, nous devons toujours prendre conscience des impacts de nos actions sur le secteur agroalimentaire dans le monde entier!

IV. Partenariat de commerce et d'investissement transatlantique

Au début de mon discours, j'ai cité Helmut Kohl pour souligner la grande capacité de l'Europe. Unir nos forces, former des partenariats, cela fonctionne dans des situations de crise mais aussi si nous voulons atteindre des objectifs à titre préventif.

Dans ce contexte, mes collègues européens et moi-même nous considérons l'exportation de nos excellents produits comme un instrument essentiel. C'est pourquoi, la Commission européenne est en train de négocier, depuis 2013, un accord de Partenariat transatlantique de commerce et d'investissement (TTIP) comprenant un espace économique qui compte à peu près 800 millions de consommateurs!

À l'égard de l'industrie alimentaire, le gouvernement fédéral allemand veut surtout obtenir la suppression des tarifs douaniers et des entraves aux échanges. Car la puissance économique de l'Allemagne s'appuie en grande partie sur ses exportations. Pour maintenir notre puissance en matière d'exportation, nous avons besoin de l'accès garanti aux matières premières et aux intrants à importer.

À ce sujet, nous devons toujours garder à l'esprit le fait que l'Union européenne et les États-Unis disposent des normes les plus élevées du monde. Je suis convaincu : Le libre-échange constitue une grande opportunité pour l'Allemagne et pour l'UE. Mais nous ne sommes pas prêts à le faire à n'importe quel prix.

Les négociations agricoles représentent un défi particulier en vue de la conclusion d'un accord commercial. Elles touchent les intérêts des consommateurs mais aussi les intérêts des représentants nationaux du secteur agricole.

De plus, les denrées alimentaires sont des biens sensibles provoquant des émotions. Le sujet de l'alimentation affecte tous les hommes directement et tous les jours. De ce fait, le commerce agricole est depuis toujours source de conflits - pour tous les accords commerciaux.

Les échanges agricoles transatlantiques représentent actuellement à peu près 7 pour cent du commerce total des marchandises entre l'UE et les États-Unis. Après l'UE et la Suisse, les États-Unis sont le partenaire commercial le plus important de l'Allemagne. En 2014, la valeur impressionnante des exportations allemandes de biens de l'industrie agroalimentaire vers les États-Unis s'est relevée à environ 1,6 milliard d'euros!

Les principaux produits d'exportation sont le café, les boissons alcooliques, le chocolat, les produits de boulangerie et les produits laitiers. Supprimer les tarifs douaniers et les obstacles non tarifaires pour ces produits sera donc à notre avantage!

Mon ministère s'emploie énergiquement à ce que la protection des indications de provenance géographiques qualifiées vaille également pour les États-Unis ! Avec le TTIP, nous voulons poser les jalons pour une Europe capable d'influencer, aussi à l'avenir, les échanges commerciaux.

Mesdames, Messieurs, dans les discours autour du maintien des normes, il y a un élément qui n'est souvent pas suffisamment pris en compte : c'est le maintien de notre niveau de vie.

Saisissons les opportunités que nous offre un tel accord de libre-échange transatlantique pour construire notre avenir!

V. Le marché foncier

La question du marché foncier constitue un autre sujet sensible qui anime actuellement les discussions au niveau de la politique agricole.

Je place mes activités de politique agricole sous la devise : exploiter et protéger nos ressources naturelles car l'alimentation des hommes est la tâche essentielle de l'agriculture!

Or, sans disposer de terres arables à un prix abordable les agriculteurs ne sont pas en mesure de remplir cette mission. Et la concurrence sur le marché foncier est rude. Notre structure agricole nationale doit faire face à une hausse des prix de location du foncier agricole, allant jusqu'à 50 pour cent dans certaines régions (2003-2013), ce que je considère comme une situation critique.

Je me félicite donc que les Länder commencent à réfléchir sur une adaptation du droit foncier aux nouvelles circonstances.

Le gouvernement fédéral et les Länder doivent s'engager dans un effort commun à préserver les terres arables et à diminuer la pression sur les sols. Dans ce but, un groupe de travail « politique foncière » constitué par des membres du gouvernement fédéral et des Länder a déjà élaboré des recommandations d'action.

Un autre succès partiel a été remporté. La Cour de justice européenne a jugé qu'il est permis de refuser la vente de terres appartenant à l'État à un non-agriculteur le plus offrant.

Il reste donc possible d'appliquer cette disposition pour protéger le marché foncier agricole contre une hausse excessive des prix. C'est un message très clair : Les terres ne sont pas à libre disposition des activités non agricoles, elles sont notre garantie pour une agriculture en Allemagne!

Bien que le droit foncier relève de la compétence exclusive des Länder, mon ministère continuera à surveiller les activités sur le marché foncier. Car il est de notre devoir – du plus important au plus petit – de sauvegarder les terres agricoles pour l'agriculture.

VI. Conclusions

L'Europe est confrontée à des défis majeurs et l'Union européenne fait preuve d'unité et de force en y répondant. Cela ne vaut pas toujours et pour tous les sujets mais depuis 1962, la politique agricole européenne est un succès. Et depuis toujours, nous avons eu tout intérêt à pratiquer la solidarité.

Les résultats des discussions menées lors du Congrès européen de droit rural seront très importants dans la mesure où ils nous permettront de rester capables d'agir et de nous munir d'instruments politiques et de règles efficaces répondant à nos spécificités nationales.

Le Congrès européen de droit rural promeut les échanges d'expériences entre tous les responsables. Il est donc unique en son genre, car aucune autre manifestation ne permet, comme il le fait, de se consacrer à une comparaison approfondie de la mise en œuvre concrète de la réforme de la GAP dans les différents États membres.

Je vous souhaite des discussions et des débats scientifiques passionnants, un échange d'idées enrichissant et des résultats axés sur la pratique.

Merci beaucoup!

Welcome Speech

Christian Schmidt, MdB
Federal Minister of Food and Agriculture

President Professor Schweizer,
Professor Dombert,
Dean Professor Lettl,
Minister-President,
Chair of the Agricultural Committee in the German Bundestag Gerig, dear Alois,
Colleagues from the parliaments,
Representatives of the European Union,
Researchers,
Dear legal experts,

I. Welcome

Currently, the European Union is faced with an enormous challenge. At the moment we need to demonstrate that we speak with one voice and that we succeed in reaching consensus. We need to prove it not only when taking care of people from less privileged countries who are seeking refuge and protection but also when considering the situation in Greece.

Furthermore, the current agricultural policy situation requires Europe to be open for dialogue. We are a unit made up of 28 democratic countries; hence we need to reconcile a swathe of diverging views.

Helmut Kohl once said about Europe:

> *"Only if Europe speaks with one voice and joins forces, it can harness its weight adequately."*

With the Common Agricultural Policy we have succeeded in establishing such a framework based on the principle of solidarity, through which we join forces in Europe, assume responsibility for our farmers and ensure harmonised and fair market conditions.

This framework is ever more relevant since we need to cope with difficult market conditions due to the drought, the Russian embargo and lower Chinese demand for dairy products.

II. Common Agricultural Policy considering the current market situation

With the Common Agricultural Policy we have made provisions to ensure that farm holdings are able to strengthen their resilience and keep up their production in volatile times over the coming years.

We have adopted an impressive EU budget: For CAP expenditure, 44 billion euros have been allocated to the first pillar and another 18 billion euros to the second pillar this year alone.

A well-balanced and elaborate framework of laws and regulations covering eligibility criteria and support conditions for payments, control and sanctions is indispensable, considering the sums involved. At the same time, legal experts like us have to bear in mind that in-depth regulation implies red tape.

I am committed to simplifying the Common Agricultural Policy. We must not waste the precious working time of farmers with pointless paperwork. That is why we elaborated 45 proposals for simplification which we submitted to Commissioner Hogan!

These proposals have been very favourably received by Brussels. The first changes have already been implemented, such as simplifying the ecological focus areas as part of the greening measures.

The Commission already looks into more measures ready to be implemented this autumn. This is just the first step and I am determined to lobby for even more simplification!

I am convinced that the Congress for Rural Law can provide fresh impetus towards this objective. I would be delighted if you could evaluate experiences and discuss proposals for adjustments because exchange is precious for policy-makers, practitioners and businesses also with a view to the CAP after 2020.

The CAP plays a vital role in light of the current market situation. Due to weaker demand for dairy products in Asian markets, the Russian embargo as well as weather-related harvest losses, the market situation is difficult. A significant increase in quantity results in dropping prices.

Thanks to direct payments from the first pillar, farmers enjoy basic protection and can use the funds where they are needed most. It is up to them!

My priority for agricultural policy is to make agriculture weatherproof so that it can stand up to the market. Considering the current market situation, short-term and effective financial aids are needed in order to overcome liquidity shortages. But we also need to establish long-term structures to share the burden fairly along the value-added chain.

On Monday, the EU agricultural ministers set the right course in this respect at a Special Agriculture Council in Brussels.

The position favoured by Germany has gathered widespread support: We will continue to stick to a market-friendly path. There is no going back to market regulation or quota setting, since farmers are also well aware that economic systems targeting exclusively domestic markets do not provide a way forward. We will stand by the side of our farmers without veering off the path set out in the Common Agricultural Policy (CAP).

We agreed to actually make agricultural funds available to benefit farmers, coming in particular from the unexpectedly high payments of farmers for the super levy for milk. The Commission will earmark half a billion euros for a far-reaching battery of measures.

Funds from the Commission's package of measures will be predominantly made available directly to the Member States. It is essential that all Member States benefit from the financial aids given. The Commission is now requested to suggest how to exactly allocate the funds. I will make sure that we will improve the financial situation of our farmers speedily and efficiently thanks to the measures taken.

We further need to top up the financial support with timely direct payments. I call upon the federal states to do all they can to speed things up. For my part, I will ensure that funds will be made available in good time. Another key component of the package of measures negotiated by the EU is a comprehensive EU export promotion programme.

It consists of joint efforts by the Commission and the Member States to reduce existing trade and market entry barriers as well as targeted actions to boost sales within and outside of the EU.

It is crucial for me to say "No" to export refunds in order to avoid counteracting the market orientation of the CAP.

Weak demand in China as well as the Russian embargo underpins how essential exports of our dairy products are. We need these markets. Without drawing on exports, many German dairy farmers would need to cease production. For this reason, my ministry provides measures for promoting exports. We are still far from having fully seized the potential!

By convening an export summit I want to give the cooperation with businesses a more strategic edge in order to develop tailor-made solutions for target markets.

Moreover, domestic demand remains stable. I urge trade and dairy producers to pay a fair and just price for valuable dairy products.

The same holds true for us as consumers: If we only reach for the cheapest product in supermarkets, structural change in agriculture will continue to exacerbate. We have to keep in mind that it is not only the small farm holdings that will suffer, but the variety of products and the number of regional products on our shelves will also be diminished.

Instead of returning to outdated and inadequate tools of the past, the way forward is to seize the opportunities offered by open markets. A public safety net and appreciation for public agricultural services are the guideposts of this market-oriented approach!

III. Price volatility and speculation on agricultural commodity markets

The market does not only come with a multitude of opportunities, however, but also with risks attached due to the inherently volatile nature of agricultural markets. The commodity in question is influenced by a myriad of factors and each harvest is different from the one last year!

Hence, inherent price volatilities are a long-term side effect of the market rather than a short-term phenomenon. We have got tools to hedge against market volatilities, one example being commodity futures markets!

Still: Foods are a basic means of life which makes them different from all other economic goods. We have to appreciate them in particular and must not degrade foods as a mere toy used for reckless speculations in financial markets!

Nevertheless, I do support proven and sound risk hedging in commodity futures markets. They are of particular relevance for consumers, farmers, traders and producers alike. They do not only allow for hedging against volatile prices but they also serve as a pricing guideline for agricultural markets.

Even financial investors without commercial links to the agricultural sector are making important contributions. They generate liquidity by shouldering the risks of farmers and traders.

We have launched new EU financial market regulation to prevent gamblers from distorting prices in specific market phases. Thanks to this piece of regulation, we make financial investors' behaviour more transparent. At the same time we prevent manipulations and market abuse from happening by introducing new and targeted rules.

Again, the same holds true: Financial market regulation works only if as many countries as possible participate. Europe needs to close ranks and join forces when it comes to this matter.

By now, these rules have been implemented across the EU. Thereby, we have provided a cushion so that commodity futures markets absorb fluctuations instead of becoming a risk in itself.

On a global level we have also made great strides. At G20 level, the most important industrial and emerging nations agreed on transparency and adequate regulation of commodity futures markets.

Agricultural futures markets clearly demonstrate that we are a closely intertwined part of a global trading network, affecting the farmers in Germany and in Costa Rica alike. It doesn't matter if we cooperate as part of the EU or of an international alliance, we always have to bear in mind the repercussions on agriculture and the food industry on a global scale!

IV. Transatlantic Trade and Investment Partnership

I started off my speech with a saying by Helmut Kohl, alluding to the enormous strength Europe has. We join forces and we work hand in hand which works well in crisis mode but it also works well when we want to act pre-emptively!

My European colleagues and I agree on one essential tool being the opportunity to export our outstanding products. Thus, the European Commission has been negotiating the Transatlantic Trade Partnership since 2013, covering an economic area of around 800 million consumers.

With regard to the food industry, the German government focuses on reducing tariffs and barriers to trade! The reason being, that Germany's economic strength is largely grounded in exports. In order to safeguard our export strength we need to ensure safe access to commodities and import inputs.

We should always keep in mind that the EU and the U.S. have got the highest standards on a global level. That is why I would like to clearly highlight that free trade offers enormous opportunities for Germany and the EU. However, we are not willing to pay any price.

Agricultural negotiations are a particular challenge when it comes to concluding comprehensive trade agreements. They do not only affect the interests of consumers but also the interests of national agriculture representatives.

Furthermore, foods are delicate and emotionally charged goods. People are in touch with food and nutrition each and every day. Therefore, agricultural trade bears great potential of conflict for each trade agreement.

Transatlantic agricultural trade currently accounts for around 7 percent of the entire goods trade between the EU and the U.S. For Germany, the U.S. is the most important trading partner following the EU and Switzerland. In 2014, German exports of agri-food products to the U.S. amounted to approximately 1.6 billion euros.

The main export goods are coffee, alcoholic beverages, chocolate, baked goods, and dairy products. Reducing tariffs and barriers to trade for these products is of great benefit to us!

My ministry champions expanding the protection of geographical indications to the U.S. as well! With TTIP we want to set the course for a Europe that will continue to shape international trade in the future.

Ladies and Gentlemen, when it comes to discussions about maintaining standards, one standard is often not considered sufficiently: Maintaining our living standards.

Let us seize the opportunities to shape our future that arise from a transatlantic free trade agreement!

V. Land Market

Another sensitive issue currently fuelling the debate on agriculture is the issue of land.

In agricultural policy, I focus on using and protecting our natural basis of life since feeding the global population is the key task for agriculture!

Without access to affordable land, farmers will not be able to live up to these requirements. There is considerable competition for land. I am critical of an increase of up to 50% in leasing prices in some places between 2003 and 2015 and an ever higher consolidation of land and the ramifications these two aspects have for our domestic agricultural structures.

Thus I greatly appreciate that countries are in the process of aligning land law with the considerable changes that are taking place.

Working in concert, the federal government and federal states (*Länder*) have to continue to work towards the conservation of agricultural land and alleviate the pressure on land at the same time. A federal government/ Länder working group on land market policies has already elaborated recommendations for action.

We have also achieved a further partial success. The ECJ ruled that land sold by public authorities does not have to be sold to the highest non-agricultural bidder.

This provision can be used to protect agricultural land markets from excessive price rises in the future. We have sent a clear message: land is not a playground for non-agricultural activities. Instead, it guarantees agriculture in Germany!

Despite land law being in the remit of the federal states, my ministry will continue to focus its attention on land market activities. This is vital because it is up to all of us to protect agricultural land for agricultural use!

VI. Conclusion

Europe is faced with enormous challenges and the European alliance has shown that it is united and strong in tackling the tasks lying ahead. Maybe this is not always the case - but the European agricultural policy has been a success story since 1962. It has always been worthwhile to act in solidarity.

In order to be fit for the future and to have effective policy tools and framework provisions on hand at national level, the results of the European Congress for Rural Law are incredibly valuable!

The European Congress for Rural Law facilitates the exchange of information with all decision-makers in this area. This makes the congress a unique event – nowhere else do we have the chance to compare the concrete implementation of the CAP reform across individual Member States.

I wish you exciting scientific discussions, enlightening ideas and hands-on results.

Thank you very much!

Grußwort

Christian Schmidt, MdB
Bundesminister für Ernährung und Landwirtschaft

Sehr geehrter Herr Präsident Professor Schweizer,
sehr geehrter Herr Professor Dombert,
sehr geehrter Herr Dekan Professor Lettl,
sehr geehrter Herr Ministerpräsident Woidke,
sehr geehrter Herr Vorsitzender des Agrarausschusses im Deutschen Bundestag Gerig, lieber Alois,
liebe Kollegen aus den Parlamenten,
sehr geehrte Vertreterinnen und Vertreter der Europäischen Union,
sehr geehrte Wissenschaftlerinnen und Wissenschaftler,
liebe Juristinnen und Juristen,

I. Begrüßung

Die Europäische Union wird derzeit auf eine harte Probe gestellt. Wir müssen aktuell beweisen, dass wir mit einer Stimme sprechen können und konsensfähig sind. Das gilt für den Umgang mit den Menschen, die aus weniger begünstigten Ländern bei uns Zuflucht und Schutz suchen, ebenso, wie in der Griechenland-Frage.

Aber auch die aktuelle agrarpolitische Situation verlangt Europa einiges an Dialogbereitschaft ab. Wir bilden eine Einheit aus 28 demokratischen Ländern, ergo haben wir auch zahlreiche Meinungen, die wir unter einen Hut bringen müssen.

Helmut Kohl hat einmal über Europa gesagt:

> *„Nur wenn Europa mit einer Stimme spricht und seine Kräfte bündelt, kann es sein Gewicht angemessen zur Geltung bringen."*

Mit der Gemeinsamen Agrarpolitik ist uns ein eben solches solidarisches Regelwerk gelungen, das die Kräfte in Europa bündelt, Verantwortung für unsere Landwirtinnen und Landwirte übernimmt und für einheitliche und faire Marktbedingungen sorgt.

Das zeigt sich insbesondere jetzt, da wir aufgrund der Dürre, dem Russland-Embargo und der sinkenden Nachfrage nach Milcherzeugnissen aus China mit einer schwierigen Marktlage zurechtkommen müssen.

II. Gemeinsame Agrarpolitik unter Berücksichtigung der aktuellen Marktlage

Damit aber in volatilen Zeiten die Überlebensfähigkeit der bäuerlichen Betriebe gesichert ist und sie für die kommenden Jahre produktionsfähig bleiben, haben wir mit der Gemeinsamen Agrarpolitik Vorsorge geleistet.

Wir haben einen beeindruckenden EU- Haushalt beschlossen: Für die Agrarausgaben der EU sind es alleine dieses Jahr rund 44 Milliarden Euro für die erste Säule und nochmals etwa 18 Milliarden Euro für die zweite Säule!

Ein austariertes und durchdachtes Gesetzes- und Regelungswerk für die Fördertatbestände und Förderbedingungen sowie für die Auszahlung, Kontrollen und Sanktionen ist bei diesen Summen unentbehrlich. Gleichzeitig müssen wir als Juristen aber immer auch im Blick haben, dass die hohe Regelungstiefe Bürokratie mit sich bringt.

Ich setze mich für eine Vereinfachung der Gemeinsamen Agrarpolitik ein. Wir dürfen die wertvolle Arbeitszeit der Landwirte nicht an unnützen Papierkram binden, deshalb haben wir 45 Vereinfachungsvorschläge erarbeitet und Kommissar Hogan übermittelt!

Die Vereinfachungsvorschläge fallen in Brüssel auf fruchtbaren Boden. Erste Veränderungen sind schon umgesetzt: wir haben z.B. eine Vereinfachung bei den ökologischen Vorrangflächen im Rahmen des Greenings erzielt.

Der Zeitplan der Kommission sieht bereits die nächsten Maßnahmen für den Herbst diesen Jahres vor. Das ist ein Anfang, aber ich kämpfe weiterhin für mehr Vereinfachung!

Sicher kann auch der Agrarrechtskongress zu diesem Ziel mit Denkanstößen beitragen. Ich freue mich, wenn Sie erste Erfahrungen bewerten und Justierungsvorschläge diskutieren, denn der Austausch ist auch mit der Perspektive auf die GAP nach 2020 sehr wertvoll für Politik, Praxis und die Wirtschaft.

In der aktuellen Marktsituation hat die GAP eine besonders wichtige Bedeutung. Bedingt durch eine Nachfrageschwäche nach Milcherzeugnissen auf den asiatischen Märkten, das Russlandembargo sowie witterungsbedingten Ernteeinbußen ist die Marktlage schwierig. Ein deutlicher Anstieg der Menge lässt die Preise sinken.

Durch die Direktzahlungen aus der 1. Säule haben die Landwirtinnen und Landwirte eine Grundabsicherung und können die Mittel dort einsetzen, wo sie gebraucht werden. Es liegt in ihrer Entscheidung!

Für meine Agrarpolitik gilt: ich will die Landwirtschaft wetterfest machen, damit sie sich am Markt behaupten kann. Dazu braucht es in der aktuellen Marktsituation zum einen kurzfristig wirksame Hilfen zur Überbrückung von Liquiditätsengpässen. Zum anderen müssen wir langfristig Strukturen schaffen, um die Verantwortung in der Wertschöpfungskette fair zu verteilen.

Am Montag haben wir EU-Landwirtschaftsministerinnen und –minister bei einem Sonderagrarrat in Brüssel dafür die Weichen gestellt!

Dabei konnte sich die auch von Deutschland getragene Haltung durchsetzen: Wir werden am eingeschlagenen Kurs der Marktorientierung festhalten. Es wird kein Zurück zur Marktregulierung und zur Quotenregelung geben. Denn auch die Landwirte wissen: In einem globalen Markt sind Marktordnungssysteme, die nur auf den heimischen Markt zielen, keine Lösung. Doch wir werden unseren Landwirten stützend zu Seite stehen, ohne dabei den Weg der eingeschlagenen Reform der Gemeinsamen Agrarpolitik (GAP) zu verlassen.

Wir haben uns darauf geeinigt, dass die Agrarmittel, insbesondere aus den unerwartet hohen Zahlungen der Landwirte für die Superabgabe bei Milch, nun auch tatsächlich der Landwirtschaft zugutekommen. Die Kommission wird eine halbe Milliarde Euro für ein umfassendes Maßnahmenpaket bereitstellen.

Die Gelder aus dem Maßnahmenpaket der Kommission sollen überwiegend den Mitgliedstaaten direkt zur Verfügung stehen. Wichtig ist, dass alle Mitgliedstaaten von den Hilfen profitieren. Die Kommission ist nun aufgefordert, einen Vorschlag für die genaue Aufteilung der Mittel vorzulegen. Ich werde dafür sorgen, dass wir mit diesen Mitteln schnell und unbürokratisch die Liquidität unserer Landwirte verbessern.

Diese Hilfen müssen wir mit einer möglichst frühzeitigen Auszahlung der Direktzahlungen verstärken. Ich appelliere an die Bundesländer, alles Mögliche für eine Beschleunigung zu unternehmen. Ich meinerseits werde dafür sorgen, dass die Mittel zeitgerecht zur Verfügung stehen. Ein weiterer zentraler Bestandteil des verhandelten EU-Maßnahmenpakets ist ein breit angelegtes „Exportförderprogramm“ der EU.

Dazu gehören gemeinsame Anstrengungen der Kommission und der Mitgliedstaaten zum Abbau bestehender Handelshemmnisse und Marktzugangsschranken sowie gezielte Aktionen zur Absatzförderung innerhalb und außerhalb der EU.

Ein klares „Nein" zu Exporterstattungen ist mir allerdings wichtig, um die Marktausrichtung der GAP nicht zu konterkarieren.

Die schwächelnde Nachfrage in China und auch das Russland-Embargo machen deutlich, welchen Stellenwert der Export für unsere Milchprodukte hat. Wir brauchen diese Märkte. Ohne Export müssten sehr viele heimische Milchbauern aufgeben. Deshalb bietet mein Haus Maßnahmen für die Exportförderung an. Hier ist längst noch nicht das gesamte Potential ausgeschöpft!

Mit einem Exportgipfel will ich die Zusammenarbeit mit der Wirtschaft noch strategischer ausrichten, um passgenaue Lösungen für die Zielmärkte zu entwickeln.

Zudem haben wir im Inland eine stabile Nachfrage. Ich appelliere an den Handel und die Molkereien, den gerechten und fairen Preis für wertvolle Milchprodukte zu bezahlen.

Und auch für uns Verbraucher gilt: Wenn wir heute immer nur zum billigsten Produkt im Supermarkt greifen, leistet dies dem Strukturwandel in der Landwirtschaft Vorschub. Das geht nicht nur zu Lasten der kleineren bäuerlichen Betriebe, sondern auch zu Lasten der Vielfalt und der Regionalität der Produkte in den Ladenregalen – das müssen wir uns vergegenwärtigen.

Nicht die Rückkehr zu alten, ungeeigneten Instrumenten ist der Weg, sondern die Nutzung der Möglichkeiten, die offene Märkte bieten. Ein staatliches Sicherheitsnetz, sowie die Honorierung öffentlicher Leistungen der Landwirtschaft flankiert diesen Marktkurs!

III. Preisvolatilität und Spekulation auf den Märkten für Agrarrohstoffe

Der Markt birgt aber nicht nur Chancen, sondern auch Risiken, denn Agrarmärkte sind von Natur aus volatile Märkte. Es wird ein Rohstoff gehandelt, der vielen variablen Faktoren ausgesetzt ist, die Ernte ist nun mal nicht jedes Jahr gleich!

Diese systemimmanenten Preisschwankungen sind daher eine eher langfristige Marktkomponente, als ein kurzfristiges Phänomen. Wir haben

Instrumente, um Marktschwankungen abzusichern – das Instrument der Warenterminmärkte!

Aber: Lebensmittel sind Mittel zum Leben und daher kein Wirtschaftsgut wie jedes andere. Wir müssen ihnen eine besondere Wertschätzung entgegenbringen und dürfen sie nicht zum Spielball von waghalsigen Spekulationen an den Finanzmärkten verkommen lassen!

Dennoch bekenne ich mich klar zur bewährten und klugen Risikoabsicherung auf Agrarterminmärkten. Sie sind sowohl für Verbraucher als auch für Landwirte, Händler und Verarbeiter von großer Bedeutung. Sie ermöglichen nicht nur die Absicherung gegen Preisschwankungen, sondern geben auch wichtige Orientierung für die Preisbildung auf den Agrarmärkten.

Auch Finanzinvestoren, die keinen geschäftlichen Bezug zum Agrarsektor haben, leisten einen wichtigen Beitrag. Sie schaffen Liquidität, indem sie das Risiko der Landwirte und Händler mit übernehmen.

Damit aber die Hasardeure in bestimmten Marktphasen die Preisbildung nicht verzerren können, haben wir die neue EU-Finanzmarktregulierung auf den Weg gebracht. Mit der Regulierung machen wir das Verhalten der Finanzinvestoren transparenter. Gleichzeitig werden durch die Einführung von neuen, zielgerichteten Regeln Manipulationen und Marktmissbrauch verhindert.

Aber auch hier gilt: Finanzmarktregulierung funktioniert nur, wenn möglichst viele Länder mitmachen. Europa muss in dieser Frage zusammenstehen und seine Kräfte bündeln!

In der EU wurden diese Regeln mittlerweile umgesetzt. Damit haben wir einen wichtigen Beitrag geleistet, dass die Agrarterminmärkte Schwankungen abfedern und nicht zum Risiko werden.

Auch auf internationaler Ebene sind wir gut vorangekommen. Auf Ebene der G-20 haben sich die wichtigsten Industrie- und Schwellenländer auf Transparenz und angemessene Regulierung der Warenterminmärkte verständigt.

Die Agrarterminmärkte zeigen deutlich: wir sind Teil eines globalen Handelsnetzwerks. Das betrifft den Landwirt in Deutschland, ebenso wie in Costa Rica. Ob wir als Europäische Union oder in anderen internationalen Bündnissen auftreten, wir müssen uns immer der Auswirkungen auf die Land- und Ernährungsbranche weltweit bewusst sein!

IV. Transatlantische Handels- und Investitionspartnerschaft

Eingangs habe ich Helmut Kohl bemüht, um auf die enorme Stärke Europas hinzudeuten. Wir bündeln unsere Kräfte, wir schließen uns in Partnerschaften zusammen – das funktioniert in Krisensituationen, aber es funktioniert auch, wenn wir präventiv etwas erreichen wollen!

Als ein wesentliches Instrument sehen meine europäischen Amtskollegen und ich die Möglichkeit im Export unserer hervorragenden Produkte. Deshalb handelt die Europäische Kommission seit 2013 die Transatlantische Handelspartnerschaft aus, mit einem Wirtschaftsraum von etwa 800 Millionen Verbrauchern!

Für die Ernährungswirtschaft will die Bundesregierung vor allem den Abbau der Zölle und Handelshemmnisse erwirken! Denn: Deutschlands wirtschaftliche Stärke fußt zu großem Anteil auf Export. Für diese Exportstärke brauchen wir auch den sicheren Zugang zu Rohstoffen und Vorleistungen aus dem Import.

Wir sollten dabei stets im Hinterkopf haben: EU und USA verfügen über die weltweit höchsten Standards. Deshalb mein klares Bekenntnis vorab: Freier Handel ist eine große Chance für Deutschland und die EU. Aber wir sind nicht bereit, jeden Preis zu zahlen.

Agrarverhandlungen sind eine besondere Herausforderung beim Abschluss umfassender Handelsabkommen. Sie berühren sowohl die Verbraucherinteressen als auch die Interessen der nationalen Agrarvertreter.

Und: Lebensmittel sind sensible und emotionale Güter. Das Thema Ernährung berührt jeden Menschen jeden Tag unmittelbar. Daher birgt der Agrarhandel seit jeher ein großes Konfliktpotenzial – für jedes Handelsabkommen.

Der transatlantische Agrarhandel macht derzeit etwa 7 Prozent des gesamten EU-US Güterhandels aus. Für Deutschland sind die USA dabei nach der EU und der Schweiz der wichtigste Handelspartner. Der beachtliche Wert der deutschen Ausfuhren von Gütern der Land- und Ernährungswirtschaft in die USA betrug 2014 rund 1,6 Milliarden EUR!

Hauptexportgüter sind Kaffee, alkoholische Getränke, Schokolade, Backwaren und Milcherzeugnisse. Der Abbau von Zöllen und nicht-tarifären Handelshemmnissen für diese Produkte spielt uns in die Karten!

Mein Haus setzt sich sehr klar und deutlich dafür ein, dass der Schutz der qualifizierten geographischen Herkunftsangaben auch auf die USA ausgedehnt wird! Mit TTIP wollen wir die Weichen stellen für ein Europa, das den internationalen Handel auch in Zukunft prägen kann.

Denn, meine Damen und Herren, bei allen Debatten um die Beibehaltung von Standards wird ein Standard häufig nicht ausreichend berücksichtigt: Die Beibehaltung unseres Lebensstandards.

Nutzen wir die Chancen, die uns ein transatlantisches Freihandelsabkommen für die Gestaltung unserer Zukunft bietet!

V. Bodenmarkt

Ein weiteres sensibles Thema, welches derzeit die Agrardebatte befeuert, ist die Frage nach dem Boden.

Im Zentrum meiner Agrarpolitik steht das Nutzen und Schützen unserer natürlichen Lebensgrundlagen, denn die Ernährung der Menschheit ist die primäre Aufgabe der Landwirtschaft!

Ohne bezahlbaren Ackerboden sind die Landwirte aber nicht in der Lage, diesen Auftrag zu erfüllen. Die Konkurrenz auf dem Bodenmarkt ist groß. Steigende Pachtpreise um mancherorts 50 Prozent (2003-2013) und eine zunehmende Flächenkonzentration sehe ich kritisch für unsere heimische Agrarstruktur.

Ich begrüße daher sehr, dass die Länder beginnen über Anpassung des Bodenrechts an die erheblich veränderten Verhältnisse nachzudenken.

Bund und Länder müssen sich mit gemeinsamer Kraft für den Erhalt der landwirtschaftlichen Flächen weiterhin stark machen und den Druck von den Flächen nehmen. Eine Bund-Länder-Arbeitsgruppe „Bodenmarktpolitik" hat dazu bereits Handlungsempfehlungen erarbeitet.

Und einen weiteren Teilerfolg können wir auf der Habenseite verbuchen. Der EuGH hat entschieden, dass die Veräußerung der Flächen aus öffentlicher Hand dem höchstbietenden Nichtlandwirte versagt werden darf.

Daher kann die Vorschrift weiterhin zum Schutz des landwirtschaftlichen Bodenmarkts vor übermäßigem Preisanstieg angewendet werden. Damit ist ein deutliches Signal gesetzt: der Boden ist keine Spielwiese für außerlandwirtschaftliche Aktivitäten, sondern er ist unsere Garantie für eine Landwirtschaft in Deutschland!

Wenngleich das Bodenrecht ausschließlich im Zuständigkeitsbereich der Länder liegt, wird mein Haus auch in Zukunft die Aktivitäten auf dem Bodenmarkt im Blick halten. Denn wir alle – vom Größten bis zum Kleinsten – sind aufgefordert, die Agrarflächen auch in der Landwirtschaft zu erhalten!

VI. Abschluss

Europa steht vor großen Herausforderungen und das europäische Bündnis zeigt Einheit und Stärke in der Bewältigung dieser Aufgaben. Nicht immer und nicht in allen Fragen – aber die Europäische Agrarpolitik ist seit 1962 ein Erfolgsmodell. Wir waren seit jeher gut beraten, solidarisch zu sein.

Um auch in Zukunft handlungsfähig zu sein und für unsere nationalen Besonderheiten wirkungsvolle Politikinstrumente und Regelwerke an die Hand zu bekommen, sind die Ergebnisse des europäischen Agrarrechtskongresses von großem Wert!

Denn der Europäische Agrarrechtskongress unterstützt den Erfahrungsaustausch zwischen allen Verantwortlichen. Damit ist dieser Kongress eine einzigartige Veranstaltung – denn nirgendwo sonst bietet sich die Möglichkeit des fundierten Vergleichens der konkreten Umsetzung der GAP-Reform in den einzelnen Mitgliedstaaten.

Ich wünsche Ihnen spannende wissenschaftliche Diskussionen und Auseinandersetzungen, bereichernde Ideen und praxisorientierte Resultate.

Vielen Dank!

Discours de Bienvenue – Welcome Speech – Grußwort

Czesław Adam Siekierski, MdEP
Chair of the Committee on Agriculture and Rural Development of the European Parliament

I. The new powers of the Parliament in EU Agricultural Policy Decision-making

A. The AGRI Committee, codecision and the Common Agricultural Policy (CAP)

The European Parliament is the only directly elected EU institution and hence directly represents the interests of the EU citizens. The EP has 20 specialised standing Committees and I have the honour to chair the Committee on Agriculture and Rural Development (known as the AGRI Committee). On the basis of a proposal by the Commission, the responsible EP committee deals prepares a draft report, which then is subject to amendments by its Members, before a final vote in Plenary. Committees may also adopt own-initiative reports, organise hearings on relevant subjects by inviting experts and scrutinise the work of other EU institutions.

The entry into force of the Lisbon Treaty, on 1 December 2009, gave the European Parliament in almost all policies full co-decision powers, including, for the first time, in agricultural policy. The Parliament stands ready to fully assume its new responsibility as a co-legislator regarding the CAP and other related agricultural issues.

The responsibilities of the AGRI Committee centre around all aspects of agriculture, namely CAP, animal health and welfare, plant health, agricultural promotion and product quality, forestry and agroforestry and importantly to scrutinise the work of the European Commission.

B. The latest CAP reform

The recent reform of the CAP, which was finalised in late 2013, was the first case where the European Parliament co-decided the future of the agricultural sector alongside and on an equal footing with the Council (EU Ministers of Agriculture).

As mentioned above, the European Commission has the right of initiative, and issues a proposal that both, the European Parliament and the Council address with their own reports on how EU legislation on the CAP should look like. After a lengthy process – the trilogue phase, an agreement has to be found between the two institutions, followed by a vote in Plenary and a Council agreement.

It is without a question that the EP played a crucial role in the negotiations about the new CAP and that it decisively shaped the new CAP, especially on direct payments, market measures, rural development and horizontal rules.

For example, the role of the EP was particularly decisive on the following issues:

- the sanctions for non-full compliance with the greening will not exceed 30% in the first years of implementation of the new CAP, to help farmers to adapt to it;
- the ecological focus areas (EFAs) can be cultivated and are not set-aside areas;
- the fact that the new payment for young farmers is a mandatory feature of the new direct payments system;
- the extension of sugar quotas for two years, until 2017 (instead of 2015);
- the introduction of a new authorisation scheme for wine plantings after the end of the current planting rights regime.

Many more examples could be mentioned. By the way, the EP released a study on the role of the European Parliament in the latest CAP reform ("The First CAP Reform under the Ordinary Legislative Procedure: A Political Economy Perspective", which is available both in English[1] and in French). I invite you to have a look at it.

1 http://www.europarl.europa.eu/RegData/etudes/STUD/2014/529067/IPOL_STU(2014)529067_EN.pdf.

II. Works of the Agri Committee during the current Legislative Period

In the period lying ahead till 2019, the AGRI Committee will be engaging on a variety of issues.

A. Scrutiny of CAP implementation across the EU

A cornerstone of the AGRI Committee work will be the **monitoring of the implementation of the new CAP**. The new CAP gives greater flexibility to Member States in how to implement the reform, particularly concerning the new element of the greening and other distributive issues of direct payments.

To illustrate the diversity in CAP implementation in the current period, a few examples can be given:

8 Member States have chosen to implement the so-called redistributive payment (a payment for the first hectares whereby Member States can take up to 30% of their national envelope and redistribute it to farmers for their first 30 hectares): Poland, Belgium (Wallonia), Bulgaria, Germany, France, Croatia, Latvia, and Romania. Poland will grant the redistributive payment and also apply the capping of aid at EUR 150 000.

Almost all Member States, 27 of them, chose to implement a voluntary coupled supports to support specific sectors and products (Germany being the only country not apply this). For example, Poland will use 13% of its national envelope on voluntary coupled support, and Scotland 10%. Also, the sectors that are being supported differ widely across Member States.

Only one Member State (Denmark) will put in place a payment for areas under natural constraints under the first pillar.

15 Member States will implement a specific Small Farmers Scheme (including in Poland). Again, Member States may apply this scheme differently.

All 10 Member States applying the SAPS have decided to continue with it until 2020.

As for the mandatory greening component within the direct payments scheme, Member States have been granted some flexibility. One example is the possibility to consider equivalent practices. 5 Member States want to give farmers the possibility to meet some of their greening obligations through equivalent practices, namely 3 through agri-environment and climate measures (including Poland) and 2 through certification schemes (the

Netherlands and France). Furthermore, the choice of elements that farmers have in order to fulfil their obligations in regards to Environmental Focus Area varies amongst Member States.

In particular, the AGRI Committee will be vigilant towards the consequences any heterogeneity in the CAP implementation will have for farmers.

Another important aspect is that the scrutiny of CAP implementation also implies the scrutiny of CAP-related delegated acts adopted by the European Commission. The Committee will thoroughly scrutinise these acts setting up the detailed rules needed to implement the reformed CAP, with the view to veto their adoption if deemed necessary.

B. Other priorities of the AGRI Committee

One of the top EU priority is CAP simplification. This is particularly true concerning the new greening component of farm payments. However, part of the agreement of the CAP was that a full review of the greening has to take place after the first year of full application. This means that in 2016 the Commission has to come forward with a proposal to review the greening. The AGRI Committee will be at the centre of the debate and may, include simplification and other relevant parts in it.

The AGRI Committee deals with a wide range of important issues for the EU agricultural sector. Amongst them are:

- The recent work on the update of the EU legislation on **organic farming**, with the aim to remove obstacles to the development of organic production in the EU, guarantee fair competition for farmers and operators and improve consumer confidence in organic products. This topic has raised a lot of interest, and works are still ongoing on this topic.
- The revision of **EU animal health** rules, aiming to achieve a single overarching legal framework with harmonised principles, in order to ensure high standards of animal and public health in the EU. The new animal health law focuses on the control and prevention of transmissible animal diseases. An agreement has been reached with the Council in June.
- The AGRI Committee will continue to monitor the **consequences of the Russian embargo** on certain EU agricultural products, which has

been in place for one year and has recently been renewed by Russian President.

- To monitor the **EU dairy sector**, after milk quotas expired at the end of March 2015, will also be an important activity for the AGRI Committee. The **end of sugar quotas** will follow in 2017.
- The proposal by the Commission to allow Member States to **restrict or prohibit import GM food and feed** is a very sensitive and controversial issue and the AGRI Committee will carefully deal with this issue.
- The AGRI Committee has also provided input to the new EU rules on novel foods (foods not consumed in the EU to a significant degree before May 1997). The goal was to make the placing of novel foods on the EU market faster and cheaper, while preserving the high level of protection of human health. Negotiations are still ongoing.

C. Beyond agricultural policies: the AGRI Committee and trade agreements; example of the negotiations on a possible Transatlantic Trade and Investment Partnership (TTIP)

The AGRI Committee will continue to monitor, engage and participate in the negotiations of the agricultural chapters of international trade agreements (both multilateral and bilateral).

According to the EU Treaty, the EP should be fully informed at all stages of the negotiations and that its consent is a prerequisite to conclude any trade agreement.

This will be particularly the case regarding the negotiations on a potential Transatlantic Trade and Investment Partnership (TTIP). The negotiations between the EU and the US were officially launched on 17 June 2013. Negotiations concern three major topics: "market access" (trade in goods, public procurements, etc.), "regulatory cooperation" (incl. regulatory coherence) and "rules" to make it easier to export, import and invest (incl. rules on customs and trade facilitation). The Commission obtained a mandate to negotiate from the EU Governments. The 10th Negotiation Round took place on July 13-17 in Brussels.

The EU agricultural sector is a very sensitive and essential part of the TTIP negotiations, taking into consideration the facts that the EU is world's number one exporter and importer of agri-food products, followed by the US.

In April 2015 the AGRI Committee adopted its own recommendations on TTIP negotiations concerning the agri-food sector[2].

The recommendation stated clearly that TTIP is an opportunity to gain increased market access for EU products and to ease reciprocal regulatory burdens that unnecessarily hamper trade.

The EU shall ensure a positive and ambitious final outcome of the negotiations for agriculture, reflecting the interests of the EU agricultural sector and all their particularities, such as the abolition or reduction of both tariff and non-tariff barriers, their sensitive products, the sanitary and phytosanitary standards and procedures, the strong position for high-quality European products in order that EU producers make genuine gains in terms of access to the US market, and that measures to protect consumers and their health or maintain food safety should not be regarded as non-tariff barriers.

It is a non-negotiable position for the AGRI Committee that the European food safety, human, plant and animal health, animal welfare, and environmental and consumer protection standards must be a upheld and form an integral part of the negotiations on European agriculture.

In addition, the EU should secure appropriate legal protection on the US market for EU geographical indications and quality EU agricultural products

Importantly, **agriculture must not be used as a bargaining chip** in efforts to secure access to the US market for other sectors.

The AGRI Committee will continue to closely follow ongoing negotiations, and to discuss the challenges and opportunities of TTIP.

Furthermore, the AGRI Committee also follow other trade negotiations, such as developments in the World Trade Organisation.

---

2 See 2014/2228(INI), AGRI Committee opinion on the Recommendations to the European Commission on the negotiations for the Transatlantic Trade and Investment Partnership, 16 April 2015.

Discours de Bienvenue – Welcome Speech – Grußwort

Prof. Dr. Rudolf Mögele
Deputy Director-General, DG AGRI

I. Introduction

I'm very pleased to be here today and discuss the implementation of the CAP with you, as well as our challenges ahead. I am aware that you expected to meet my boss Director General Jerzy Plewa. Although he would have been happy to discuss with you, he is, now tied up in the Commission's efforts to tackle the dairy crisis. He has asked me to convey his best wishes to you.

During your conference you will analyse how the new CAP has been implemented by Member States. Such analysis is very pertinent today: we need sound scientific analysis on how the different policy instruments are being put in place, and how the Common Agricultural Policy interacts with the different territorial realities in Europe.

Your Congress touches upon one of the key priorities of the current mandate of the European Commission: the debate on **subsidiarity** and the role of EU policies and EU institutions in a very complex and diverse Europe.

II. Implementation of Direct Payments

As you will notice during your Congress, today's Common Agricultural Policy is very diverse. In the area of the direct payments, we have put in place a new architecture which, certainly, gives a large margin of manoeuvre to the Member States and regions. However, that flexibility takes place within well-defined regulatory and budgetary limits in order to ensure reaching common objectives through common instruments at European level.

2015 is the first year of the implementation of the new system of direct support, so it is still too early to assess the impacts of the new policy. But, it is the right moment now to take stock of the decisions that Member

States took last summer, understand the reasons behind the decisions and develop comparative approaches.

First of all, several models of direct payments will continue to coexist in the EU:

On the one hand, the 10 Member States who applied the single area payment scheme (SAPS) will continue to use this system in the years to come. All other Member States will continue with the system based on payment entitlements, but they had to choose whether to implement it at regional or at national level: 6 Member States decided to do it at regional level. Also, these Member States have an important flexibility as to the pace and level of convergence of the level of payment among farmers.

Secondly, we see a greater role of optional schemes (which may be adopted or not): 1 Member State opted for direct payment for **areas with natural constraints**, 8 Member States apply the **new redistributive payment** and 15 Member States offer farmers the **simplified small farmers scheme**, albeit with certain variations.

Thirdly, important decisions have been taken as regards the introduction of the "**coupled support**": with important differences among them, most of the Member States use the possibility to put in place this type of payments (Germany is the only Member State which does not).

Fourthly, as regards the implementation of "**greening**", the Member States had also the possibility to decide on the type of Ecological Focus Areas they consider eligible and they may also allow farmers to do "greening" using equivalent practices.

Finally, Member States had to take decisions on various financial aspects, e.g. the transfer of money between pillars, the extent of reductions of payments to be applied to beneficiaries with high level of basic payments, and the level of top-up payments for young farmers.

This flexibility given to the Member States has a clear goal: to provide for greater targeting of direct support according to national and regional characteristics. This new architecture clearly sets a **new balance** between the need to acknowledge the wide diversity of EU agriculture and the need to guarantee at European level, a level-playing field and avoid unfair competition.

III. "Implementation" of market measures

As regards market measures I do not have the time to outline all new instruments introduced by the reform. Besides the new possibilities for producer and Interbranch organisations to improve the position of farmers on the market and in the food chain and the expiry of milk quotas in 2015 and sugar quotas in 2017 I would like to mention in particular the broadening of our toolbox for the management of crisis situations.

Unfortunately, only a few months after the entry in force of the reformed CAP, we were already confronted with the need to test our market measures.

In the **dairy sector**, the 2014 Russian import ban resulted in market disturbances with significant price falls due to the loss of an important export market. Russia was the first destination of EU dairy exports, absorbing for some Member States as much as 25% of their domestic milk production. The Member States most severely hit were the Baltic States and Finland. It was therefore decided to grant them financial support in the form of a targeted aid for their milk producers.

To take account of the indirect impact of the Russian ban on the whole EU territory, all safety net measures available under the Common Market Organisation were activated, i.e. private storage aid (PSA) for cheese, butter and skimmed milk powder (SMP) and the possibility for operators to sell their butter and SMP into public stocks was extended beyond the standard period (1 March to 30 September).

As regards **fruit and vegetables**, EU agri-food exports show that the sector is on the good path. From August 2014 to April 2015, EU fruit and vegetable exports in terms of volume rose by 5% even if they decreased by 6% in terms of value compared to the same period of the previous 3 years.

To a great extent the impact of the ban to the sector has been alleviated by the exceptional measures put in place and the good organisation rate (producer organisations) of the sector.

A last set of measures that cover the period from 8 August 2015 until 30 June 2016 is already in force.

IV. "Implementation" of Rural Development

As regards the so-called "second pillar", the Rural Development policy, the reform has considerably strengthened the integration of rural development into the family of the European Structural and Investment Funds. Our efforts in the Commission and in the Member States during the last year were focused on the adoption of the new programming documents, in particular the new Rural Development Programmes. Currently **80 of the 118 programmes**, 78% of the budget, have been approved clearing around 77% of the budget and we expect approval of the remainder by the end of this year.

Member States are establishing their programmes on the basis of a SWOT analysis and a list of *six priorities* which is again further broken down into focus areas. For the top three in budgetary terms, *environment* remains the largest priority with 43% of the budget. This is followed by *competitiveness* with 20% and poverty reduction and economic development in the wider rural economy with 15%.

Rural Development is a good example of *performance-driven policy making* and result-based budgeting, which are two of the key objectives of this Commission. Our budget is linked to targets – in other words, we know what to expect for "our" money. Let me give you a taste. We expect to:

- provide investment support to 356 000 EU farmers and start up aid to 160 000 young farmers;
- support more than 2 000 practical innovation projects;
- have around one fifth of EU farm land under management contract supporting biodiversity and 15% for better soil management.

Rural Development will also deliver towards Commissioner Hogan's mission to develop a more **energy efficient European agriculture and reduce emission levels. We expect to raise** € 6.3 billion public and private investments in energy efficiency and renewable energy and another **€ 2.1 billion will be mobilised** to switch 1.2 million hectares **to more water-efficient irrigation systems**.

And we expect to roll out broadband, improving access to ICT for 18% of the rural population.

We have also introduced new elements, in a bid to deliver more and in a simpler way. One such aspect is Simplified Cost Options which reduce the administrative burden on Member States and importantly, beneficiaries.

And we are currently making great efforts to get more Member States to use **Financial Instruments in their RDPs** – loans, guarantees and equity. Quite often, farmers and other rural business owners don't need grants to carry out their projects – they just need access to finance with good terms and rates. We firmly believe that Financial Instruments are the way forward, to ensure much more leverage and impact of each euro spent from the EU budget.

V. Simplification agenda

In line with the political priorities of the new Commission, **simplification of the CAP** is now among the key priority (short term), with a view to reduce the administrative burden for farmers and to boost their competitiveness and thus jobs, growth and investments.

We have launched an internal screening of the entire agricultural acquis on its simplification and subsidiarity potential.

We invited Member States, European Parliament and stakeholders to come up with ideas and proposals. In response, we received more than 800 pages of proposals which are currently being analysed. DG AGRI is currently assessing all contributions received based on three guiding principles:

First, the basic political decisions taken in the post-2013 reform should be respected (so we want to concentrate on those elements which can be changed within the current policy framework). Secondly, priority is given to those areas which are of most concern to farmers and other beneficiaries (and where there is the largest benefit from a reduction in administrative burden). Thirdly, simplification proposals should not jeopardise the sound financial management of the CAP or make it more prone to errors.

We have already introduced two specific modifications to the current rules for direct payments thereby

- Giving farmers and national authorities more time to prepare and lodge their 2015 payments claims; and
- Providing more flexibility as regards eligibility conditions for voluntary coupled support for animals.

We have also changed our guidelines on direct payments on a number of practical points with a view to making it easier for farmers and national authorities to implement the new direct payment regime on the ground.

These changes will become applicable immediately, i.e. already to direct payment claims in 2015.

What about next steps then?

We intend to propose concrete simplification of the Commission acts for young farmers, coupled support and certain aspects of the area control in autumn. These changes should become applicable if possible as from claim year 2016 or at the latest by claim year 2017.

As regards greening, the Commission will be reviewing its rules on the **Ecological Focus Area** after their first year of application (in spring 2016), but this review will also cover other greening elements where this proves warranted.

As regards **market measures**, we are pursuing an ambitious simplification agenda which is embedded in the alignment of the existing Commission level rules to the new CMO Regulation. The aim is to ensure real simplification for farmers and operators alike while drastically reducing the number and complexity of these rules.

As regards **Rural Development** once the programming process is achieved we will also put focus on simplification.

VI. Long-term challenges/priorities

Our current efforts in the implementation on the new CAP and the new simplification agenda take place in a very complex moment for the agricultural sector. We are in a moment which requires a **long-term reflexion** on the challenges and opportunities ahead (beyond 2020). Policy and trade reforms have increased market orientation, and revealed opportunities: World demand for agricultural products will keep increasing with population and income growth in other parts of the world.

The EU is distinguished by its potential to add value and diversity on what is exported from the broader food industry. However, important challenges lie ahead:

- The vulnerability of our sector to the external shocks,
- the fragmented structure of European agriculture (as compared to the downstream sectors),
- the scarcity and degradation of natural resources, and
- the need to adapt to and mitigate climate change.

- In order to address these challenges, our long-term actions will have to be focused on the following broad priorities:
- Consolidate the sector's market orientation and enhance its competitiveness, productivity and resilience.
- Develop a knowledge-based response to EU agriculture's climate change, environmental, and broader sustainability challenges.
- Inject new dynamism into rural areas by improving the environment for rural businesses development and by reinforcing the links between agriculture and the rest of the economy.
- Improve the role of the agricultural sector within the food chain.
- Contribute to the renewal of both human and physical capital in our agricultural structures.

VII. Conclusion

To this end we will also need to further develop the legal framework of the CAP. This will include strengthening its regulatory role and capacity as well as anchoring the particularities of the agri-food sector more strongly in the context of European competition and food law provisions. The CAP must become as targeted and effective as possible and at the same time promote the functioning of the internal market. And on top of all that should it become simpler. As you can see, there is a lot on the plate. That's why we are looking attentively at the discussion of this conference. We are keen to hear your analyses and will listen to your recommendations.

Introduction scientifique – Scientific Introduction – Wissenschaftliche Einführung

Towards New Objectives for the CAP – A legal analysis

Prof. Dr. Joseph A. McMahon
University College Dublin

I. Introduction

The objectives of the Common Agricultural Policy as set down in the Treaty of Rome have remained unchanged since 1957, whilst over the same period the vast majority of that Treaty has been subject to change. Indeed, the latest version of the Treaty returns the objectives of the Common Agricultural Policy (CAP) to Article 39 – its original numbering. This is not to suggest that agriculture had not evolved since 1957 as that would be an incorrect conclusion. The CAP has evolved considerably; for example, it is now expected to make a contribution to the protection of the environment, the promotion of animal welfare and the protection of the consumer. This evolution is a response to developments not only within Europe but more globally. This raises a number of other areas which the CAP could make a contribution; for example, how should it respond to the demands of globalization, the challenge of promoting food security (and development) and the challenge posed by climate change.

This contribution seeks to explore how the CAP could evolve further by asking the questions: is it time to set new objectives for the CAP? and, if so, what should those objectives be?

II. The Treaty of Rome

Unsurprisingly, the Treaty of Rome, and the treatment offered by that Treaty to agriculture, are a product of the 1950s.

A. Article 39 of the Treaty

Article 39(1) provides the objectives of the CAP as being:

a) to increase agricultural productivity by promoting technical progress and by ensuring the rational development of agricultural production and the optimum utilisation of the factors of production, in particular labour;
b) thus to ensure a fair standard of living for the agricultural community, in particular by increasing the individual earnings of persons engaged in agriculture;
c) o stabilise markets;
d) to assure the availability of supplies;
e) to ensure that supplies reach consumers at reasonable prices.

These objectives reflect the need for agriculture to contribute to overall economic growth in the Member States, a concern with the welfare of the rural population, and a concern with adequate food supplies for consumers.

Reading through the objectives, paragraph 1(a) implies a type of regional structural policy that would achieve an increase in agricultural productivity through the promotion of technical progress and a rational development and optimum use of agricultural production factors. The use of the word 'thus' in paragraph (b) connects the first two objectives, leading to an argument that the regional structural policy must lead to an achievement of a fair standard of living for the agricultural community. However, the second part of paragraph (b) may suggest that it constitutes a type of income guarantee that would have to be achieved over the longer term. Paragraph (c) is more interested in the short-term effects of fluctuations in prices, demand and supply. The policy must include mechanisms designed to smooth out these fluctuations, thereby connecting paragraph (c) with paragraph (d) although no reference is made to techniques that would ensure such availability of supplies or to the scope of activity in this area. Finally, paragraph (e) confirms that the policy is not to be limited to producers and processors but is to extend to consumers. Prices for them are to be "reasonable" as opposed to the standard of living of farmers, which is to be "fair".

Turning from the literal meaning of Article 39(1) to what actually happened, the policy as it developed in the 1960s was not structural in nature – it was a markets/prices policy – and a structural policy did not begin to emerge until ten years after agreement on a common cereals price. In the implementation of the nascent CAP, it seems that Article 39(2) was forgotten. It reads:

In working out the common agricultural policy and the special methods for its application, account shall be taken of:

a) the particular nature of agricultural activity, which results from the social structure of agriculture and from structural and natural disparities between the various agricultural regions;
b) the need to effect the appropriate adjustments by degrees;
c) the fact that in the Member States agriculture constitutes a sector closely linked with the economy as a whole.

Article 39(2) was not forgotten at the Stresa Conference held in July 1958 to map the future direction of the CAP and which in its Resolution noted the need for a close correlation to be established between structural policy and market policy and a policy allowing for the development of trade within the Community whilst maintaining trade with third countries.[1] What emerged from the Conference was encouragement for rural development, but it is worth noting here that there are no objectives set for rural development in the Treaty – even though it would emerge over time to form the second pillar of the CAP.

B. The jurisprudence of the Court

In an early case Germany advanced the argument that the Commission had failed to understand Article 39 because the objectives laid down in subparagraph (1)(b) of this Article could only be attained by the methods laid down in subparagraph (1)(a). The Court dismissed this argument.[2] However, in *Danske Landboforeninger*, the Court pointed out that: "the very wording of Article [39] (1) shows that the increase in the individual earn-

1 The Resolution noted that "market policy must be conducted so as to stimulate the improvement of productivity." See *Recueil des Documents de la Conférence Agricole des Etats membres de la Communauté Économique Européenne à Stresa du 3 au 12 Juillet 1958*, pp 221-222. Available at http://aei.pitt.edu/34450/4/A15.pdf.

2 Case 34/62 Germany v Commission [1963] ECR 132.

ings of persons engaged in agriculture is envisaged by being primarily the result of the structural measures described in sub-paragraph (a)."[3]

The Court has also declared that Article 39(1)(b) does not constitute an income guarantee for farmers.[4] Indeed measures that reduced the prices payable to producers have been upheld as measures to stabilize markets.[5] Measures to achieve such stability that impact adversely on individuals do not give those individuals the right to complain.[6] In relation to the safeguarding of supplies, there are no fixed mechanisms to achieve this. As for paragraph (e), the Court made it clear in *Germany v Commission* that reasonable prices did not mean the lowest possible prices but had to be considered in the light of the CAP overall.[7] In a later case, the Court would rule that Article 39 would only be breached if a measure led to consumer prices that were obviously unreasonable.[8]

No hierarchy of objectives is indicated in Article 39(1). As early as 1968, the Court recognized that the Community institutions would have to balance the competing demands of Article 39(1) as they could not "all be realised simultaneously and in full."[9] The classic formulation of this balancing act occurred in *Balkan*, where the Court stated:

> In pursuing these objectives the Community institutions must secure the permanent harmonisation made necessary by any conflict between these aims taken individually and, where necessary, allow one of them temporary priority

---

3 Case 297/82 *De Samvirkende Danske Landboforeninger v Ministry of Fiscal Affairs* [1983] ECR 3299, 3317. See also Joined Cases 36/80 and 71/80 *ICMSA* [1981] ECR 735.

4 See, e.g., Case 2/75 *Mackprang* [1975] ECR 607 and Case 281/84 *Bedburg* [1987] ECR 49.

5 See, e.g., Case 138/78 *Stölting* [1979] ECR 713, Case 250/84 *Eridania* [1986] ECR 117, and Case 46/86 *Romkes* [1987] ECR 2687.

6 Joined Cases 63/72 and 69/72 *Wehrhahn* [1973] ECR 1229. See also Case C-353/92 *Greece* v *Council* [1994] ECR I-3411 involving a challenge to Council Regulation (EEC) No 1765/92 of 30 June 1992 establishing a support system for producers of certain arable crops [1992] OJ L 181/12, where the Court accepted that stabilizing markets can take precedence over a fair income for farmers in certain circumstances.

7 Case 34/62 *Federal Republic of Germany v Commission* [1963] ECR 131.

8 Case 5/73 *Balkan* [1973] ECR 1091.

9 Case 5/67 *Beus* [1968] ECR 83, where the Court stated that: "As those objectives are for the protection of agricultural producers as well as of consumers, they cannot all be realised simultaneously and in full".

> in order to satisfy the demands of the economic factors or conditions in view of which their decisions are made.[10]

This formulation (usually referred to as the *Balkan* formula) has been repeated on several occasions, with the Court limiting itself to an examination of whether the measure in question contains a manifest error, constitutes a misuse of power or whether the discretion enjoyed by the Community institutions has been exceeded.[11]

The *Balkan* formula conflicts with the approach adopted by the Court to the interpretation of Article 2 of Regulation 26/62 whereby an agreement hoping for exemption from the competition provisions must satisfy all the objectives of the CAP, as demonstrated by the decision in *FRUBO*.[12] The *Balkan* formula also suggests that, at some stage, the Court may overrule a measure of the institutions if the situation of "temporary priority" is continued for a substantial period of time, thus jeopardizing the achievement of the other CAP objectives. The possibility that the Court could adopt such an approach was highlighted in its decision in *Behla-Mühle,* in which the Court used the objectives in Article 39(1), the rule on non-discrimination contained in Article 40(2) and the general principle of proportionality to rule that the obligations imposed by the contested Regulation were not necessary to attain the objectives of the CAP.[13] Considerable latitude has been given to the institutions by the *Balkan* formula but, as *Behla-Mühle* indicated, there are limits to that latitude. The limits were hinted at in *Crispoltoni II* where, after repeating the *Balkan* formula, the Court continued: "That harmonisation must preclude the isolation of any one of those

---

10 Case 5/73 *Balkan*, n 8 above, 1112.

11 See, e.g., Case 29/77 *Roquette Frères* [1977] ECR 1835, Case 203/86 *Spain v Council* [1988] ECR 4563, and Case C-280/93 *Germany v Commission* [1994] ECR I-4973. See also the repetition of the *Balkan* formula by the then Court of First Instance (now the General Court) in Case T-489/93 *Unifruit Hellas* [1994] ECR II-1201.

12 Case 71/74 *Nederlandse Vereniging voor de fruit- en groentenimporthandel, Nederlandse Bond van grossiers in zuidvruchten en ander geimporteerd fruit "Frubo" v Commission of the European Communities and Vereniging de Fruitunie* [1975] ECR 563.

13 Case 114/76 *Bela-Mühle Josef Bergmann KG v Grows-Farm GmbH & Co. KG* [1977] ECR 1211, para 6.

objectives in such a way as to render impossible the realisation of other objectives."[14]

It is only to be expected that the objectives set for the CAP in the original Treaty would be very economically-oriented – securing a fair standard of living for the agricultural community, stabilizing markets and ensuring reasonable prices for consumers. The Chapter on Agriculture does make reference to other objectives – rational development of agricultural production, the gradual structural reform of the sector, vocational training of the agricultural workforce and economic development of rural areas. With the transformation of the European Economic Community into the European Union, the demands placed on the CAP would become less focussed on the economic welfare of the individual farmer and more focussed on the contribution that agriculture could make to a wider variety of economic, social and cultural objectives.

III. Expanding the Objectives of the CAP

Article 40 makes it clear that "the common organization shall be limited to pursuit of the objectives set out in Article 39". The ordinary legislative procedure, as set out in Article 43, was to be used to establish the common organizations of the market but this procedure has also been used as a legal base, either singly or with another provision of the Treaty, for legislation covering measures with objectives not found in Article 39. An early example cited by Usher is health legislation, more particularly Directive 69/464 on the control of potato wart disease and Directive 69/465 on the control of the potato cyst eelworm.[15] Although these measures had joint legal bases, subsequent legislation would be adopted on the basis of Article 43 alone and this would be challenged before the Court, for example, in a challenge by the United Kingdom (UK) to the legal base used for Directive 85/649 on the use of hormones in beef.[16]

14 Joined Cases C-133/93, C-300/93 and C-362/93 *Antonio Crispoltoni v Fattoria Autonoma Tabacchi and Giuseppe Natale and Antonio Pontillo v Donatab Srl.* [1994] ECR I-4863, 4903. See also Joined Cases 197–200, 243, 245 and 247/80 *Ludwigshafner Walzmühle* [1981] ECR 3211 for a similar statement.

15 JA *Usher, EC* Agricultural Law, 2nd edn (Oxford: Oxford University Press, 2001). The Directives were published in [1969] OJ L 323/1 and 3.

16 Council Directive 85/649/EEC of 31 December 1985 prohibiting the use in livestock farming of certain substances having hormonal action [1985] OJ L 382/228.

The UK, supported by Denmark, argued that Article 43 did not constitute a sufficient legal basis for the Directive as although it had agricultural policy objectives, it was also directed at harmonizing the laws of the Member States safeguarding the interests and health of consumers, which is not one of the objectives of the CAP. In response, the Court noted that Article 43 has to be interpreted in the light of both Articles 39 and 40, and that it follows from the second paragraph of Article 39 that "agricultural policy objectives must be conceived in such a manner as to enable the Community institutions to carry out their duties in the light of developments in agriculture and in the economy as a whole".[17] It continued:

> "Efforts to achieve objectives of the common agricultural policy, in particular under common organizations of the markets, cannot disregard requirements relating to the public interest such as the protection of consumers or the protection of the health and life of humans and animals, requirements which the Community institutions must take into account in exercising their powers."[18]

For the Court, there was thus no need to have recourse to another provision of the Treaty as a joint legal basis as this particular measure contributed to the achievement of one or more of the objectives listed in Article 39.

The Court went on to point out that, by virtue of Article 38(2), which accords precedence to the specific provisions on agriculture over the more general provisions on the establishment of the internal market, in the absence of specific provisions outlining other objectives, the general provision on harmonization cannot restrict the scope of Article 43.[19] This approach has been followed in subsequent cases but the judgment suggests that in those instances in which there is a specific legal base elsewhere in the Treaty, that provision should be joined to Article 43.[20] Although the Court chose to ignore the introduction of Article 152 (now Article 168 TFEU), which required that health protection measures should form a constituent part of other Community policies, in the challenge to Regulation 820/97 introducing a new system for the identification and registration of bovine animals and the labelling of beef and beef products, the immediate

17 Case 68/86 *United Kingdom v Council* [1988] ECR 855, para 10.

18 Ibid para 12.

19 Ibid para 16. The Court cited here both Case 83/78 *Pigs Marketing Board v Redmond* [1978] ECR 2347 and Case 177/78 *Pigs and Bacon Commission v McCarren* [1979] ECR 2161.

20 See, e.g., Case 131/86 *United Kingdom* v *Council* [1988] ECR 905.

successor to this Regulation was based on Article 152(4)(b) (now Article 168(4)(b) TFEU).[21]

As specific legal bases for EU action, whether joint or shared, have been added to the Treaty and as the scope of EU activities has enlarged, so too have the demands placed on the CAP. At the 2001 Göteborg European Council, it was agreed that:

> ...the Common Agricultural Policy and its future development should, among its objectives, contribute to achieving sustainable development by increasing its emphasis on encouraging healthy, high quality products, environmentally sustainable production methods, including organic production, renewable raw materials and the protection of biodiversity.[22]

These demands would have represented a considerable challenge for the future direction of the CAP had it not been for the fact that the policy had already been active in these areas and the original cross-compliance criteria can be seen as the beginning of a process of establishing a broader set of objectives for the CAP.

For example, the original animal welfare cross-compliance criteria include the Directives on the protection of animals kept for farming purposes and those laying down minimum standards for the protection of calves and pigs.[23] The first of these may be seen as EU recognition of the Council of Europe's Convention for the Protection of Animals kept for Farming Purposes, which all Member States have ratified. The emphasis on animal

---

21 Council Regulation No 820/97 of 21 April 1997 establishing a system for the identification and registration of bovine animals and regarding the labelling of beef and beef products [1997] OJ L 117/1. See Case C-269/97 *Commission and European Parliament v Council* [2000] ECR I-2257 and Council Regulation (EC) 999/2001 of 22 May 2001 laying down rules for the prevention, control and eradication of certain transmissible spongiform encephalopathies [2001] OJ L 147/1. According to the third recital of the Preamble to this Regulation, it "directly concerns public health and is relevant to the functioning of the internal market. It covers products which are included in Annex I to the Treaty as well as products which are not. Consequently, it is appropriate to choose Art 152(4)(b) of the Treaty as the legal basis".

22 Bulletin of the EU, 6-2001, I 15.

23 Respectively, Council Directive 98/58/EC of 20 July 1998 concerning the protection of animals kept for farming purposes [1998] OJ L 221/23; Council Directive 91/629/EEC of 19 November 1991 laying down minimum standards for the protection of calves [1991] OJ L 340/28, and Council Directive 91/630/EEC of 19 November 1991 laying down minimum standards for the protection of pigs [1991] OJ L 340/33.

welfare is also evidence of the growing importance of promoting animal welfare, which was recognized in the Protocol on the Protection and Welfare of Animals attached to the Treaty of Amsterdam. The EU has argued for the inclusion of animal welfare in the negotiations for a new Agreement on Agriculture and, in the absence of an international consensus on standards in this area, has adopted an Action Plan on the Protection and Welfare of Animals.[24] The importance of animal welfare has been further accentuated by Article 13 TFEU which, like the Protocol, requires the EU and the Member States to "pay full regard to the welfare requirements of animals, while respecting the legislative or administrative provisions and customs of the Member States relating in particular to religious rites, cultural traditions and regional heritage'. As for the impact of this objective of promoting animal welfare, reference can be made to the interpretation of the Treaty of Amsterdam's Protocol in *Jippes*, in which the Court pointed out that 'it is apparent from its very wording that it does not lay down any well-defined general principle of Community law which is binding on the Community institutions".[25]

In the more general area of public health, the original cross-compliance criteria included compliance with the Directive on the prohibition on the use of certain substances having a hormonal effect,[26] and compliance with various provisions of Regulation 178/2002 laying down the general principles and requirements of food law. The relevant provisions of the latter Regulation provide that food and feed business operators should not place either food or feed on the market if it is unsafe (i.e. injurious to health or unfit for human consumption) and establishes the responsibilities of these

---

24 See Press Release Improving Animal Welfare: EU Action Plan Adopted, IP/06/64, 23 January 2006. In July 2015, the Council and the Parliament reached political agreement on a single piece of legislation on animal health, which had been proposed in 2013 by the Commission, see http://ec.europa.eu/food/ani-mal/animal-health-proposal-2013_en.htm.

25 Case C-189/01 *H. Jippes, Afdeling Groningen van de Nederlandse Vereniging tot Bescherming van Dieren and Afdeling Assen en omstreken van de Nederlandse Vereniging tot Bescherming van Dieren v Minister van Landbouw, Natuurbeheer en Visserij* [2001] ECR I-5689, 5718.

26 Council Directive 96/22/EC of 29 April 1996 concerning the prohibition on the use in stockfarming of certain substances having a hormonal or thyrostatic action and of beta-agonists, and repealing Directives 81/602/EEC, 88/146/EEC and 88/299/EEC [1996] OJ L 125/3. See, for another example of cross-compliance criteria, Council Directive 91/414/EEC of 15 July 1991 concerning the placing of plant protection products on the market [1991] OJ L 230/1.

operators with respect of the traceability of their products.[27] The Regulation is the centre-piece of the new EU Food Strategy promoting the safety of food from farm to fork and has a legislative basis encompassing agriculture, harmonization, international trade and public health.[28] Other elements of the Food Strategy have a more specific agricultural legislative base. For example, legislation offering EU protection to Protected Designations of Origin and Protected Geographical Indications, and legislation laying down a legal framework for organic products setting out the basic objectives and general principles for organic farming.[29] Whilst the former mechanisms focus on sustainable agriculture and production quality, the latter includes specific production methods and restrictions on the use of chemicals.

Finally, there were the environmental cross-compliance criteria, for example on water pollution caused by the use of nitrates and certain dangerous substances.[30] The relevant Directives are part of a wider Union programme with respect to water. The 2008 CAP Health Check acknowledged the central role played by agriculture in protecting and enhancing biodiversity, managing and protecting water resources, and in tackling climate change. However, considerable effort will be needed to reverse the negative effects of agriculture in each of these areas and the weakening of the cross-compliance criteria since that time hints at the enormity of the problems in reconciling agriculture and the environment. Such a reconciliation is mandated by Article 11 TFEU (formerly Article 6 EC) which requires that "environmental protection requirements must be integrated into

27 Articles 14, 15, 17(1) and 18–20 of Council Regulation (EC) No 178/2002 of 28 January 2002 laying down the general principles and requirements of food law, establishing the European Food Safety Authority and laying down procedures in matters of food safety [2002] OJ L 31/1.

28 See White Paper on Food Safety COM (1999) 719 final for an early discussion of the scope of the Food Strategy.

29 See Regulation (EU) 1151/2012 of the European Parliament and of the Council of 21 November 2012 on quality schemes for agricultural products and foodstuffs, [2012] OJ L343/1 and Council Regulation (EC) No 834/2007 of 28 June 2007 on organic production and labelling of organic products and repealing Regulation (EEC) No 2092/91 [2007] OJ L 189/1.

30 Council Directive 91/676/EEC of 12 December 1991 concerning the protection of waters against pollution caused by nitrates from agricultural sources [1992] OJ L 375/1, Arts 4 and 5; and Council Directive 80/68/EEC of 17 December 1979 on the protection of groundwater against pollution caused by certain dangerous substances [1980] OJ L 20/43.

the definition and implementation" of all Union policies and activities to promote sustainable development.[31]

Looking at the section of the Treaty in which Article 11 is located, other provisions call for consistency between the Union's policies and activities (Article 7), the promotion of a high level of employment (Article 9), the need for consumer protection requirements to be taken into account in defining and implementing Union policies and activities, and for specific policies, which include agriculture, and the need to have regard to animal welfare requirements (Article 13). These are provisions which have general application and are characterized as "principles". The latter are defined in the Oxford English Dictionary as "a fundamental source, a primary element, force or law which produces or determine particular results; the ultimate basis of the existence of something". So, although Article 39(1) has not been amended since 1957, the CAP has evolved to incorporate new objectives that have changed the idea of the policy. Over that period, the idea of the Community has also evolved and perhaps it is now time to interpret the objectives of the CAP in line with the principles that lie at the heart of the EU.

IV. Addressing the international dimension

Article 21(2) of the Treaty on European Union which offers a guide to EU external relations policy provides:

> "The Union shall define and pursue common policies and actions, and shall work for a high degree of cooperation in all fields of international relations, in order to: ...
>
> (a) foster the sustainable economic, social and environmental development of developing countries, with the primary aim of eradicating poverty;

31 See Decision 2179/98 [1998] OJ L 275/1. See also COM (2008) 364, Communication from the Commission to the Council, the European Parliament, the European Economic and Social Committee and the Committee of the Regions - A mid-term assessment of implementing the EC biodiversity action plan and proceedings of the 2014 Conference Results-based Agri-environment Schemes: payments for biodiversity achievements in agriculture available at http://ec.europa.eu/environment/nature/rbaps/conference/docs/Findings_Conference_Programme-Brussels_23-24_Sept_2014.pdf.

(b) encourage the integration of all countries into the world economy, including through the progressive abolition of restrictions on international trade;
(c) help develop international measures to preserve and improve the quality of the environment and the sustainable management of global natural resources, in order to ensure sustainable development; …"

This section examines these three particular issues. What is notable about each of them is that the solutions to the problems posed in each of these areas cannot be a matter for the EU only – these are areas in which the EU must work with others to pursue effective solutions.

One starting point for this discussion is the framework that has been put in place to regulate national agricultural policies, that is, the Agreement on Agriculture (AoA) concluded during the Uruguay Round of multilateral trade negotiations which ended with the formation of the World Trade Organization (WTO). The AoA marked a systemic shift in the international regulation of agricultural production and trade as it put an end to an era of exceptionalism in which agriculture was excluded from key principles of the General Agreement on Tariffs and Trade (GATT). However, it must be noted that the AoA does not subject agricultural products to the same rules as other products indicating that WTO members are not yet ready to treat agriculture in the same way as other products. In the words of Preamble, the AoA aims to "establish a basis for initiating a process of reform of trade in agriculture", while the long-term objective of that process is to "establish a fair and market-oriented agricultural trading system". The AoA is built around rules across three pillars – market access, domestic support and export competition.

In terms of rule-making, a major achievement of the AoA on market access was the elimination of nearly all types of non-tariff barriers, which were to be converted under Article 4.2 AoA into tariff equivalents, under a process known as "tariffication". The Panel in *Chile – Price Band System* described Article 4(2) as central to "the establishment and protection of a fair and market-oriented agricultural trading system in the area of market access." Although the market access provisions of the AoA represent a significant achievement, they have had a limited concrete impact on the market. One of the reasons for this is that the reduction commitments were expressed as an average reduction in tariffs rather than a reduction in the average tariff. In addition, it is asserted that a number of members engaged in what is referred to as "dirty tariffication" as in the process of tariffication members chose data that would allow the highest possible tariffs.

In relation to domestic support, the starting point is the recognition that the WTO is not concerned about the amount of support a government provides to its farmers. It is concerned only to the extent that it affects, directly or indirectly, international trade in the sector. The rules of the AoA on domestic support reflect the delicate balance that has to be struck between the desire to leave governments free to support their agricultural sectors as they see fit and the need to reduce or eliminate the trade-distortive effects of those otherwise domestic measures. The AoA thus distinguishes between domestic support measures that are deemed to be trade-neutral and those that are deemed to be trade-distorting. The AoA leaves countries free to provide domestic support measures that are considered trade-neutral, known as "Green Box" measures, while it prohibits or restricts the use of those measures that are deemed trade-distorting, known as "amber box" measures. The detailed discipline contained in the AoA and the national schedules are of course much messier than this, but an appreciation of this binary classification remains critical for a proper understanding of the AoA discipline on domestic agricultural support.

The Green Box contains measures that are deemed trade-neutral. Annex 2, paragraph 1, of the AoA states that Green Box domestic support policies "shall meet the fundamental requirement that they have no, or at most minimal, trade distortion effects or effects on production." Furthermore, such policies must conform to two basic criteria:

a) the support in question shall be provided through a publicly-funded government programme (including government revenue foregone) not involving transfers from consumers; and,
b) the support in question shall not have the effect of providing price support to producers.

If specific measures are excluded on the basis that they are Green Box measures, it is up to the Member to ensure that such policies remain consistent with the requirements of Annex 2.

Paragraphs 2 to 13 of Annex 2 list twelve specific types of policies, the so-called "Green Box" policies. The first in this list are general services, i.e. measures providing services or benefits to agriculture or the rural community that do not involve direct payments to producers or processors. Measures such as pest and disease control and training services would be included in this category. Also exempt is public stockholding for food security purposes provided purchases are made at current domestic market prices and sales at no less than current domestic market prices. Food purchases by the Government at current market prices for use as domestic food aid are also exempt provided eligibility to receive such aid is subject to clearly defined criteria relating to nutritional objectives.

Paragraphs 6 to 13 allow for various forms of direct payments to producers to be exempt from the reduction commitment, provided the basic criteria laid down in paragraph 1 plus the specific criteria applicable to the individual payment are satisfied. These paragraphs cover decoupled income support (paragraph 6), government financial participation in income insurance and income safety-net programmes (paragraph 7), payments for relief from natural disasters (paragraph 8), structural adjustment assistance provided through producer retirement programmes (paragraph 9), structural adjustment assistance provided through resource retirement programmes (paragraph 10), structural adjustment assistance provided through investment aids (paragraph 11), payments under environmental programmes (paragraph 12) and payments under regional assistance programmes (paragraph 13).[32]

It is notable that the AoA allows a lot of room for different ways of supporting the agricultural sector, and it is only when the domestic support affects international trade, actually or potentially, that the AoA becomes relevant. The discipline on domestic support provided by the provisions of the AoA may be viewed as relatively weak. Although a mechanism was found to reduce border protection and export subsidisation, the level of domestic support has remained largely unchanged. Increasing use of the Green Box by the EU and other members may necessitate a fundamental revision of the provisions of Annex 2 to ensure that members do not use the Box as a way to evade their reduction commitments on domestic support. It is to be regretted that in *US – Upland Cotton* the Panel eschewed a definition of the fundamental requirement in Annex 2 of "no, or at most minimal, trade-distorting effects or effects on production" as not being necessary given its finding that there was a breach of paragraph 6.[33]

The provisions of the AoA on export competition are perhaps the most successful part of the Agreement. While several factors may be mentioned for this, the following are particularly notable: (1) unlike the commitments in domestic support, those on export subsidies are expressed at product-

32 If a particular payment is not specified in these paragraphs, it can still be exempt from the reduction commitment provided the general criteria of paragraph 1 are satisfied and the criteria of paragraph 6 (b) through (e) are also satisfied.

33 WT/DS267/AB/R *US* – Subsidies on Upland Cotton, see for example para 334.

specific level, thereby eliminating the possibility for member countries to meet an overall target while freely increasing the export subsidies for particular products; (2) the duality of commitments in export subsidies is another factor, i.e. the fact that the commitments constrain both the quantity of the specific product that can benefit from export subsidies and the maximum amount of money that could be spent subsidising the exportation of particular products; (3) the anti-circumvention provision of Article 10 AoA makes it impossible for countries to use measures with an export subsidisation effect, including such measures as export credits and export credit guarantees for the provision of which a new agreement was supposed to be concluded; and (4) as a result of the approach taken by the AoA, only twenty-five WTO members (counting EU-15 as one) have the right to use export subsidies today, i.e. agricultural export subsidies are already illegal for all WTO members except these twenty-five.[34]

However, the export subsidies provisions can still be criticised. For example, the commitments have proved to be fairly easy to meet possibly bccause of the generous base period chosen to establish the budgetary and volume commitment thresholds. The agreed base period to establish the threshold for both market access and domestic support commitments was 1986-88, while that for export subsidies 1986-90. Moreover, a "front-loading" option was allowed to those countries whose export subsidies increased in 1991 and 1992, i.e. soon after the agreed base period, so they would start their reductions from those higher levels while the commitment for the end of the implementation period remains that based on the 1986-90 average. Disciplines on implicit export subsidies were arguably weaker, for example, on food aid, and until *US – Upland Cotton,* on export credits and no disciplines were imposed on the activities of state trading enterprises.

The inescapable conclusion therefore is that the AoA has not led to a significant liberalisation of agricultural trade but the rules have taken the first most important step on the road towards a fundamental reform of the way agricultural trade has been conducted for generations. Members recognised that they had only just taken the first step and in Article 20 of the

34 They are, Australia, Brazil, Bulgaria, Canada, Colombia, Costa Rica, Cyprus, Czech Republic, the EU, Hungary, Iceland, Indonesia, Israel, Mexico, New Zealand, Norway, Panama, Poland, Romania, Slovak Republic, South Africa, Switzerland, Turkey, the US, Uruguay and Venezuela. TN/AG/S/8/Rev. 1 (January 31, 2005).

Agreement they provided for the next step promising negotiations for a further stage in the reform process that would build on the achievements of the first agreement and thus advance the objective identified in the Preamble of establishing a fair and market-oriented agricultural trading system.

What emerged from the pre-Doha agriculture negotiations was a general acceptance that there would be another AoA but the nature and scope of that agreement was uncertain. Three different ideas of the Agreement emerged from three different groups and within these groups it was also possible to see the beginnings of further differentiation. The first idea belonged to the Cairns Group and US. For them the agreement would be a stepping stone to the incorporation of agriculture within the disciplines of the GATT, with the next agreement paving the way for full integration. Existing mechanisms within the Agreement are either transitional, must be drafted in such a way that their operation has minimal or no impact on trade, for example, the Green Box. As a group of agricultural exporters, these members view the Agreement as an exercise in liberalization so market forces alone will predominantly determine the state of their agricultural sector.

The EU finds itself in a group of members who have reluctantly accepted the need for an AoA but are seeking in their own agricultural policies to recognise that agriculture promotes certain public goods which are not adequately recompensed through the operation of the market. As reluctant liberalisers, they would seek an agreement allowing them to continue to support their agriculture and to limit access to their market by competing products from other members. The existing disciplines of the Agreement are the right mix for them and the process of liberalisation will be slow, necessitating a succession of agreements on agriculture. Within this group there are some who are more liberal than others, for example, the EU, whilst others are inherently conservative but the overall philosophy is one of promoting balance between imports and exports, between intervention and free market, and between trade and non-trade concerns as they understand them.

The third idea of the AoA belongs to a group of developing members who see the agreement as an exercise driven by developed members which fails to account for the particular characteristics of developing country agriculture. In itself this is not surprising as this group had only been marginally involved in the discussions in the Uruguay Round which led to the AoA. For this group, the idea for a future agreement would be one which re-balances the existing agreement to promote greater equity through either flexibility of obligations or even different obligations. For them what is missing from the existing Agreement is a development dimension and the existing mechanisms of special and differential treatment are not sufficient to promote development; the latter includes those benefitting from the Ministerial Decision on Measures concerning the Possible Negative Effects of the Reform Programme on Least-Developed and Net Food-Importing Developing Countries (the NFIDC Decision). In this idea of the agreement, all developed members are the sources of the problem and disciplines should be imposed on them that would allow developing members to develop.

In one sense the emergence of these three groups (and further groups within these groups) could have been predicted – Article 20 required the members to reflect on their experience to date in the implementation of the agreement and the reduction commitments – it would have been remarkable if those experiences had all been positive. It is equally unsurprising that the negotiations launched by Doha have not yet been successful. It has been noted by one WTO Member that: [35]

> ... it is our view that developing countries with large agrarian population need to be provided with certain flexibility within the Agreement. More specifically, such developing countries need to be allowed to provide domestic support in the agricultural sector to meet the challenges of food security and to be able to preserve the viability of rural employment, as different from the trade distortive support and subsidies presently permitted by the Agreement. It is therefore important that a differentiation is made between such domestic support measures which are product-specific and are presently being used to carve out a niche in the international trade and between those measures which are non-product specific and are geared towards improving productivity and reducing the vulnerability of the rural population, because only then would developing countries be able to alleviate rural poverty and address concerns related to food security.

This Member went on to argue that the AoA should provide a greater degree of flexibility for developing countries with predominantly rural agrarian economies, for example, by exempting support for maintaining and enhancing domestic production for domestic consumption in food insecure countries from the domestic support reduction commitments, and allowing "for appropriate border measures and safeguard mechanisms, as a special and differential provision to minimize the deleterious effect that possible

35 WT/GC/W/342, para 5.

surges of imports could have on food security and rural employment."[36] The particular Member was India and the proposal was made not in the context of the preparations for the WTO Ministerial Conference in Bali in 2013 but in preparation for the 1999 Ministerial Conference in Seattle.

The now accepted definition of food security emerged from the 1996 World Food Summit in Rome which declared that: "Food security exists when all people, at all times, have physical and economic access to sufficient, safe and nutritious food to meet their dietary needs and food preferences for an active and healthy life."[37] Within this definition, the FAO has identified the four dimensions of food security as being availability, access, utilization and stability, with the latter providing that a population "should not risk losing access to food as a consequence of sudden shocks (e.g. an economic or climatic crisis) or cyclical events (e.g. seasonal food insecurity)."[38] The 1996 World Food Summit made it clear that the primary responsibility for realizing food security rested with national governments with the role of international community being to play a key role "in supporting the adoption of appropriate national policies and, where necessary and appropriate, in providing technical and financial assistance to assist developing countries and countries with economies in transition in fostering food security."[39]

In the absence of a ministerial meeting in the immediate aftermath of the publication of the Modalities in December 2008, the negotiations would continue in an attempt to achieve greater convergence on the outstanding issues.[40] At the Eighth Ministerial Meeting in Geneva in 2011, the Chair's Concluding Statement noted that despite the efforts of Members the Doha negotiations were at an impasse and that it was unlikely that all the negotiations would be concluded in the near future. To facilitate progress it was suggested that the focus should be on "the elements of the Doha Declaration that allow Members to reach provisional or definitive agreements based on consensus earlier than the full conclusion of the sin-

36 Ibid, para 10.

37 World Food Summit Plan of Action', available at: http://www.fao.org/docrep/003/w3613e/w3613e00.htm. (Accessed 5 November 2015.).

38 See http://www.fao.org/forestry/13128-0e6f36f27e0091055bec28ebe830f46b3.pdf, FAO, 'Food Security', (2006) 2 Policy Brief (accessed 5 November 2015).

39 Ibid, para. 58. At the 2009 World Food Summit

40 TN/AG/W/4/Rev. 4.

gle undertaking" with such agreements having "to respect fully the development component of the mandate."[41] Four areas were identified for the early harvest; trade facilitation, least developed countries, cotton and agriculture and within the latter, four issues were to be addressed (general services, export competition, tariff quota administration and public stockholding for food security purposes).

At the Bali Ministerial Conference decisions were reached on each of the four agricultural issues. On public stockholding for food security purposes, the Members agreed to put in place an interim mechanism, in the form of a peace clause, pending the negotiation of a permanent solution by 2017.[42] The decision applies to traditional staple food crops, which are defined as "primary agricultural products that are predominant staples in the traditional diet of a developing Member."[43] To benefit from a decision a Member would have to notify the Committee on Agriculture that it is exceeding or is at risk of exceeding either or both of its AMS limits (the Member's Bound Total AMS or the *de minimis* level) as result of its stockholding programmes.[44] Such programmes should not, according to paragraph 4 of the Decision, "distort trade or adversely affect the food security of other Members" and consultations may be held if this occurs.

A subsequent General Council Decision in November 2014 decided that paragraph 2 of the Bali Decision would be read as follows:[45]

> Until a permanent solution is agreed and adopted, and provided that the conditions set out in paragraphs 3 to 6 of the Bali Decision are met, Members shall not challenge through the WTO Dispute Settlement Mechanism, compliance of a developing Member with its obligations under Articles 6.3 and 7.2(b) of the Agreement on Agriculture in relation to support provided for traditional staple food crops in pursuance of public stockholding programmes for food security purposes existing as of the date of the Bali Decision, that are consistent with the criteria of paragraph 3, footnote 5, and footnote 5 and 6 of Annex 2 to the Agreement on Agriculture.

It also noted that the peace clause would remain in force until a permanent solution is agreed and adopted, with 2015 (the Ministerial Meeting in

41 WT/MIN(11)/11.
42 WT/MIN(13)/38.
43 Ibid, footnote 2.
44 The Annex to the Decision contains a template that must be completed by all notifying developing countries for each stockholding programme it maintains for food security purposes.
45 WT/GC/W/688.

Nairobi) now being set as the date by which Members hope to adopt a permanent solution. At this point it is worth noting that whilst the Bali Declaration used the phrase “shall refrain from challenging” the latest Council Decision uses the phrase “shall not challenge”, which suggest a higher level of legal protection. Moreover, protection is offered against actions brought under the AoA which leaves open the possibility of actions being taken under other agreements, notably the Agreement on Subsidies and Countervailing Measures.

Under paragraph 8 of the Bali Decision: “Members agree to establish a work programme to be undertaken in the Committee on Agriculture to pursue this issue with the aim of making recommendations for a permanent solution. This work programme shall take into account Members’ existing and future submissions.” Discussions began eventually at an informal meeting of the Special Session of the Committee on Agriculture in July 2014 with the submission by the G33 of a proposal mirroring that made ahead of the Bali Ministerial.[46] The slow progress of the negotiations was reflected on in the General Council meeting at the end of July at which India suggested that implementation of the Trade Facilitation Agreement, which had been agreed at Bali, should “be postponed until a permanent solution on public stockholding for food security was found.”[47] The impasse was finally ended by the November Decision on the interpretation of the Bali Decision, noted above, which was accompanied by a decision on the Protocol of Amendment opening the Trade Facilitation Agreement for adoption. It only remains for the Members to work on a permanent solu-

46 See “Agriculture negotiators edge into substantive discussion for post-Bali work programme” (23 July 2014), available at http://wto.org/english/news_e/news14_e/agng_23jul14_e.htm. It is to be noted that the G33 also submitted proposals at this meeting on Special Products and the Special Safeguard Mechanism. Moreover, the submission was not to the Committee on Agriculture as suggested by the Bali Decision but to the Special Session of the Committee on Agriculture which had been the forum for the negotiations since 2000.

47 WT/GC/M/152, para 1.102. The Trade Facilitation Agreement was to be agreed by the end of July 2014; for the text of the Agreement, see WT/MIN(13)/W/8.

tion on the issue of stockholding for food security purposes.[48] The omens for the 2015 Nairobi Ministerial are not promising.[49]

When addressing future developments and their implications for food security in the NFIDCs, the OECD in a submission to the WTO Committee on Agriculture in November 2014 noted:[50]

From an international perspective, agreement on trading rules, in particular on rules that limit the use of trade distorting domestic policies (such as export restrictions and market price support) will play a significant role in helping to avoid future price spike events that pose significant risks to food security.

Among the solutions advocated to implement the Bali Decision is an amendment to the rules on market price support and, if the Members decide to pursue this as a permanent solution, the delicate balance of the initial AoA will be upset. However, it is important to remember the criticisms of developing countries of that Agreement, hence the request for a rebalancing of the commitments to meet the demands for food security.

Also to be factored in in such a rebalancing is the contribution that agriculture can make to climate change mitigation and adaptation through the development of the bio-economy and the need to ensure that production is sustainable over the longer term. These three factors were addressed at the January 2015 meeting of agriculture ministers in the Global Forum for Food and Agriculture which addressed the issue of "The growing demand for food, raw materials and energy: opportunities for agriculture, challenges for food security?"[51] The resulting communique noted:[52]

---

48 See for example, *Montemayor*, R, Public Stockholding for Food Security Purposes: Scenarios and Options for a Permanent Solution (ICTSD, Issue Paper No 51, 2014).

49 WTO News "Amid uncertain outlook for farm talks, WTO members consider the "Nairobi Package"" 2 October 2015, available at https://www.wto.org/english/news_e/news15_e/agng_02oct15_e.htm.

50 G/AG/GEN/123, Implementation of the Decision on Measures concerning the possible Negative Effects of the Reform Programme on Least-Developed and Net Food Importing Developing Countries, para 2.8.

51 See http://www.gffa-berlin.de/en.html for details of the event which was attended by 62 countries, the European Commission, the FAO and the World Bank.

52 Ibid, page 4 of the Communique. The Communique can be seen as a logical follow-up to the Outcome Document produced after the 2012 Rio+20 Conference, see The Future We Want, paras 108 to 118. The document is available at http://www.un.org/en/sustainablefuture/.

If we are able to successfully meet these challenges, we will be able to develop a sustainable bioeconomy that has many and diverse value chains and plays a crucial role in the welfare of humankind: securing adequate food supplies, addressing the challenges of climate change and sustainably managing natural resources. Agriculture could therefore strengthen its leading role in this respect through the sustainable production of raw materials.

The discussions on how to accommodate food security within the AoAe would suggest that meeting these three challenges will present considerable difficulties for the WTO as it seeks to maintain an open, rules-based and non-discriminatory trading system. As developing countries seek a more equitable AoA to accommodate their food security concerns, adding climate change and sustainability to the mix increases the complexity of the negotiations. In this area the EU experience does not give cause for optimism.

The rise in food prices between 2006 and 2008 has been attributed to a variety of factors, including increased demand for more resource intensive food in developing countries, the effects of increased oil (and fertilizer) prices, commodity speculation, the effects of trade liberalisation mandated by the AoA, and increased production of biofuels as part of an attempt to meet the challenge of climate change.[53] In this context, references to biofuels are to what are usually referred to as "first generation" biofuels, that is, those that are derived primarily from food crops such as corn, rapeseed and sugar.[54]

As for the impact of biofuel production on food security, in their 2009 Communication on *Policy Coherence for Development: establishing the policy framework for a whole-of-the-Union approach*, the European Commission noted that the food price crisis dictated that food security would be one of the priority areas as it would remain high on the agenda "given current developments in the agricultural market, climate change and relat-

---

53 See for example, *Headey* D and S *Fan* Reflections on the Global Food Crisis (IFPRI, 2010); OECD Working Party on Agricultural Policies and Markets "Speculation and Financial Fund Activity" (TAD/CA/APM/WP (2010)); *Khor* M The Impact of Globalisation and Liberalisation on Agriculture and Small Farmers in Developing Countries: The Experience of Ghana (Third World Network, 2008).

54 See generally R. *Sims* et al, From 1st to 2nd Generation Biofuel Technologies (OECD/IEA, 2008) (available at http://task39.org/files/2013/05/From-1st-to-2nd-generation-biofuel-technologies.pdf).

ed measures, demographic trends in developing countries, changes in consumption patterns in emerging economies and, ultimately, the limited extent of new lands available for cultivation, especially in Sub-Saharan Africa".[55] In their discussion of the Commission Communication, the Council recommended that consideration be given to the impact of biofuel production on the environment and on the food and livelihood needs of developing countries.[56]

In 2012 the Commission proposed limiting the contribution that conventional biofuels (with a risk of indirect changes in land use) make towards attainment of the biofuels targets, whilst encouraging greater reliance on biofuels with low indirect changes in land use.[57] Under the proposal, biofuels which contribute to Indirect Land Use Change (ILUC), do not result in significant greenhouse gas savings and are produced from food or feed will not be subsidized as from 2020.[58] There is a clear desire in the proposal to move beyond first-generation biofuels given the GHG emissions associated with ILUC; indeed only half of each Member State's renewable energy target of 10 per cent in the transport sector can be met by first generation biofuels. This desire is matched in recent reforms of the Common Agricultural Policy with its emphasis on securing viable food production, sustainable management of natural resources and climate action and balanced territorial development.[59] Greater emphasis will be given to the "primary role" of agriculture, that is, to supply food.[60] A more coherent approach may be emerging.

55 European Commission, COM (2009) 458, Policy Coherence for Development: establishing the policy framework for a whole-of-the-Union approach, 9.

56 See http://register.consilium.europa.eu/doc/srv?l=EN&f=ST%2016079%202009%20INIT.

57 European Commission, COM (2012) 595, Proposal for a directive of the European Parliament and of the Council amending Directive 98/70/EC relating to the quality of petrol and diesel fuels and amending Directive 2009/28/EC on the promotion of the use of energy from renewable sources. See also European Commission, COM (2012) 271, Renewable energy: a major player in the European energy market.

58 Ibid., 3. See also European Commission, C (2014) 2422, Guidelines on state aid for environmental protection and energy *2014–2020*, which notes that as a result overcapacity in the food-based biofuel market investment aid in new and existing capacity for food-based biofuel is not justified. (para. 112)

59 European Commission, COM (2010) 672, The CAP towards 2020: meeting the food, natural resources and territorial challenges of the future, 7–8.

60 Ibid., 4.

Assessing the impact of biofuel production on developing countries from the viewpoint of Policy Coherence for Development (PCD), a 2013 Report suggested that a clear link could "be established between the EU bioenergy policy and the strong interest of European companies to acquire agricultural land in developing countries, especially in Africa", impacting on the human rights of the local population, including the right to food; and the key conclusion of the Report was that "a policy focused on fulfilling an internal biofuel blending target through certified biofuels alone cannot expect to develop a sustainable bioenergy industry automatically, especially in poor developing countries, unless these policy measures are backed with international support to strengthen the bioenergy policy frameworks".[61] This would include support for land tenure reform and natural resource management. The same Report recommended that PCD should be taken into account by the Commission in the formulation and review of the EU's energy policies and inconsistencies between the Renewable Energy Directive and the EU's Food Security Policy Framework should be identified and addressed.[62]

It should be noted that the Commission's 2013 PCD Report acknowledged that "increased demand for conventional biofuels can increase the competition for resources, including land, water, labour and other inputs, with potentially negative environmental and social impacts inside and outside the EU, particularly if the sector is badly managed".[63] The 2012 proposal, if enacted, would address some of these issues as it promises greater coherence between climate change action taken by the EU in the biofuels area and food security with an enhanced emphasis on sustainability of

---

61 AETS Consortium, Assessing the Impact of Biofuels Production on Developing Countries from the Point of View of Policy Coherence for Development: Final Report (available at http://ec.europa.eu/europeaid/what/developmentpolicies/documents/biofuels_final_report_assessing_impact_of_eu_biofuel_policy_pcd_22022013_en.pdf) 5. There is extensive literature in this area: see, e.g., IFPRI, Assessing the Land Use Change Consequences of European Biofuel Policies (IFPRI, 2011); and UN Special Rapporteur on the Right to Food, Note on the Impacts of the EU Biofuels Policy on the Right to Food (2013) (available at http://www.srfood.org/images/stories/pdf/otherdocuments/20130423_biofuelsstatement_en.pdf).

62 Ibid., 112. See also European Commission, COM (2010) 127, Voluntary guidelines to support the progressive realisation of the right to adequate food in the context of national food security.

63 SWD (2013) 456, *EU 2013* Report on Policy Coherence for Development, 87.

feedstock production.[64] In this respect, it is worth noting the comments of the OECD Secretary-General when presenting the 2013 report, *Better Policies for Development*, which focussed on PCD and food security:[65]

> Applying a PCD lens to the challenge of global food security tells us that the main challenge of ensuring global food security is to raise the incomes of the poor, and that both agricultural development and rural diversification are needed to foster economic growth and job opportunities. Increased productivity to close the yield gap between advanced and developing countries will require large increases in investment, including from the private sector and farmers themselves. Trade will also have an increasingly important role to play in ensuring global food security.

> As the primary role of agriculture is to supply food then its contribution to meeting the challenge of climate change will be secondary. Such a contribution must be placed within the framework provided by the AoA – this same framework must also respond to the need to help to realise the goal of global food security.

V. Conclusion – Toward a New Social Contract

The preceding discussion has illustrated that the CAP has pursued the objectives set for it in 1957 and those which have been added as the scope, and effects, of the policy have grown both internally and externally. As objectives were added there was a search for a sound philosophical basis for publicly funded agricultural subsidies, which resulted in the emergence of the concept of "multifunctionality", i.e. EU agriculture generated a range of outputs beyond food. The introduction of the cross-compliance criteria may be viewed as a move towards the incorporation of this concept into the public support offered to farmers by the CAP. The continuing viability of this concept is debateable given that when initiating the 2013 CAP reforms, the Commission affirmed that the primary role of agriculture remains the supply of food and at the same time there has been a weakening of the cross-compliance criteria in the latest set of reforms. These reforms suggest the need for a sounder philosophical basis for a CAP; such a policy would not only be fully integrated with other EU ob-

---

64 See, for example, S. *Switzer*, "Biofuels, Food Security and the WTO Agreement on Agriculture", in J. McMahon and M. Desta (eds.), Research Handbook on the WTO Agriculture Agreement (Edward Elgar, 2012) 250.

65 (OECD, 2013) 3.

jectives/policies but also seek to realise the objectives set internationally through for example the AoA. The latter is included as although there was support for the idea of incorporating multifunctionality into the Agreement.[66] Other members of the WTO were less enthusiastic about this – a different philosophical base is needed!

Space does not allow for the full development of this philosophical base, so only one possible option will be discussed and even then it cannot be fully explored. One possible base is that provided by one of the oldest theories in this area – social contract. It could provide an explanation of why support is provided to producers in the form of the expenditure of public resources and European consumers being willing to pay more for produce in full knowledge of the costs of supporting the agricultural community. It could also provide for differentiated support for multiple objectives but such support would be internally coherent and consistent with the broader objectives of the Union. This would suggest that the current balance between Pillar I and Pillar II within the CAP would be changed as the social contract envisages a much more individuated approach to the support offered to farmers – this is more characteristic of the current Pillar II support than that offered under existing Pillar I support. This suggests that the future of the policy in securing the multiples objectives that have emerged rests more within the power of the Member States than the EU, whose primary function in this area would be to secure the realisation of the external objectives of the Union.

66 See for example the submission by 38 WTO members on non-trade concerns, G/AG/NG/W/36/Rev. 1.

II.
Commission I – Kommission I

President:

Prof. Dr. Pablo Amat Llombart,
Universidad Politécnica de Valencia (Spain)

General Reporter:

Prof. Dr. José Martínez,
Universität Göttingen (Germany)

Organisation des marchés: cadre juridique et mise en œuvre

Market Organisation: Legal Framework and Implementation

Marktorganisation: Rechtsrahmen und Umsetzung

I Questionnaires – Fragebogen

II Rapport général – General Report – Generalberich

III Conclusions de la Commission I –
Conclusions of Commission I –
Schlussfolgerungen der Kommission I

Questionnaire de la Commission I – Questionnaire of Commission I – Fragebogen der Kommission I

Questions – Fragen

A. Version française – French version – Französische Version

I. Politique agricole

1. Quelle est l'acceptation sociale et politique des instruments d'administration du marché (en particulier des aides agricoles) dans votre pays ?
2. Quelle est l'évaluation de la PAC 2013 du point de vue de la politique agricole dans votre pays ?
3. Quelles conséquence la réforme-a-t-elle sur la structure des revenus des agriculteurs dans votre pays (dans les États non-membres de l'UE quelles conséquences les aides agricoles ont-elles) ?
4. Est-ce qu'il y a déjà des réflexions sur le futur développement de la PAC dans votre pays (surtout sur la révision à mi-parcours) ?

II. Cadre juridique

1. Par quels actes législatifs la réforme de la PAC 2013 a-t-elle été transposée en droit national dans votre pays ? (pour les États non-membres: les dispositions légales régissant les aides agricoles ou sont-elles statuées ?)
2. Quelle est la définition nationale d'« agriculteur actif » évoqué dans l'art. 9 règlement n° 1307/2013 ? (pour les États non-membres: comment le système de droit national définit-il le bénéficiaire des aides agricoles ?)
3. Est-ce que la marge de manœuvre en la matière du « capping » (dégressivité) dans l'art. 11 règlement n° 1307/2013 a-t-elle été transposée en droit national ? (pour les Etats non-membres: est-ce que

des petites et moyennes exploitations agricoles sont-elles promues par des mesures spécifiques ?)
4. Comment les jeunes agriculteurs sont-ils soutenus dans votre pays ?
5. Est-ce qu'une partie des fonds pour des paiements directs est-elle utilisée pour un soutien couplé dans votre pays ?
6. Comment le régime des petits exploitants agricoles dans l'art. 61 et s. règlement n° 1307/2013 a-t'il été transposé en droit national dans votre pays ? (pour les Etats non-membres: est-ce qu'il y a une simplification des règles pour les petites exploitations ?)
7. Quelles conséquences l'abandon du système des quotas laitiers a-t-il dans votre pays, surtout de point de vu des organisations de producteurs et des organisations interprofessionnelles ?
8. Dans quelle mesure une réaffectation de fonds du premier au second pilier est-elle possible ? Est-ce qu'une telle réaffectation de fonds est considérée judicieuse du point de vue de la politique agricole ?

III. Ecologisation

1. Est-ce que l'écologisation de l'agriculture est-elle promue de manière particulière ? Comment les composants du « greening » de l'art. 43 et s. règlement n° 1307/2013 de la PAC ont-ils été transposés ? Est-ce qu'on a reconnu des mesures équivalentes ?
2. Est-ce que votre pays garantit-il des paiements additionnels pour des régions soumises à des contraintes naturelles ?

IV. Exécution et transparence

1. Est-ce qu'il y a des problèmes spécifiques d'exécution par rapport aux contrôles des aides agricoles dans votre pays ?
2. Est-ce que les informations sur les bénéficiers des aides agricoles sont-elles publiées et dans quelle mesure ?
3. Qui donne conseille aux agriculteurs par rapport aux règles régissant les organisations de marché dans votre pays ?

B. Version anglaise – English version – Englische Version

I. Agricultural Policy

1. To what extent is there social and political acceptance of market management instruments and agricultural aid in your country?
2. How is the CAP reform of 2013 perceived in terms of agricultural policy in your country?
3. What have been the consequences of the CAP reform of 2013 (In non-member states: what are the effects of agricultural aids) on the income structure of farmers in your country?
4. Are there already views in your country on the further development of the CAP (and, in particular, the mid-term review)?

II. Legal Structure

1. Which legal acts implement the CAP reform of 2013 in your country? (In non-member states: how is the law governing agricultural aid enacted?)
2. What is the national definition of "active farmer" for the purposes of art. 9 of Regulation No. 1307/2013? (In non-member states: how does your legal system define beneficiaries of agricultural aid?)
3. How is "degressivity"/ "capping" in art. 11 of Regulation No. 1307/2013 being implemented in your country? (In non-member states: are small and medium-sized enterprises being promoted by specific support measures?)
4. How are young farmers supported in your country?
5. Are any funds for direct payments used for coupled support in your country?
6. How is the small farmers scheme in art. 61 ff. of Regulation No. 1307/2013 being implemented in your country? (In non-member states: are there simplified rules for small enterprises in your country?)
7. What consequences does the phasing-out of the milk quota system have in your country, with particular reference to producer organisations and interbranch organisations?
8. To what extent is the shifting of funds from the first to the second pillar possible and is this considered to be reasonable in terms of agricultural policy?

III. Greening

1. Is the greening of agriculture being promoted separately? How has the greening component in Art. 43 ff. of Regulation No. 1307/2013 been implemented? Have "equivalent practices" been recognised?
2. Does your country provide additional payments for areas with natural constraints?

IV. Enforcement and Transparency

1. Are there any specific enforcement problems in your country concerning the control of agricultural aid?
2. Is the information on beneficiaries of agricultural aid being published and, if so, to what extent?
3. Who provides advice for farmers on the legal framework governing market organisations in your country?

C. Version allemande – German version – Deutsche Version

I. Agrarpolitik

1. Wie groß ist die gesellschaftliche und politische Akzeptanz von Marktordnungsinstrumenten (insbesondere von Agrarbeihilfen) in Ihrem Land?
2. Wie wird die Reform der GAP 2013 in Ihrem Land agrarpolitisch bewertet?
3. Welche Auswirkungen hat die Reform der GAP 2013 (in Nicht-EU-Mitgliedstaat: haben die Agrarbeihilfen) auf die Einkommensstruktur der Landwirte in ihrem Land?
4. Bestehen in Ihrem Land bereits Überlegungen zur künftigen Entwicklung der GAP (insbesondere zum mid-term review)?

II. Rechtliche Ausgestaltung

1. Durch welche Rechtsakte ist die Reform der GAP 2013 in Ihrem Land umgesetzt worden? (in Nicht- EU-Mitgliedstaaten: Wo ist das Recht der Agrarbeihilfen geregelt?)
2. Wie ist die landesspezifische Definition des „aktiven Betriebsinhabers“ in Art. 9 VO 1307/2013? (in Nicht-EU-Mitgliedstaaten: Wie definiert Ihr Rechtssystem die Begünstigten von Agrarbeihilfen?)
3. Sind in Ihrem Land die Gestaltungsspielräume hinsichtlich „Capping“ (Degressivität) in Art. 11 VO 1307/2013 umgesetzt worden? (in Nicht-EU-Mitgliedstaaten: Werden kleinere und mittlere Betriebe durch spezifische Fördermaßnahmen gefördert?)
4. Wie werden Junglandwirte in Ihrem Land gefördert?
5. Wird in Ihrem Land ein Teil der Mittel für Direktzahlungen für eine gekoppelte Stützung verwendet?
6. Wie ist die Kleinlandwirteregelung in Art. 61 ff. VO 1307/2013 in Ihrem Land umgesetzt worden? (in Nicht-EU-Mitgliedstaaten: Gibt es in Ihrem Land vereinfachte Regelungen für Kleinbetriebe?)
7. Welche Auswirkungen hat das Auslaufen der Milchquote in Ihrem Land, insbesondere im Hinblick auf Erzeugerorganisationen und Branchenverbände?
8. In welcher Höhe ist eine Umschichtung der Mittel von der Ersten auf die Zweite Säule möglich und wird dies agrarpolitisch als sinnvoll erachtet?

III. Greening

1. Wird die Ökologisierung der Landwirtschaft gesondert gefördert? Wie sind die Greening-Komponenten der GAP in Art. 43 ff. VO 1307/2013 umgesetzt worden? Sind äquivalente Maßnahmen anerkannt worden?
2. Gewährt ihr Land für Gebiete mit naturbedingten Benachteiligungen eine zusätzliche Zahlung?

IV. Vollzug und Transparenz

1. Bestehen in Ihrem Land spezifische Vollzugsprobleme bei der Kontrolle der Agrarbeihilfen?

2. Werden die Daten der Beihilfeempfänger veröffentlicht und in welchem Umfang?
3. Wer berät in Ihrem Land die Landwirte hinsichtlich der rechtlichen Regelungen zu den Marktorganisationen?

Rapport général de la Commission I –
General Report of Commission I –
Generalbericht der Kommission I

Version française – French version – Französische Version
Version anglaise – English version – Englische Version
Version allemande – German version – Deutsche Version

Rapport général de la Commission I*

Version française – French version – Französische Version

Prof. Dr. José Martìnez
Université de Göttingen

I. Réflexion de politique agricole

En décembre 2013, le Conseil Agriculture a décidé d'un paquet de réformes pour la PAC[1]. Il comprend comme éléments centraux les quatre règlements de base[2] et toute une série d'autres dispositions d'application déjà en partie adoptées. Les nouvelles règles sont de manière générale entrées en vigueur le 1er janvier 2014. Quelques éléments importants comme le Greening ne seront cependant mis en oeuvre qu'en 2015. Pour 2014, des dispositions transitoires ont été adoptées.[3] L'évaluation juridique de cette réforme est encore à ses débuts[4]. Il faut cependant aussi nécessairement une réflexion interdisciplinaire à travers une analyse de politique agricole.

---

* Traduction de l'allemande en français par David Frosio, BLaw, Université de Neuchâtel.

1 Pour un développement, voir *Petit,* 18 novembre 2010 – 20 décembre 2013: l'itinéraire au long cours de la réforme de la Politique agricole commune (PAC) 2014–2020, Revue de Droit Rural 2014, 11-16.

2 Paiements directs en faveur des agriculteurs au titre des régimes de soutien relevant de la politique agricole commune Règlement (UE) 1307/2013 JO EU L 347/608 du 20.12.2013 ; organisation commune des marchés des produits agricoles Règlement (UE) 1308/2013 JO EU L 347/671 du 20.12.2013 ; soutien au développement rural par le Feader Règlement (UE) 1305/2013 JO EU L 347/487 du 20.12.2013 ; financement, à la gestion et au suivi de la politique agricole commune Règlement (UE) 1306/2013 JO EU L 347/549 du 20.12.2013.

3 Dispositons transitoires jusqu'au 31.12.2014: Règlement (UE) 1310/2013, JO EU L 347/865 du 20.12.2013

4 *Mögele,* Die Reform der Gemeinsamen Agrarpolitik 2013, in: Norer/Holzer, Agrarrecht, Annuaire 2014, 123 ; *Spoto,* La reforma de la Política Agrícola Común y la crisis económica, Revista de Derecho Agrario y Alimentario 64 (2014), 143 ; *Mestre,* Les paiements directs, Revue de droit rural 2014 N° 425, 16-23 ; *Böhme,* Das nationale Gesetz für die Direktzahlungen der GAP-Reform, Briefe zum Agrarrecht 2014, 226 ; *Busse,* Das neue Agrarmarktrecht der GAP-Reform 2014/15, AuR

A. Particularités de la réforme de la PAC

D'un point de vue de la politique agricole[5] la réforme de la PAC 2013 se distingue par les éléments suivants :

Premièrement, la procédure législative a ouvert un large débat public au niveau de la politique, de la science et de la société, en particulier des personnes concernées. Ce débat a été mené de manière exemplaire par la Commission européenne grâce à l'utilisation de tous les médias et forums.[6] Par ce biais, la réforme est devenu très largement connue dans l'opinion publique, qui a pu saisir l'opportunité d'y participer.[7]

Deuxièmement, ce débat public a été marqué par des attentes élevées dans les milieux non-agricoles, respectivement des craintes considérables des agriculteurs touchés par la réforme. Ils reviennent à une demande politique exigeante de la Commission, de réformer considérablement le contenu et la structure de la PAC.[8]

Les buts de la réforme étaient sur le fond une nouvelle définition des objectifs de l'agriculture européenne, en particulier l'écologisation de la PAC (appelé le Greening) ainsi qu'une libéralisation considérable du marché agricole à travers l'abrogation des instruments de régulation existants[9]. Il était attendu par ce biais une compétitivité accrue de l'agriculture européenne sur le marché agricole global[10]. En outre, les marges de manoeuvre des États membres devaient être considérablement étendues[11]. Structurellement, l'administration de la PAC devrait être considérablement

2015, 321 ; *Dänicke*, Das umweltrelevante Agrarförderrecht nach der jüngsten EU-Agrarreform – Überlegungen zum Umweltnutzen, AuR 2015, 335 ; *Krüger/ Haarstrich*, Die Reform der Gemeinsamen Agrarpolitik, AUR 2015, 129.

5 *Edmund-Rehwinkel-Stiftung der Landwirtschaftlichen Rentenbank*, Die Gemeinsame Agrarpolitik (GAP) der Europäischen Union nach 2013, Frankfurt/M. 2011.

6 Voir le résumé de la consultation publique sous http://ec.europa.eu/agriculture/cap-post-2013/debate/index_fr.htm.

7 Selon la Direction générale de l'Agriculture plus de 5'500 contributions sur la réforme de la PAC de citoyens, de groupes d'intérêts et de groupes de réflexion ont été envoyées.

8 Voir Communication de la Commission du 18.11.2010, La PAC à l'horizon 2020: Alimentation, ressources naturelles et territoire – relever les défis de l'avenir, COM(2010) 672 final.

9 Communication de la Commission du 18.11.2010, COM(2010) 672 final, 8.

10 Communication de la Commission du 18.11.2010, COM(2010) 672 final, 3, 8, 12.

11 Commission européenne, Communiqué de presse du 18.11.2010, IP/10/1527

simplifiée et devenir plus transparente.[12] Par ailleurs, les instruments de collaboration des producteurs devaient être permis et encouragés, afin de réduire les coûts, d'améliorer l'accès aux prêts et d'augmenter la valeur ajoutée dans le secteur primaire.[13]

Les attentes élevées et les grandes préoccupations ainsi provoquées ont mené à émotionnaliser considérablement le débat. Cette émotionnalisation du débat s'est, au bout du compte, opposée à une discussion objective dans le processus de formation de la volonté politique et a empêché de nombreux buts.[14] En même temps, cela a également conduit à un retard considérable de la procédure législative, qui a conduit à des dispositions transitoires pour l'année 2014 et a réduit la durée de validité initialement prévue de 7 ans de la réforme de la PAC.[15] Cela a comme corollaire, d'une part que les conséquences de la dernière réforme de la PAC ne sont pas encore complètement reconnaissables et que d'autre part il va être réfléchi maintenant déjà à la prochaine réforme 2020.

Dans le cadre de la réforme de la PAC 2013, l'organisation commune des marchés (OCM) a été dans une large mesure abrogée et remplacée par le Règlement (UE) N° 1308/2013. Celui-ci se réfère à nouveau à la terminologie de droit primaire et parle désormais à nouveau de l'organisation commune des marchés de produits agricoles. Ce règlement est entré en vigueur le 1er janvier 2014. L'OCM 2013 réforme de manière significative, au contraire de sa norme précédente, le droit des marchés agricoles ; l'accent est mis sur les normes de commercialisation, qui sont désormais pour la première fois réunies dans un cadre juridique uniforme et appliqués à une autre différenciation du droit des marchés agricoles de l'UE.

L'OCM 2013 poursuit le processus de libéralisation du droit des marchés agricoles et s'inscrit dans la tradition de ses règlements antérieurs. Deux innovations sont à souligner: d'une part le législateur se sert de l'idée de la privatisation du contrôle du marché européen. Le contrôle réglementaire du marché à travers les réglementations des prix, des quotas et à travers les aides directs doit être de plus en plus remplacé par un con-

---

12 Communication de la Commission du 18.11.2010, COM(2010) 672 final, 7.

13 Commission européenne, Informations sur l'avenir de la PAC N°5 / Décembre 2013, 6.

14 Ce problème existe structurellement depuis le début de la PAC, voir *Niehaus*, Aktuelle Fragen der Agrarpolitik im Rahmen der europäischen Integration, Wiesbaden 1965, 28.

15 Règlement (UE) 1310/2013 JO EU L 347/865 du 20.12.2013.

trôle étatique surveillé du marché par les participants au marché eux-mêmes. Pour cela, les associations agricoles reconnues par l'État seront encouragées et privilégiées en matière de droit de la concurrence. Relèvent de ces associations agricoles, les organisations de producteurs, leurs associations ainsi que leurs associations de branches. Les organisations de producteurs et leurs associations peuvent convenir d'une entente non cartellaire sur les prix et sur les quantités et doivent surtout augmenter la mise sur le marché du côté des producteurs à l'égard des acheteurs. Les associations de branche doivent améliorer dans le cadre d'un accord horizontal la filière complète de commercialisation d'un produit.

D'un autre côté, l'OCM élargit les moyens rudimentaires existant jusqu'ici contre la crise dans les cas de perturbations graves du marché. En plus des mesures ordinaires de soutien, la Commission va être autorisée en cas de crises graves à saisir des mesures ad-hoc à un deuxième niveau de mesures afin de stabiliser le marché. Le filet de sécurité ainsi constitué pour les perturbations du marché a dû être utilisé pour la première fois en raison des graves perturbations du marché, qui ont été déclenchées par l'embargo russe sur les produits agricoles de l'UE en 2014.

Au plan formel, l'OCM 2013 perpétue par sa portée le déficit considérable du marché européen. Rien que les chiffres (183 pages du Journal officiel de l'UE, 207 considérants, 232 articles et 14 annexes) illustrent d'une part, que la limite de la lisibilité et de la compréhension est dépassée. D'autre part, les dispositions règlementaires détaillées ont conduit à ce que de larges parties de la réforme de la PAC n'ont pas été dans de nombreux États membres mis en oeuvre par le législateur parlementaire, mais par l'autorité réglementaire exécutif.[16] Très souvent, la mise en oeuvre n'a pas eu lieu, ce qui a conduit à des difficultés considérables d'application[17]. Dans un même temps, le législateur a employé une multitude de concepts juridiques indéterminés. La situation juridique changeant tous les cinq ans conduit à une insécurité lors de l'interprétation des concepts. En raison des risques des corrections financières, les administrations nationales hésitent devant l'interprétation autonome des concepts juridiques indéterminés, ce qui conduit à une insécurité juridique des personnes concernées et retarde considérablement la procédure, car il faut attendre l'interprétation conforme de l'Union par la Commission, respectivement

16 Rapports nationaux de la France, de l'Italie.

17 Rapports nationaux de la France, de l'Italie.

par les tribunaux. Ainsi la Commission doit rédiger jusqu'en juin 2015 une multitude de notes explicatives. En résumé, il peut être constaté que le but du législateur de l'Union de rationalisation et simplification des dispositions n'a pas été atteint.

Dans un temps, l'autorité réglementaire n'a, à nouveau, pas utilisé la possibilité de régler aspects fondamentaux comme les définitions des concepts, les principes généraux, les possibilités d'application des dispositions sur la concurrence, les instruments autorisés dans une partie générale du marché, qui pourrait être mis de côté au-delà du programme quinquennal. En raison de la courte durée de validité, la jurisprudence et la science auront à peine l'occasion, comme c'était déjà le cas avec les règles précédentes, d'examiner de manière approfondie et durable les questions de principe.

B. Évaluation de la réforme de la PAC

1. Difficultés d'une évaluation correcte

Le corollaire des retards est que la mise en oeuvre des règles européennes sur la PAC n'a pas encore complètement eu lieu. Les amendements pour la nouvelle période de programmation sont actuellement traités et vont ensuite seulement clarifier les effets concrets de la réforme de la PAC pour chaque agriculteur. En ce sens, la critique de la réforme est actuellement encore provisoire.

L'acceptation sociale de la PAC est dans les États membres européens encore supérieure à la moyenne[18]. L'égalité des aides agricoles a conduit à une augmentation de l'acceptation dans les États membres de l'Europe de l'Est[19]. Dans les « anciens » États membres, les agriculteurs concernés déplorent toutefois une réduction, parfois considérable, des revenus, en particulier en France, en Espagne et en Italie. Dans la plupart des États membres, le montant des paiements directs sera en moyenne seulement légèrement réduit.

Le fait de savoir, si le système des paiements directs doit être maintenu, sera mis en question car les marges de manoeuvre des États membre d'in-

---

18 Rapports nationaux de l'Espagne, de la Slovénie, de l'Italie, des Pays-Bas avec des nuances; voir également le rapport national de la Suisse.

19 Rapports nationaux de la Slovénie, de la Pologne.

staurer un système de primes différencié, qui sous-tend au système des paiements directs, n'ont pas été utilisées.[20]

Fondamentalement, il est déploré que les administrations, les tribunaux et les personnes concernés aient eu trop peu de temps, pour se préparer et s'informer suffisamment et de manière appropriée au sujet des nouveaux instruments. Cela serait devenu d'autant plus obligatoire que les nouvelles règles ne sont ni plus transparentes ni plus simples. En même temps, chaque instrument, comme par l'exemple les moyens contre la crise, n'est pas encore complètement au point.

2. Évaluation des mesures de l'écologisation (Greening)

La nouvelle approche de la PAC, décrite comme un jalon par la Commission, est évaluée positivement : la mise à disposition combinée aussi bien de biens publics que de biens privés[21]. Les agriculteurs doivent être récompensés pour leurs prestations au service du grand public – comme la préservation du paysage, le maintien de la diversité biologique des terres cultivées, la stabilité du climat, car celles-ci n'aucune valeur marchande. A cette fin, l'utilisation des paiements directs doit être accrue. Cette nouvelle approche présente une chance et en même temps un danger. La chance est ainsi vue que les subventions agricoles font l'objet d'une légitimation supplémentaire sur le fond. Par ce biais, la poursuite du système des subventions agricoles sera possible, malgré les critiques existantes au niveau de l'OMC et d'une partie du public, tant concernant sa structure que concernant ses montants.

Le danger est que cette nouvelle approche exige nécessairement que les fonctions publiques de l'agriculture soient précisément définies, pour ceux à qui une compensation financière sera versée. Ce n'est pas seulement obligatoire pour prouver sur le fond la déclaration selon laquelle l'agriculteur contribue à la protection de l'environnement. C'est également nécessaire pour formuler des instructions spécifiques aux agriculteurs.

Il s'avère cependant très difficile, voire même impossible, de définir si précisément uniformément à l'échelle de l'Europe la contribution de l'agriculture à la protection de l'environnement, de telle sorte que les for-

20 Rapport national des Pays-Bas.

21 Rapports nationaux avec des nuances de l'Italie, de la Slovénie.

mes d'actions puissent en être déduites. En raison des différences spécifiques régionales, les États membres seraient ici *seuls* compétent. Cela signifie aussi, que les conditions pour le versement des aides de l'Union européenne seraient définies exclusivement par les États membres. En d'autres termes : Plus le versement des subventions est lié à la réalisation de fonctions de l'agriculture spécifiques à la région, plus la définition des conditions doit être laissée aux États membres et ainsi renationalisée. La Commission n'a pas voulu prendre ce chemin et se retrouve dans une zone de tension, laquelle limite considérable l'applicabilité de l'idée du Greening (verdissement).

Quelles conséquences est-ce que cela a ? D'une part, seules quelques fonctions écologiques applicables déterminées pourront être définies dans tous les États membres. Par ce biais, les attentes du concept « Greening » ne pourront être que ponctuellement satisfaites et la critique des associations de défense de l'environnement est restée forte.[22] D'autre part, les conditions liées aux trois éléments du Greening seront définies en partie dans les règlements européens et en partie dans les dispositions nationales. L'applicabilité en sera considérablement entravée. Les administrations nationales sont régulièrement dépassées par ces définitions et attentent actuellement des aides dans l'interprétation sous forme de directives ou de décisions de la CJUE.

Sur le fond, les agriculteurs déplorent que le Greening (surtout les « surfaces écologiques prioritaires ») a considérablement réduit les terres arables.[23]

3. Évaluation des mesures de simplification administrative

Il doit être également évalué de manière critique que le but de la réforme de la PAC 2013 de réduire les obstacles administratifs n'a pas été atteint.[24] Il faut bien au contraire constater que la réforme de la PAC a conduit à une

22 *Queisner*, Das Leitbild einer umweltverträglichen Landwirtschaft in den Europäischen Verträgen, AUR 2015, 161; *Erjavec*, 'Greening the CAP' – Just a fashionable justification? A discourse analysis of the 2014–2020 CAP reform documents, Food policy 2015 (51), 53.

23 Rapports nationaux de l'Espagne, de l'Autriche, de la France.

24 En particulier le rapport national de l'Autriche, de l'Allemagne, de l'Italie, de la Pologne, de la Slovénie, de la Hongrie.

augmentation des obstacles administratifs. En font partie en particulier les domaines du « Greening » et du « couplage de paiements ».[25]

4. Évaluation des mesures de libéralisation du marché agricole

La poursuite de libéralisation de l'agriculture et la réduction des éléments dirigeants le marché est ressentie actuellement négativement dans le secteur du lait.[26] La baisse du prix dans le secteur du lait est en partie justifiée par la suppression des quotas laitiers et représente actuellement un problème considérable, que les anciennes dispositions n'ont pas pu traiter. Ainsi, l'UE est, comme corollaire aux manifestations des agriculteurs en septembre 2015, rapidement revenu sur la libéralisation du marché du lait.[27] Ce genre de « mesures de sauvetage » n'était pas surprenant. L'intégration de ces mesures de sauvetage dans le droit européen du marché se relève toutefois difficile. Car le droit des marchés ne connaît qu'une procédure de crise spécifique, laquelle ne trouve pas application dans ce cas.

II. Augmentation limitée des marges de manœuvre des États membres

La réforme de la PAC a certes élargi les marges d'appréciation des États membres dans le domaine de la politique agricole. Mais la Commission a, en un même temps, voulu empêcher une renationalisation et a par là étroitement limité la gouvernance des États membres.

Cela a différents effets négatifs. D'une part, cela a produit des dispositions très détaillées, qui sont en partie illisibles.[28] Ces prescriptions réglementaires détaillées ont également conduit à ce qu'une large partie de la réforme de la PAC n'a pas été mise en œuvre par le législateur parlementaire mais par le pouvoir réglementaire exécutif. Ainsi, le rapport italien

---

25 Rapport national de l'Allemagne.

26 Rapports nationaux de la France, de l'Espagne, de la Slovénie, des Pays-Bas.

27 Finalement par le Règlement délégué (UE) 2016/558 de la Commission du 11 avril 2016 autorisant les accords et décisions des coopératives et d'autres formes d'organisations de producteurs dans le secteur du lait et des produits laitiers concernant la planification de la production, JO EU L 96/18.

28 Rapports nationaux de l'Allemagne, de la Slovénie, de la Pologne.

parle d'un usage abusif des ordonnances ministérielles, lorsque la totalité du droit des subventions agricoles se trouve désormais exclusivement réglé dans les ordonnances gouvernementales. Dans le même temps, les conséquences de la réforme de la PAC sont contournées grâce aux débats parlementaires dans les parlements nationaux.

Comment est-ce que les États membres ont utilisé les marges d'appréciation des États membres dans le domaine des paiements directs? Des exemples de reconnaissance sensée des marges d'appréciation en faveur des États membres sont la réduction des paiements (« Capping ») selon l'art. 11 du Règlement (UE) N° 1307/2013 et en partie la définition des agriculteurs actifs.

A. Encouragement des petites et moyennes exploitations agricoles

La distribution de l'aide direct au revenu aux agriculteurs est caractérisée par l'octroi d'un montant excessivement élevé de paiements à un petit groupe de grands bénéficiaires. Pour les grands bénéficiaires, les subventions ne sont en règle générale pas nécessaire en tant qu'aide au revenu dans la même mesure que pour les petites et moyennes exploitations agricoles. Le Règlement (UE) N° 1307/2013 prévoit que les États membres doivent réduire le montant des paiements directs à octroyer à un agriculteur, d'au moins 5% pour la partie du montant supérieure à 150'000 €. Ici, les États membres disposent d'une marge d'appréciation/marge de manœuvre. Les États membres ont en fait un usage différent.

La réduction des paiements selon l'art. 11 du Règlement (UE) N° 1307/2013 a été complètement mise en œuvre en Autriche, c'est-à-dire qu'il n'y a plus de paiement de subvention au-delà de 150'000 €. L'Allemagne n'applique pas la réduction et utilise à la place l'option de l'art. 11 al. 3 du Règlement (UE) N° 1307/2013, selon laquelle les agriculteurs ont le droit à un paiement redistributeur. La Slovénie et l'Espagne appliquent la réduction prévue dans le Règlement (UE) N° 1307/2013 de 5%. En Italie, les paiements dès 150'0000 € sont réduits à 50% et puis complètement dès 500'000 €. La Pologne réduit de 100% les montants au-delà de 150'000 €. Selon le rapport national polonais, 15 États membres effectuent une réduction d'au moins 5%, dans 9 États membres une réduction de 100% pour les montants entre 150'000 € et 600'000 € est effectuée.

B. Agriculteur actif

Concernant les conditions personnelles, l'élément des « agriculteurs acitfs » est arrivé avec la réforme de la PAC 2013 et a ensuite limité la marge de manœuvre des États membres. Le but de cette limitation est de préciser l'instrument de pilotage des paiements directs et de retirer les agriculteurs dits de canapé du cercle des bénéficiaires. Les agriculteurs actifs sont définis négativement comme des agriculteurs, dont la forme d'entreprise n'apparait pas sur une liste négative établie par les Etats membres. Une marge de manouvre (seulement) limitée est donnée aux États membres à l'art. 9 du Règlement (UE) N° 1307/2013. Selon l'art. 9 al. 1, les États membres peuvent concrétiser plus largement les exploitations, qui doivent être comprises dans la liste négative. Ils doivent cependant être en accord avec les buts des règles sur les agriculteurs actifs et avec les principes généraux du droit de l'UE. Sur la liste négative allemande, les catégories suivantes d'entreprise ont été énumérées : exploitant d'un aéroport, exploitant d'une entreprise ferroviaire, exploitant de terrains de sport et de loisirs, de centre de distribution des eaux, de prestataire de service immobilier et les entreprises d'exploitation minière. A cet égard, pratiquement toutes les entreprises agricoles tombent dans la catégorie d'agriculteurs actifs. Un contrôle de la structure agricole au profit d'une forme d'exploitation spécifique ou grande n'a par ce biais pas eu lieu. Et même les formes d'exploitations inscrites sur la liste négative peuvent être reconnues comme des « agriculteurs actifs » dans une procédure de détection. Pour cela, ils doivent exposer que leurs activités agricoles ont une étendue large, respectivement que c'est le but principal de leurs affaires.

Dans tous les États membres, l'activité agricole est définie sous la forme d'une activité minimale[29]. En Allemagne, l'exploitant agricole doit, au moins une fois durant l'année de prime, faucher les végétaux sur les terres (au moins un hectare, voir l'art. 10 du Règlement (UE) N°1307/2013) et enlever l'herbe tondue ou alternativement couper les végétaux en petits morceaux et les répartir sur tout le terrain. L'ordre juridique espagnol en revanche exige que 20% des revenus doivent avoir une provenance agricole. Les États membres associent en partie la détermination de la qualité d' « agriculteurs actifs » aux versement l'année précédente de paiements

29 Pour la France, voir *Barbieri,* Agriculteur: profession réglementée, Revue de Droit Rural 2014 (427), 1.

directs pour plus de 1052 € (Espagne, Autriche), respectivement s'il est assujetti à l'assurance sociale obligatoire de l'assurance sociale agricole, parce qu'au moins 51% de ses travailleurs sont utilisés pour la production agricole (Italie). Au Pays-Bas, l'exploitant agricole doit être inscrit au registre du commerce et avoir exploité en 2015 au moins 0.3 hectare.

Les petits agriculteurs sont en Autriche (exploitants agricoles jusqu'à 1250 € de paiements directs) en Allemagne, respectivement en Slovénie (5000 € de paiements directs) globalement qualifiés d'agriculteurs actifs.

La liste négative pour la détermination de la qualité d'exploitant agricole actif a été élargie dans différents États membres. En font partie les entreprises d'exploitation minière, les banques et les entreprises, qui offrent des opérations bancaires ou des services financiers comparables, des sociétés d'assurance ainsi que l'administration publique à l'exception des entités administratives associées au secteur agricole.

C. Flexibilité entre les piliers

L'art. 14 du Règlement (UE) N°1307/2013 permet aux États membres d'affecter jusqu'à 15% de leurs moyens financiers du premier pilier (paiements directs) au deuxième pilier (développement rural). Les États membres ont fait une utilisation différente de cette possibilité. Aucune affectation du premier au deuxième pilier n'a eu lieu en Autriche, en Espagne, en Italie, en Belgique, en Slovénie. En Allemagne, 4.5% des moyens sont affectés. Il s'agit d'ici un montant en moyenne de près de 229 millions d'euros par année, qui sont à disposition pour les années 2016 à 2020 pour la programmation du développement rural et qui n'exige aucun cofinancement national. La Pologne a fait usage de la possibilité de l'art. 14 al. 2 par. 1 du Règlement (UE) N° 1307/2013 et a décidé d'utiliser comme moyens pour les paiements directs 25% de son allocation pour le deuxième pilier.

III. Greening

Le Greening de la PAC a été un élément essentiel de la réforme et s'est trouvé au centre du débat public. Le Greening porte sur les trois mesures suivantes : diversification des cultures, maintien des prairies permanentes existantes et disposer d'une surface d'intérêt écologique sur cinq pour-cents des terres arables. Ainsi les prestations de l'agriculture pour la protection du climat, la conservation des espèces, les paysages de cultures variées et la production durable seront encouragés. Lors de concrétisation des conditions du Greening, une marge d'appréciation est accordée aux États membres. Les nouvelles marges d'appréciation doivent permettre aux États membres, lors de la mise en oeuvre nationale de satisfaire aux conditions sur place. Une attention a déjà été portée à la source de tension entre la compétence de l'UE de détermination des conditions d'aides et la marge de manoeuvre. Les marges de manœuvre existent lors de détermination des « pratiques équivalentes » lors de la détermination des surfaces d'intérêt écologique selon l'art. 46 al. 2, 3, 5 et 6 du Règlement (UE) N° 1307/2013, en particulier concernant la mise en oeuvre conjointe et les zones soumises à des contraintes naturelles. Finalement, les États membres peuvent concrétiser les surfaces d'intérêt écologique sous la forme de culture de plantes fixant l'azote. Les règles détaillées du droit de l'Union sur les prairies permanentes sont critiquées dans les rapports nationaux, elles laissent de nombreuses questions de délimitation ouvertes. Celles-ci ne seront réalisées qu'à moyen terme par des modifications de règlement, respectivement des compléments de règlement. Les règles détaillées devraient être laissées aux États membres. Si la Commission constate des dérives, elle doit effectuer des précisions avec des effets ex nunc.

IV. Libéralisation des marchés agricoles dans le cas du marché du lait

Le Conseil des ministres de l'Agriculture de la Communauté européenne a décidé en 1984 l'introduction de quotas laitiers en raison de l'augmentation de stock de beurre et de lait en poudre et pour soulager les foyers de l'Union européenne. En outre, les quotas laitiers devaient aider à stabiliser le prix des produits laitiers. Ainsi chaque producteur de lait dispose d'une quantité référence (quotas laitiers) par année contingentaire. Au cours de la réforme de la politique agricole commune (Agenda 2000) et son remaniement 2003, le régime des quotas laitiers a été prolongé jusqu'au 31 mars 2015 et est dans le même temps limité à cette date. Le régime des quotas laitiers a ainsi expiré le 1er avril 2015.

La fin des quotas laitiers est évaluée différemment dans les États membres. Pour autant que le marché du lait est structuré en coopérative, respectivement le changement de structure est déjà exécuté, aucun effet n'est constaté (Allemagne, Autriche, Wallonie). Dans de nombreux États, le renoncement au régime des quotas laitiers a conduit a une considérable baisse des prix chez les producteurs (France, Italie, Espagne, Slovénie, Pologne). Le renoncement au régime des quotas laitiers est en partie nommé comme la seule cause et en partie comme l'une des causes (à côté de l'embargo russe et le recul du marché du lait chinois). En Italie, le législateur a essayé avec une réglementation des contrats entre les producteurs et les laiteries, qui compensait de son point de vue les déficits. En Pologne, on craint comme effet secondaire une réduction des laiteries et du contrôle des denrées alimentaires.

V. Exécution et transparence

A. Problèmes d'exécution

Les problèmes d'exécution sont apparus en raison de la clôture tardive du processus législatif. La situation juridique changeante a également menée à une insécurité lors de l'interprétation des concepts. En raison des risques des corrections financières, les administrations nationales hésitent devant l'interprétation autonome des concepts juridiques indéterminés, ce qui conduit à une insécurité juridique des personnes concernées et retarde considérablement la procédure, car il faut attendre l'interprétation conforme de l'Union par la Commission, respectivement par les tribunaux.

Ainsi le temps de préparation pour le nouveau droit était beaucoup trop court: une multitude de questions d'interprétation a pu être clarifiée lentement qu'au milieu de l'année 2016. La Commission a essayé de répondre aux souhaits des États membres d'avoir une aide lors de l'interprétation sous la forme de lignes directrices.

Mais: La Commission ne limite pas toujours les lignes directrices à l'interprétation incertaine de concepts juridiques indéterminés, en démontrant les possibilités d'interprétations admise et ainsi la marge d'appréciation que conserve les États membres. Elle réduit au contraire la compréhension d'un concept juridique indéterminé à une seule interprétation « conforme à la Commission ». Cela contribue certes à la sécurité juridique. D'ailleurs la décision réfléchie du législateur par rapport à un concept juridique indéterminé sera dans ce cas là ignorée. Ici la liberté d'appréciation et d'appréciation des États membres doivent être maintenues.

La Commission rétorque que cette liberté de définition de l'étendue de la marge d'appréciation rend un contrôle de la légalité considérablement compliqué. Il est donc nécessaire de tenir les États membres « en laisse » afin de protéger les intérêts financiers de l'Union. Cela est vrai, lorsque le respect du droit est attendu à près de 100%. C'est aussi l'exigence du Parlement et de la Cour des comptes à la Commission. Ils attendent que le droit soit respecté à 98%. Dans la pratique, la Commission atteint une valeur de 95 à 97% dans le domaine du paiement direct. Cela est nettement plus élevé que dans la plupart des États membres. Le prix pour cette valeur élevée repose dans la limite de la responsabilité des États membres et dans les administrations et les tribunaux, qui sans lignes directrices de Bruxelles deviendraient incapables de prendre des décisions.

Les coûts d'exécution ont considérablement augmenté. Les raisons de cela sont les obligations du Greening, qui exigent des contrôles plus réguliers et plus intensifs. Ces coûts ainsi que l'accomplissement de tâches administratives à venir des agriculteurs concernés sont encore à peine proportionnés aux différentes prestations financières. En même temps, les procédures sont retardées.

B. Publication des noms des bénéficiaires

La publication des subventions agricoles a, en Autriche et en Allemagne, un risque de conflit juridique en raison du système étatique de protection des données. Ce potentiel s'est déjà réalisé lors du régime précédent. Le régime actuel est également actuellement dans les deux États l'objet d'un contrôle judicaire. Au centre de la critique se trouve la proportionnalité des mesures. Concrètement, la question est de savoir si la transparence est vraiment appropriée pour atteindre le but de contrôle publique de l'administration.

General Report of Commission I*

Version anglaise – English version – Englische Version

Prof. Dr. José Martìnez
University of Göttingen

I. Agricultural Policy Considerations

In December 2013, the Agricultural Council reached an agreement on a package of reform of the CAP.[1] This encompassed, as a central element, four basic regulations and a number of partially enacted implementing provisions. The new regulations generally came into force on 1 January 2014; certain significant elements, such as Greening, were, however, only implemented in 2015. For 2014, transitional provisions were put in place.[2] Legal assessments of these reforms remain in their infancy.[3] They necessarily require, however, an interdisciplinary supplement via analysis from an agricultural policy perspective.

---

* Translation from German into English by Dr. Steven Howe, University of Lucerne.

1 On this development see *Petit,* 18 novembre 2010 – 20 décembre 2013: l'intinéraire au long cours de la réforme de la Politique agricole commune (PAC) 2014–2020, Revue de Droit Rural 2014, 11-16.

2 Transitional provisions up to 31.12.2014: Directive 1310/2013, OJ. EU L 347/865 v. 20.12.2013.

3 *Mögele*, Die Reform der Gemeinsamen Agrarpolitik 2013, in: Norer/Holzer, Agrarrecht, Jahrbuch 2014, 123; *Spoto,* La reforma de la Política Agrícola Común y la crisis económica, Revista de Derecho Agrario y Alimentario 64 (2014), 143; *Mestre,* Les paiements directs, Revue de droit rural 2014, No. 425, 16-23; *Böhme,* Das nationale Gesetz für die Direktzahlungen der GAP-Reform, Briefe zum Agrarrecht 2014, 226; *Busse,* Das neue Agrarmarktrecht der GAP-Reform 2014/15, AuR 2015, 321; *Dänicke*, Das umweltrelevante Agrarförderrecht nach der jüngsten EU-Agrarreform – Überlegungen zum Umweltnutzen, AuR 2015, 335; *Krüger/Haarstrich,* Die Reform der Gemeinsamen Agrarpolitik, AUR 2015, 129.

A. Specific Features of the CAP Reform Package

Viewed from an agricultural policy standpoint,[4] the CAP reform of 2013 is characterised by the following specific features:

Firstly, the legislative procedure was preceded by a broad public debate on the level of politics, science and society, particularly amongst those affected. This debate was conducted in exemplary fashion by the EU-Commission through the use of all available media and fora.[5] In this way, the reform was made known to a broad public audience, which took the opportunity to participate in discussions.[6]

Secondly, this public debate was shaped by both high expectations within non-agricultural circles and marked fears on the part of farmers with regards the reforms. These can be explained in terms of the politically demanding aim of the Commission to substantially reform both the content and structure of the CAP.[7]

With regards to content, the aims of the reform were to provide a new definition of the objectives of European agriculture, particularly in relation to the ecologising of the CAP (so-called Greening), and to pursue a liberalisation of the agricultural market via the repeal of existing regulatory instruments.[8] Thereby, the expectation was to improve the competitiveness of EU agriculture within the global market.[9] At the same time, the latitude of freedom of the member states was also to be substantially expanded,[10] while structurally, the administration of the CAP was to be rendered more simple and transparent.[11] In addition, instruments for furthering cooperation between producers were to be made viable and promoted so as to re-

---

4 *Edmund-Rehwinkel-Stiftung der Landwirtschaftlichen Rentenbank*, Die Gemeinsame Agrarpolitik (GAP) der Europäischen Union nach 2013, Frankfurt/M. 2011.

5 See the summary of the public debates at http://ec.europa.eu/agriculture/cap-post-2013/debate/index_de.htm.

6 According to data from the Directorate-General for Agriculture and Rural Development, more than 5500 contributions from citizens, interest groups and think-tanks were submitted.

7 See the Commission Communication of 18.11.2010, The CAP towards 2020: Meeting the food, natural resources and territorial challenges of the future, COM(2010) 672 final.

8 Commission Communication of 18.11.2010, COM(2010) 672 final, 8.

9 Commission Communication of 18.11.2010, COM(2010) 672 final, 3, 8, 12.

10 EU-Commission, press release of 18.11.2010, IP/10/1527.

11 Commission Communication of 18.11.2010, COM(2010) 672 final, 7.

duce costs, improve access to loans and increase added value within the primary sector.[12]

The expectations and fears brought forth by such plans led to a substantial emotionalisation of the debate. This emotionalisation impeded a reasoned discussion in the process of political consensus building and numerous aims. At the samt time, it also gave rise to a substantial delay in the legislative procedure. This in turn led to the introduction of transitional provisions and to a shortening ot the initial seven-year period of validity of the CAP by one year. As a consequence, the effects of the latest reform are not yet fully recognisable, while at the same time, thoughts are already turning to the next phase of reform in 2020.

Within the framework of the CAP reform 2013, the single CMO was, as far as possible, repealed and replaced with Regulation (EU) No. 1308/2013. This refers again to the terminology of primary legislation and speaks once more of the common organisation of the agricultural market. This regulation came into force on 1 January 2014. In contrast to its predecessor standard, the CMO 2013 reforms the agricultural market to a substantial degree: the focus lies on the market norms that are now, for the first time, pooled together within a uniform legal framework and set up for a further differentiation through EU Agricultural Market Law.

The CMO 2013 continues the process of liberalising EU Agricultural Market Law and can thus be placed in the same tradition as its predecessor regulations. Two innovations can be highlighted. On the one hand, the legislator uses the idea of the privatisation of European market controls. The regulatory steering of the market through price controls, quantity regulations and product subsidies should be replaced by a state-supervised steering of the market by market participants themselves. To this end, state-recognised agricultural organisations are supported and privileged in terms of competition law. These include producer groups, their associations and sector associations. Producer groups and their associations may, by way of an anti-trust immunity, decide upon quantity and price agreements and should, above all else, strengthen marketing on the side of the producer, as set over and against the customer. Sector associations should, in the form of a horizontal arrangement, improve the entire marketing chain for a product.

12 EU-Commission, Informationen zur Zukunft der Agrarpolitik No. 5 / December 2013, p. 6.

On the other hand, the CMO expands the set of crisis instruments available for dealing with serious market disturbances, which were previously rudimentary at best. In addition to ordinary support measures, the Commission is authorised, to implement, at a second level of intervention, ad hoc measures to stabilise the market in significant crisis situations. The safety net for market disturbances, which was established hereby first, had to be applied as a result of the substantial disruptions caused by the Russian embargo on agricultural products from the EU in 2014.

In a formal sense, the CMO 2013 perpetuates, through its sheer scope, a substantial weakness of the European market regulations. The numbers alone (the 183 pages of the EU's official journal, 207 grounds for consideration, 232 articles and 14 appendices) illustrate how the limits of legibility and comprehensibility are exceeded. The detailed regulatory provisions have, moreover, ensured that considerable parts of the CAP reform have, in several member states, been implemented not by the parliamentary but rather by the executive legislator.[13] On several occasions, implementation has not occurred, which has, in turn, led to problems with enforcement.[14] At the same time, the legislator deploys a multitude of vague legal terms. The fact that the legal situation changes every five years leads to much uncertainty in the interpretation of terms and concepts. On account of the risk of financial corrections, national administrations shy away from an independent interpretation of vague legal terms. This situation also generates further uncertainty amongst those affected and delays procedures, as decisions from the Commission and/or the Courts on EU-conformist interpretations are waited upon. Up to June 2015, the Commission, for instance, has had to draft a multitude of interpretative notes. In sum it can thus be said that the stated aim of the EU legislator to streamline and simplify the provisions has not been realised.

At the same time, the legislator has also, once again, not used the opportunity to separately regulate fundamental aspects such as definitions of terms, general principles, the applicability of competition regulations and reliable instruments in a general section of market regulations that might apply beyond the programmed five-year period. In view of the short period of applicability of the CMO 2013, both, jurisprudence and science, will

13 National reports of France and Italy.
14 National reports of France and Italy.

barely have again the opportunity for deep and lasting reflection on fundamental issues, as was the case with predecessor regulations.

B. Evaluation of the CAP Reform

1. Difficulties in Passing an Appropriate Evaluation

As a result of the delays, the European regulations on the CAP are still yet to be fully implemented. The applications for the new funding period are currently being processed; only after this the concrete effects of the CAP reform for individual farmers will become clear. Thus, the critique of the reform is only provisional for the time being.

The level of social acceptance of the CAP is still high in the European member states.[15] The equalisation of agricultural subsidies has led to increase in acceptance in the East European member states.[16] In the "old" member states, affected farmers complain, however, about a – in part quite substantial – reduction of income, particularly in France, Spain and Italy. In most member states, the level of direct payments will, on average, be only slightly reduced.

A point called into question here is whether the system of payment claims must still be maintained, given that the leeway of the member states to develop a differentiated incentive plan, which underlies the current system of the payment entitlements, has not been used.[17]

In principle, it is also critically noted that administrations, the courts and those affected have too little time to adequately and appropriately prepare themselves for the new instruments and to acquire the necessary information. This is all the more essential precisely because the new regulations are neither more transparent nor more straightforward. Individual instruments – such as, for instance, the set of crisis instruments noted above – are, moreover, not yet fully perfected.

---

15 National reports of Spain, Slovenia, Italy; differentiating, that of the Netherlands; see also the national report of Switzerland.

16 National reports of Slovenia and Poland.

17 National report of the Netherlands.

2. Evaluation of Ecologising Measures (Greening)

The new approach of the CAP – namely, the combined provision of both public and private goods –, characterised as a milestone by the Commission, is regarded positively.[18] The farmers should be remunerated for their accomplishments in the service of the public – e.g. the preservation of landscape, the conservation of biological diversity of cultivated lands, climate stability – as these have no market value. To this end, the use of direct payments should be enhanced. This new approach represents both an opportunity and a risk. The opportunity can be seen in the fact that the agricultural subsidies are lent to an additional legitimacy. This permits a continuation of the subsidy system, both with regards to its structure and levels, despite ongoing criticism from the WTO and parts of the public.

The risk resides that this approach necessarily demands that the official function of agriculture, for which financial compensation is to be paid, be precisely defined. This is vital not only so as to provide evidence to support the claim that agriculture contributes to the protection of the environment, but also so as to formulate specific directives for action.

It is, however, difficult, if not impossible, to uniformly define the contribution of agriculture to the protection of the environment across Europe in such a way as to allow for the distillation of concrete action sequences. In view of specific regional differences, *only* the member states would be in a position to undertake this task. This would mean, however, that the conditions for the payment of community subsidies would be defined exclusively by the member states. Put differently: the greater the extent to which the payment of subsidiaries is linked to the fulfilment of regionally-specific functions, the greater the extent to which the definition of conditions must be left to the member states and thus re-nationalised. The Commission did not wish to follow this path and found itself entangled in a conflict that has constrained the implementation of the idea of greening to a substantial degree.

What are the consequences of this? On the one hand, it is only possible to define certain ecological functions, which are applicable in all member states. Therefore the expectations attached to the concept of 'greening' have only been partially fulfilled so far, and the criticism from environ-

18 Differentiating, the national reports of Italy and Slovenia.

mental groups has been accordingly harsh.[19] On the other hand, the necessary conditions for the three components of greening have been defined in part in the European regulations and in part in national provisions. This has made applicability markedly more difficult. National administrations are regularly overtaxed by such definitions and are currently waiting for interpretative aid in the form of guidelines or decisions from the ECJ.

In terms of content, the farmers complain that greening (particularly 'ecological priority area') has substantially reduced croplands.[20]

3. Evaluation of Measures for Administrative Simplification

Criticism is also levelled in relation to the point that the objective of the CAP reform 2013 to reduce administrative burdens has not been realised.[21] On the contrary, it can be said that the reform of the CAP has led to an increase in administrative workloads, especially regarding the areas of "greening" and "coupling of payments".[22]

4. Evaluation of Measures Towards the Liberalisation of the Agricultural Market

The further liberalisation of agricultural and the reduction of interventionist elements is currently regarded negatively in the milk sector.[23] The drop in prices in the sector can partly be explained by the discontinuation of milk quotas and represents a significant problem that the regulations have not been able to solve so far. As a result of the demonstrations by farmers in September 2015, the EU has withdrawn the liberalisation of the dairy

---

19 *Queisner*, Das Leitbild einer umweltverträglichen Landwirtschaft in den Europäischen Verträgen, AUR 2015, 161; *Erjavec*, 'Greening the CAP' – Just a fashionable justification? A discourse analysis of the 2014–2020 CAP reform documents, Food policy 2015 (51), 53.

20 National reports of Spain, Austria and France.

21 In particular, the national reports of Austria, Germany, Italy, Poland, Slovenia and Hungary.

22 National report of Germany.

23 National reports of France, Spain, Slovenia and the Netherlands.

market at short notice.[24] Such "rescue measures" were not surprising. However, the integration of such measures into existing European market regulations is difficult, as the market regulations provide only a single specific crisis mechanism that, in this case, does not apply.

II. Limited Extension of the Latitude of Freedom of Member States

Although the CAP reform has indeed extended the latitude of freedom available to member states in relation to agricultural policy, at the same time, the Commission wished to avoid re-nationalisation and thus strictly limited the framework of action of the member states.

This has various negative effects. For one, the high amount of details has generated provisions that are, at least partly, unreadable.[25] These detailed regulatory provisions have, meanwhile, ensured that substantial parts of the CAP reform have not been implemented by parliamentary legislators but rather by the executive regulatory authority. Thus the Italian report speaks of a misuse of the instrument of ministerial directives when currently the entire agricultural subsidy law is exclusively regulated in national government regulations. In addition, in this way, the debates in thc national parliaments concerning the results of the CAP reform are, circumvented.

How have the member states made use of the latitude of freedom available to them regarding the relation to direct payments? Examples of a sensible and useful concession of latitudes to the member states are "capping" in accordance with art. 11 of Directive (EU) No. 1307/2013 and, in part, the definition of the active farmer.

A. Promotion of Small and Mid-Sized Agricultural Holdings

The distribution of direct income support to proprietors is characterised by the authorisation of a disproportionately large share of payments to a small

24 Most recently in Commission Delegated Regulation (EU) 2016/558 of 11 April 2016 authorising agreements and decisions of cooperatives and other forms of producer organisations in the milk and milk products sector on the planning of production, OJ. EU L 96/18.

25 National reports of Germany, Slovenia and Poland.

number of large beneficiaries. Generally, larger beneficiaries rely not as much on subsidies as an income support as small and midsized agricultural holdings do. Directive (EU) No. 1307/2013 thus stipulates that payments to a single proprietor exceeding 150 000 € should be reduced by at least 5%. The member states enjoy a margin of discretion in this regard, which they have used in different ways.

The capping set down in Art. 11 of Directive (EU) No. 1307/2013 has been fully implemented in Austria, meaning that no subsidy payments over 150 000 € are made. Germany does not apply this cap and uses instead the option provided for in Art. 11, Pgph. 3 of the Directive (EU) No. 1307/2013, according to which proprietors are entitled to the redistribution subsidy. Slovenia and Spain both apply the 5% cap stipulated in Directive (EU) No. 1307/2013. In Italy, payments in excess of 150000 € are capped by 50%, those in excess of 500000 € by 100%. Poland caps payments over 150 000 € by 100%. According to the Polish national report, 15 member states carry out a capping of at least 5%, while in nine member states, a 100% cap rate on payments between 150 000 € and 600 000 € is administered.

B. Active Farmer

With regards to personal prerequisites, through the concept of the "active proprietor", the CAP reform has introduced a new element that, in the first instance, limits the latitude of freedom enjoyed by member states. The aim of this restriction is to render more precise the steering effect of direct payments and to remove so-called "sofa farmers" from the circle of beneficiaries. Active farmers are defined negatively as those whose form of enterprise does not appear on a black list compiled by the member states. In Art. 9 of Directive (EU) No. 1307/2013, the member states are granted (just) a limited option for action in this regard. According to Art. 9, Pgph. 1, member states can further concretise the types of enterprises that should be covered by the black list. They must, however, stand in accordance with the objectives of the regulations on active farmers and the general principles of EU law. The German black list includes the following categories of enterprise: airport operators, railway companies, operators of sport and leisure areas, water works, property services and mining companies. Therefore, almost all existing agricultural operations fall within the category of active farmer. A steering of the agricultural structure in favour of a specific type or size of enterprise has not taken place. Even those enterprises that do find themselves on the black list can, moreover, be recognised as "active farmers" in a verification procedure. To this end, they must demonstrate that their agricultural activities have a substantial scope and/or are their main business purpose.

In all member states, agricultural operations have been defined in terms of a minimum level of activity.[26] In Germany, the proprietor must reap crops on the site (at least one hectare, see Art. 10 of Directive (EU) No. 1307/2013) at least once during the premium year and either remove the mown material or, alternatively, shred the crops and distribute them across the area. The Spanish legal system states, in contrast, that 20% of all income must be of agricultural origin. Some member states link the determination of the attribute 'active farmer' to whether the proprietor has, in the preceding year, received direct payments exceeding 1052 € (Spain, Austria) and/or is liable for social security contributions in the agricultural sector on account of at least 51% of their employees being active in the field of agricultural production (Italy). In the Netherlands, the proprietor must be entered in the commercial register and have farmed at least 0.3 hectares of land in 2015.

Small farmers in Austria (proprietors with direct payments of up to 1250 €), as well as Germany and Slovenia (5000 € in direct payments) are, in blanket fashion, qualified as active farmers.

The black list for the determination of active proprietors has been extended by certain individual member states. Additions include mining companies, banks (and other enterprises that offer banking services or other comparable financial services), insurance companies and public administration, with the exception of those administrative bodies that fall within the agricultural sector.

C. Flexibility Between the Pillars

Art. 14 of Directive (EU) No. 1307/2013 allows the member states to shift up to 15% of financial resources from the first pillar (direct payments) to the second pillar (rural development). The individual member states have

---

26 On France, see *Barbieri,* Agriculteur: profession réglementée, Revue de Droit Rural 2014 (427), 1.

made varied use of this possibility. There has been no transfer of resources in Austria, Spain, Italy, Belgium and Slovenia. In Germany, 4.5% of resources have been reallocated. This equates, on average, to approximately 229 million euros per year that are made available for national programmes for developing rural land in 2016 to 2020 and that require no co-financing at national level. Poland has made use of Art. 14, Pgph. 2, Sub-pgph. 1 of Directive (EU) No. 1307/2013 and decided to deploy 25% of its allocated second pillar funds for direct payments.

III. Greening

The greening of the CAP was a major element of the reform and a central point of discussion in public debates. The concept of greening includes here the following three measures: crop diversification, maintaining exision permanent grassland and having ecological focus area on 5% of the agricultural area. Such measures promote contributions made by agriculture to climate protection, conservation of species, diverse cultivated landscapes and sustainable production. In terms of specifiying the prerequisites of greening, the member states are granted some latitude of freedom. This allows them to do justice to local conditions when implementing measures at the national level. The tension that exists between EU competencies to set conditions for subsidies and the leeway afforded to the member states has already been noted. Such leeway exists when determining of equivalent practices, fixing ecological priority areas in accordance with Art. 46, Pgph. 2, 3, 5 and 6 of Directive (EU) No. 1307/2013, particularly with regard to common implementation and to areas with natural handycaps. In the end, the member states can concretise to ecological priority areas via the cultivation of nitrogen-fixing plants. The national reports are critical of the detailed regulation of EU Law on permanent pasture land, which leaves a number of definitional issues open. These can only be realised in the medium term via changes and/or additions to directives. Detailed regulations ought to be left to the member states. Should the Commission identify any erroneous developments, then they should implement clarifications with *ex nunc* effect.

IV. Liberalisation of the Agricultural Market, based on the Example of the Dairy Market

In 1984, the EU Council of Agricultural Ministers introduced milk quotas on account of rising stocks of butter and milk powder and in an attempt to ease strain on the EU budget. In addition, such quotas were intended to help stabilise prices for dairy products. Thus every dairy producer has a reference amount (milk quota) per quota year. As part of the CAP reform (Agenda 2000) and its subsequent revision in 2003, the milk quota regulation was extended to 31 March 2015 and, at the same time, fixed to this period. The regulation thus expired on 1 April 2015.

The ending of the milk quota has been evaluated differently in the member states. In cases where the dairy market is organised cooperatively and/or structural transformations are already complete, no impacts have been noted (Germany, Austria, Wallonia). In numerous states, the renunciation of quotas has led to a substantial drop in prices for producers (France, Italy, Spain, Slovenia, Poland). In some quarters, the waiving of quotas is cited as a sole reason, in others, as a contributing factor (alongside the Russian embargo and the downturn in the Chinese dairy market). In Italy, the legislator has attempted to alleviate this development by regulating contracts between producers and dairy plants. In Poland, there is fear of a reduction of both dairy businesses and food control as a side-effect.

V. Enforcement and Transparency

A. Enforcement Problems

Enforcement problems arose firstly on account of the delayed completion of the legislative procedure. The shift in the legal situation also led to uncertainties with regard to the interpretation of terms. On account of the risk of financial corrections, the national administrations shy away from an independent interpretation of vague legal terms, which also generates further uncertainty amongst those affected and delays procedures, as decisions from the Commission and/or the Courts on EU-conformist interpretations are waited upon.

Thereto, the preparation time for the new law was much too short; a number of questions of interpretation will only be able to be clarified by mid-2016. The Commission is attempting to meet the wishes of the member states for assistance with interpretation through the formulation of guidelines.

Yet the Commission does not always limit such guidelines to an open interpretation of uncertain legal terms by highlighting reliable possibilities and thereby preserving the leeway available to the member states. Rather it reduces the understanding of an uncertain legal term to a 'commission-conformist' interpretation. Doubtlessly this contributes to legal certainty. What is ignored, however, is the conscious decision of the legislator to use an uncertain legal term. The latitude of design and interpretation afforded the member states should be maintained here.

The Commission is, however, of the opinion that this freedom of definition with regards the extent of flexibility makes a control of legality substantially more difficult. It thus seems to be necessary to keep the member states "on a short leash" in order to protect the financial interests of the union. This is correct when almost 100% compliance with the law is expected. This is also demanded from the Commission by the parliament and the Court of Auditors. They expect that the law will be abided by at a rate of 98%. In practice, the Commission achieves a rate of between 95% and 97% in the area of direct payments. This is much higher than in most member states. The cost of achieving such a high rate lies with the necessary restriction of member states' own responsibility, and with administrations and courts that are incapable of taking decisions without interpretative assistance from Brussels.

The costs of enforcement have increased substantially. The reason for this are greening obligations that necessitate more frequent and more intensive checks. These costs, together with the associated administrative tasks for those farmers affected, are barely proportionate to individual financial contributions. At the same time, they will also delay operational procedures.

B. Publication of the Names of beneficiaries

In Austria and Germany, the publication of agricultural subsidies carries potential for legal conflict with data protection laws. This potential has already been realised in relation to the previous regulation. The current regulation is also undergoing judicial review in both states at present. The focus of criticism is the proportionately of the measures and, in concrete terms, the question of whether transparency is at all a suitable means through which to achieve the objective of securing a public check on the administration.

Generalbericht der Kommission I

Version allemande – German version – Deutsche Version

Prof. Dr. José Martìnez
Universität Göttingen

I. Agrarpolitische Erwägungen

Im Dezember 2013 hat der Agrarrat ein Reformpaket zur GAP beschlossen[1]. Es umfasst als zentrale Elemente vier Grundverordnungen[2] und eine Vielzahl von zum Teil noch erlassener Durchführungsvorschriften. Die neuen Regelungen sind generell am 1. Januar 2014 in Kraft getreten. Einige wichtige Elemente wie das Greening werden jedoch erst 2015 umgesetzt. Für 2014 wurden Übergangsregelungen beschlossen.[3] Die rechtswissenschaftliche Bewertung dieser Reform ist noch in den Anfängen[4]. Sie

---

1 Zur Entwicklung siehe *Petit,* 18 novembre 2010 – 20 décembre 2013: l'intinéraire au long cours de la réforme de la Politique agricole commune (PAC) 2014–2020, Revue de Droit Rural 2014, 11-16.

2 Direktzahlungen an Inhaber landwirtschaftlicher Betriebe im Rahmen von Stützungsregelungen der Gemeinsamen Agrarpolitik VO 1307/2013 ABl. EU L 347/608 v. 20.12.2013; Gemeinsame Marktorganisation für landwirtschaftliche Erzeugnisse VO 1308/2013 ABl. EU L 347/671 v. 20.12.2013; Förderung der ländlichen Entwicklung durch ELER VO 1305/2013 ABl. EU L 347/487 v. 20.12.2013; Finanzierung, Durchführung und Kontrollsystem der Gemeinsamen Agrarpolitik VO 1306/2013 ABl. EU L 347/549 v. 20.12.2013.

3 Übergangsvorschriften bis 31.12.2014: VO 1310/2013, ABl. EU L 347/865 v. 20.12.2013.

4 *Mögele,* Die Reform der Gemeinsamen Agrarpolitik 2013, in: Norer/Holzer, Agrarrecht, Jahrbuch 2014, 123; *Spoto,* La reforma de la Política Agrícola Común y la crisis económica, Revista de Derecho Agrario y Alimentario 64 (2014), 143; *Mestre,* Les paiements directs, Revue de droit rural 2014 Nr. 425, 16-23; *Böhme,* Das nationale Gesetz für die Direktzahlungen der GAP-Reform, Briefe zum Agrarrecht 2014, 226; *Busse,* Das neue Agrarmarktrecht der GAP-Reform 2014/15, AuR 2015, 321; *Dänicke,* Das umweltrelevante Agrarförderrecht nach der jüngsten EU-Agrarreform – Überlegungen zum Umweltnutzen, AuR 2015, 335; *Krüger/Haarstrich,* Die Reform der Gemeinsamen Agrarpolitik, AUR 2015, 129.

bedarf jedoch notwendigerweise auch einer interdisziplinären Ergänzung durch eine agrarpolitische Analyse.

A. Besonderheiten der GAP-Reform

Aus agrarpolitischer Perspektive[5] zeichnet sich die Reform der GAP 2013 durch folgende Besonderheiten aus:

Erstens ging dem legislativen Verfahren eine umfassende öffentliche Debatte auf den Ebenen der Politik, der Wissenschaft und der Gesellschaft, insbesondere der Betroffenen, voran. Diese Debatte ist von der EU-Kommission exemplarisch durch die Nutzung aller Medien und Foren betrieben worden.[6] Dadurch ist die Reform einer breiten Öffentlichkeit bekannt geworden, die die Gelegenheit genutzt hat, sich daran zu beteiligen.[7]

Zweitens war diese öffentliche Debatte von hohen Erwartungen in nichtlandwirtschaftlichen Kreisen bzw. erheblichen Ängsten bei den Landwirten an die Reform geprägt. Sie gehen zurück auf ein politisch anspruchsvolles Anliegen der Kommission, den Inhalt und die Struktur der GAP erheblich zu reformieren.[8]

Die Ziele der Reform waren es, inhaltlich eine neue Definition der Ziele der europäischen Landwirtschaft herzuleiten, insbesondere die Ökologisierung der GAP (das sogenannte Greening) sowie eine erhebliche Liberalisierung des Agrarmarktes durch die Aufhebung bestehender Regulierungsinstrumente[9]. Erwartet wurde damit eine gesteigerte Wettbewerbsfähigkeit der EU-Landwirtschaft im globalen Agrarmarkt.[10] Zugleich sollten die Gestaltungsspielräume der Mitgliedstaaten erheblich erweitert werden.[11] Strukturell sollte die Verwaltung der GAP erheblich vereinfacht und trans-

---

5 *Edmund-Rehwinkel-Stiftung der Landwirtschaftlichen Rentenbank*, Die Gemeinsame Agrarpolitik (GAP) der Europäischen Union nach 2013, Frankfurt/M. 2011.

6 Siehe die Zusammenfassung der öffentlichen Debatte unter http://ec.europa.eu/agri culture/cap-post-2013/debate/index_de.htm.

7 Nach Angaben der GD Landwirtschaft sind mehr als 5500 Beiträge von Bürgern, Interessenverbänden und Denkfabriken zur GAP-Reform eingegangen.

8 Siehe Mitteilung der Kommission vom 18.11.2010, Die GAP bis 2020: Nahrungsmittel, natürliche Ressourcen und ländliche Gebiete – die künftigen Herausforderungen, KOM(2010) 672 endg.

9 Mitteilung der Kommission vom 18.11.2010, KOM(2010) 672 endg, 8.

10 Mitteilung der Kommission vom 18.11.2010, KOM(2010) 672 endg, 3, 8, 12.

11 EU-Kommission, Pressemitteilung vom 18.11.2010, IP/10/1527.

parenter werden.[12] Des weiteren sollten Instrumente zur Zusammenarbeit der Erzeuger ermöglicht und gefördert werden, um die Kosten zu senken, den Zugang zu Darlehen zu verbessern und die Wertschöpfung im Primärsektor zu steigern.[13]

Die hierdurch hervorgerufenen hohen Erwartungen bzw. großen Sorgen haben zu einer erheblichen Emotionalisierung der Debatte geführt. Diese Emotionalisierung hat im Ergebnis einer sachlichen Diskussion im politischen Willensbildungsprozess entgegengestanden und zahlreiche Ziele verhindert.[14] Zugleich hat sie auch zu einer erheblichen Verzögerung des Rechtsetzungsverfahrens geführt, die zu Übergangsvorschriften für das Jahr 2014 führte und die ursprünglich 7-jährige Geltungsdauer der neuen GAP-Regelung um ein Jahr verkürzt hat.[15] Das hat zur Konsequenz, dass zum einen die Folgen der letzten GAP-Reform noch nicht vollumfänglich erkennbar sind, zum anderen jetzt schon über die nächste Reform 2020 nachgedacht wird.

Im Rahmen der Reform der GAP 2013 wurde die Einheitliche GMO weitestgehend aufgehoben und durch die Verordnung (EU) Nr. 1308/2013 ersetzt. Diese nimmt wieder Bezug auf die primärrechtliche Terminologie und spricht nunmehr wieder von der Gemeinsamen Organisation der Agrarmärkte. Diese Verordnung ist am 1. Januar 2014 in Kraft getreten. Die GMO 2013 reformiert im Gegensatz zu ihrer Vorgängernorm das Agrarmarktrecht in erheblichem Umfang; der Schwerpunkt liegt auf den Vermarktungsnormen, die nun erstmals in einem einheitlichen Rechtsrahmen zusammengefasst und auf eine weitere Ausdifferenzierung durch EU-Agrarmarktrecht angelegt sind.

Die GMO 2013 setzt den Prozess der Liberalisierung des Agrarmarktrechts fort und steht damit in einer Tradition mit ihren Vorgängerordnungen. Zwei Neuerungen sind hervorzuheben: Zum einen bedient sich der Gesetzgeber des Gedankens der Privatisierung der europäischen Marktkontrolle. Die ordnungsrechtliche Steuerung des Marktes durch Preisregelungen, Mengenregulierungen und durch Produktbeihilfen soll verstärkt

---

12 Mitteilung der Kommission vom 18.11.2010, KOM(2010) 672 endg, 7.

13 EU-Kommission, Informationen zur Zukunft der Agrarpolitik N°5 / Dezember 2013, 6.

14 Dieses Problem besteht strukturell seit Anbeginn der GAP, siehe *Niehaus*, Aktuelle Fragen der Agrarpolitik im Rahmen der europäischen Integration, Wiesbaden 1965, 28.

15 VO 1310/2013Abl. EU L 347/865 v. 20.12.2013.

ersetzt werden durch eine staatlich überwachte Steuerung des Marktes durch die Marktteilnehmer selbst. Hierfür werden staatlich anerkannte Agrarorganisationen gefördert und wettbewerbsrechtlich privilegiert. Darunter fallen Erzeugerorganisationen, deren Vereinigungen sowie Branchenverbände. Erzeugerorganisationen und deren Vereinigungen dürfen in Form einer Kartellfreistellung Mengen- und Preisabsprachen treffen und sollen vor allem die Vermarktung auf Erzeugerseite gegenüber der Abnehmerseite stärken. Branchenverbände sollen im Rahmen einer horizontalen Vereinbarung die gesamte Vermarktungskette für ein Produkt verbessern.

Zum anderen erweitert die GMO das bisher nur rudimentär bestehende Kriseninstrumentarium im Falle gravierender Marktstörungen. Zusätzlich zu den ordentlichen Stützungsmaßnahmen wird die Kommission ermächtigt, in erheblichen Krisenfällen auf einer zweiten Markteingriffsebene Ad-hoc-Maßnahmen zur Marktstabilisierung zu ergreifen. Das hierdurch errichtete Sicherheitsnetz für Marktstörungen musste als Folge der erheblichen Marktstörungen, die durch das Russland-Embargo für Agrarprodukte aus der EU im Jahre 2014 ausgelöst wurden, erstmals angewandt werden.

In formaler Hinsicht perpetuiert die GMO 2013 durch ihren Umfang ein erhebliches Defizit der europäischen Marktordnungen. Bereits die Zahlen (183 Seiten des EU-Amtsblattes, 207 Erwägungsgründe, 232 Artikel und vierzehn Anhänge) verdeutlichen zum einen, dass die Grenze der Lesbarkeit und Verständlichkeit überschritten ist. Zum anderen haben die detaillierten Verordnungsvorgaben dazu geführt, dass weite Teile der GAP-Reform in zahlreichen Mitgliedstaaten nicht durch den parlamentarischen Gesetzgeber sondern durch die exekutiven Verordnungsgeber umgesetzt worden sind.[16] Vielfach ist eine Umsetzung nicht erfolgt, was zu erheblichen Vollzugsschwierigkeiten geführt hat[17]. Zugleich verwendet der Gesetzgeber eine Vielzahl von unbestimmten Rechtsbegriffen. Die sich alle fünf Jahre verändernde Rechtslage führt zu Unsicherheiten bei der Auslegung der Begriffe. Aufgrund des Anlastungsrisikos scheuen die nationalen Verwaltungen die eigenständige Auslegung unbestimmter Rechtsbegriffe, was zu einer Rechtsunsicherheit bei den Betroffenen führt und Verfahren erheblich verzögert, da zunächst die unionskonforme Auslegung durch die Kommission bzw. Gerichte abgewartet wird. So hat die Kommission bis

16 Länderberichte Frankreich, Italien.
17 Länderberichte Frankreich, Italien.

Juni 2015 eine Vielzahl von Auslegungsvermerken verfassen müssen. Zusammengefasst kann festgestellt werden, dass das vom Unionsgesetzgeber genannte Ziel der Straffung und Vereinfachung der Bestimmungen nicht erreicht worden ist.

Zugleich hat der Verordnungsgeber wieder die Möglichkeit nicht genutzt, grundsätzliche Aspekte wie Begriffsdefinitionen, allgemeine Grundsätze, Anwendbarkeit der Wettbewerbsbestimmungen, zulässige Instrumente in einem allgemeinen Teil der Markordnungen gesondert zu regeln, der jenseits der fünfjährigen Programmierung fortgelten könnte. Angesichts der kurzen Geltungsdauer werden auch bei der GMO 2013 daher die Rechtsprechung und die Wissenschaft wie schon bei den Vorgängerregelungen kaum Gelegenheit haben, sich während der Geltungszeit vertieft und nachhaltig über Grundsatzfragen auseinanderzusetzen.

B. Bewertung der GAP-Reform

1. Schwierigkeiten einer sachgerechten Bewertung

Als Folge der Verzögerungen ist die Umsetzung der europäischen Regelungen zur GAP noch nicht vollständig erfolgt. Die Anträge für die neue Förderperiode werden derzeit bearbeitet und werden erst dann die konkreten Auswirkungen der GAP-Reform für den einzelnen Landwirt verdeutlichen. Insoweit ist die Kritik an der Reform derzeit noch vorläufig.

Die gesellschaftliche Akzeptanz der GAP ist in den europäischen Mitgliedstaaten weiterhin überdurchschnittlich hoch.[18] Die Gleichstellung der Agrarbeihilfen hat zu einer Akzeptanzerhöhung in den osteuropäischen Mitgliedstaaten geführt[19]. In den „alten" Mitgliedstaaten beklagen jedoch die betroffenen Landwirte eine zum Teil erhebliche Reduktion der Einkommen insbesondere in Frankreich, Spanien und Italien. In den meisten Mitgliedstaaten wird die Höhe der Direktzahlungen im Durchschnitt nur leicht zurückgehen.

In Frage gestellt wird, ob das System von Zahlungsansprüchen noch aufrechterhalten werden muss, da die Spielräume der Mitgliedstaaten, ein

---

18 Länderberichte Spanien; Slowenien, Italien; differenzierend Niederlande; siehe auch Länderbericht Schweiz.

19 Länderbericht Slowenien, Polen.

differenziertes Prämiensystem zu gestalten, die dem System der Zahlungsansprüchen zugrundeliegen, nicht genutzt worden sind.[20]

Grundsätzlich wird bemängelt, dass die Verwaltungen, Gerichte und die Betroffenen zu wenig Zeit hatten, sich auf die neuen Instrumente ausreichend und angemessen vorzubereiten und zu informieren. Dieses sei umso erforderlicher, als dass die neuen Regelungen weder transparenter noch einfacher sind. Zugleich sind einzelne Instrumente, wie z.B. das Kriseninstrumentarium noch nicht vollständig ausgereift.

2. Bewertung der Maßnahmen zur Ökologisierung (Greening)

Positiv bewertet wird der neue Ansatz der GAP, der von der Kommission als Meilenstein bezeichnet wird: die kombinierte Bereitstellung sowohl öffentlicher als auch privater Güter.[21] Die Landwirte sollen für ihre Leistungen im Dienste der breiteren Öffentlichkeit – wie Landschaftspflege, Erhalt der biologischen Vielfalt der Kulturflächen, Klimastabilität – belohnt werden, weil diese keinen Marktwert haben. Hierzu sollen die Direktzahlungen verstärkt eingesetzt werden. Dieser neue Ansatz birgt eine Chance und zugleich eine Gefahr. Die Chance wird darin gesehen, dass die Agrarbeihilfen eine zusätzliche inhaltliche Legitimation erfahren. Dadurch wird trotz bestehender Kritik auf der Ebene der WTO und einem Teil der Öffentlichkeit die Fortführung des Systems der Agrarbeihilfen ermöglicht, sowohl im Hinblick auf seine Struktur, als auch im Hinblick auf die Höhe.

Die Gefahr besteht darin, dass dieser Ansatz notwendigerweise erfordert, dass die öffentlichen Funktionen der Landwirtschaft präzise definiert werden, für die eine finanzielle Kompensation gezahlt wird. Das ist nicht nur erforderlich, um die Aussage, die Landwirtschaft trage zum Umweltschutz bei, inhaltlich zu belegen. Es ist auch erforderlich, um spezifische Handlungsanweisungen für die Landwirte zu formulieren.

Es erweist sich jedoch als sehr schwierig, wenn nicht sogar unmöglich, europaweit einheitlich den Beitrag der Landwirtschaft für den Umweltschutz so präzise zu definieren, dass konkrete Handlungsfolgen entnommen werden können. Aufgrund der spezifischen regionalen Unterschiede wären hierzu *allein* die Mitgliedstaaten befähigt. Das hieße aber, dass die

20 Länderbericht Niederlande.

21 Differenzierend Länderbericht Italien, Slowenien.

Voraussetzungen für die Auszahlung von Gemeinschaftsbeihilfen ausschließlich von den Mitgliedstaaten definiert würden. Anders ausgedrückt: Umso mehr die Auszahlung von Beihilfen an die Erfüllung regionalspezifischer Funktionen der Landwirtschaft geknüpft werden, umso mehr muss die Definition der Voraussetzungen den Mitgliedstaaten überlassen und damit renationalisiert werden. Diesen Weg hat die Kommission nicht gehen wollen und gerät dadurch in ein Spannungsfeld, der die Umsetzbarkeit der Idee des Greening erheblich beschränkt.

Welche Folgen hat dies? Zum einen können nur bestimmte, in allen Mitgliedstaaten anwendbare ökologische Funktionen definiert werden. Dadurch konnten die Erwartungen an den Begriff „Greening“ nur punktuell erfüllt werden und entsprechend stark ist die Kritik der Umweltverbände gewesen.[22] Zum anderen werden die Voraussetzungen zu den drei Greening-Komponenten zum Teil in den europäischen Regelungen, zum Teil in den nationalen Bestimmungen definiert. Die Anwendbarkeit wird dadurch erheblich erschwert. Die nationalen Verwaltungen sind mit diesen Definitionen regelmäßig überfordert und warten derzeit auf Auslegungshilfen in Form von Leitlinien oder Entscheidungen des EuGH ab.

Inhaltlich beklagen die Landwirte, dass das Greening (insbesondere die „ökologischen Vorrangflächen“) die Ackerflächen erheblich reduziert hat.[23]

3. Bewertung der Maßnahmen zur Verwaltungsvereinfachung

Kritisch wird des Weiteren gewertet, dass das Ziel der GAP-Reform 2013, den Verwaltungsaufwand zu reduzieren, nicht erreicht worden ist.[24] Vielmehr ist sogar festzustellen, dass die Reform der GAP zu einer Erhöhung des Verwaltungsaufwandes geführt hat. Hierzu gehören insbesondere die Bereiche „Greening“ und „Koppelung von Zahlung“. [25]

---

22 *Queisner*, Das Leitbild einer umweltverträglichen Landwirtschaft in den Europäischen Verträgen, AUR 2015, 161; *Erjavec*, ‘Greening the CAP’ – Just a fashionable justification? A discourse analysis of the 2014–2020 CAP reform documents, Food policy 2015 (51), 53.

23 Länderberichte Spanien, Österreich, Frankreich.

24 Insbesondere Länderbericht Österreich, Deutschland, Italien, Polen, Slowenien, Ungarn.

25 Länderbericht Deutschland.

4. Bewertung der Maßnahmen zur Liberalisierung des Agrarmarktes

Die weitere Liberalisierung der Landwirtschaft und die Reduktion marktdirigistischer Elemente wird aktuell im Milchsektor als negativ empfunden.[26] Der Preisverfall im Milchsektor wird zum Teil mit dem Wegfall der Milchquote begründet und stellt derzeit ein erhebliches Problem dar, dem die bisherigen Regelungen nicht begegnen konnten. So hat die EU als Folge der Demonstrationen der Landwirte im September 2015 die Liberalisierung im Milchmarkt wieder kurzfristig zurückgenommen.[27] Derartige „Rettungsmaßnahmen" waren nicht überraschend. Die Einbindung dieser Rettungsmaßnahmen in das bestehende europäische Marktordnungsrecht erweist sich aber als schwierig. Denn das Marktordnungsrecht kennt nur ein spezifisches Krisenverfahren, das in diesem Fall keine Anwendung findet.

II. Begrenzte Erweiterung der Gestaltungsspielräume der Mitgliedstaaten

Die GAP-Reform hat zwar die Gestaltungsspielräume der Mitgliedstaaten im Bereich der Agrarpolitik erweitert. Die Kommission hat aber zugleich eine Renationalisierung verhindern wollen und daher den Gestaltungsrahmen der Mitgliedstaaten eng begrenzt.

Das hat verschiedene negative Auswirkungen. Zum einen hat der Detailreichtum Vorschriften hervorgebracht, die zum Teil unlesbar sind.[28] Diese detaillierten Verordnungsvorgaben haben außerdem dazu geführt, dass weite Teile der GAP-Reform nicht durch den parlamentarischen Gesetzgeber umgesetzt worden sind sondern durch die exekutiven Verordnungsgeber. So spricht der italienische Bericht von einem Missbrauch des Instruments der ministerialen Verordnungen, wenn sich das gesamte Agrar-Beihilfenrecht nunmehr ausschließlich in nationalen Regierungs-Verordnungen geregelt findet. Zugleich wird dadurch die parlamentarische

---

26 Länderbericht Frankreich, Spanien, Slowenien. Niederlande.

27 Zuletzt durch Delegierte Verordnung (EU) 2016/558 der Kommission vom 11. April 2016 zur Genehmigung von Vereinbarungen und Beschlüssen von Genossenschaften und anderen Formen von Erzeugerorganisationen im Sektor Milch und Milcherzeugnisse über die Planung der Erzeugung, ABl. EU L 96/18.

28 Länderberichte Deutschland, Slowenien, Polen.

Debatte in den nationalen Parlamenten zu den Ergebnissen der GAP-Reform umgangen.

Wie haben die Mitgliedstaaten die Gestaltungsspielräume durch die Mitgliedstaaten im Bereich der Direktzahlungen genutzt? Beispiele für eine sinnvolle Einräumung von Gestaltungsspielräume zugunsten der Mitgliedstaaten ist die Kappung nach Art. 11 Verordnung (EU) Nr. 1307/2013 und zum Teil die Definition des aktiven Landwirts.

A. Förderung der kleinen und mittleren landwirtschaftlichen Betriebe

Die Verteilung der direkten Einkommensstützung auf die Betriebsinhaber ist durch die Bewilligung eines unverhältnismäßig hohen Anteils der Zahlungen an eine recht kleine Anzahl großer Begünstigter gekennzeichnet. Für größere Begünstigte sind in der Regel Beihilfen nicht in gleichem Umfang als Einkommensstützung erforderlich wie für kleine und mittlere landwirtschaftliche Betriebe. Die Verordnung (EU) Nr. 1307/2013 sieht daher vor, dass die Mitgliedstaaten daher den Anteil der den Betriebsinhabern zu gewährenden Basisprämie, der 150‘000 € übersteigt, um mindestens 5% kürzen sollen. Hierbei verfügen die Mitgliedstaaten über ein Ermessen/Gestaltungsspielraum. Davon haben die Mitgliedstaaten unterschiedlich Gebrauch gemacht.

Die Kappung nach Art. 11 Verordnung (EU) Nr. 1307/2013 wird in Österreich vollständig umgesetzt d.h. es erfolgt keine Beihilfezahlung über 150‘000 €. Deutschland wendet die Kappung nicht an und nutzt stattdessen die Option nach Art. 11 Abs. 3 Verordnung (EU) Nr. 1307/2013, indem die Betriebsinhaber einen Anspruch auf die Umverteilungsprämie erhalten. Slowenien und Spanien wenden die in der Verordnung (EU) Nr. 1307/2013 vorgesehene Kappung von 5% an. In Italien werden Zahlungen ab 150‘000 € zu 50 % und ab 500‘000 € vollständig gekappt. Polen kappt die Beträge über 150.000 € zu 100 %. Laut dem polnischen Landesbericht nehmen 15 Mitgliedstaaten eine Kappung um mindestens 5% vor, in neun Migliedstaaten wird eine hundertprozentige Kappung bei Beträgen zwischen 150‘000 € und 600‘000 € vorgenommen.

B. Aktiver Landwirt

Im Hinblick auf die persönlichen Voraussetzungen ist durch das Element des „aktiven Betriebsinhabers" durch die GAP-Reform 2013 ein Element hinzugekommen, dass den Gestaltungsspielraum der Mitgliedstaaten zunächst begrenzt. Ziel dieser Begrenzung ist, die Steuerungswirkung der Direktzahlungen zu präzisieren und sog. Sofa-Landwirte aus dem Kreis der Begünstigten herauszunehmen. Aktive Landwirte werden negativ definiert als Landwirt, deren Unternehmensform nicht auf einer Negativliste auftaucht, die von den Mitgliedstaaten aufgestellt wird. Eine (nur) beschränkte Gestaltungsoption erhalten die Mitgliedstaaten in Art. 9 VO (EU) Nr. 1307/2013. Nach Art. 9 Abs. 1 können die Mitgliedstaaten Betriebe, die von der Negativliste erfasst werden sollen, weiter konkretisieren. Sie müssen sich jedoch in Übereinstimmung mit den Zielen der Regelungen zum aktiven Landwirt und den allgemeinen Grundsätzen des EU-Rechts befinden. Auf der deutschen Negativliste werden folgende Unternehmenskategorien aufgeführt: Flughafenbetreiber, Betreiber von Bahnunternehmen, Betreiber von Sport- und Freizeitflächen, Wasserwerke und Immobiliendienstleister und bergbautreibende Unternehmen. Insoweit fallen fast alle bisherigen landwirtschaftlichen Unternehmen unter die Kategorie Aktiver Landwirt. Eine Steuerung der Agrarstruktur zugunsten einer spezifischen Betriebsform oder -größe hat dadurch nicht stattgefunden. Und selbst die auf der Negativliste aufgenommenen Betriebsformen können als „aktive Landwirte" in einem Nachweisverfahren anerkannt werden. Hierzu müssen sie darlegen, dass ihre landwirtschaftliche Tätigkeit einen wesentlichen Umfang hat bzw. deren Hauptgeschäftszweck ist.

In allen Mitgliedstaaten ist die landwirtschaftliche Tätigkeit in Form einer Mindesttätigkeit definiert worden[29]. In Deutschland muss der Betriebsinhaber mindestens einmal während des Prämienjahres auf den Flächen (mindestens 1 Hektar, siehe Art. 10 Verordnung (EU) Nr. 1307/2013) den Aufwuchs mähen und das Mähgut abfahren oder alternativ den Aufwuchs zerkleinern und ganzflächig verteilen. Die spanische Rechtsordnung stellt demgegenüber darauf ab, dass 20% der Einnahmen aus landwirtschaftlicher Herkunft sein müssen. Zum Teil knüpfen die Mitgliedstaaten die Bestimmung der Eigenschaft „aktiver Landwirt" daran an, ob

29 Zu Frankreich siehe *Barbieri,* Agriculteur: profession réglementée, Revue de Droit Rural 2014 (427), 1.

der Betriebsinhaber im Vorjahr Direktzahlungen von über 1052 € erhalten hat (Spanien, Österreich) bzw. sozialversicherungspflichtig in der landwirtschaftlichen Sozialversicherung ist, weil er mindestens 51% seiner Arbeitskraft für die landwirtschaftliche Produktion verwendet wird (Italien). In den Niederlanden muss der Betriebsinhaber im Handelsregister eingetragen sein und 2015 mindestens 0.3 Hektar bewirtschaftet haben.

Kleinerzeuger werden in Österreich (Betriebsinhaber mit bis zu 1250 € Direktzahlungen) und in Deutschland bzw. Slowenien (5'000 € Direktzahlungen) pauschal als aktive Landwirte qualifiziert.

Die Negativliste für die Bestimmung des aktiven Betriebsinhabers ist von einzelnen Mitgliedstaaten erweitert worden. Dazu zählen Bergbauunternehmen, Banken und Unternehmungen, die Bankgeschäfte oder vergleichbare finanzielle Dienstleistungen anbieten, Versicherungsgesellschaften sowie die öffentliche Verwaltung mit Ausnahme der dem landwirtschaftlichen Sektor zugeordneten Verwaltungseinheiten.

C. Flexibilität zwischen den Säulen

Art. 14 Verordnung (EU) Nr. 1307/2013 ermöglicht den Mitgliedstaaten, bis zu 15% der Finanzmittel aus der ersten Säule (Direktzahlungen) in die zweite Säule (ländliche Entwicklung) umzuschichten. Von dieser Gestaltungsmöglichkeit haben die Mitgliedstaaten unterschiedlich Gebrauch gemacht. Keine Umschichtung von der ersten in die zweite Säule erfolgt in Österreich, Spanien, Italien, Belgien, Slowenien. In Deutschland werden 4,5% der Mittel umgeschichtet. Hierbei handelt es sich um durchschnittlich rund 229 Millionen Euro pro Jahr, die in den Jahren 2016 bis 2020 für die Länderprogramme zur Entwicklung des ländlichen Raums zur Verfügung stehen und keine nationale Mitfinanzierung erfordern. Polen hat von der Möglichkeit nach Art. 14 Abs. 2 1. UAbs. Verordnung (EU) Nr. 1307/2013 Gebrauch gemacht und beschlossen, als Mittel für Direktzahlungen 25% ihrer Mittelzuweisung für die zweite Säule zu verwenden.

III. Greening

Das Greening der GAP ist ein wesentliches Element der Reform gewesen und stand im Mittelpunkt der öffentlichen Debatte. Das Greening erstreckt sich auf folgende drei Maßnahmen: den Erhalt von Dauergrünlandflächen, die Vielfalt beim Anbau von Kulturen auf Ackerflächen sowie die Bereitstellung „ökologischer Vorrangflächen“ auf fünf Prozent des Ackerlands. Damit werden Leistungen der Landwirtschaft für Klimaschutz, Erhaltung von Arten, vielfältige Kulturlandschaften und eine nachhaltige Produktion gefördert. Bei der Konkretisierung der Voraussetzungen des Greenings ist den Mitgliedstaaten ein Gestaltungsspielraum eingeräumt worden. Die neuen Gestaltungsspielräume sollen es den Mitgliedstaaten ermöglichen, bei der nationalen Umsetzung den jeweiligen Bedingungen vor Ort gerecht zu werden. Auf das Spannungsverhältnis zwischen der EU-Kompetenz zur Setzung der Beihilfevoraussetzungen und dem Gestaltungsspielraum ist bereits hingewiesen worden. Gestaltungsspielräume bestanden bei der Festsetzung „gleichwertiger Methoden“, bei der Festsetzung ökologischer Vorrangflächen, nach Art. 46 Abs. 2, 3, 5 und 6 Verordnung (EU) Nr. 1307/2013, insbesondere im Hinblick auf die gemeinsame Umsetzung und Gebiete mit naturbedingten Benachteiligungen. Schließlich können die Mitgliedstaaten die ökologischen Vorrangflächen in Form des Anbaus von stickstoffbindenden Pflanzen konkretisieren. Kritisiert wird in den Länderberichten die detaillierte Regelung des Unionsrechts zum Dauergrünland, die zugleich zahlreiche Abgrenzungsfragen offen läßt. Diese lassen sich aber nur mittelfristig über Verordnungsänderungen bzw. Verordnungsergänzungen realisieren. Detailregelungen sollten den Mitgliedstaaten überlassen bleiben. Sollte die Kommission Fehlentwicklungen feststellen, so soll sie mit Wirkung ex nunc Präzisierungen vornehmen.

IV. Liberalisierung der Agrarmärkte am Beispiel des Milchmarktes

Der EG-Agrarministerrat hatte 1984 die Einführung der Milchquote aufgrund zunehmender Lagerbestände bei Butter und Milchpulver und zur Entlastung des EU-Haushaltes beschlossen. Zudem sollte die Milchquote helfen, die Preise für Milchprodukte zu stabilisieren. So verfügte jeder Milcherzeuger über eine Referenzmenge (Milchquote) pro Quotenjahr. Im Zuge der Reform der Gemeinsamen Agrarpolitik (Agenda 2000) und ihrer Überarbeitung 2003 wurde die Milchquotenregelung bis zum 31. März 2015 verlängert und ist gleichzeitig auf diesen Zeitpunkt befristet worden. Die Milchquotenregelung ist damit zum 1.4.2015 ausgelaufen.

Das Ende der Milchquote wird in den Mitgliedstaaten unterschiedlich bewertet. Soweit der Milchmarkt genossenschaftlich strukturiert ist bzw. den Strukturwandel bereits vollzogen hat, werden keine Auswirkungen festgestellt (Deutschland, Österreich, Wallonie). In zahlreichen Staaten hat der Verzicht auf die Milchquotenregelung zu einem erheblichen Rückgang der Preise bei den Herstellern geführt (Frankreich, Italien, Spanien, Slowenien, Polen). Der Verzicht auf die Milchquotenregelung wird zum Teil allein als Ursache benannt, zum Teil als eine Mitursache (neben dem Russland-Embargo und dem Rückgang des chinesischen Milchmarktes). In Italien hat der Gesetzgeber mit einer Regulierung der Verträge zwischen Produzenten und Molkereien versucht, die aus seiner Sicht defizitären Entwicklungen aufzufangen. In Polen wird eine Reduktion der Molkereibetriebe und der Lebensmittelkontrolle als Begleiteffekt befürchtet.

V. Vollzug und Transparenz

A. Vollzugsprobleme

Vollzugsprobleme bestanden zunächst aufgrund des verzögerten Abschlusses des Rechtsetzungsverfahrens. Die veränderte Rechtslage hat auch zu Unsicherheiten bei der Auslegung der Begriffe geführt. Aufgrund des Anlastungsrisikos scheuen die nationalen Verwaltungen die eigenständige Auslegung unbestimmter Rechtsbegriffe, was zu einer Rechtsunsicherheit bei den Betroffenen führt und Verfahren erheblich verzögert, da zunächst die unionskonforme Auslegung durch die Kommission bzw. Gerichte abgewartet wird.

Dadurch war die Vorbereitungszeit für das neue Recht viel zu kurz; eine Vielzahl von Auslegungsfragen wird erst bis Mitte 2016 langsam geklärt werden können. Die Kommission versucht, den Wünschen der Mitgliedstaaten nach einer Hilfe bei der Auslegung mit Leitlinien entgegenzukommen.

Aber: Die Kommission beschränkt die Auslegungs-Richtlinien nicht immer auf die offene Auslegung unbestimmter Rechtsbegriffe, indem sie zulässige Auslegungsmöglichkeiten aufzeigt und damit den Gestaltungsspielraum der Mitgliedstaaten erhält. Sie reduziert vielmehr das Verständnis eines unbestimmten Rechtsbegriffs auf eine einzige „kommissionskonforme“ Auslegung. Das trägt zwar zur Rechtssicherheit bei. Allerdings wird dabei die bewusste Entscheidung des Gesetzgebers für einen unbestimmten Rechtsbegriff ignoriert. Hier sollten die Gestaltungs- und Auslegungsfreiheit der Mitgliedstaaten erhalten bleiben.

Dem hält die Kommission entgegen, dass diese Definitionsfreiheit der Weite des Gestaltungsspielraums eine Kontrolle der Rechtmäßigkeit erheblich erschwert wird. Es sei daher erforderlich, die Mitgliedstaaten „an der kurzen Leine zu führen", um die finanziellen Interessen der Union zu schützen. Das ist richtig, wenn eine Einhaltung des Rechts von knapp 100% erwartet wird. Das ist auch die Forderung des Parlaments und des Rechnungshofes an die Kommission. Sie erwarten, dass das Recht zu 98% eingehalten wird. In der Praxis erreicht die Kommission einen Wert von 95-97% im Bereich der Direktzahlung. Das liegt weit über dem Wert in den meisten Mitgliedstaaten. Der Preis für diesen hohen Wert liegt in der Begrenzung der Selbstverantwortung der Mitgliedstaaten und in Verwaltungen und Gerichten, die ohne Auslegungshilfen aus Brüssel entscheidungsunfähig werden.

Die Vollzugskosten haben sich erheblich erhöht. Grund hierfür sind die Greening-Verpflichtungen, die eine häufigere und intensivere Kontrolle erfordern. Diese Kosten sowie die hinzukommenden Verwaltungsaufgaben der betroffenen Landwirte stehen kaum noch im Verhältnis zu den einzelnen finanziellen Leistungen. Zugleich werden sie die Verfahrensabläufe verzögern.

B. Veröffentlichung der Namen von Beihilfenempfänger

Die Veröffentlichung von Agrarbeihilfen hat in Österreich und Deutschland aufgrund des staatlichen Datenschutzrechtssystems ein rechtliches Konfliktpotential. Dieses Potential hat sich bereits bei der vorhergehenden Regelung realisiert. Auch die aktuelle Regelung ist derzeit in beiden Staaten Gegenstand einer gerichtlichen Überprüfung. Im Mittelpunkt der Kritik steht die Verhältnismäßigkeit der Maßnahmen, konkret die Frage, ob die Transparenz überhaupt geeignet ist, das Ziel einer öffentlichen Kontrolle der Verwaltung zu erreichen.

Conclusions de la Commission I – Conclusions of Commission I – Schlussfolgerungen der Kommission I

Version française – French version – Französische Version
Version anglaise – English version – Englische Version
Version allemande – German version – Deutsche Version

Conclusions de la Commission I

Version française – French version – Französische Version

I. Recommandation pour le mid-term-review

Il ne faut pas s'attendre à ce que la réforme de la période de programmation (6 ans) continue sans d'autres changements. Cela ne correspond pas aux idées de la durabilité du législatif. En raison du laps de temps considérable, que le législateur a pour la réglementation d'une période de programmation, le législateur devrait s'efforcer de clore la procédure législative suffisamment tôt.

Par ailleurs une évaluation sérieuse n'est attendue qu'en 2016. Ainsi la requête du Conseil de mai 2015 à la Commission de présenter déjà à l'automne 2015 des initiatives de simplification n'est qu'un premier pas.

La Commission 1 recommande donc les mesures suivantes :

A. Amélioration de la lisibilité et de la compréhensibilité des marchés réglementés

Les marchés réglementés doivent ainsi structurées et formulées qu'ils soient lisibles et compréhensible pour leurs destinataires, surtout les participants au marché. Cela implique un renoncement à la méthode traditionnelle, selon laque les règlements existants sont complétés sous forme de mosaïque. Au contraire, la détermination de règles fondamentales (en particuliers de définitions), qui produisent leurs effets au-delà de la période de programmation, est fondamentale. En outre, les concepts juridiques indéterminés doivent être définis autant que possible par le législateur européen. Le recours à notes interprétatives ne peut pas – comme c'est toutefois le cas actuellement – devenir la règle. Pour autant que les notes interprétatives soient rédigées par la Commission, elles doivent être recueillies dans une banque de donnée structurée facilement accessible au public.

B. Limitation des actes de base aux règles de base

Le droit du marché traditionnel contient dans les actes de base en fonction de l'opportunité politique en partie des dispositions techniques détaillées, elles seront en partie déléguées. Cela rend la recherche du droit applicable plus compliquée, car il ne ressort pas d'une manière nette, s'il s'agit d'une disposition exhaustive. La Commission voit certes la difficulté de prendre en considération ces réflexions structurelles en considération lors de la formation de la volonté politique. Cependant le législateur devrait également se laisser assez de temps et de ressources pour les réflexions structurelles et rédactionnelles.

C. Limitation des notes interprétatives à un cadre interprétatif

Les notes interprétatives de la Commission de l'UE ne peuvent servir qu'à l'interprétation de règles normatives existantes. Elles trouvent selon la méthode juridique leur limite dans l'énoncé de la norme, qui forme la limite du cadre interprétatif. Des notes plus étendues casseraient l'équilibre institutionnel au sein de l'UE. Les notes interprétatives ne peuvent ainsi pas être utilisée pour combler les déficits ou les lacunes des règles du législateur des marchés réglementés.

D. Suppression de la structure des droits au paiement direct

Le système des droits au paiement direct est dans les pays, qui ne font pas de distinction dans les paiements uniformes entre la surface et le mode de fonctionnement, inutile. Sachez qu'une réglementation conforme à l'OMC n'est possible qu'à travers la voie des paiements directs découplés et n'est pas ouvert aux paiements directs découplés au nombre d'hectares, qui ne seront pas versés. La structure des droits au paiement direct crée de surcroît en politique agricole une fausse idée et une attente erronée chez les agriculteurs, il existerait un droit civil aux subventions de l'UE, qui seraient toujours en vigueur au-delà de la période.

E. La libéralisation des marchés agricoles doit s'accompagner d'une évaluation des conséquences juridiques par le législateur de l'UE

La libéralisation des marchés agricoles nécessite une évaluation complète des conséquences économiques et juridiques. Les évolutions du marché du lait ont montré que le législateur européen n'avait pas anticipé tous les scénarios possible d'évolution.

F. Réduction des obstacles administratifs pour les agriculteurs

Le but fixé au début de la réforme 2013 de la simplification administrative n'a pas été réalisé. Les devoirs de preuves, de documentations et de contrôle nécessaires au respect des prescriptions réglementaires seront encore délégués aux agriculteurs. Dans ce cadre, les petites, mais aussi les exploitations moyennes seront soumises à une charge dans la même propension que les plus grandes exploitations. Les petites et moyennes exploitations n'ont toutefois pas les ressources personnelles à disposition, pour réaliser ces formalités administratives supplémentaire sans entrave économique.

G. Réduction des risques des corrections financières de l'augmentation de la marge d'appréciation des États membres

Par correction financière, on entend l'exclusion d'un État membre des financements de l'UE, à laquelle procède la Commission en raison de déficits dans l'exécution administrative. Les corrections financières ont lieu indépendamment d'un dommage ou d'une faute. La correction financière améliore l'exécution administrative au prix d'une administration moins audacieuse et organisée dans les États membres. Ici l'équilibre entre les intérêts publics à une exécution administrative efficiente et légale a lieu une nouvelle fois à la charge de l'efficience. Grâce à l'introduction de la notion de faute un juste équilibre doit pouvoir être atteint.

Conclusions of Commission I

Version anglaise – English version – Englische Version

I. Recommendations for the Mid-Term Review

It is not to be expected that the reform will continue beyond the current funding period (six years) without additional emendations. This does not comply with the idea of the sustainability of legislation. In view of the substantial time-lead that the legislator has for the regulation of a funding period, s/he should endeavour to conclude the legislative procedure in good time.

At the same time, a serious assessment can only be expected in 2016. Thus the request submitted by the Council to the Commission in May 2015, asking for the presentation of simplification initiatives in Autumn 2015, can only be an initial step.

Commission I thus proposes the following measures:

A. Improvement of the Readability and Comprehensibility of Market Organisation Regulations

The regulations on market-order law must be structured and formulated in such a way as to ensure that they are are readable and comprehensible for addressees, particularly market participants. This demands a move away from the traditional method, whereby existing directives have been supplemented in mosaic-like fashion. What is required is, rather, the elaboration of fundamental regulations (particularly definitions) that will retain currency beyond the present funding period. In addition, uncertain legal terms should be defined by the European legislator. Recourse to interpretative notes cannot be – though currently is – the rule. Insofar as the Commission drafts interpretative notes, these should be collected in a simple and structured manner in a publicly accessible database.

B. Restriction of Basic Legal Acts to Basic Regulations

Traditional market-order law includes in the basic legal acts – depending on political expediency – certain technical regulations of detail, while others are delegated. This makes the determination of law substantially more difficult, as it is unclear whether one is dealing with a final provision. The Commission recognises the difficulties in taking account of such structural considerations in political decision-making. Nonetheless, the legislator should allow him- or herself sufficient time and resources for structural and editorial deliberations.

C. Restriction of Interpretative Notes to an Interpretative Framework

Interpretative notes issued by the EU Commission can only serve the interpretation of existing normative provisions. They have their limits, in accordance with legal methodology, in the wording of the norm that delineates the framework for interpretation. Notes that go beyond this breach the institutional balance within the EU. Thus interpretative notes cannot be used to fill in deficits or regulatory loopholes in market-order legislation.

D. Abolition of the Structure of Payment Entitlements

The system of payment entitlements is superfluous in countries that, in terms of land and mode of operation, do not differentiate standard payments. Concerns that a WTO-conformist regulation is only possible by way of decoupled payment claims and not – openly – via decoupled direct area payments are not shared. The structure of payment entitlements also provides the farmers with the false agricultural-political impression and expectation that there is a civil law "entitlement" to contributions from the EU that will continue to apply beyond the period.

E. Liberalisation of Agricultural Markets must be Accompanied by a Comprehensive Evaluation of Legal Consequences by the EU Legislator

The liberalisation of the agricultural market demands a comprehensive evaluation of the economic and legal consequences. The developments in the dairy market have shown that the European legislator had not anticipated all possible development scenarios.

F. Reduction of Administrative Burdens for the Farmer

The aim of simplifying administrative processes, set down at the beginning of the Reform 2013, has not been realised. The burden of proof, duty of documentation and duty of inspection required for compliance with regulatory provisions continue to be regularly carried over to the farmer. Small and mid-sized operations are thereby burdened to the same extent as larger operations. Such operations do not, however, have the necessary personnel resources to cope with such additional administrative tasks without incurring economic losses.

G. Reduction of the Risk of financial Correction so as to Increase the Flexibility of the Member States

Financial correction is understood to refer to the disqualification of a member state from EU funding, resolved upon by the Commission on account of deficits in administrative procedures. Financial correction occurs independent of damage and liability concerns. Such measures improve administrative procedures at the cost of promoting administrations within the member states that are not prepared to take risks and act as a shaping force. The balancing act between public interests in a legitimate and efficient administrative process is again here one-sidedly loaded at the expense of efficiency. The introduction of a liability component would allow a more appropriate balance to be achieved.

Schlussfolgerungen der Kommission I

Version allemande – German version – Deutsche Version

I. Empfehlungen für den mid-term-review

Es ist nicht zu erwarten, dass die Reform die Förderperiode (6 Jahre) ohne weitere Änderungen fortbestehen wird. Dies entspricht nicht dem Gedanken der Nachhaltigkeit der Gesetzgebung. Angesichts des erheblichen Vorlaufs, den der Gesetzgeber für die Regulierung einer Förderperiode hat, sollte der Gesetzgeber sich bemühen, frühzeitig das Rechtsetzungsverfahren abzuschließen.

Zugleich ist eine ernsthafte Bewertung erst 2016 zu erwarten. Daher kann das Ersuchen des Rates vom Mai 2015 an die Kommission, bereits im Herbst 2015 Vereinfachungsinitiativen vorzulegen, nur ein erster Schritt sein.

Die Kommission I empfiehlt daher folgende Maßnahmen:

A. Verbesserung der Lesbarkeit und Verständlichkeit der Marktordnungsregelungen

Die Regelungen zum Marktordnungsrecht müssen so strukturiert und formuliert sein, dass sie für die Adressaten, insbesondere die Marktteilnehmer lesbar und verständlich sind. Das erfordert eine Abkehr von der tradierten Methode, in der die bestehenden Verordnungen mosaikhaft ergänzt wurden. Erforderlich ist vielmehr die Herausarbeitung von grundsätzlichen Regelungen (insbesondere Definitionen), die über die Förderperiode hinaus auch Wirkung entfalten. Des Weiteren sind unbestimmte Rechtsbegriffe möglichst vom europäischen Gesetzgeber zu definieren. Der Rückgriff auf Auslegungsvermerke kann nicht – wie jedoch derzeit – die Regel werden. Soweit Auslegungsvermerke von der Kommission verfasst werden, sind diese in einer öffentlich zugänglichen Datenbank einfach und strukturiert zu sammeln.

B. Beschränkung der Basis-Rechtsakte auf Basis-Regelungen

Das traditionelle Marktordnungsrecht enthält in den Basis-Rechtsakten je nach politischer Opportunität zum Teil technische Detailregelungen, zum Teil werden sie delegiert. Das erschwert erheblich die Rechtsfindung, da nicht deutlich wird, ob es sich um eine abschließende Regelung handelt. Die Kommission sieht zwar die Schwierigkeit, bei der politischen Willensbildung diese strukturellen Erwägungen in Betracht zu ziehen. Jedoch sollte sich der Gesetzgeber ausreichend Zeit und Ressourcen auch für strukturelle und redaktionelle Erwägungen lassen.

C. Beschränkung von Auslegungvermerken auf einen Auslegungsrahmen

Auslegungsvermerke der EU-Kommission können nur der Auslegung bestehender normativer Regelungen dienen. Sie finden nach der juristischen Methodik ihre Grenze im Wortlaut der Norm, der den Auslegungsrahmen bildet. Darüber hinaus gehende Vermerke durchbrechen das institutionelle Gleichgewicht innerhalb der EU. Daher können Auslegungsvermerke nicht genutzt werden, um Defizite oder Regelungslücken des Marktordnungsgesetzgebers zu füllen.

D. Abschaffung der Struktur der Zahlungsansprüche

Das System der Zahlungsansprüche ist in Ländern, die im Hinblick auf die Fläche und die Betriebsweise einheitliche Beträge nicht differenzieren, überflüssig. Bedenken, dass eine WTO-konforme Regelung nur über den Weg entkoppelter Zahlungsansprüche möglich ist und nicht – offen - über entkoppelte flächenbezogene Direktzahlungen, werden nicht geteilt. Die Struktur der Zahlungsansprüche begründet zudem agrarpolitisch die falsche Vorstellung und Erwartung bei den Landwirten, es bestehe ein zivilrechtlicher „Anspruch“ auf Zuwendungen durch die EU, der über die Periode hinaus fortgelte.

E. Die Liberalisierung der Agrarmärkte muss mit einer umfassenden Rechtsfolgenbewertung durch den EU-Gesetzgeber einhergehen

Die Liberalisierung der Agrarmärkte erfordert eine umfassende Evaluierung der ökonomischen und rechtlichen Folgen. Die Entwicklungen auf dem Milchmarkt haben gezeigt, dass der europäische Gesetzgeber nicht alle möglichen Entwicklungsszenarien antizipiert hatte.

F. Reduktion des Verwaltungsaufwandes für den Landwirt

Das zu Beginn der Reform 2013 festgelegte Ziel der Verwaltungsvereinfachung ist nicht realisiert worden. Die für die Einhaltung ordnungsrechtlicher Vorgaben erforderlichen Nachweis-, Dokumentations- und Kontrollpflichten werden weiterhin regelmäßig auf den Landwirt übertragen. Dabei werden kleine, aber auch bereits mittlere Betriebe in gleichem Maße belastet wie größere Betriebe. Kleinen und mittleren Betrieben stehen jedoch nicht die personellen Ressourcen zur Verfügung, um diesen erhöhten Verwaltungsaufwand ohne ökonomische Beeinträchtigung zu realisieren.

G. Reduktion der Anlastungsrisiken zur Erhöhung der Gestaltungsfreiräume der Mitgliedstaaten

Unter Anlastung versteht man den Ausschluss eines Mitgliedstaates von EU-Finanzierungen, der von der Kommission aufgrund von Defiziten im Verwaltungsvollzug vorgenommen wird. Anlastungen erfolgen schadens- und verschuldensunabhängig. Die Anlastung verbessert den Verwaltungsvollzug zum Preis einer nicht mehr risikobereiten und gestaltenden Verwaltung in den Mitgliedstaaten. Hier ist der Ausgleich zwischen den öffentlichen Interessen an einem rechtmäßigen und einem effizienten Verwaltungsvollzug wieder einmal einseitig zu Lasten der Effizienz erfolgt. Durch die Einführung eines Verschuldenselementes würde ein angemessenerer Ausgleich erreicht werden können.

III.
Commission II – Kommission II

President:

Prof. Dr. Rudy Gotzen,
Katholicke Universiteit Leuven (Belgium)

General Reporter:

Ass. Prof. Dr. János Ede Szilágyi PhD,
Miskolci Egyetem (Hungary)

Espace rural: cadre juridique et mise en œuvre

Rural Areas: Legal Framework and Implementation

Ländlicher Raum: Rechtsrahmen und Umsetzung

Questionnaire de la Commission II – Questionnaire of Commission II – Fragebogen der Kommission II

Questions – Fragen

A. Version française – French version – Französische Version

I. La nouvelle période de programmation 2014-2020 pour le développement rural et la sauvegarde des communautés rurales

1. Quels objectifs spécifiques par rapport à la nouvelle législation de l'UE sur le développement rural était définis et promus par votre pays pendant les négociations ? Votre pays a-t-il pu exercer une influence sur le contenu du règlement n° 1305/2013 ou sur d'autres points de la réglementation européenne relative au développement rural ? Indiquez les points concernés. (Pour les Etats non-membres : Quelles objectifs prévoit-elle, votre législation nationale concernant le développement rural ?)
2. Quelles mesures de soutien prévues par le règlement n° 1305/2013 représentent un intérêt particulier pour votre pays ? (Pour les Etats non-membres : Quelles prescriptions de votre législation nationale sur le développement rural présentent un intérêt particulier ?)
3. Est-ce que la sauvegarde des communautés rurales visée par l'article 6 du règlement n° 1305/2013 est une préoccupation importante dans les programmes de développement rural de votre pays ?
4. La mise en œuvre du règlement n° 1305/2013 soulève-t-elle des difficultés dans votre pays ? Lesquelles ? (Pour les Etats non-membres : Quelles difficultés soulève la mise en œuvre de la législation concernant le développement rural dans votre pays ?)
5. Est-ce que l'aide prévue au titre de l'art. 20 du règlement n° 1305/2013 concernant les « services de base et rénovation des villages dans les zones rurales » jouent un rôle important dans le programme de développement rural de votre pays ? (Pour les Etats non-membres : Est-ce qu'il

y a des mesures comparables à celles de l'UE concernant les services de base et la rénovation des villages dans votre pays ?)
6. Votre pays utilise-t-il les sous-programmes thématiques prévus par l'art. 7 du règlement n° 1305/2013, notamment en ceux qui concerne « les jeunes agriculteurs », « les petites exploitations » et « les femmes dans l'espace rural »? (Pour les Etats non-membres : Votre législation nationale prévoit-elle des prescriptions comparables à celles de l'UE et de quelle importance sont celles-ci ?)
7. Quelles prescriptions nationales autre que l'implémentation de la législation européenne accompagne le développement rural dans votre pays ?

II. En particulier: Acquisition transfrontalière ou non-agricole des terres agricoles

1. Donnez des informations de base (faits et chiffres) concernant les acquisitions transfrontalières dans votre pays. Est-ce que l'acquisition transfrontalière ou l'acquisition financée par des fonds non-agricoles sont un sujet de politique agricole dans votre pays (p.ex. existe-t-il dans votre pays des investisseurs pour l'acquisition de terres agricoles dans un autre pays et réciproquement des investisseurs étrangers candidats à l'acquisition de terres agricoles dans votre pays ?)
2. Ces acquisitions sont-elles abordées par la législation de votre pays ? Dans quel cadre juridique ?
3. Quel est l'objectif visé par ce cadre juridique (p.ex. la sauvegarde des communautés rurales) ?
4. Quels instruments légaux prévoit la législation nationale de votre pays concernant l'acquisition transfrontalière ou non-agricole des superficies agricoles : p.ex. règles spécifiques concernant des droits réels restreints (gage, hypothèque, usufruit) ; restrictions concernant les types de contrats concernant l'exploitation des terres agricoles (bail à ferme, système d'affermage) ?
5. Dans une telle hypothèse d'acquisition transfrontalière, votre pays met-il des conditions concernant la personne du propriétaire foncier ou de l'exploitant de terres agricoles (p.ex. condition de nationalité, de formation agricole ou de preuve de l'intention d'utiliser les terres pour un usage exclusivement agricole) ?

6. Quelle est la législation nationale pertinente pour l'acquisition de propriété foncière ou l'usage des terres agricoles par des personnes morales ? Veuillez vous limiter aux conditions qui divergent des conditions régulières auxquelles les personnes physiques sont soumises.
7. Veuillez signaler les particularités d'application de votre droit national concernant l'acquisition transfrontalière ou non-agricole (p.ex. l'existence d'une procédure d'autorisation préalable pour l'acquisition de terres agricoles, système de contrôle).
8. Comment s'opère dans votre pays le contrôle juridictionnel ou administratif de l'acquisition des superficies agricoles ? Est-ce que le droit national prévoit des procédures légales spécifiques (p.ex. des cours spécifiques ou des procédures d'arbitrage pour régler des litiges et différends sur l'acquisition rurale) ? Comment sont le contournement (p.ex. des contrats simulés) et la violation des restrictions nationales concernant l'acquisition des superficies agricoles empêchés?

B. Version anglaise – English version – Englische Version

I. The new rural development period of the EU 2014-2020 and the maintenance of rural communities

1. Which specific national objectives were determined and promoted by your country during the negotiations of the EU's new rural development legislation? Will your country be able successfully to implement these national objectives under Regulation No. 1305/2013 and other EU provisions? (For non-member states: what are the goals provided in national rural development legislation?)
2. Which rural development measures in Regulation No. 1305/2013 have a particular significance for your country? (For non-member states: which provisions of the rural development legislation are of particular importance?)
3. Is the maintenance of rural communities an important issue in the national rural development programme of your country, as provided for under art. 6 of Regulation No. 1305/2013?
4. Which noteworthy difficulties are arising during national implementation of Regulation No. 1305/2013? (For non-member states: are there any noteworthy difficulties arising during the enforcement of the relevant law on rural development?)

5. Does the support of "basic services and village renewal in rural areas" under art. 20 of Regulation No. 1305/2013 have a significant role in your national rural development programme? (For non-member states: are there any provisions comparable to those governing basic services and village renewal?)
6. Do the thematic sub-programmes under art. 7 of Regulation No. 1305/2013 (especially, "young farmers", "small farms" and "women in rural areas") have a significant role in your national rural development programme? (For non-member states: are there any comparable provisions and, if so, of what importance are they in your country?)
7. What other national legislation (i.e., in addition to national implementation of EU-law) addresses rural development in your country?

II. Specific topic: cross-border acquisitions and acquisitions by non-agricultural capital of agricultural land

1. Background information, facts and figures: is cross-border acquisition and/or acquisition by non-agricultural capital an issue in your country's agricultural policy (e.g., investors in your country wishing to engage in cross-border acquisitions or your country being a target for cross-border acquisitions; non-agricultural investors in your country intending to buy land in your country)?
2. Does national legislation in your country address the issue of cross-border acquisition and/or acquisition by non-agricultural capital? If so, please outline the legal framework.
3. What is the intended purpose any such legal framework (e.g., the maintenance of rural communities)?
4. Are there any legal instruments in the national law of your country which address cross-border acquisition and/or acquisition by non-agricultural capital of agricultural land: e.g. special rules which limit rights in rem such as liens, mortgages and beneficial interest (usufructus); and restrictions on types of contract for agricultural land use (such as leasehold contracts or share-cropping?
5. Are there any special provisions in the national law of your country which concern the status of the individual land owner or land user (e.g., requirements as to citizenship, agricultural qualifications or proof of intention to pursue agricultural activities on the land in question)?

6. Is there any relevant national legislation for the acquisition of land ownership or use of agricultural land by legal persons (legal entities)? Please focus solely on the conditions which differ from the conditions regulating the acquisitions of natural persons.
7. How is any national law on cross-border acquisition and/or acquisition by non-agricultural capital enforced in your country (e.g., prior authorisation procedure for the acquisition of agricultural land and control systems)?
8. How is judicial control of the acquisition of agricultural land ensured in your country? Does national law lay down any special legal procedures (e.g., special courts or special arbitration procedures for the settlement of land-related legal disputes)? How does national law prevent the circumvention (e.g., by sham contracts) and violation of restrictions on agricultural land acquisition?

C. Version allemande – German version – Deutsche Version

I. Die neue Programmplanungsperiode zur Förderung der ländlichen Entwicklung der EU 2014-2020 und der Erhalt ländlicher Gemeinden

1. Welche spezifischen Ziele sind während den Verhandlungen zur neuen EU-Gesetzgebung über die Entwicklung des ländlichen Raums in Ihrem Land bestimmt und propagiert worden? Konnte Ihr Land diese Ziele erfolgreich in die VO 1305/2013 und andere EU-Vorschriften einbringen? (Für Nicht-EU-Mitgliedstaaten: Welche Ziele sieht die nationale Gesetzgebung in Ihrem Land bezüglich der ländlichen Entwicklung vor?)
2. Welche Maßnahmen der VO 1305/2013 sind von besonderer Bedeutung für Ihr Land? (Für Nicht-EU-Mitgliedstaaten: Welche Vorgaben der Gesetzgebung über die ländliche Entwicklung sind von besonderer Bedeutung?)
3. Ist der Erhalt ländlicher Gemeinden im ländlichen Entwicklungsprogramm gemäß Art. 6 VO 1305/2013 ein wichtiges Anliegen in Ihrem Land?
4. Welche erwähnenswerten Schwierigkeiten ergeben sich in der nationalen Umsetzung der VO 1305/2013? (Für Nicht-Mitgliedstaaten: Gibt es erwähnenswerte Schwierigkeiten bei der Umsetzung der entsprechenden Gesetzgebung zur ländlichen Entwicklung?)

5. Spielt die Förderung der „Basisdienstleistungen und Dorferneuerung in ländlichen Gebieten“ gemäß Art. 20 VO 1305/2013 eine wichtige Rolle im ländlichen Entwicklungsprogramm Ihres Landes? (Für Nicht-EU-Mitgliedstaaten: Gibt es vergleichbare Massnahmen zu jenen der EU betreffend Basisdienstleistungen und Dorferneuerungen?)
6. Spielen die thematischen Teilprogramme gemäß Art. 7 VO 1305/2013, speziell diejenigen bezüglich „Junglandwirte“, „kleine landwirtschaftliche Betriebe“ und „Frauen in ländlichen Gebieten“ eine wichtige Rolle in Ihrem nationalen Programm zur ländlichen Entwicklung? (Für Nicht-Mitgliedstaaten: Gibt es in Ihrer nationalen Gesetzgebung vergleichbare Bestimmungen und falls ja, wie wichtig sind diese in Ihrem Land?)
7. Welche andere nationale Gesetzgebung neben der Umsetzung des EU-Rechts flankiert die ländliche Entwicklung in Ihrem Land?

II. Im Speziellen: Grenzüberschreitender und außerlandwirtschaftlicher Erwerb landwirtschaftlicher Flächen

1. Hintergrundinformationen, Zahlen und Fakten: Ist der grenzüberschreitende Erwerb und Erwerb durch außerlandwirtschaftliches Kapital ein Thema in der Agrarpolitik Ihres Landes (z.B. Investoren in Ihrem Land, die im Ausland grenzüberschreitend Land erwerben wollen oder Ihr Land als Ziel von ausländischen Investoren, die grenzüberschreitend Land erwerben wollen; außerlandwirtschaftliche Investoren in Ihrem Land, die Land erwerben wollen)?
2. Berührt die nationale Gesetzgebung Ihres Landes die Thematik des grenzüberschreitenden und außerlandwirtschaftlichen Erwerbs? Bitte führen Sie den entsprechenden rechtlichen Rahmen aus.
3. Was ist der beabsichtigte Grund hinter besagtem rechtlichen Rahmen (z.B. Erhalt der ländlichen Gemeinden)?
4. Welche rechtlichen Instrumente sieht die nationale Gesetzgebung Ihres Landes bezüglich des grenzüberschreitenden und außerlandwirtschaftlichen Erwerbs landwirtschaftlicher Flächen vor: z.B. spezifische Regeln bezüglich der beschränkten Rechte in rem wie Pfandrechte, Hypotheken, Nießbrauch (usufructus); Restriktionen bezüglich der Vertragstypen für den Gebrauch landwirtschaftlicher Flächen wie Pachtverträge oder Entrichten einer Pacht durch einen Teil der Ernte?

5. Gibt es spezielle Vorschriften im nationalen Recht Ihres Landes bezüglicher der Person des Landeigentümers oder Landnutzers (z.B. Anforderungen bezüglich der Staatsbürgerschaft, landwirtschaftliche Ausbildung oder Absichtserklärung auf der in Frage stehenden Fläche landwirtschaftlichen Aktivitäten nachzugehen)?
6. Welches ist die einschlägige nationale Gesetzgebung für den Eigentumserwerb oder den Gebrauch landwirtschaftlicher Flächen durch juristische Personen? Bitte fokussieren Sie einzig auf die Bedingungen, welche von denjenigen für natürliche Personen abweichen.
7. Wie wird das nationale Recht bezüglich grenzüberschreitendem und außerlandwirtschaftlichem Erwerb durchgesetzt (z.B. vorgängiges Bewilligungsverfahren für den Erwerb landwirtschaftlicher Flächen, Kontrollsystem)?
8. Wie wird die gerichtliche Kontrolle des Erwerbs landwirtschaftlicher Flächen in Ihrem Land umgesetzt? Sieht das nationale Recht spezielle rechtliche Verfahren vor (z.B. spezifische Gerichte oder Schiedsgerichtsverfahren für die Beilegung rechtlicher Streitigkeiten bezüglich Landerwerb)? Wie werden Umgehung (z.B. „Strohmanngeschäfte“) und Verletzung der nationalen rechtlichen Restriktionen bezüglich Landerwerb verhindert?

Rapport général de la Commission II –
General Report of Commission II –
Generalbericht der Kommission II

Version française – French version – Französische Version
Version anglaise – English version – Englische Version
Version allemande – German version – Deutsche Version

Rapport général de la Commission II*

Version française – French version – Französische Version

Ass. Prof. Dr. János Ede Szilágyi PhD
Université de Miskolc

Sur la base des travaux de recherche effectués lors des Commissions I et II, l'objectif initial des organisateurs de la conférence de Potsdam était d'évaluer les changements des premiers et seconds piliers de la Politique Agricole Commune (PAC) durant la nouvelle période comptable de l'UE (c.-à.-d. de 2014 à 2020). Dans la mesure où la mise en œuvre nationale du second pilier de la PAC s'est rapidement avérée être moins efficace que prévu, le champ de recherche de la Commission II a ainsi du être modifié par rapport au champ de recherche initial.[1]

Par conséquent, le champ de recherche a été élargi puisqu'en plus de l'aperçu général des Programmes de Développement Rural (PDR) nationaux et régionaux des Etats Membres (EM) de l'UE, la Commission II a également ajouté un champ de recherche spécial. Bien que ce dernier n'appartienne pas au cadre classique de la politique de développement rural de l'UE, il a malgré tout lié d'une certaine façon au développement rural. Au vu de ce qui précède, *la nouvelle période de développement rural de l'UE 2014-2020 et la préservation des communautés rurales* constituent le champ de recherche général alors que *les acquisitions transfrontalières et les acquisitions par des investisseurs non agricoles de terres agricoles* a été défini en tant que champ de recherche spécial. En ce qui concerne le champ de recherche général, il convient de souligner que les zones rurales font plus souvent l'objet d'études scientifiques que les commu-

---

* Traduction de l'anglais en français par Romaine Zwygart, MLaw, Université de Neuchâtel. La version française ne contient que les conclusions du rapporteur général. Vous trouvez les conclusions dans la version anglaise.

1 Ce rapport général a été soutenu par le fond de recherche de l'Académie des Sciences de la Hongriee *János Bolyai*. Ce manuscript a été achevé 01.10.2015. Le rapporteur général tient à remercier Anikó Raisz, qui l'a aidé à interpréter les rapports nationaux rédigés en français et en allemand.

nautés rurales. Ainsi, la Commission II a pour ambition de présenter une analyse différente de celles effectuées en général. Selon les tendances récentes du développement international et de l'UE, le champ de recherche spécial peut être vu comme un enjeu actuel. En effet, au niveau international, cela s'explique par le phénomène d'accaparement des terres (« land grabbing »). Au niveau de l'UE, la période transitoire de la grande majorité des « nouveaux EM » devenus parties à l'UE depuis 2004 a pris fin en 2014 avec le fait que les prix des terres agricoles des nouveaux EM étaient (sont) notablement inférieurs à ceux des anciens EM. De plus, durant cette période transitoire, les nouveaux EM ont eu la possibilité de restreindre l'acquisition de la propriété de terres agricoles par des acheteurs étrangers provenant d'autres EM. Cette situation soulève ainsi la question de savoir si un accaparement des terres peut avoir lieu au sein des frontières de l'UE, et quelles sont les mesures qui doivent être prises par les institutions de l'UE ou les EM afin d'éviter un accaparement des terres ou des situations similaires.

Le lien entre le champ de recherche général et spécial est alors constitué par les communautés locales. Reste à savoir si la politique de développement rural de l'UE saura traiter le champ de recherche spécial de manière efficace. Ce rapport repose en tout les cas sur l'hypothèse que de sérieuses crises sociales pourraient apparaître tant que les communautés locales (p. ex. rurales) ne disposent pas d'un accès adéquat à leurs ressources naturelles locales (p. ex. eau, terre).

Ce rapport général s'appuie sur les rapports nationaux. Les rapports nationaux peuvent être subdivisés en plusieurs groupes en fonction de leur objectif; p. ex. selon s'ils se concentrent principalement sur le champ de recherche général ou spécial. Tout d'abord, il y a des rapports nationaux qui traitent tant du champ de recherche général que spécial à mesure égale: les rapports nationaux de l'Argentine[2], de l'Autriche[3], du Royaume-

2 *Victoria/Malanos*, « Rapport national – Argentine », 23, (ci- après dénommé rapport national de l'Argentine), le rapport peut être consulté sur http://www.cedr.org/congresses/potsdam/potsdamcom2.php.

3 *Kronaus*, « Rapport national – Autriche », 10, (ci-aprés dénommé rapport national de l'Autriche), le rapport peut être consulté sur http://www.cedr.org/congresses/potsdam/potsdamcom2.php.

Uni[4], de la Pays-Bas[5], de l'Allemagne (partie 1[6], partie 2[7]), de la Hongrie (rapport II[8], rapport III[9]), de la Norvège[10], de la Roumanie[11] et des Etats-Unis[12]. Ensuite, certains rapports nationaux se fondent particulièrement sur le champ de recherche général tels que les rapports nationaux: de la

4 Petetin/Taylor, « Rapport national – Royaume-Uni », 18, (ci-après dénommé rapport national du Royaume-Uni), le rapport peut être consulté sur http://www.cedr.org/congresses/potsdam/potsdamcom2.php.

5 *Burggraaf*, « Rapport national – Pays-Bas », 11, (ci-après dénommé rapport national des Pays-Bas), le rapport peut être consulté sur http://www.cedr.org/congresses/potsdam/potsdamcom2.php.

6 *Pascher*, « Rapport national – Allemagne – Bericht über die EU-Förderung der ländlichen Entwicklung in Deutschland », 4, (ci-après dénommé rapport national de l'Allemagne 1), le rapport peut être consulté sur http://www.cedr.org/congresses/potsdam/potsdamcom2.php.

7 *Hemmerling*, « Deutscher Bauernverband – Position zum Bodenmarkt », Boppard, 14.10.2014, 4, (ci-après dénommé rapport national de l'Allemagne 2), le rapport peut être consulté sur http://www.cedr.org/congresses/potsdam/potsdamcom2.php.

8 *Csák/Kocsis/Raisz*, « Rapport national – Hongrie », 15, (ci-après dénommé rapport national de la Hongrie II), le rapport peut être consulté sur http://www.cedr.org/congresses/potsdam/potsdamcom2.php.

9 *Holló/Hornyák/Nagy*, « Rapport national – Hongrie », 20, (ci-après dénommé rapport national de la Hongrie III), le rapport peut être consulté sur http://www.cedr.org/congresses/potsdam/potsdamcom3.php.

10 *Aasen/Daling*, « Rapport national – Norvège », 16, (ci-après dénommé rapport national de la Norvège), le rapport peut être consulté sur http://www.cedr.org/congresses/potsdam/potsdamcom2.php.

11 *Marcusohn*, « Rapport national – Roumanie », 22, (ci-après dénommé rapport national de la Roumanie), le rapport peut être consulté sur http://www.cedr.org/congresses/potsdam/potsdamcom2.php.

12 *Grossman*, « Rapport national – Etats-Unis », 20, (ci-après dénommé rapport national des Etats-Unis), le rapport peut être consulté sur http://www.cedr.org/congresses/potsdam/potsdamcom2.php.

Belgique[13], de la France[14], de l'Italie[15], de l'Espagne[16] et Suisse[17]. Le troisième groupe de rapports nationaux se concentre principalement sur le champ de recherche spécial comme les rapports nationaux: du Brésil[18] ou de la Pologne (1er rapport[19] et 2ème rapport[20]). En ce qui concerne le rapport national du Royaume-Uni il semble pertinent de soulever que le « first part of this report is restricted to England whilst the second part is written in respect of the whole of the United Kingdom (UK), however different laws apply in Scotland and to a lesser degree in Wales and Northern Ireland. »[21]

S'agissant des rapports nationaux se concentrant sur le développement rural, le *rapport national de l'Espagne* semble particulier en ce sens qu'il ne s'appuie pas uniquement sur la mise en œuvre de la politique de développement rural de l'UE en Espagne mais aussi sur la politique de développement rural de l'UE en tant que telle. Le rapport national de l'Espagne attire l'attention sur l'importance de l' « *aménagement du territoire* » même au niveau de l'UE. Par ailleurs, le rapport national de l'Es-

---

13 *Heyerick*, « Rapport national – Belgique », 10, (ci-après dénommé rapport national de la Belgique), le rapport peut être consulté sur http://www.cedr.org/congresses/potsdam/potsdamcom2.php.

14 Casassus, « Rapport national – France », 15, (ci-après dénommé rapport national de la France), le rapport peut être consulté sur http://www.cedr.org/congresses/potsdam/potsdamcom2.php.

15 *Sciaudone*, « Rapport national – Italie », 11, (ci-après dénommé rapport national de l'Italie), le rapport peut être consulté sur http://www.cedr.org/congresses/potsdam/potsdamcom2.php.

16 *Muniz Espada*, « Rapport national – Espagne », 9, (ci-après dénommé rapport national de l'Espagne), le rapport peut être consulté sur http://www.cedr.org/congresses/potsdam/potsdamcom2.php.

17 *Amsler*, « Rapport national – Suisse », 10, (ci-après dénommé rapport national de la Suisse), le rapport peut être consulté sur http://www.cedr.org/congresses/potsdam/potsdamcom2.php.

18 *Pereira*, « Rapport national – Brésil », 6, (ci-après dénommé rapport national du Brésil), le rapport peut être consulté sur http://www.cedr.org/congresses/potsdam/potsdamcom2.php.

19 *Kurowska/Kotowska/Gala*, « Rapport national – Pologne », 11, (ci-après dénommé 1er rapport national de la Pologne), le rapport peut être consulté sur http://www.cedr.org/congresses/potsdam/potsdamcom2.php.

20 *Kurowska/Kotowska/Gala*, « Rapport national – Pologne », 10, (ci-après dénommé 2ème rapport national de la Pologne), le rapport a été remis au rapporteur général à la conférence de Potsdam.

21 Rapport national du Royaume-Uni, 2.

pagne affirme que l'UE porte une attention particulière aux différences entre les territoires urbains et ruraux depuis les années 1990. Toutefois, il faut relever que tous deux jouent un rôle significatif pour un développement dynamique. De ce fait, une approche intégrée devrait être employée, c'est-à-dire une intégration territoriale tant des activités agricoles que des activités non agricoles ayant un lien avec l'agriculture[22]. Le rapport national de l'Espagne considère dès lors l'absence de politique d'aménagement du territoire au sein de l'UE comme un problème majeur[23].

I. Champ de recherche général: la nouvelle période de développement rural de l'UE 2014-2020 et la préservation des communautés rurales

S'agissant des EM de l'UE, plusieurs rapports nationaux constatent que (a) la préservation des communautés rurales ne dépend pas uniquement de l'UE, et qu' (b) au niveau de l'UE, en plus des mesures du second pilier (c.-à.-d. les mesures pour le développement rural) de la PAC de l'UE, d'autres mesures peuvent également contribuer à la préservation et à améliorer les communautés rurales ; p. ex. à cet égard, le premier pilier de la PAC ainsi que la politique de cohésion de l'UE[24] jouent un rôle fondamental. Cependant, les rapports nationaux en question traitent essentiellement de la mise en œuvre nationale du second pilier de la PAC.

A. Les communautés rurales en droit international et en droit de l'UE

Le *rapport national de la Belgique*[25] évoque le fait que la recommandation[26] du Conseil de l'Europe, la *Charte européenne de l'espace rural* (ci-après dénommée la Charte) a eu un impact important sur la politique de développement rural de l'UE. La Charte s'applique à de nombreuses dénominations employées dans le cadre du champ de recherche général du

22 Rapport national de l'Espagne, 3.

23 Rapport national de l'Espagne, 4.

24 Selon l'article 174 du TFUE (dans le Titre XVIII concernant la cohésion économique, sociale et territoriale) « Parmi les régions concernées, une attention particulière est accordée aux zones rurales… »

25 Rapport national de la Belgique, 2-3.

26 Recommandation 1296 (1996) de l'Assemblée Parlementaire pour la Charte européenne de l'espace rural.

présent rapport général ; à savoir, p. ex. « espaces ruraux »[27], « société rurale » [28], « population rurale » [29] ou « communauté rurale »[30]. Cependant, la Charte prévoit une définition précise uniquement en ce qui concerne l' « espace rural »[31]. *István Olajos* attire l'attention sur le fait qu'un document antérieur à la Charte, créé par un professeur suisse, *Hans Popp*, et traduit dans diverses langues, détaillait même les dangers menaçant l'espace rural ; à savoir, p. ex. l'exode rural, les tensions provenant de l'absence d'intégration des nouveaux arrivants[32]. Cependant, les précisions sur ces dangers apportés dans ce document ont été abandonnées dans la version finale de la Charte. Malgré cela, une amélioration a été apportée en ce sens que la Charte tient compte des particularités des pays de l'Europe central et orientale et déclare que : « Les pays d'Europe centrale et orientale (en transition) méritent une attention particulière et un soutien accru. Leurs problèmes particuliers devraient faire l'objet de stratégies et de mesures spécifiques, si possible conçues et adoptées par les Etats concernés... » [33].

Selon le Règlement (UE) N° 1305/2013, qui constitue le fondement de la réglementation en vigueur concernant le développement rural de l'UE, un des objectifs principaux de la politique de développement rural de l'UE est de conserver les communautés rurales. En vertu de l'article 4 c) du Règlement (UE) N° 1305/2013: « Dans le cadre général de la PAC, le soutien en faveur du développement rural ... contribue à la réalisation des objectifs suivants:... [c] assurer un développement territorial équilibré des économies et des communautés rurales, notamment la création et la préservation des emplois existants ». Le Règlement (UE) N° 1305/2013

27 Articles 2-6 de la Recommandation 1296 (1996).

28 Préambule 1, 4 et Orientations 1, 13 de la Recommandation 1296 (1996).

29 Article 4 et Orientations 1, 14 de la Reommandation 1296 (1996).

30 Orientations 4-5 de la Recommandation 1296 (1996).

31 Article 2 de la Recommandation 1296 (1996). Au sujet de l'analyse de ce point, voir *Hollo*, « General report Commission II – Use and protection of land in the countryside », in: Richli (ed.): L'agriculture et les exigencies du développement durable, L'Harmattan, Paris, 2013, 267-271.

32 *Popp*, « A vidéki európa alkotmánya », in: Földszolgálat, Vidékfejlesztők kiskönyvtára 8, Agroinform, Budapest, 2001, 129-130; cited and interpreted by *Olajos*, «A vidékfejlesztési jog kialakulása és története», Novotni, Miskolc, 2008, 20-21.

33 Orientation 15 de la Recommandation 1296 (1996).

établit selon quelles conditions[34] les EM doivent définir les termes liés à l'espace rural. Ainsi, même si les dénominations « communauté locale » [35], « communauté rurale » [36] et « population rurale » [37] sont employées dans le Règlement (UE) N° 1305/2013, ce dernier n'en donne pas une définition exacte. Par conséquent, le Règlement (UE) N° 1305/2013 ne donne pas de définition notamment des personnes considérées comme membres des communautés (rurales) locales. Mise à part cela, les objectifs des EM détaillés dans le préambule du Règlement sont acceptables, puisque la population rurale est constamment en train de diminuer dans presque chaque pays[38]. De plus, le *rapport national de la Suisse* expose également les raisons de l'exode rural tels que notamment la libéralisation, les progrès de la technologie et la mondialisation économique qui résulte en un décroissement constant de la demande de main d'œuvre dans le secteur agricole[39]. Le *rapport national des Etats-Unis* soulève également des problèmes similaires[40].

B. La mise en œuvre du Règlement (UE) N° 1305/2013 dans les EM

Selon le Règlement (UE) N° 1305/2013, « [l]e Feader agit dans les États membres à travers les programmes de développement rural. Ces programmes mettent en œuvre une stratégie visant à répondre aux priorités de l'Union pour le développement rural grâce à un ensemble de mesures... Un État membre peut présenter un programme unique couvrant tout son territoire ou une série de programmes régionaux. Alternativement, dans des cas dûment justifiés, il peut présenter un programme national et une série de programmes régionaux »[41].

Sur la base de ce règlement, plusieurs EM ont adopté des programmes régionaux afin de mettre en œuvre leurs objectifs nationaux ; notamment : la Finlande, le Royaume-Uni, l'Allemagne, la Belgique, la France, l'Espagne, le Portugal et l'Italie. En ce qui concerne les programmes régionaux

34 Article 50 du Règlement (UE) N° 1305/2013.

35 Préambule 19 et article 43 du Règlement (UE) N° 1305/2013.

36 Préambule 45 et article 55 du Règlement (UE) N° 1305/2013.

37 Article 20 du Règlement (UE) N° 1305/2013.

38 Préambule 19 du Règlement (UE) N° 1305/2013.

39 Rapport national de la Suisse, 1.

40 Rapport national des Etats-Unis, 3.

41 Article 6 (1)-(2) du Règlement (UE) N° 1305/2013.

en France, le *rapport national de la France* souligne que la France possédait déjà 27 programmes de développement rural au moment de l'adoption des programmes de développement rural nationaux français. Ces programmes s'appliquent(s'appliquaient) dans 21 régions métropolitaines, en Corse ainsi que dans 5 collectivités d'outre-mer. Bien que, dès 2016, la France comptera 13 régions (au lieu des 22 régions actuelles) et 5 collectivités d'outre-mer, le nombre de 27 programmes de développement rural restera inchangé[42]. Il est évident que si un EM n'a établi qu'un seul programme de développement rural, cela ne l'empêche de mettre en œuvre ce programme de développement rural unique sur son territoire avec des variations. Le *rapport national des Pays-Bas* évoque également cette situation: « Given the positive experiences in the previous programming period it has been decided to work with one rural development programme for the whole country. The execution however will take place in four geographical parts, divided over the country… The biggest part of the concrete measures will be managed by the provinces, even though the formal responsibility for the rural development programme as a whole lays within the central government, with the Minister of Economic Affairs being officially designed as Management Authority and the Rijkdienst voor Ondernemend Nederland (RVO), a part of the Ministry, as paying Agency. »[43]

Etat des approbations des programmes de développement rural (PDR) 2014-2020 – au 30 septembre 2015 : 87% des 118 PDR ont été approuvés par l'UE ce qui signifie que 81,8% du budget pour le développement rural a été approuvé. En conséquence, la procédure d'approbation des PDR a été achevée dans 22 Etats membres[44]. Il faut également mentionner que certains PDR ont été définitivement adoptés que très tard en comparaison avec d'autres programmes opérationnels de la politique de cohésion de l'UE. En raison de ce retard, les rapports nationaux n'ont ainsi pas pu évaluer les effets de la mise en œuvre des PDR.

42 Rapport national de la France, 1.

43 Rapport national des Pays-Bas, 8.

44 Voir (11.10.2015): http://ec.europa.eu/agriculture/rural-development-2014-2020/country-files/common/rdp-approved_en.pdf.

C. La réalisation de l'intérêt national lors des négociations et des premières expériences des PDR

Les programmes de développement rural nationaux et régionaux, c.-à.-d. les PDR représentent une bonne opportunité offerte aux Etats et aux régions de définir leurs demandes spéciales.

1. Intérêt national spécial durant les négociations de la nouvelle politique de développement rural de l'UE

Durant les négociations de la nouvelle politique de développement rural de l'UE, les EM tentèrent chacun de représenter leur intérêt national afin de façonner les nouvelles règles de la politique de développement rural de l'UE. Plusieurs rapports nationaux *prennent cela en compte*. Selon le *rapport national du Royaume-Uni :* « During EU negotiations on the CAP, the UK successfully urged for each Member State to have the option to channel a greater proportion of CAP funding into delivering environmental benefits. »[45] En définitif, même les efforts britanniques mentionnés ci-dessus ont contribué à la version finale de la politique de développement rural de l'UE. Par ailleurs, dans le cadre de cette politique, de plus en plus de mesures promouvant la préservation de la nature, la protection de l'environnement ainsi que l'utilisation modérée des ressources naturelles (p. ex. le sol, l'eau) sont introduites dans les programmes de développement rural nationaux et régionaux. S'agissant de *la Hongrie*, le développement des irrigations agricoles représentait un intérêt important ; en ce sens, le *rapport national de la Hongrie* mentionne : « [t]he European Commission, upon strict conditions, but made it possible to promote new investments in irrigation aiming at raising the scale of irrigated areas… »[46]. Un autre objectif de la Hongrie était de changer le modèle agricole, soit en passant du modèle d'Etat producteur de matières premières à celui d'Etat producteur d'aliments à valeur ajoutée.

Par ailleurs, chacun des EM a dû s'adapter à la nouvelle situation prévue par le second pilier de l'UE. Selon le *rapport national des Pays-Bas* : « With a view to the limited budget available – from the total EU-budget for rural development only 0,6% is attributed to the Netherlands –

45 Rapport national du Royaume-Uni, 3.
46 Rapport national de la Hongrie II, 4.

it has been decided to put the focus of the new national rural development programme on a limited number of rural development measures. As a consequence, the Dutch programme does not explicitly address all the Union priorities as foreseen in Article 5 of Regulation (EU) No. 1305/2013. »[47] De la même manière, le *rapport national de l'Allemagne* soulève que certains Etats constituants l'Allemagne (« *Länder* ») ont supprimé les subventions de leurs PDR afin que ces PDR soient approuvés plus vite par la Commission UE[48].

2. Difficultés durant la mise en œuvre nationale de la politique du développement rural de l'UE

Bien que relativement peu de temps se soit écoulé depuis la mise en œuvre des PRD, quelques EM ont signalé certaines difficultés lors de la mise en œuvre.

En ce qui concerne la mise en œuvre des programmes de développement rural nationaux et régionaux, la manière dont les Etats membres et les bénéficiaires peuvent apporter leurs contributions au cofinancement du programme de développement rural de l'UE constitue l'élément essentiel. P. ex. le *rapport national de l'Autriche* affirme qu'il est difficile d'accéder à certaines subventions du Fonds européen agricole pour le développement rural en raison du niveau particulièrement élevé du cofinancement à la charge des EM[49]. Le *rapport national de la France* constate également un obstacle avec le financement; la détermination des sanctions applicables contre les conseils locaux qui utilisent le soutien UE de manière inappropriée[50].

Le *rapport national des Pays-Bas* soulève deux difficultés en lien avec la mise en œuvre. La première difficulté concerne la définition des « jeunes agriculteurs » : « Within the Dutch rural development program a special attention is given to young farmers… However, in order for the measures to be effective it is in the view of the Netherlands essential that only young farmers within the meaning of Article 2(1)(n) of Regulation (EU) No. 1305/2013 who effectively set up as a head of the holding can profit

47 Rapport national des Pays-Bas, 2.
48 Rapport national de l'Allemagne 1, 2.
49 Rapport national de l'Autriche, 4.
50 Rapport national de la France, 1-2.

from the financial support. In this respect, the Netherlands are not entirely happy with article 2 of Commission Delegated Regulation 807/2014, which provides that where several natural persons, including person(s) who are not young farmer(s), participate in the capital or management of a legal person, the young farmer shall be capable of exercising effective and long-term control over the legal person in terms of decisions related to management, benefits and financial risks either solely or jointly together with other farmers. Under these conditions it seems questionable whether it can still be said that the young farmer is actually in control of the holding, given the fact that the wording of Article 2 of Regulation 807/2014 does not exclude shared management of a legal person with persons who are not young farmers themselves. »[51] La seconde difficulté a trait à la mise en œuvre d'un programme de mesures agroenvironnementales et climatiques collectif : « The Netherlands opts for a collective result-based scheme at landscape scale, from 2016 onwards. This implies that beneficiaries are no longer the individual farmers but a group that jointly commits under a contract with the Managing Authority to undertake certain commitments and obligations. »[52] « ...The general challenge is how to apply the IACS-rules [integrated administration and control system – JESz], which are basically modelled on individual farm scale, on a collective system at landscape scale ... Another issue is the transition of a system based on individual farm scale to a collective scheme ... ».[53]

D. Les mesures des PDR pour la préservation des communautés rurales

La préservation et le développement des communautés rurales jouent un rôle très important dans la majorité des programmes de développement rural. S'agissant de la communauté rurale, les mesures les plus significatives du Règlement (UE) N° 1305/2013 appliquées dans le cadre des PDR sont les « *Services de base et rénovation des villages dans les zones rurales* »[54], « *Paiements en faveur des zones soumises à des contraintes natu-*

---

51 Rapport national des Pays-Bas, 5.
52 Rapport national des Pays-Bas, 5.
53 Rapport national des Pays-Bas, 7.
54 Article 20 du Règlement (UE) N° 1305/2013.

relles ou à d'autres contraintes spécifiques »[55] et « LEADER »[56]. Les « *sous-programmes thématiques* » [57] créent également de bonnes opportunités pour les communautés rurales ; à savoir p. ex. pour les « jeunes agriculteurs », les « petites exploitations», les « zones de montagne », les « femmes dans l'espace rural ».

Dans de nombreux Etats membres, ce sont non seulement les PDR qui déterminent la préservation et le développement des communautés rurales en tant qu'objectif mais aussi d'autres documents légaux déterminants. Selon le *rapport national de la France*, le *Code rural* stipule dix objectifs de la politique de développement rural ; incluant p. ex. le septième sur la fourniture des services de bases dans l'espace rural[58]. De façon similaire, le *rapport national de l'Autriche* attire l'attention sur la loi sur l'agriculture (*Landwirtschaftsgesetz* 1992, BGBl. Nr. 375/1992 idgF), qui détermine les objectifs de la politique agricole nationale ; c.-à.-d., *inter alia*, la préservation de la viabilité des communautés rurales en lien avec divers aspects sociaux ; la diversification ; le partage de la prospérité social et économique même avec les personnes actives dans le secteur agricole et forestier[59]. En *Hongrie*, p. ex. la loi CXXII de 2013 sur les transactions de terres agricoles et forestières détermine des objectifs similaires, à savoir : [1] la rénovation des villages en vue de la préservation du niveau de population, cela afin de réduire le flux de migrations vers de plus grandes villes et améliorer la moyenne d'âge de la population locale, [2] avoir un impact favorable en augmentant le revenu potentiel dans les villages grâce au progrès et aux améliorations obtenues dans le cadre des services agricoles, [3] canaliser les revenues générés dans le secteur agricole à travers le développement rural permettant ainsi de favoriser, lorsque cela est possible, la croissance local de l'emploi, [4] mettre en valeur la communauté grâce à l'organisation du développement de groupes de production à travers des partaneriats ruraux familiaux et à travers à la croissance de l'économie locale, etc.

---

55 Article 31 du Règlement (UE) N° 1305/2013.
56 Article 42 du Règlement (UE) N° 1305/2013.
57 Article 7 du Règlement (UE) N° 1305/2013.
58 Rapport national de la France, 9-10.
59 Rapport national de l'Autriche, 2.

E. Les mesures de développement rural de pays externes à l'UE

En ce qui concerne les pays externes à l'UE, il existe plusieurs mesures similaires aux initiatives de la politique de développement rural de l'UE.

Le rapport national de la Suisse attire l'attention sur la diversification de l'espace rural (tourisme, production des énergies renouvelables, etc.) qui représente un des défis majeurs du développement rural en Suisse[60]. La préservation de la viabilité des communautés rurales est un objectif important pour lequel les instruments politiques sont similaires à ceux de l'UE, à savoir (a) les instruments de la politique agricole : paiements directs, améliorations structurelles, diversification, mesures écologiques ; (b) les instruments de la politique régionale : échange des connaissances sur l'espace rural, soutien aux entreprises ; (c) les instruments pour la conservation de la nature : parcs nationaux, utilisation économique de zones tampons ; (d) les instruments soutenant la réalisation d'un équilibre financier: compensation pour les obstacles géographiques et topographiques[61]. Au lieu de rénover les villages, la Suisse a développé une méthode plus complète; c.-à.-d. des projets de développement régionaux qui grâce à la coopération entre la sylviculture, le tourisme, les entreprises de petite taille et l'agriculture permettent d'optimiser la production, le traitement et la vente des produits locaux[62].

Le rapport national de la Norvège contient également des points communs avec l'UE: « Norway is not part of the European Union, but the traditional policy for maintaining rural welfare and development are quite similar to the objectives listed in Regulation (EU) No. 1305/2013. The previous government's white paper to the Parliament in 2012, listed four main and sub objectives for rural development. It is necessary to emphasize that the present government wants to change parts of the policy and to repeal some acts... » [63] Les quatre objectifs principaux sont : (a) la sécurité alimentaire, (b) l'agriculture à travers l'entier du pays, (c) l'augmentation du rendement des ressources naturelles et agricoles visant ainsi une augmentation du revenu, et (d) l'agriculture durable. « A series of acts have an impact on the objectives mentioned above. Among these, we find the Concession Act, the Planning and Building Act, the Nature Diversity Act

60 Rapport national de la Suisse, 1-2.
61 Rapport national de la Suisse, 2.
62 Rapport national de la Suisse, 7.
63 Rapport national de la Norvège, 2.

and the Innovation Norway Act. The first three regulates transactions and use of the land and the resources, while the last forms the basis of public financial and advisory measures. »[64]

En matière de développement rural, le *rapport national de l'Argentine* compare premièrement l'UE et le MERCOSUR[65] (à savoir : le Marché commun du Sud) dont l'Argentine est également un Etat membre : « The MERCOSUR is an imperfect custom union that includes Argentina, Brazil, Paraguay and Uruguay since early 1995 and Venezuela since July of 2006. Argentina incorporates the rules of MERCOSUR from its own legislation since the MERCOSUR normative has no direct and immediate enforceability in the States Members [...] The implementation of the Structural Convergence Fund at MERCOSUR (FOCEM [...]) constitutes a significant advance in the treatment of the asymmetries, the promotion of social cohesion and the strengthened of integration process. This Fund [...] is the first solidar[it]y financing mechanism for MERCOSUR countries and aims to reduce the asymmetries of the block [...] [T]he MERCOSUR has disposed [...] to create the Fund for Family Agriculture of MERCOSUR with the objective to finance programs and projects to stimulate family farming in MERCOSUR »[66]. Le rapport national de l'Argentine mentionne un autre aspect international du développement rural, à savoir le Fond international de développement agricole (FIDA) des Nations Unies, qui « also contributes to the Family Agriculture (FA) as from IFAD's Regional Program for MERCOSUR »[67]. Par ailleurs, le rapport national de l'Argentine détaille de nombreux programmes en lien avec la préservation ou le développement des communautés rurales : « Among these, stand: The Program for Rural and Family Agriculture Development (PRODAF [...]) that works with funds from de Inter-American Development Bank and national contributions; The Program for Development for Rural Areas (PRODEAR [...]) that function with funds from IFAD and national contributions; The Program for Inclusive Rural Development (PRODERI [...]) that is solved with IFAD's funds and The Program for Provincial Agricul-

64 Rapport national de la Norvège, 2.

65 Au sujet du MERCOSUR, voir *Borghi*, « General report of Commission I – Common Agricultural Policy, new rules of WTO and regional equilibrium », in: Richli (ed.): Les 50 ans de la Politique agricole commune et du Comité européen de droit rural, L'Harmattan, Paris, 2008, 143-147, 162 and 166-167.

66 Rapport national de l'Argentine, 2.

67 Rapport national de l'Argentine, 2.

tural Services (PROSAP [...]) with funds from the Inter-American Development Bank and the World Bank [...] In reference to the support for basic services and population renewal in rural areas, the PROSAP and PRODERI are responsible. »[68]

La *Farm Bill*[69] joue un rôle fondamental en lien avec la mise en œuvre de la politique de développement rural aux Etats-Unis. L'auteur du *rapport national des Etats-Unis* relève que « [T]itle VI of the 2014 Farm Bill governs rural development, primarily through programs that support infrastructure in rural areas – for example, water systems, waste disposal, solid waste management, business development, loans for public entities, rural telecommunications, highspeed internet service, transportation, technology transfer, and other programs. The provisions of this Rural Development Title do not parallel those in Regulation (EU) No. 1305/2013. »[70] Le *rapport national des Etats-Unis* mentionne également le plan stratégique 2014-2018 du Département de l'Agriculture des Etats-Unis (USDA) dont le premier but stratégique est d'assister les communautés rurales afin de créer une certaine prospérité[71]. De plus, l'auteur du *rapport national des Etats-Unis* souligne que « [r]ural development and other government programs define rural areas and farms differently. At least 15 different definitions of `rural´, 11 from USDA, have applied » [72].

II. Champ de recherche spécial : acquisitions transfrontalières et acquisitions par des investisseurs non agricoles de terres agricoles

A. La relation entre les terres agricoles, les forêts (exploitations agricoles) et les communautés locales (population locale)

En ce qui concerne la préservation des communautés locales ou rurales, certains documents internationaux contiennent le souhait que les terres soient cultivées par des « *communautés locales* », la « *population locale* » et

---

68 Rapport national de l'Argentine, 2-3.

69 Dooley, « The relationship between agricultural law and environmental law in the United States », in: Monteduro et al (ed.), *Law and Agroecology*, Springer, Berlin-Heidelberg, 2015, 279-282.

70 Rapport national des Etats-Unis, 2.

71 Rapport national des Etats-Unis, 2.

72 Rapport national des Etats-Unis, 3.

des « *agriculteurs locaux* » [73] (cela est liée entre autres avec le concept de développement durable et les principes concernant « *les populations et communautés autochtones et les autres communautés locales* »[74]). Dans le droit de l'UE, l'article 39 (1) point b) du Traité sur le fonctionnement de l'Union européenne (TFUE) mentionne l'importance « *d'assurer [...] un niveau de vie équitable à la population agricole* ». La jurisprudence de la Cour de justice de l'Union européenne (CJUE) reconnaît quant à elle que les mesures de la politique nationale d'urbanisme des Etats membres peuvent légalement être à même de restreindre le droit d'établissement et la libre circulation de capitaux même sur la base de l'article 39 (1) point b) du TFUE (si ces mesures visent un intérêt public et qu'elles sont proportionnelles)[75]. La CJUE[76] considère les objectifs de la politique foncière agricole nationale tels que (a) la préservation d'une communauté agricole

---

73 Les documents emploient aussi les termes « producteurs locaux » et « main d'oeuvre local »; voir p. ex. UN General Assembly: Report of the Special Rapporteur on the right to food, Olivier De Schutter: Large-scale land acquisitions and leases: A set of minimum principles and measures to address the human rights challenge, 28 December 2009, A/HRC/13/33/Add.2, http://www2.ohchr.org/english/bodies/hrcouncil/docs/13session/A-HRC-13-33-Add2.pdf.

74 Voir Assemblée Générale des Nations Unies: Rapport de la Conférence des Nations Unies sur l'environnement et le développement (Rio de Janeiro, 3-14 Juin 1992) – Annexe I – Déclaration de Rio sur l'environnement et le développement, 12 août 1992, A/CONF.151/26 (Vol. I), http://www.un.org/documents/ga/conf151/aconf15126-1annex1.htm Selon le principe 22 de la Déclaration de Rio, « Les populations et communautés autochtones et les autres collectivités locales ont un rôle vital à jouer dans la gestion de l'environnement et le développement du fait de leurs connaissances du milieu et de leurs pratiques traditionnelles. Les Etats devraient reconnaître leur identité, leur culture et leurs intérêts, leur accorder tout l'appui nécessaire et leur permetre de participer efficacement à la réalisation d'un développement durable. » Voir aussi, *Raisz*, Indigenous Communities before the Inter-American Court of Human Rights: New Century, New Era? Miskolc Journal of International Law, 2008/5(2), 35-51.; *Marinkas*, The right of the indigenous people to their ancient lands in the jurisprudence of the Inter-American Court, with special regard to the Mayagna (Sumo) Awas Tingni and the Saramaka people cases. In: Universul Juridic (ed.): Conferinta Studenteasca Anuală « Nicolae Titulescu » 2013. Bucuresti: Universul Juridic, 922-929.

75 Voir p. ex. CJUE Affaire C-370/05, Arrêt de la Cour du 25 janvier 2007 (affaire Festersen), point 28.

76 Voir jurisprudence de la CJUE Affaire 182/83, Arrêt de la Cour du 6 novembre 1984 (affaire Fearon), point 3; Affaire C-302/97, Arrêt de la Cour du 1er Juin 1999 (affaire Konle), point 40; Affaire C-515/99, Arrêt de la Cour du 5 Mars 2002 (affaire Reisch), point 34; Affaire C-300/01, Arrêt de la Cour du 15 Mai 2003 (af-

permanente, (b) l'appartenance des terres à des personnes souhaitant (et capables de) les cultiver, (c) la possibilité d'empêcher l'acquisition spéculatives de terres, etc. comme conformes au TFUE et poursuivant un objectif d'intérêt public. Par ailleurs, avec certaines restrictions[77], la CJUE considère la garantie que la propriété agricole soit occupée et cultivée principalement par des propriétaires comme étant un objectif d'intérêt public.

B. Les définitions en lien avec le champ de recherche spécial

1. Terre agricole, forêt et exploitation agricole

Il semble pertinent de donner une définition de ces phénomènes en lien avec la propriété et l'utilisation des *terres agricoles, forêts* (ci-après dénommées « terres agricoles » ou « terres » uniquement). Selon les classifications FAOSTAT[78], la catégorie « *superficie agricole* » [79] (également appelée « *terre agricole* »[80]) inclut la sous-catégorie des « terres arables », « cultures permanentes » et « prés (et pâturages) permanents » [81]. La FAOSTAT définit également la catégorie « *zone de forêt* » (également

---

faire Salzmann), point 44; Affaire C-452/01, Arrêt de la Cour du 23 septembre 2003 (affaire Ospelt), points 38-39; et Affaire C-370/05 (affaire Festersen), points 27-28., 33.

77 Voir l'affaire Ospelt.

78 Voir les classifications FAOSTAT au point `FAO Domain/Inputs/Land´; http://faostat3.fao.org/mes/classifications/E

79 Voir item code 6610 (superficie agricole) dans les classifications FAOSTAT.

80 Voir et cf. item code 6670 (autres terres) dans les classifications FAOSTAT.

81 Voir item codes 6621 (terres arables), 6650 (cultures permanentes), 6655 (prairies et pâturages permanents) dans les classifications FAOSTAT. Selon ces item codes: « Arable land is the land under temporary agricultural crops (multiple-cropped areas are counted only once), temporary meadows for mowing or pasture, land under market and kitchen gardens and land temporarily fallow (less than five years). The abandoned land resulting from shifting cultivation is not included in this category. Data for ‹ Arable land › are not meant to indicate the amount of land that is potentially cultivable. » « Permanent crops is the land cultivated with long-term crops which do not have to be replanted for several years (such as cocoa and coffee); land under trees and shrubs producing flowers, such as roses and jasmine; and nurseries (except those for forest trees, which should be classified under ‹ forest ›). » « Permanent meadows and pastures are excluded from land under permanent crops. Permanent meadows and pastures is the land used permanently (for a period of five years or more) for herbaceous forage crops, either cultivated or nat-

appelée « *forêts* ») [82]. En ce qui concerne le droit de l'UE, les catégories « *terres agricoles* » et « *forêts* » sont mentionnées dans le droit primaire de l'UE (p. ex. dans les traités d'adhésion 2003, 2005 et 2012[83]) tandis que le droit secondaire de l'UE définit les termes « zone agrico-

urally growing. A period of five years or more is used to differentiate between permanent and temporary meadows. »

82 Voir item code 6661 (forêt) dans les classifications FAOSTAT: « Forest area is the land spanning more than 0.5 hectares with trees higher than 5 metres and a canopy cover of more than 10 percent, or trees able to reach these thresholds in situ. It does not include land that is predominantly under agricultural or urban land use. Forest is determined both by the presence of trees and the absence of other predominant land uses. The trees should be able to reach a minimum height of 5 metres (m) in situ. Areas under reforestation that have not yet reached but are expected to reach a canopy cover of 10 percent and a tree height of 5 m are included, as are temporarily unstocked areas, resulting from human intervention or natural causes, which are expected to regenerate. Includes: areas with bamboo and palms provided that height and canopy cover criteria are met; forest roads, firebreaks and other small open areas; forest in national parks, nature reserves and other protected areas such as those of specific scientific, historical, cultural or spiritual interest; windbreaks, shelterbelts and corridors of trees with an area of more than 0.5 ha and width of more than 20 m; plantations primarily used for forestry or protective purposes, such as: rubber-wood plantations and cork, oak stands. Excludes: tree stands in agricultural production systems, for example in fruit plantations and agroforestry systems. The term also excludes trees in urban parks and gardens. Forest is composed of the following sub-categories: ‹ Primary forest ›, ‹ Other naturally regenerated forest › and ‹ Planted forest ›. »

83 Il faut souligner que les traités d'adhésion de 2003, 2005, 2012 dénomme la « terre agricole » et les « forêts » en lien avec l'acquisition de la propriété dans les nouveaux Etats membres. Le traité d'adhésion (2003) recourt également la catégorie de la « superficie agricole » en lien avec les paiements uniques à la surface se référant aux classifications EUROSTAT; la catégorie « superficie agricole » est également employée dans le traité d'adhésion de 2005. Bien que le traité d'adhésion de 1994 n'utilise pas ces catégories en référence à l'acquisition de la propriété de terres agricoles, néanmoins il recourt à la dénomination de « terre agricole » et « superficie agricole » en lien avec les subventions nationales. Les traités d'adhésion 1972, 1979 et 1985 n'incluent pas de dispositions mentionnant les terres agricoles ou les superficies agricoles.

le »[84] et « forêt »[85] de manière détaillée et similaire aux classifications FAOSTAT mentionnées ci-dessus.

Selon plusieurs rapports nationaux[86], la baisse de la quantité de terres agricoles en comparaison à la quantité de biens immobiliers employés à d'autres fins est un élément typique observé dans de nombreux pays.

De nombreux Etats ont une loi spéciale concernant l'acquisition des « *exploitations agricoles* ». Dans la mesure où les terres agricoles sont des composantes typiques d'exploitations agricoles, les règles concernant les exploitations agricoles semblent également faire partie intégrante du présent rapport. Dans ce rapport, une exploitation agricole signifie l'unité organisationnelle de base pour l'équipement de production et d'autres éléments de la production agricole (terre, équipement agricole, autres actifs) en lien avec la relation propriété-utilisation-succession telle qu'exprimée dans divers droits nationaux dans lesquels cette notion existe. Cependant, il est important de souligner que le droit de l'UE définit également cette catégorie spécialement en lien avec les soutiens de l'UE ; p. ex. « ‹ exploitation › [signifie] l'ensemble des unités utilisées aux fins d'activités agricoles et gérées par un agriculteur qui sont situées sur le territoire d'un même Etat membre »[87].

2. Acquisitions transfrontalières de terres agricoles

De nos jours, en dehors des transferts de terres au sein d'un pays, les *acquisitions transfrontalières* jouent également un rôle de plus en plus im-

---

84 Voir article 4(1) e) du Règlement (UE) N° 1307/2013: « ‹ surface agricole › [signifie] l'ensemble de la superficie des terres arables, des prairies permanentes et des pâturages permanents ou des cultures permanentes ». L'article 4 (1) f)-h) du Règlement (UE) N° 1307/2013 donne également une définition des « terres arables », des « cultures permanentes », et des « prairies permanentes et pâturages permanents ». En ce qui concerne la « surface agricole » l'article 2 (1) f) du Règlement (UE) N° 1305/2013 renvoie à la définition du Règlement (UE) N° 1307/2013.

85 Voir article 2(1) r) du Règlement (UE) N° 1305/2013 : « ‹ forêt › [signifie] une étendue de plus de 0,5 ha caractérisée par un peuplement d'arbres d'une hauteur supérieure à 5 mètres et des frondaisons couvrant plus de 10% de sa surface, ou par un peuplement d'arbres pouvant atteindre ces seuils in situ, à l'exclusion des terres dédiées principalement à un usage agricole ou urbain, sous réserve du paragraphe 2 ».

86 P. ex. Rapport national de la France, 14.

87 Article 4 (1) b) du Règlement (UE) N° 1307/2013.

portant dans la propriété et/ou l'utilisation de terres agricoles[88] (ci-après dénommé acquisition transfrontalière). Toutefois, il vaut la peine de relever que la distinction entre les acquisitions internes et les acquisitions transfrontalières n'est pas très évidente. Dans ce rapport, par acquisition transfrontalière il faut comprendre premièrement la situation dans laquelle les citoyens et les entités légales d'un pays (ci-après dénommé « étrangers » ou « investisseurs ») acquièrent la propriété ou l'utilisation prolongée d'un terrain agricole situé dans un autre pays (ci-après dénommé pays ou zone « cible »). Les *buts* d'une telle acquisition peuvent être multiples : (a) la production de produits agricoles, (b) la spéculation sur le marché foncier, (c) autres, (d) la combinaison des points (a)-(c). Dans un sens plus large, la situation dans laquelle les *étrangers constituent des entités légales dans le pays cible* et acquièrent des terres dans le pays cible peut également être considérée comme une acquisition transfrontalière. Dans le droit de l'UE, cette interprétation d'une acquisition transfrontalière pourrait devenir quelque peu difficile en raison des formes de la Société coopérative européenne (SCE)[89] et de la Société européenne (SE)[90]. Par ailleurs, il paraît pertinent de mentionner que dans le droit de l'UE, l'élément « transfrontalier » en lien avec les acquisitions de terres est généralement évalué dans le cadre de procédure préjudiciel.

En ce qui concerne les entités légales, deux problèmes élémentaires se posent. Premièrement, la traçabilité de l'historique du propriétaire réel (investisseur) de l'entité légal se révèle souvent être compliqué (p. ex. des difficultés en lien avec des sociétés offshore). Deuxièmement, le nombre d'entités légales peut facilement être multiplié. La solution aux deux problèmes est étroitement liée à l'inscription correcte des entités légales concernées et de leurs investisseurs (historique de la propriété).

---

88 Cf. Article 4 (1) l)-n) du Règlement (UE) N° 1307/2013. Selon l'article 4 (1) n) du Règlement (UE) N° 1307/2013, la catégorie « transfert » comprend également l'héritage : « ‹ transfert › [signifie] le bail, la vente, l'héritage ou l'héritage anticipé de terres ou de droits au paiement ou tout autre transfert définitif ; le terme ne couvre pas le reversement de droits à l'expiration du bail. »

89 Règlement du Conseil (CE) N° 1435/2003 sur le statut de la coopérative européenne (SCE).

90 Règlement du Conseil (CE) N° 2157/2001 sur le statut de la société européenne (SE).

3. Acquisition de terres agricoles par des investisseurs non-agricoles

Le présent rapport traite aussi des acquisitions de terres agricoles par des investisseurs non-agricoles. Ces acquisitions signifient généralement à une utilisation des terres agricoles à des fins non-agricoles. Occasionellement, il est parfois difficile de distinguer les activités agricoles[91] des activités et des fins non-agricoles[92].

4. Accaparement (ou expropriation) des terres

Dans le cadre de cette thématique, il semble pertinent de relever un phénomène moderne qui est étroitement lié au champ de recherche spécial. Ce phénomène concerne l' « *expropriation des terres* » ou l' « *accaparement des terres* »[93]. En 2009, sur la base de nombreuses sources académiques traitant de l'accaparement des terres[94], l'ancien Rapporteur spécial sur le droit à l'alimentation a défini ce phénomène comme suit : « Ces trois ou quatre dernières années, les investisseurs privés et les gouvernements ont montré un intérêt croissant pour l'acquisition ou la location à long terme de vastes étendues de terres arables (plus de 1 000 ha) dans un certain nombre de pays, essentiellement dans le monde en développement. Selon une estimation de l'International Food Policy Research Institute (IFPRI), depuis 2006, de 15 à 20 millions d'hectares de terres

---

91 P. ex. dans le droit UE, voir article 4 (1) c) du Règlement (UE) N° 1307/2013: « ‹ activité agricole › [signifie]: | (i) | la production, l'élevage ou la culture de produits agricoles, y compris la récolte, la traite, l'élevage et la détention d'animaux à des fins agricoles, | (ii) | le maintien d'une surface agricole dans un état qui la rend adaptée au pâturage ou à la culture sans action préparatoire allant au-delà de pratiques agricoles courantes ou du recours à des machines agricoles courantes, sur la base de critères à définir par les Etats membres en se fondant sur un cadre établi par la Commission, ou | (iii) | l'exercice d'une activité minimale, définie par les Etats membres, sur les surfaces agricoles naturellement conservées dans un état qui les rend adaptées au pâturage ou à la culture ».

92 Rapport national de l'Allemagne 2, 1.

93 Le phénomène est aussi connu sous le nom de « investissement agricole étranger direct » (« agri-foreign direct investment » [agri-FDI]); voir HÄBERLI/SMITH, « Food security and agri-foreign direct investment in weak states – Finding the governance gap to avoid ‹ land grab › », *Modern Law Review*, 2/2014, 189-222.

94 Assemblée Générale des Nations Unies: A/HRC/13/33/Add.2, 5-6.

agricoles dans les pays en développement ont fait l'objet de transactions ou de négociations avec des investisseurs étrangers. »[95] Toutefois, le rapporteur spécial sur le droit à l'alimentation a mentionné qu'il existe également des pays cibles en Europe centrale[96]. Le rapporteur spécial détaille aussi les raisons de ce phénomène[97].

Selon le *rapport national de la Belgique*, qui estime le volume d'accaparement des terres à plus de 200 millions d'hectares, l'accaparement des terres est un problème agricole planétaire qui doit être résolu dans le cadre de la FAO.

C. Le problème et ses solutions dans les rapports nationaux

Les rapports nationaux n'ont pas eu de réelle opportunité pour évaluer la relation entre les investisseurs, les pays des investisseurs et les pays cibles en détail[98]. Les rapporteurs nationaux ont en principe exposé l'attitude de leur propre pays face à ce phénomène dans le champ de recherche spécial de ce rapport.

1. Droit de l'UE et Etats membres de l'UE

Au sein de l'UE, les Etats membres (EM) sont autorisés à adopter des lois concernant l'acquisition de terre agricoles afin de mettre en œuvre leur politique agraire nationale. Néanmoins, les EM peuvent réglementer les acquisitions de terres arables seulement en conformité avec les dispositions du TFUE.

a. Droit de l'UE

Premièrement, il faut mentionner que le droit de l'UE n'interdit pas les mesures des EM visant à restreindre l'acquisition de terres agricoles par des entités externes à l'UE ou à l'Espace économique européen (EEE).

95 Assemblée Générale des Nations Unies: A/HRC/13/33/Add.2, 5.
96 Assemblée Générale des Nations Unies: A/HRC/13/33/Add.2, 6.
97 Assemblée Générale des Nations Unies: A/HRC/13/33/Add.2, 6-7.
98 Cf. *Häberli/Smith*, op. cit.

Toutefois, au sein de l'UE et de l'EEE, le droit de l'UE, d'une part, requiert la mise en œuvre des quatre libertés du marché intérieur de l'UE (en lien avec l'acquisition de terres agricoles, cela concerne la libre circulation des personnes et la libre circulation des capitaux) et, d'autre part, interdit toute forme de discrimination fondée sur la nationalité[99].

Les règles du TFUE concernées sont plus précisément la libre circulation des personnes et la libre circulation des capitaux[100] (articles 49 et 63 TFUE ; ci-après dénommés « *règles d'intégration négative* » ainsi que l'objectif de la PAC mentionné auparavant (c.-à.-d. article 39 (1) point b) du TFEU ; ci-après dénommé « *règles d'intégration positive* ») [101]. Selon *Ágoston Korom*[102], en parallèle aux règles antidiscriminatoire, le droit de l'UE définit la compétence de ses EM pour adopter leur droit agraire national à l'intersection entre les règles d'intégration négative et positive. Les règles du TFUE citées ci-dessus prennent principalement la forme de dispositions générales de fait que la CJUE joue un rôle important lors de leur interprétation et lorsqu'elle intervient dans l'appréciation du droit agraire national des EM. En ce qui concerne les règles d'intégration négative, le droit national est conforme au droit de l'UE, selon la jurisprudence de la CJUE, lorsque ce droit national vise un intérêt public (voir chapitre II.A) et lorsque les mesures du droit national ne peuvent pas être remplacées par des mesures moins restrictives. Les mesures restrictives acceptées par la jurisprudence de la CJUE sont (a) la procédure d'autorisation préalable lors de l'acquisition de terres agricoles[103], (b) le régime de déclaration préalable[104], (c) la disposition concernant un impôt plus élevé

---

99 Rapport national de la Hongrie II, 10-11; voir ég. *Szilágyi*, « The Accession Treaties of the New Member States and the national legislations, particularly the Hungarian law, concerning the ownership of agricultural land », Journal of Agricultural and Environmental Law (JAEL), 9/2010, 52-55.

100 Il faut souligner que selon l'Annexe 1 de la directive 88/361/CEE du Conseil, les investissements dans des biens fonciers sur le territoire national par des non-résidents font partie des mouvements de capitaux au sein de l'UE.

101 Au sujet de la distinction entre les modèles d'intégration négative et positive ainsi que les normes de l'UE, voir *Korom*, « Az új földtörvény az uniós jog tükrében – Jogegyenlőség vagy de facto más elbírálás », in: Korom (ed.), Az új magyar földforgalmi szabályozás az uniós jogban, Nemzeti Közszolgálati Egyetem, Budapest, 2013, 14.

102 *Korom*, op. cit., 14.

103 Voir Affaire C-213/04 Ewald Burtscher c. Josef Stauderer [2005] ECR I-10309, paragraphe 57; et Affaire C-452/01, paragraphes 41-45.

104 Voir Affaire C-213/04, paragraphes 44, 52-54, 59-62.

lors de la revente de terres ayant lieu peu de temps après l'acquisition[105], (d) l'obligation d'une durée minimale significative de location des terres agricoles[106], (e) etc.

Au sein de l'UE, les différences entre les marchés fonciers sont surprenantes (voir Tableau 1). Cette différence est surtout significative entre les prix des terres dans les nouveaux EM (c.-à.-d. les EM depuis 2004) et les anciens EM (à savoir les EM avant 2004).

Tableau 1

	Etat	2003	2004	2005	2006	2008	2009
Nouveaux EM (depuis 2004)	**République Tchèque**	1.522	1.561	1.621	1.625	2.375	2.249
	Hongrie	-	[676]	[742]	[1.550]	-	-
	Pologne	[1.308]	[1.465]	[2.049]	[2.385]	-	-
	Roumanie	237	283	878	-	-	-
	Slovaquie	912	946	981	1.017	1.210	1.256
Anciens EM (avant 2004)	**Belgique**	20.273	23.155	22.053	27.190	-	-
	Danemark	14.669	15.995	18.787	22.791	31.652	25.919
	Allemagne	9.184	9.233	8.692	8.909	-	-
	France	4.350 [6.079]	4.460 [6.567]	4.700	4.730	5.160	5.130
	Pays-Bas	34.160	31.432	30.235	31.276	40.916	47.051
	Espagne	8.552	9.024	9.713	10.402	10.974	10.465
	Suède	2.126	2.455	3.351	3.706	4.180	3.747
	Royaume-Uni	10.178	11.128	12.975	13.382	17.773	-

Prix du terrain dans les EU27 séléctionnés, 2000-2009 (évalués en € par hectare)

Source: Eurostat, 2015 [2010[107]]

Ainsi, sur la base des traités d'adhésion de 2003, 2005 et 2012, une période de transitioire (Tableau 2) a été accordée à (depuis 2004) la République Tchèque, l'Estonie, la Lettonie, la Lituanie, la Hongrie, la Pologne, la

105 Voir Affaire C-370/05, paragraphe 39.

106 Voir Affaire C-370/05, paragraphe 39.

107 Parfois, le prix du terrain rapporté par EUROSTAT en 2015 est différent du prix du terrain rapporté par EUROSTAT en 2010. Par conséquent, les différents prix de terrain en 2010 sont présentés entre crochets dans le Tableau 1.

Slovaquie, (depuis 2007) la Roumanie, la Bulgarie et (depuis 2013) la Croatie (nouveaux EM) afin de préserver la législation existante restreignant l'acquisition de la *propriété*[108] de terres agricoles et de forêts en dérogation à la libre circulation des capitaux. Certains des nouveaux EM ont eu (la Croatie a) la possibilité de prolonger la période transitioire de trois ans. En tenant compte de la différence du prix du terrain entre les nouveaux EM et les anciens EM même après l'expiration du délai (dans la plupart des nouveaux EM), il semble justifier de se demander si les EM ne devraient pas réévaluer la situation.

Tableau 2

Nouveaux Etats membres	**Dérogation temporaire de l'acquisition de propriété de terres agricoles**	**Possibilité de prolonger la période transitoire**
Bulgarie (2007)	7 ans	-
Croatie (2013)	7 ans	3 ans
République Tchèque	7 ans	3 ans
Estonie	7 ans	3 ans
Lettonie	7 ans	3 ans
Lituanie	7 ans	3 ans
Hongrie	7 ans	3 ans
Pologne	12 ans	-
Roumanie (2007)	7 ans	-
Slovaquie	7 ans	3 ans

Si un EM souhaite adopter une loi nationale restreignant l'acquisition de terres, il doit tenir compte des trois sources suivantes : (a) les *principes du TFUE mentionnés auparavant* sont les sources primaires. Cependant, ces principes ne sont pas détaillés ; c.-à.-d. ils sont trop généraux. (b) La *jurisprudence de la CJUE* interprétant les principes du TFUE. Néanmoins, il y a relativement peu d'arrêts de la CJUE, et, en outre, la pratique varie progressivement. Ainsi, il n'est pas toujours clair de quelle manière l'interprétation de la CJUE des principes du TFUE mentionnés au-dessus devrait être appliquée dans certains cas en lien avec les terres agricoles. (c) La

108 À savoir, il n'y a généralement pas de restrictions sur la *location* de terres agricoles par des étrangers.

législation des autres EM applique également des dispositions restrictives lors d'acquisitions transfrontalières et d'acquisitions par des investisseurs non-agricoles. Malgré tout, il ne peut être attendu des nouveaux EM qu'ils transposent directement les normes des anciens EM dans leur ordre légal. Ainsi, une incertitude réside dans la politique foncière agricole au niveau de l'UE[109]. En référence à une affaire de la CJUE (c.-à.-d. C-197/11), le *rapport national de la Hongrie* relève que: « …we have concluded that even though the retention of local residence could be admitted by the European Law as a public interest, the applied measures fail when coming to the filter of proportionality. Compared to the old Member States (and their local agricultural producers), the intention of the new Member States (and their agricultural producers) related to the creation of viable estates distributed on the basis of equity becomes significantly difficult due to the application of European Law, which eventuates de facto distinct consideration, margin beside the de iure equal treatment. »[110]

Une fois que la période transitoire s'était écoulée, plusieurs nouveaux EM ont adopté une nouvelle loi foncière comprenant des mesures restrictives. En 2015, la Commission UE a ouvert une procédure en manquement contre certains nouveaux EM ; p. ex. la Bulgarie, la Hongrie, la Lettonie, la Slovaquie. Les dispositions controversées des lois nationales des nouveaux EM sont : (a) la formation requise par les producteurs agricoles afin d'acquérir des terres agricoles, (b) les obligations en matière de pratique agricole/d'expérience professionnel des producteurs agricoles visant à acquérir des terres agricoles, etc. Il faut toutefois souligner que jusqu'en 2014, la décision préliminaire était la règle alors que le manquement demeurait exceptionnel[111].

---

109 Voir, Rapport national de la Hongrie II, 11-12. Voir ég. *Korom*, op. cit., 22-23.

110 Rapport national de la Hongrie II, 12.

111 P. ex. CJUE Affaire 305/87, Arrêt de la Cour du 30 Mai 1989. Au sujet de la procedure en manquement (N° 2007/4766) de la Commission UE contre la loi Vorarlberg (Autriche), voir ég. Norer, « General report Commission III – Scientific and practical development of rural law in the EU, in states and regions and in the WTO », in: Richli (ed.), L'agriculture et les exigences du développement durable, L'Harmattan, Paris, 2013, 375-376.

b. La loi foncière et la politique foncière des Etats membres de l'UE

Au sens large, les stratégies nationales de développement agricole et rural des EM et, au sens étroit, la politique foncière nationale qui en découle sont différents l'un de l'autre. Les différents EM prêtent une certaine attention aux acquisitions transfrontalières et à l'acquisition de terres agricoles par des investisseurs non agricoles jusqu'à un certain point. Certains EM sont des Etats fédéraux (Autriche, Allemagne, etc.) de fait que la compétence législative peut être repartie différemment entre l'Etat fédéral et ses Etats constituants. Dans ces Etats fédéraux, la loi foncière peut en ce sens être différente d'un Etat constituant à l'autre.

Les différences principales des lois foncières nationales peuvent entre autres être déterminées par les critères suivants: (a) Si l'Etat membre a l'intention d'appliquer des restrictions sur son marché foncier agricole ou pas. Si tel est le cas, (b) quels domaines de l'acquisition de terres agricoles sont légiférés par l'Etat (c.-à.-d. l'acquisition de la propriété, utilisation et/ou succession). (c) Si les normes restrictives d'un Etat membre contiennent des dispositions contraignantes ou simplement non-contraignantes (c.-à.-d. directrices).

En raison de la différence significative des prix du terrain, il est important de distinguer les anciens et les nouveaux membres de l'UE.

aa. Anciens Etats membres

Certains rapporteurs des anciens Etats membres ont attiré l'attention sur les problèmes liés au champ de recherche spécial. D'autres (les rapporteurs des Pays-Bas et de la Belgique) n'accordent pas d'importance particulière à ce type d'acquisition dans leur pays.

Selon le *rapport national des Pays-Bas*, « Currently in the Netherlands there is no specific legal framework in place dealing with cross-border acquisition or acquisition by non-agricultural capital. Therefore, there are no specific limitations for foreign investors to buy agricultural land in the Netherlands »[112], et « ...currently in the Netherlands there is no specific legislative framework in place dealing with these issues. Nor do such acquisitions raise major concerns in policy terms. That means that such acquisi-

112 Rapport national des Pays-Bas, 9.

tions can take place under the same conditions that apply to everyone wishing to buy agricultural land and that there are no extra or specific requirements for cross-border acquisitions or acquisitions by non-agricultural capital in this respect. »[113] Le *rapport national des Pays-Bas* cite également des données officielles concernant des acquisitions transfrontalières de terres agricoles inexploitées par des investisseurs étrangers[114]. Néanmoins, selon les données précitées, il n'est pas clair si la catégorie des investisseurs étrangers comprend p. ex. les entités légales néerlandais constituées par des investisseurs étrangers ou pas. Le rapport fournit également des informations non-officielles concernant l'acquisition de terres agricoles par des néerlandais dans d'autres pays de l'UE[115].

Le *rapport national de la Belgique* constate qu'en matière d'acquisition transfrontalière, il existe un lien entre la Belgique et la France ; à savoir les Belges achètent les terres agricoles les meilleurs marchés en France. Dans un tel cas, c'est, selon le principe de territorialité, le droit français qui s'applique. Cependant, le rapport mentionne également une situation dans laquelle le droit belge est applicable lorsque les terres agricoles se situent en dehors de la Belgique. À savoir, si les terres agricoles se situant dans un pays étranger font partie d'une exploitation agricole ayant son siège en Belgique, le droit de bail belge pourrait s'appliquer à la location de ces terres agricoles étrangères[116].

Selon le *rapport national de la France*, la quantité de terres agricoles en France ne cesse de diminuer. Néanmoins, de nos jours, l'acquisition de terres agricoles reste un bon investissement en France. À savoir, le prix le prix du terrain non-agricole est 55 fois plus élevé que le prix du terrain agricole. Ainsi, la location de terre agricole est par exemple soumise à un régime spécial afin de permettre la bonne exploitation des terres agricoles (c.-à.-d. pour des activités agricoles) ; p. ex. la personne exploitant un terrain agricole jouit d'un droit de préemption en lien avec le terrain en question. Ce régime est un instrument de droit public ainsi les parties concernées ne peuvent pas s'en écarter en ce sens que ces dispositions sont impératives[117].

113 Rapport national des Pays-Bas, 11.
114 Rapport national des Pays-Bas, 9.
115 Rapport national des Pays-Bas, 10.
116 Rapport national de la Belgique, 10.
117 Rapport national de la France, 14.

En *Allemagne*[118], la politique foncière a été réévaluée. Cela notamment en raison des tendances récentes ; c.-à.-d. l'augmentation des prix du terrain agricole dans plusieurs régions de l'Allemagne. Selon le *rapport national de l'Allemagne*, même des investisseurs non-agricoles sont apparus sur le marché des terres agricoles. Cette situation a soulevé des inquiétudes puisque les producteurs agricoles sont préoccupés par la diminution de leur développement potentiel. Depuis 2008 (après la crise financière), des personnes et des sociétés fortunées[119] ont acquis des terres agricoles partout en Allemagne, et particulièrement dans les provinces de l'Est de l'Allemagne. Ainsi, dans de nombreuses régions d'Allemagne, le prix du terrain a augmenté de telle sorte que les exploitations agricoles n'ont plus les moyens d'acquérir des terres agricoles supplémentaires[120]. Le *rapport national de l'Allemagne* expose également le point de vue de la Fédération allemande des Agriculteurs concernant les modifications nécessaires à entreprendre dans la politique foncière en Allemagne[121].

En *Autriche*, le droit foncier[122] distingue les acquisitions de biens fonciers verts (c.-à.-d. terres agricoles), de biens fonciers gris (c.-à.-d. des biens fonciers pour des immeubles) et l'acquisition de biens fonciers par des étrangers. La compétence de légiférer sur ce type d'acquisition appartient aux Etats constituants. Dans les Etats constituants de l'Est de l'Autriche (p. ex. *Tirol*, *Kitzbühel*), l'acquisition de terres agricoles par des étrangers à des fins non-agricoles est un sujet persistant de la politique agricole. Le conflit politique sur ce sujet est connu comme « *achat de terres agricoles* » (*Ausverkauf von Grund und Boden*). Presque comme une réponse à ce conflit, les Etats constituants ont adopté des lois foncières qui violent le droit UE. Plusieurs fois, la Cour constitutionnelle autrichienne a constaté

---

118 Au sujet du droit foncier allemand, voir Grimm, « Agrarrecht », Verlag C.H. Beck, München, 2010, 17-97.

119 Toutefois, l'acquisition de terres par des fondations privées et des fonds financiers dans le but de préserver la nature est un aspect tout à fait intéressant du marché foncier allemand ; Rapport national de l'Allemagne 2, 1.

120 Rapport national de l'Allemagne 2, 1.

121 Rapport national de l'Allemagne 2, 2-4.

122 *Holzer*, « Grundverkehrsrecht », in: Norer (ed.): Handbuch des Agrarrechts, Verlag Österreich, Wien, 2012, 673-701; au sujet de la location, voir *Stollmayer*, « Landpachtrecht », in: Norer (ed.): Handbuch des Agrarrechts, Verlag Österreich, Wien, 2012, 703-716; voir ég. *Reinl*, « Family farms in Austria », in: Bourges/Muniz Espada (ed.): Agricultura Familiar, Ministerio de Agricultura, Madrid, 2014, 51-53.

que les dispositions sur l'obligation d'utiliser les terres incombant à la personne ayant acquis les dites terres violaient le droit de l'UE[123]. Les lois foncières des Etats constituants comprenant des restrictions quant à l'acquisition de terres agricoles prévoient la participation du comité de transfert des terrains dans la procédure d'autorisation préalable lors de l'acquisition de terres agricoles. Les autorités compétentes en matière de transactions immobilières (Commission des mutations des propriétés de la commune) des Etats constituants participent également à ces procédures d'autorisation. Le rapport national de l'Autriche détaille aussi les causes de refus survenant dans le cadre de ces procédures d'autorisation[124]. Enfin, le rapport national de l'Autriche souligne que les lois foncières des Etats constituants ne font pas de différence parmi les personnes qui acquièrent des terres agricoles quant à savoir s'il s'agit de personnes physiques ou d'entités légales[125].

En ce qui concerne la loi britannique[126], le *rapport national du Royaume-Uni* mentionne que « [c]urrently there are no restrictions on ownership of land by foreign nationals or companies within the UK in respect of most agricultural real estate. Despite this there are political moves within Scotland to limit ownership by non – EU nationals. The political mood in Scotland is that there are too many non-domiciled or otherwise distant landowners owning large rural estates, and that the sustainable development of the countryside is adversely effected. »[127] Le rapport souligne que « [t]here are no nationally collated figures available for foreign investment in UK agricultural land ... Whilst there may be no wholly reliable statistical evidence for cross-border acquisitions, there is plenty of anecdotal evidence from real estate agents and others. This suggests that the stable nature of the English and Welsh land market and fiscal incentives have encouraged both foreign buyers and other investors within the UK ».[128] Le

---

123 Rapport national de l'Autriche, 6.

124 Rapport national de l'Autriche, 8-9.

125 Rapport national de l'Autriche, 9.

126 Pour plus de détails au sujet du droit foncier britannique, voir *Rennie*, « Land ownership and land use in the United Kingdom », in: Csák (ed.), Current challenges of the European legislation on agricultural land, Novotni, Miskolc, 2010, 255-262; *Rennie*, « Some aspects of agricultural law in Scotland », JAEL, 6/2008, 26-48.

127 Rapport national du Royaume-Uni, 2. Pour plus de détails au sujet des intentions écossaises, voir Rapport national du Royaume-Uni, 15-16.

128 Rapport national du Royaume-Uni, 13.

rapport traite également de l'augmentation de la présence d'acheteurs non-agricoles sur le marché foncier agricole ce qui a pour effet d'augmenter le prix du terrain agricole[129]. Le rapport national du Royaume-Uni attire également l'attention sur l'importance des registres dans le cas d'acquisitions transfrontalières : « ...the present system of land registration was established by the Land Registry Act 1875. However, registration was not compulsory initially. Compulsory land registration began in London in 1899, but did not extend to all rural areas until 1990. This does not affect land which has not changed hands and the Land Registry estimates that 20% of the land mass in England and Wales remains unregistered and most of this is rural land. This means that it is very difficult to produce accurate statistics on the identity of land owners and the nature of land holding in the UK. ... Recently in a speech in Singapore Prime Minister David Cameron has called for more transparency in land ownership in an effort to overcome fears that proceeds of foreign crime are being "laundered" through the UK property market. He has announced proposals for the Land Registry to publish details of land held by foreign investment companies. The Financial Times has estimated that at least £122 billion of property in England and Wales is owned by offshore companies. Most of this investment will be in commercial and residential property in London and the south east, but some will be in agricultural property across the UK. »[130]

bb. Nouveaux Etats membres

Selon les trois rapports nationaux des nouveaux Etats membres, le champ de recherche spécial est indiscutablement une des thématiques principales de leur politique agricole. Les périodes transitionnelles pour la Roumanie et la Hongrie ont expiré en 2014, alors que la période transitoire pour la Pologne expire en 2016. En raison de l'expiration de la période transitoire, chacun d'entre eux a adopté de nouvelles normes concernant l'acquisition de terres agricoles par lesquelles ces nouveaux EM ont introduit (la Polo-

---

129 Rapport national du Royaume-Uni, 13. Il existe des conclusions similaires dans *Day*, « The family farm and it's [*sic!*] succession within the family », in: Bourges/Muniz Espada (ed.): Agricultura Familiar, Ministerio de Agricultura, Madrid, 2014, 178.

130 Rapport national du Royaume-Uni, 14.

gne va introduire) des restrictions portant sur l'acquisition de terres agricoles sur leur marché foncier.

En ce qui concerne le *rapport national de la Pologne*, une partie significative de la loi foncière de Pologne a été modifiée après la fermeture du 1er rapport national de la Pologne[131]. Ainsi, les rapporteurs polonais ont rédigé un 2ème rapport national de la Pologne. Ce second rapport national de la Pologne n'a pas encore été publié. De ce fait, le 2ème rapport national de la Pologne est présenté en détails dans cette partie du rapport général.

Au vu des chiffres et des faits de la Pologne, il ressort « Agricultural area in the Republic of Poland amounts to 18.7 million ha »[132]; « In the year 2014 foreigners were granted in all: 271 permits for acquisition of land estate with total area of 1,036.35 ha; including 166 permits related to agricultural and forest real estate with total area of 1,029.74 ha (i.e. 99% of land area covered by the permits). The referred data does not reflect true extent of acquisition of agricultural real estate by foreigners, as many foreigners: [a] acquire in the Republic of Poland agricultural real estate in the informal way – by ‹ dummy persons ›; [b] use gaps in the regulations and acquire shares or stocks in capital companies being owners of land estate (mainly foreigners from Netherlands, Denmark and Luxemburg) »[133].

En ce qui concerne le droit polonais, « The issues regarding cross-border acquisitions of real property in the Republic of Poland are governed by the following regulations: [a] directly – of the Act of 24th March, 1920 on the Acquisition of Real Estate by Foreigners, and [b] indirectly – of the Act of 11th April, 2003 on Shaping of Agricultural System. The issues of acquisition of the agricultural real estate by non-agricultural capital are not directly regulated in the Polish law, but indirectly by the Act of 11th April, 2003 on Shaping of Agricultural System. »[134] En lien avec la loi sur l'organisation du système de l'agriculture (« Act on Shaping of Agricultural system »), le 2ème rapport national de la Pologne constate que « ...it is replaced by a new act on shaping of agricultural system adopted by the Polish Parliament on 5th August 2015. »[135]

Pour ce qui est de la loi sur l'acquisition de biens fonciers par des étrangers, la catégorie des étrangers comprend également les personnes légales

131 Voir 1er Rapport national de la Pologne.
132 2ème Rapport national de la Pologne, 1.
133 2ème Rapport national de la Pologne, 5.
134 2ème Rapport national de la Pologne, 2.
135 2ème Rapport national de la Pologne, 2.

ayant leur siège en Pologne et contrôlées par des étrangers. « The Act on the Acquisition of Real Estate by Foreigners makes a distinction between foreigners grouping them in two categories: [a] foreigners from the European Economic Area and the Swiss Confederation; [b] foreigners from other countries. Acquisition of real estate by foreigners from the European Economic Area and the Swiss Confederation requires no permit. There are some exceptions to this rule. Acquisition of real estate by foreigners outside the European Economic Area and the Swiss Confederation requires a permit granted by a minister competent in internal affairs. There are also some exceptions to this rule. »[136] « It is not obligatory to obtain a permit by foreigners being citizens of the European Economic Area or the Swiss Confederation, except: [a] acquisition of agricultural real estate; [b] acquisition of forest real estate. »[137].

La loi sur l'organisation du système de l'agriculture applique un régime de droit de préemption accordant des droits de préemption aux locataires de biens fonciers agricoles, aux agriculteurs individuels voisins et à l'agence de la propriété agricole[138]. En vertu de la loi sur l'organisation du système de l'agriculture, les « agriculteurs individuels » doivent avoir des qualifications en matière d'agriculture, doivent être « a resident of a commune for at least 5 years, where one of agricultural real estate composing his/her agricultural holding is located »[139], et, entre autres, avoir personnellement dirigé « an agricultural holding located in the Republic of Poland for at least 5 years »[140].

Le *rapport national de la Roumanie* mentionne des données de 2014 selon lesquelles il y a 13 millions d'hectares de terres agricoles en Roumanie, dont 700'000 hectares appartiennent à des entités légales roumaines qui, dans les faits, appartiennent à des étrangers. Ces 700'000 hectares représentent environ 5% de la totalité des terres agricoles en Roumanie, mais environ 10% des terres agricoles effectivement cultivées[141]. Pour ce qui est de la loi foncière roumaine, la Constitution roumaine de 1991 a complètement interdit l'acquisition de terres agricoles par des étrangers. En 2003, il a été décidé que cette règle serait modifiée en raison de

136 2ème Rapport national de la Pologne, 3-4.
137 2ème Rapport national de la Pologne, 4.
138 2ème Rapport national de la Pologne, 6.
139 2ème Rapport national de la Pologne, 7.
140 2ème Rapport national de la Pologne, 7.
141 Rapport national de la Roumanie, 16.

l'adhésion à l'UE. Depuis 2014, les acheteurs de l'UE ont ainsi été autorisés d'acquérir la propriété de terres agricoles aux mêmes conditions que des personnes roumaines[142]. La loi 17/2014 est applicable pour les terres agricoles situées en dehors des frontières d'une cité. Les terres agricoles situées à l'intérieur des frontières d'une cité peuvent être acquises en vertu du Code civil et d'autres lois spéciales[143]. L'application du régime de droit de préemption par le droit foncier roumain est généralisée. L'acquisition de terres agricoles dans les 30 kilomètres des frontières de l'Etat doit être approuvée par le ministre de la sécurité nationale ; par ailleurs, l'acquisition de terres agricoles d'une surface supérieure à 30 hectares doit également être approuvée par le ministre de la sécurité nationale[144].

Selon le *droit foncier hongrois*[145], il faut faire une distinction entre les étrangers en lien avec la propriété : [a] les étrangers externes à l'UE ne peuvent pas acquérir la propriété de terres agricoles, [b] les citoyens des EM de l'UE, les citoyens de l'Espace économique européen and les ressortissants d'autres Etats jouissant de traitement similaire sur la base d'accords internationaux peuvent acquérir la propriété de terres agricoles aux mêmes conditions que les Hongrois. Ni les entités juridique hongrois, ni les entités juridiques étrangères ne peuvent acquérir la propriété de terres agricoles ; cependant, il existe certaines exceptions (c.-à.-d. l'Etat hongrois a fait une liste des églises, des sociétés de prêt hypothécaire et des

142 Rapport national de la Roumanie, 15-16.

143 Rapport national de la Roumanie, 17.

144 Rapport national de la Roumanie, 18-21.

145 Au sujet du droit foncier hongrois, voir *Csák*, « Die ungarische Regulierung der Eigentums- und Nutzungsverhältnisse des Ackerbodens nach dem Beitritt zur Europäischen Union », JAEL, 9/2010, 20-31; *Csák/Nagy*, « Regulation of obligation of use regarding the agricultural land in Hungary », Collected Papers – Zbornyik Rádová, XLV 2/2011, 541-549; *Kurucz*, « Critical analyses of arable land regulation in Hungary », JAEL, 3/2007, 17-47; *Csák/Szilágyi*, « Legislative tendencies of land ownership acquisition in Hungary », in: Norer/Holzer (ed.), Agrarrecht Jahrbuch 2013, NWV, Wien-Graz, 2013, 215-233; *Kocsis*, « The new Hungarian land transfer regulation from the aspect of examination of the European Union », JAEL, 16/2014, 95-110; *Olajos/Szilágyi*, « The most important change in the field of agricultural law in Hungary between 2011 and 2013 », JAEL, 15/2013, 94-97; *Raisz*, « Women in agriculture in Hungary », in: Bourges/Muniz Espada (ed.), Agricultura Familiar, Ministerio de Agricultura, Madrid, 2014, 133-139; *Szilágyi*, « Das landwirtschaftliche Grundstückverkehrsgesetz als erster Teil der neuen ungarischen Ordnung betreffend Landwirtschaftsland », AUR, 2/2015, 44-50; *Bobvos/Hegyes*, « A földforgalom és földhasználat alapintézményei », SZTE-ÁJK – JATEPress, Szeged, 2015, 9-97.

gouvernements municipaux). Une personne peut uniquement acquérir la propriété ou l'usage de terres agricoles à des fins agricoles lorsqu'elle possède une formation appropriée dans le secteur agricole ou forestier, ou une durée de pratique appropriée dans le secteur agricole ou forestier (minimum 3 ans)[146]. En 2015, la Commission de l'UE a ouvert une procédure pour manquement contre la Hongrie. La partie la plus controversée de ce cas de manquement (en même temps, un des éléments les plus importants du régime de droit foncier hongrois) est la disposition interdisant l'acquisition de la propriété de terres agricoles aux entités légales. En 2015, la Cour constitutionnelle hongroise[147] a décidé que certaines parties du nouveau régime de droit foncier hongrois violaient la nouvelle Constitution hongroise (c.-à.-d. la loi fondamentale) ; p. ex. prescriptions concernant les commissions foncières locales[148] qui constituent un instrument important contre les contrats fictifs (« sham contracts »).

2. Le droit foncier et la politique foncière des Etats à l'extérieur de l'UE

En raison de leurs solides relations économiques et légales avec l'UE, les rapports nationaux de la Suisse et de la Norvège présentent de nombreuses similitudes avec le droit foncier des EM de l'UE.

La Norvège est également un membre de l'Association européenne de libre-échange (AELE) et de l'Espace Economique Européen (EEE). L'EEE comprend les quatre libertés du marché interne de l'UE (libre circulation des biens, des personnes, des services et des capitaux). Cependant, l'accord EEE n'instaure pas de dispositions contraignantes dans tous les secteurs du marché interne de l'UE ; p. ex. en lien avec la politique agricole commune de l'UE (bien que l'accord EEE contienne des dispositions sur les échanges de produits agricoles) [149]. Ainsi, les normes de l'UE

146 Rapport national de la Hongrie II, 5-15; Rapport national de la Hongrie III, 2-11.

147 Au sujet de l'excellente évaluation détaillée des décisions de la Cour constitutionnelle hongroise, voir *Olajos*, « Az Alkotmánybíróság döntése a helyi földbizottságok szerepéről, döntéseiről, és az állásfoglalásuk indokainak megalapozottságáról », JeMa, 3/2015, in press.

148 Au sujet des commissions foncières locales, voir *Hornyák*, « Die Voraussetzungen und die Beschränkungen des landwirtschaftlichen Grunderwerbes in rechtsvergleichender Analyse », CEDR-JRL, 1/2015, 86-95.

149 *Micco/Fayos*, « The European Economic Area (EEA), Switzerland and the North », in: Fact Sheets on the European Union – The EU's external relations,

mentionnées ci-dessus (chapitre II.C.1.) doivent également être appliquées en Norvège tout en prenant en compte les spécificités de l'accord EEE. En ce qui concerne le *rapport national de la Norvège*, il expose qu'ils « ...do not have updated information on how many properties that have been sold to foreign citizens. From 1917 to 1995 foreigners that bought property in Norway had to apply for a concession. During many years the authorities handled on average 250-300 such applications. Most of them were Swedish citizens who bought second-homes close to the border. Very few applications were related to acquisition of agricultural land. During the last 10-15 years some municipalities have run recruiting activities to increase the number of inhabitants. We know that this has brought some foreign citizens to the country, and some of them have bought agricultural property. Many of these have come from Holland. »[150] Selon le *rapport national de la Norvège*, « There are no special legal instruments which address cross-border acquisition. Foreign citizens and Norwegians must follow the same procedures. » [151] La personne souhaitant acquérir un terrain agricole doit déposer sa candidature pour une concession ; cependant, dans certains cas, une personne peut être exemptée de l'obligation de déposer sa candidature pour une concession[152]. « The Concession system is a prior authorization system. When the contract is signed, ... an application for a concession shall be sent to the municipality where the property is located. »[153] « The new owner of a property with a residential building and more than 2,5 hectares arable land or more than 50 hectares productive forest has usually an obligation to live on the property for at least 5 years … If the owner must apply for a concession, the municipality has … an obligation to assess whether it is necessary or not to live on the farm ... [C]lose relatives that for example inherit a farm exceeding the size mentioned above, but do not intend to use it as their home, have to apply for a concession in order to keep the farm. »[154]

La Suisse est aussi un membre de l'AELE, mais n'est pas partie à l'EEE: « More than 120 sectoral bilateral treaties linking the country with

---

European Parliament, 2/2015, 1-2, http://www.europarl.europa.eu/ftu/pdf/en/FTU_6.5.3.pdf.

150 Rapport national de la Norvège, 6.

151 Rapport national de la Norvège, 8.

152 Rapport national de la Norvège, 7.

153 Rapport national de la Norvège, 9.

154 Rapport national de la Norvège, 8.

the EU incorporate largely the same provisions as those adopted by the other EEA countries in the fields of the free movement of people, goods, services and capital. »[155] Le droit foncier suisse en vigueur a été adopté tout en prenant en considération le droit de l'UE[156]. Le droit foncier suisse varie considérablement d'un canton à l'autre[157]. Le rapport national de la Suisse note que le droit suisse tente d'éviter l'augmentation des prix du terrain agricole dû aux acheteurs non agricoles de terrains. Le droit suisse (LDFR) détermine les personnes habilitées à acquérir des terres agricoles dans les zones agricoles, de fait que le droit suisse stabilise considérablement le marché des terres agricoles[158]. À savoir, seul un producteur agricole qui cultive de manière indépendante est autorisé à acheter des terres agricoles dans la zone agricole[159].

Le *rapport national des Etats-Unis* note que « [t]he United States enjoys large expanses of productive agricultural land and even more timber and forest land. Ownership of these lands is attractive for investors, as well as for agricultural producers. National concerns about ownership of agricultural land by foreign investors has resulted in federal disclosure requirements. In addition, states have authority to regulate land within their borders, using their general ‹ police power ›. Some states have restricted the ownership of farmland by aliens, residents of other states, or business entities, particularly corporations. Some of these state laws have faced constitutional challenges. »[160] Au niveau fédéral, deux aspects du droit fédéral doivent être soulignés. D'une part, il y a la clause sur le commerce de la Constitution américaine selon laquelle le Congrès est autorisé à réguler le commerce entre les Etats. En lien avec cette clause de la Constitution américaine, le rapport national se réfère également à la « Dormant Commerce Clause », qui « prohibits states from enacting laws that discriminate against, or unduly burden, interstate commerce. »[161] Le rapport national des Etats-Unis mentionne que: « [a]lthough a few exceptions apply, a state law that discriminates against interstate commerce is likely to be

155 *Micco/Fayos*, « The European Economic Area (EEA), Switzerland and the North », 1.
156 *Haymoz*, « Bäuerliches Bodenrecht – Unterlagen für eine Übersicht und Einführung zum BGBB », 2011.
157 Rapport national de la Suisse, 3.
158 Rapport national de la Suisse, 3.
159 Rapport national de la Suisse, 5.
160 Rapport national des Etats-Unis, 15.
161 Rapport national des Etats-Unis, 19.

invalid under the Dormant Commerce Clause. If a state law does not discriminate and serves a legitimate public interest, ‹ the extent of the burden [on commerce] that will be tolerated will … depend on the nature of the local interest involved and on whether it could be promoted as well with a lesser impact on interstate activities. ›»[162] Il semblerait que la Dormant Commerce Clause, qui était appliqué par la Cour d'appel fédérale dans certains cas sur les mesures des Etats constituants concernant l'acquisition de terres agricoles, ainsi que la jurisprudence des cours correspondante sont similaires à la jurisprudence de la CJUE citée ci-dessus (chapitre II.C. 1) concernant p. ex. la libre circulation des capitaux et son application sur les restrictions des EM sur leur marché foncier. D'autre part, il faut souligner que la loi sur la publication des investissements agricoles étrangers (*Agricultural Foreign Investment Disclosure Act* (AFIDA)), qui « requires foreign investors to report their holdings. The law requires any ‹ foreign person who acquires or transfers any interest ... in agricultural land › to report that transaction to the US Secretary of Agriculture within 90 days. »[163] Le rapport national des Etats-Unis attire également l'attention sur la définition d'une personne étrangère : « AFIDA defines ‹ person › broadly to include both individuals and legal entities (e.g., corporations, associations, and others). ‹ Foreign person › includes any individual who is not a citizen or permanent resident of the United States and any foreign government. It also includes a legal entity created under the laws of a foreign government or with its principal place of business outside the United States. In addition, it includes an entity created under the laws of a US state, but in which a ‹ significant interest › (defined by regulation) is held by foreign persons (individuals, entities, or governments). »[164] Cette loi peut constituer un modèle approprié à tous les Etats qui ont réellement et effectivement l'intention de définir le régime de la propriété de terres agricoles et de territoires[165].

Le *rapport national du Brésil* distingue les acquisitions de terres agricoles directes et indirectes au Brésil. Une *acquisition indirecte* – c.-à.-d. lorsque des personnes physiques ou morales étrangères participant au capital d'une société brésilienne acquièrent des terres agricoles (c.-à.-d.

162 Rapport national des Etats-Unis, 19.

163 Rapport national des Etats-Unis, 15-16.

164 Rapport national des Etats-Unis, 16.

165 Au sujet du droit foncier américain, voir ég. *McEowen/Harl*, « Principles of agricultural law », Agricultural Law Press, Eugene, 2007, 7.1-7.60.

lorsqu'ils détiennent la majorité du capital social de la société brésilienne) – n'est pas interdit par le droit brésilien[166]. En ce qui concerne l'*acquisition directe* de terres agricoles au Brésil, il existe deux options : (a) des étrangers non-résidents et des sociétés étrangères qui ne sont pas autorisées à opérer au Brésil ne sont pas habilités à acquérir de terres agricoles au Brésil ; (b) à coté de cela, un individu étranger vivant au Brésil et une société étrangère autorisée à opérer au Brésil sont habilités à acquérir des terres agricoles au Brésil[167]. En ce qui concerne les *sociétés étrangères autorisées à opérer* au Brésil, elles ont le droit d'acquérir des terres agricoles brésiliennes à condition qu'elles mettent en œuvre un projet agricole, de bétail, industriel ou de colonisation. Prenant cela en considération, le Brésil applique également un régime d'autorisation préalable en lien avec ces terres[168].

En *Argentine*, « the law N° 26737/2011, commonly named the foreign ownership law, limits to foreigners (whether natural or legal persons) the acquisition, transference and assignment of possessory rights on rural land in the country... [T]he law limited to a maximum percentage the amount of rural land to the ownership or possession by [foreign natural persons] »[169]. La loi argentine applique aussi un régime d'autorisation préalable en lien avec les terres[170].

166 Rapport national du Brésil, 3.
167 Rapport national du Brésil, 3.
168 Rapport national du Brésil, 3-4.
169 Rapport national de l'Argentine, 3.
170 Rapport national de l'Argentine, 3.

General Report of Commission II

Version anglaise – English version – Englische Version

Ass. Prof. Dr. János Ede Szilágyi, PhD,
University of Miskolc

As regards the research task of Commissions I and II, the original purpose of the organisers of the conference in Potsdam was the assessment of the changes in the first and second pillars of the Common Agricultural Policy (CAP) concerning the new financial period of the EU (i.e. between 2014 and 2020). As it soon turned out that the national implementation of the CAP's second pillar was not going on as smoothly as expected, the research field of Commission II had to be amended vis-à-vis the original one.[1]

Hence, beside the general overview of the national and regional Rural Development Programmes (RDPs) of the EU Members States (MSs), Commission II added a special research field as well, which has a certain relationship with rural development, notwithstanding, it is outside the classic framework of EU rural development policy. Taking the above mentioned aspects into consideration, *the new rural development period of the EU 2014-2020 and the maintenance of rural communities* was determined as general research field, and *cross-border acquisitions and acquisitions by non-agricultural capital of agricultural land* was defined as the special research field. As for the general research field, it is worth emphasizing that rural areas are more frequently subjects of scientific assessments than rural communities, as a result of which Commission II might present an analysis differing from the mainstream. According to the recent trends of the international and EU development, the special research field can be regarded as a topical issue. Namely, at international level, the phenomenon called "land grabbing" may explain this choice. At EU level, the transi-

1 This general report was supported by the János Bolyai Research Scholarship of the Hungarian Academy of Sciences. Manuscript was closed on 01.10.2015. The general reporter expresses his gratitude to Anikó Raisz, who helped to interpret the national reports written in French and German.

tional period of the significant majority of the so-called new MSs having acceded to the EU since 2004 expired in 2014. The agricultural land prices of these new MSs were (are) notably lower than in the old MSs, and during this transitional period, these new MSs were enabled to restrict the acquisition of the ownership of agricultural lands by foreign buyers from other MSs. The situation may raise the question whether land grabbing can occur within the borders of the EU, and what can be done by the EU institutions or the MSs to avoid land grabbing or similar practices.

The link between the general and the special research field is the local communities. The hypothetical question is whether the EU rural development policy might be successful taking the special research field into consideration. The hypothesis of this report is that serious social crisis may arise unless local (e.g. rural) communities are able to access their local natural resources (e.g. water, land).

This general report is based on the national reports. The national reports can be divided into different groups based on their focus; i.e. whether they mainly concentrate on the general or special research field. First, there are national reports dealing with both the general and the special research field in equal proportion: the Argentinian,[2] Austrian[3], British[4], Dutch[5],

2 *Victoria/Malanos*, «National report – Argentina», 23, (hereinafter referred to as Argentinian report), the report is to be found at http://www.cedr.org/congresses/potsdam/potsdamcom2.php.

3 *Kronaus*, «National report – Austria», 10, (hereinafter referred to as *Austrian report*), the report is to be found at http://www.cedr.org/congresses/potsdam/potsdamcom2.php.

4 *Petetin/Taylor*, «National report – the United Kingdom», 18, (hereinafter referred to as British report), the report is to be found at http://www.cedr.org/congresses/potsdam/potsdamcom2.php.

5 *Burggraaf*, «National report – The Netherlands», 11, (hereinafter referred to as *Dutch report*), the report is to be found at http://www.cedr.org/congresses/potsdam/potsdamcom2.php.

German (part 1[6], part 2[7]), Hungarian (report II[8], report III[9]), Norwegian[10], Romanian[11], and the US reports[12]. Secondly, some national reports particularly focus on the general research field: like the Belgian[13], French[14], Italian[15], Spanish[16] and Swiss[17] reports. The third group of national re-

6 *Pascher*, «National report – Germany – Bericht über die EU-Förderung der ländlichen Entwicklung in Deutschland», 4, (hereinafter referred to as *German report 1*), the report is to be found at http://www.cedr.org/congresses/potsdam/potsdamcom2.php.

7 *Hemmerling*, «Deutscher Bauernverband – Position zum Bodenmarkt», Boppard, 14.10.2014, 4, (hereinafter referred to as German report 2), the report is to be found at http://www.cedr.org/congresses/potsdam/potsdamcom2.php.

8 *Csák/Kocsis/Raisz*, «National report – Hungary», 15, (hereinafter referred to as Hungarian report II), the report is to be found at http://www.cedr.org/congresses/potsdam/potsdamcom2.php.

9 *Holló/Hornyák/Nagy*, «National report – Hungary», 20, (hereinafter referred to as Hungarian report III), the report is to be found at http://www.cedr.org/congresses/potsdam/potsdamcom3.php.

10 *Aasen/Daling*, «National report – Norway», 16, (hereinafter referred to as Norwegian report), the report is to be found at http://www.cedr.org/congresses/potsdam/potsdamcom2.php.

11 *Marcusohn*, «National report – Romania», 22, (hereinafter referred to as Romanian report), the report is to be found at http://www.cedr.org/congresses/potsdam/potsdamcom2.php.

12 *Grossman*, «National report – USA», 20, (hereinafter referred to as US-report), the report is to be found at http://www.cedr.org/congresses/potsdam/potsdamcom2.php.

13 *Heyerick*, «National report – Belgium», 10, (hereinafter referred to as Belgian report), the report is to be found at http://www.cedr.org/congresses/potsdam/potsdamcom2.php.

14 *Casassus*, «National report – France», 15, (hereinafter referred to as French report), the report is to be found at http://www.cedr.org/congresses/potsdam/potsdamcom2.php.

15 *Sciaudone*, «National report – Italy», 11, (hereinafter referred to as Italian report), the report is to be found at http://www.cedr.org/congresses/potsdam/potsdamcom2.php.

16 *Muniz Espada*, «National report – Spain», 9, (hereinafter referred to as Spanish report), the report is to be found at http://www.cedr.org/congresses/potsdam/potsdamcom2.php.

17 *Amsler*, «National report – Switzerland», 10, (hereinafter referred to as Swiss report), the report is to be found at http://www.cedr.org/congresses/potsdam/potsdamcom2.php.

ports mostly concentrates on the special research field: like the Brazilian[18] or the Polish reports (1st report[19] and 2nd report[20]). In connection with the British report, it is worth noticing that the "first part of this report is restricted to England whilst the second part is written in respect of the whole of the United Kingdom (UK), however different laws apply in Scotland and to a lesser degree in Wales and Northern Ireland."[21]

As regards national reports concentrating on rural development, the Spanish national report seems particular, as it does not focus on the Spanish implementation of the EU rural development policy but on the EU rural development policy itself. The Spanish national report draws attention to the importance of the so-called "integrative territory management" ("*aménagement du territoire*") even at EU level. The Spanish national reporter states that the EU has drawn attention to the differences between the urban and rural territories since the 1990s. Nonetheless, it should be worth stressing that both of them have a significant role in dynamic development. Therefore, an integrative approach should be applied, which means a territorial integration of agricultural and non-agricultural activities in connection with agriculture.[22] The Spanish national report regards the lack of territorial management policy ("*politique d'aménagement du territoire*") in the EU as a significant problem.[23]

I. General research field: the new rural development period of the EU 2014-2020 and the maintenance of rural communities

As regards EU MSs, numerous national reports note that (a) the maintenance of the rural communities does not merely depend on the EU, and (b)

18 *Pereira*, "National report – Brazil", 6, (hereinafter referred to as Brazilian report), the report is to be found at http://www.cedr.org/congresses/potsdam/potsdamcom2.php.

19 *Kurowska/Kotowska/Gala*, "National report – Poland", 11, (hereinafter referred to as 1st Polish report), the report is to be found at http://www.cedr.org/congresses/potsdam/potsdamcom2.php.

20 *Kurowska/Kotowska/Gala*, "National report – Poland", 10, (hereinafter referred to as 2nd Polish report), the report was given to the general reporter at the Potsdam conference.

21 British report, 2.

22 Spanish report, 3.

23 Spanish report, 4.

at the EU's level, beside the second pillar's measures (i.e. on rural development) of the EU CAP, other EU policies' measures can also contribute to maintain and improve the rural communities; e.g. in this regard, the first pillar of the CAP and the EU cohesion policy[24] have an important role as well. Nevertheless, the concerned national reports focus only on the national implementation of the CAP second pillar in essence.

A. Rural communities in international law and in the EU law

The *Belgian national report*[25] refers to the fact that the recommendation[26] of the Council of Europe, the so-called *European Charter for Rural Areas* (hereinafter referred to as Charter) had a great effect on the EU rural development policy. The Charter applies numerous denominations connected to the general research field of the present general report; namely e.g. "rural areas",[27] "rural society",[28] "rural population",[29] or "rural community".[30] However, the Charter provides an exact definition merely in connection with "rural areas".[31] *István Olajos* draws attention to the fact that a document being one of the antecedents of the Charter, which was created by a Swiss professor, *Hans Popp*, and which was translated into several languages, detailed the danger threatening rural areas; namely, e.g., beside depopulation, the tensions deriving from the lack of integration of the new settlers.[32] However, this danger was not specified in the final version of the Charter. Nonetheless, a progressive element of the Charter is that it

---

24 According to Article 174 of the TFEU (in the Title XVIII on Economic, social and territorial cohesion), "Among the regions concerned, particular attention shall be paid to rural areas…".

25 Belgian report, 2-3.

26 Recommendation 1296 (1996) of the Parliamentary Assembly on the European Charter for Rural Areas.

27 Articles 2-6 of Recommendation 1296 (1996).

28 Preamble 1, 4 and Guidelines 1, 13 of Recommendation 1296 (1996).

29 Article 4 and Guidelines 1, 14 of Recommendation 1296 (1996).

30 Guidelines 4-5 of Recommendation 1296 (1996).

31 Article 2 Recommendation 1296 (1996). About the analysis of the issue, see *Hollo*, «General report Commission II – Use and protection of land in the countryside», in: Richli (ed.): L'agriculture et les exigencies du développement durable, L'Harmattan, Paris, 2013, 267-271.

32 *Popp*, "A vidéki európa alkotmánya", in: Földszolgálat, Vidékfejlesztők kiskönyvtára 8, Agroinform, Budapest, 2001, 129-130; cited and interpreted by

takes the particularities of the Eastern and Central European countries into consideration declaring: "The countries of central and eastern Europe (in transition) deserve special attention and increased support. Special policy strategies and measures are needed to solve specific problems and these should, as far as possible, be devised and determined by the countries themselves ..."[33]

According to Regulation (EU) 1305/2013, which is the basis of the EU rural development legislation in force, one of the essential purposes of the EU's rural development policy is to maintain the rural communities. By virtue of Article 4 c) of Regulation (EU) 1305/2013: "Within the overall framework of the CAP, support for rural development… shall contribute to achieving the following objectives:… [c] achieving a balanced territorial development of rural economies and communities including the creation and maintenance of employment". Regulation 1305/2013 sets the conditions[34] on which MSs must determine their definition(s) concerning rural areas. Nevertheless, even though the denominations "local community"[35], "rural community"[36], "rural population"[37] are applied by Regulation 1305/2013, it does not determine their exact definitions. For instance, Regulation 1305/2013 does not define persons considered as members of the local (rural) communities. Apart from this, the objectives of the decision-makers detailed in the Preamble of the Regulation are acceptable, because rural population is continuously decreasing in almost every country.[38] The *Swiss national report* deals with the reasons for that depopulation mentioning e.g. liberalization, advancement of technology, economic globalization, as a result of which the demand for work force in agriculture is continually decreasing.[39] The *US report* draws the attention to similar problems as well.[40]

Olajos, "A vidékfejlesztési jog kialakulása és története", Novotni, Miskolc, 2008, 20-21.

33 Guideline 15 of Recommendation 1296 (1996).

34 Article 50 of Regulation (EU) No 1305/2013.

35 Preamble 19 and Article 43 of Regulation (EU) No 1305/2013.

36 Preamble 45 and Article 55 of Regulation (EU) No 1305/2013.

37 Article 20 of Regulation (EU) No 1305/2013.

38 Preamble 19 of Regulation (EU) No 1305/2013.

39 Swiss report, 1.

40 US report, 3.

B. Implementation of Regulation 1305/2013 in the Member States

According to Regulation 1305/2013, "[t]he EAFRD shall act in the Member States through rural development programmes. Those programmes shall implement a strategy to meet the Union priorities for rural development through a set of measures... A Member State may submit either a single programme for its entire territory or a set of regional programmes. Alternatively, in duly justified cases, it may submit a national programme and a set of regional programmes."[41]

Several MSs took advantage of the option to adopt regional programmes in the implementation of their national goals; namely: Finland, United Kingdom, Germany, Belgium, France, Spain, Portugal and Italy. As for regional programmes in France, the *French national report* notes that France had 27 rural development programmes at the time of the adoption of the French national rural development programmes. These belong(ed) to 21 regions, Corsica and 5 overseas departments and territories ("*Collectivités d'outre-mer*"). Although, from 2016 France will have 13 regions (instead of the present 22 regions) and 5 overseas departments and territories ("*Collectivités d'outre-mer*"), the number of 27 rural development programmes will remain unchanged.[42] Of course, if a MS has only a single rural development programme, it does not obstruct its right to implement the single rural development programme with variances in its territory. The Dutch report also refers to this situation: "Given the positive experiences in the previous programming period it has been decided to work with one rural development programme for the whole country. The execution however will take place in four geographical parts, divided over the country… The biggest part of the concrete measures will be managed by the provinces, even though the formal responsibility for the rural development programme as a whole lays within the central government, with the Minister of Economic Affairs being officially designed as Management Authority and the Rijkdienst voor Ondernemend Nederland (RVO), a part of the Ministry, as paying Agency."[43]

State of play of approvals of 2014-2020 Rural Development Programmes (RDPs) – as of September 30, 2015: 87% out of 118 RDPs were approved by the EU, which means that 81,8% of the Rural Development

41 Article 6 (1)-(2) of Regulation (EU) No 1305/2013.

42 French report, 1.

43 Dutch report, 8.

budget was approved. Therefore, the RDPs' approval process has been completed in 22 Member States.[44] It is worth stressing that some RDPs were definitively adopted late in comparison with other operational programmes of the cohesion policy of the EU. Taking this delay into consideration, the national reports could not properly deal with the experience of the implementation of the RDPs.

C. Realization of national interest during the negotiation and the first experience of the RDPs

National and regional rural development programmes, i.e. RDPs, created a good opportunity for states and regions to determine their special demands.

1. Special national interests during the negotiation of the new EU rural development policy

During the negotiations of the new EU rural policy, the MSs tried to represent their national interest in order to shape the new rules of the EU rural policy. Numerous national reports take notice of that. According to the British national report: "During EU negotiations on the CAP, the UK successfully urged for each Member State to have the option to channel a greater proportion of CAP funding into delivering environmental benefits."[45] Definitely, the above mentioned British effort contributed to the final version of the EU rural development policy, in which there is a growing emphasis in the national and regional rural development programmes to introduce measures promoting nature conservation, environmental protection and sparing of natural resources (e.g. soil, water). As regards *Hungary*, the development of agricultural irrigation was an important interest; taking this into consideration, the Hungarian national report notes: "[t]he European Commission, upon strict conditions, but made it possible to promote new investments in irrigation aiming at raising the scale of irrigated

44 See (11.10.2015): http://ec.europa.eu/agriculture/rural-development-2014-2020/country-files/common/rdp-approved_en.pdf.

45 British report, 3.

areas..."[46]. Further Hungarian goal was to change the agricultural model of a raw material producing country to a new model of value-work-added food producing country.

In turn, each individual MS had to adapt to the situation provided by the EU's second pillar as well. As for the *Dutch national report*: "With a view to the limited budget available – from the total EU-budget for rural development only 0,6% is attributed to the Netherlands – it has been decided to put the focus of the new national rural development programme on a limited number of rural development measures. As a consequence, the Dutch programme does not explicitly address all the Union priorities as foreseen in Article 5 of Regulation 1305/2013."[47] Likewise, the *German national report* notices that a couple of constituent states of Germany ("Länder") removed the top-up supports from their RDPs in order that their RDPs would be approved by the EU Commission sooner.[48]

2. Difficulties during the national implementation of the EU rural development policy

Although only a relatively short time has elapsed since the national implementation of RDPs, some MSs reported certain difficulties in connection with the implementation.

In connection with the implementation of national and regional rural development programmes, the essential element is how the Member States and beneficiaries can provide their contributions to the co-financing of the EU's rural development programme. E.g. the *Austrian national report* states that it is difficult to access certain supports of the European Agricultural Fund for Rural Development, because the co-financing level charged on the MSs is extremely high.[49] The *French national report* also notes an obstacle connected to financing; namely, the determination of applicable sanctions against the local councils using the EU support in an inappropriate way.[50]

46 Hungarian report II, 4.
47 Dutch report, 2.
48 German report 1, 2.
49 Austrian report, 4.
50 French report, 1-2.

The *Dutch national report* notes two difficulties in connection with the implementation. The first issue is the definition of "young farmers": "Within the Dutch rural development programme a special attention is given to young farmers… However, in order for the measures to be effective it is in the view of the Netherlands essential that only young farmers within the meaning of Article 2(1)(n) of Regulation 1305/2013 who effectively set up as a head of the holding can profit from the financial support. In this respect, the Netherlands are not entirely happy with article 2 of Commission Delegated Regulation 807/2014, which provides that where several natural persons, including person(s) who are not young farmer(s), participate in the capital or management of a legal person, the young farmer shall be capable of exercising effective and long-term control over the legal person in terms of decisions related to management, benefits and financial risks either solely or jointly together with other farmers. Under these conditions it seems questionable whether it can still be said that the young farmer is actually in control of the holding, given the fact that the wording of Article 2 of Regulation 807/2014 does not exclude shared management of a legal person with persons who are not young farmers themselves."[51] The second issue is connected with the implementation of a collective Agri-environment-climate measure-scheme: "The Netherlands opts for a collective result-based scheme at landscape scale, from 2016 onwards. This implies that beneficiaries are no longer the individual farmers but a group that jointly commits under a contract with the Managing Authority to undertake certain commitments and obligations."[52] "The general challenge is how to apply the IACS-rules [integrated administration and control system – JESz], which are basically modelled on individual farm scale, on a collective system at landscape scale ... Another issue is the transition of a system based on individual farm scale to a collective scheme ...".[53]

51 Dutch report, 5.
52 Dutch report, 5.
53 Dutch report, 7.

D. Measures of the RDPs for the maintenance of rural communities

The maintenance and development of rural communities has a significant role in the majority of the rural development programmes. In connection with the rural community, the most significant measures of Regulation 1305/2013 applied in the RDPs are the *basic services and village renewal in rural areas*,[54] *Payments to areas facing natural or other specific constraints*,[55] and *LEADER*.[56] The so-called *thematic sub-programmes*[57] also create good opportunities for rural communities; namely e.g. for "young farmers", "small farms", "mountain areas", "women in rural areas".

In numerous Member States not only their RDPs determine the maintenance and development of rural communities as a goal but other significant legal documents as well. According to the *French report*, the *Code Rural* stipulates ten objectives for rural development policy; including e.g. the seventh, which is about providing basic services for rural areas.[58] Similarly, the *Austrian report* draws the attention to the Act of Agriculture (*Landwirtschaftsgesetz* 1992, BGBl. Nr. 375/1992 idgF), which determines the goals of the national agricultural policy; i.e., *inter alia*, the maintenance of the viable rural communities, in connection with which the social aspects are also taken into consideration; diversification; sharing the social and economic prosperity even for the people working in agriculture and forestry[59]. In *Hungary*, e.g. Act CXXII of 2013 on transactions in agricultural and forestry land determines analogous objectives, namely: [1] the renewal of villages with a view to maintaining population levels, to cut the flow of migration to larger cities, hence to improve the age structure of the local population, [2] having a more appreciable impact by enhancing the income potential of villages through progress and improvements achieved in the conditions of farming and agricultural services, [3] channelling revenues generated in the agricultural sector towards rural development, thus allowing such revenues to facilitate, where possible, employment growth locally, [4] enhancing further the agricultural community

54 Article 20 of Regulation (EU) No 1305/2013.
55 Article 31 of Regulation (EU) No 1305/2013.
56 Article 42 of Regulation (EU) No 1305/2013.
57 Article 7 of Regulation (EU) No 1305/2013.
58 French report, 9-10.
59 Austrian report, 2.

through the organization of development production groups within rural family partnerships and through the growth of local businesses, etc.

E. Rural development measures of countries outside of the EU

As for the countries outside of the EU, there are plenty of measures which are similar to the initiatives in the EU's rural development policy.

The Swiss national report draws attention to diversification in the rural areas (tourism, production of renewable energy, etc.), which is one of the significant challenges of Swiss rural development.[60] The maintenance of viable rural communities is an important purpose, the political instruments of which are quite similar to those of the EU, namely (a) instruments of the agricultural policy: direct payments, structural improvements, diversification, ecological measures; (b) instruments of regional policy: knowledge transfer on rural areas, supports for enterprises; (c) instruments of nature conservation: national parks, economic use of buffer zones; (d) instruments supporting the realization of financial balance: compensation for geographical and topographical obstacles.[61] Instead of village renewal, Switzerland created a more comprehensive method; i.e. regional development projects, which is a cooperation among forestry, tourism, small-scale enterprises and agriculture in order that the production, processing and selling of the local products could be achieved.[62]

The Norwegian national report also emphasizes the similarities to the EU: "Norway is not part of the European Union, but the traditional policy for maintaining rural welfare and development are quite similar to the objectives listed in Regulation No. 1305/2013. The previous government's white paper to the Parliament in 2012, listed four main and sub objectives for rural development. It is necessary to emphasize that the present government wants to change parts of the policy and to repeal some acts..."[63] There are four main objectives: (a) food security, (b) agriculture across the entire country, (c) to increase performance from farming and natural resources as a mean to achieve increased income, and (d) sustainable agriculture. „A series of acts have an impact on the objectives mentioned

60 Swiss report, 1-2.
61 Swiss report, 2.
62 Swiss report, 7.
63 Norwegian report, 2.

above. Among these, we find the Concession Act, the Planning and Building Act, the Nature Diversity Act and the Innovation Norway Act. The first three regulate transactions and use of land and resources, while the last forms the basis of public financial and advisory measures."[64]

In connection with the presentation of rural development, the *Argentinian report* firstly compares the EU and MERCOSUR[65] (namely: Southern Common Market), the latter of which incorporates Argentina as a member state as well: "The MERCOSUR is an imperfect custom union that includes Argentina, Brazil, Paraguay and Uruguay since early 1995 and Venezuela since July of 2006. Argentina incorporates the rules of MERCOSUR from its own legislation since the MERCOSUR normative has no direct and immediate enforceability in the States Members [...] The implementation of the Structural Convergence Fund at MERCOSUR (FOCEM [...]) constitutes a significant advance in the treatment of the asymmetries, the promotion of social cohesion and the strengthened of integration process. This Fund [...] is the first solidar[it]y financing mechanism for MERCOSUR countries and aims to reduce the asymmetries of the block [...] [T]he MERCOSUR has disposed [...] to create the Fund for Family Agriculture of MERCOSUR with the objective to finance programmes and projects to stimulate family farming in MERCOSUR".[66] The Argentinian report notices another international aspect of rural development, namely the International Fund for Agricultural Development (IFAD) of the United Nations, which "also contributes to the Family Agriculture (FA) as from IFAD's Regional Programme for MERCOSUR".[67] After that, the Argentinian report details numerous programmes connected to the maintenance or development of rural communities: "Among these, stand: The Programme for Rural and Family Agriculture Development (PRODAF [...]) that works with funds from de Inter-American Development Bank and national contributions; The Programme for Development for Rural Areas (PRODEAR [...]) that function with funds from IFAD and national contributions; The Programme for Inclusive Rural Development (PRODERI

64 Norwegian report, 2.

65 About the MERCOSUR, see *Borghi*, «General report of Commission I – Common Agricultural Policy, new rules of WTO and regional equilibrium», in: Richli (ed.): Les 50 ans de la Politique agricole commune et du Comité européen de droit rural, L'Harmattan, Paris, 2008, 143-147, 162 and 166-167.

66 Argentinian report, 2.

67 Argentinian report, 2.

[...]) that is solved with IFAD's funds and The Programme for Provincial Agricultural Services (PROSAP [...]) with funds from the Inter-American Development Bank and the World Bank [...] In reference to the support for basic services and population renewal in rural areas, the PROSAP and PRODERI are responsible."[68]

The *Farm Bill*[69] has a significant role in connection with the implementation of the US rural development policy. The author of the US-report notes that "[T]itle VI of the 2014 Farm Bill governs rural development, primarily through programmes that support infrastructure in rural areas – for example, water systems, waste disposal, solid waste management, business development, loans for public entities, rural telecommunications, highspeed internet service, transportation, technology transfer, and other programmes. The provisions of this Rural Development Title do not parallel those in EU Regulation 1305/2013."[70] The US report also cites the USDA's Strategic Plan for 2014-2018, the first strategic goal of which is to assist rural communities to create prosperity.[71] Besides, the author of the US-report underlines that "[r]ural development and other government programmes define rural areas and farms differently. At least 15 different definitions of `rural´, 11 from USDA, have applied". [72]

II. Special research field: cross-border acquisitions and acquisitions of agricultural land by non-agricultural capital

A. Relationship between agricultural lands, forests (agricultural holdings) and local communities (local people)

As regards the maintenance of local or rural communities, certain international documents contain the demand that lands should be cultivated by

68 Argentinian report, 2-3.

69 *Dooley*, «The relationship between agricultural law and environmental law in the United States», in: Monteduro et al (ed.), Law and Agroecology, Springer, Berlin-Heidelberg, 2015, 279-282.

70 US-report, 2.

71 US-report, 2.

72 US-report, 3.

"*local communities*", "*local population*" and "*local farmers*"[73] (connecting this among others with the concept of sustainable development and its phrases such as "*indigenous people, indigenous communities and other local communities*"[74]). In the EU law, Article 39 (1) point b) of the Treaty on the Functioning of the European Union (TFEU) provides: "to ensure a fair standard of living for the agricultural community". Otherwise, the jurisdiction of the Court of Justice of the European Union (CJEU) recognises that the national land policy measures of the Member States could lawfully restrict the right to establishment and the free movement of capital even on the basis of Article 39 (1) point b) of the TFEU (if these measures pursue objectives in the public interest and they are proportionate).[75] The CJEU[76] regards the objectives of national agricultural land policy such as (a) to preserve a permanent agricultural community, (b) that the land

---

73 The documents also use "local producers" and "local workforce" denominations; see e.g. UN General Assembly: Report of the Special Rapporteur on the right to food, Olivier De Schutter: Large-scale land acquisitions and leases: A set of minimum principles and measures to address the human rights challenge, 28 December 2009, A/HRC/13/33/Add.2, http://www2.ohchr.org/english/bodies/hrcouncil/docs/13session/A-HRC-13-33-Add2.pdf.

74 See UN General Assembly: Report of the United Nations conference on environment and development (Rio de Janeiro, 3-14 June 1992) – Annex I – Rio Declaration on environment and development, 12 August 1992, A/CONF.151/26 (Vol. I), http://www.un.org/documents/ga/conf151/aconf15126-1annex1.htm According to Principle 22 of Rio Declaration, "Indigenous people and their communities and other local communities have a vital role in environmental management and development because of their knowledge and traditional practices. States should recognize and duly support their identity, culture and interests and enable their effective participation in the achievement of sustainable development." See furthermore RAISZ, Indigenous Communities before the Inter-American Court of Human Rights: New Century, New Era? Miskolc Journal of International Law, 2008/5(2), 35-51; MARINKÁS, The right of the indigenous people to their ancient lands in the jurisprudence of the Inter-American Court, with special regard to the Mayagna (Sumo) Awas Tingni and the Saramaka people cases. In: Universul Juridic (ed.): Conferinta Studenteasca Anuală 'Nicolae Titulescu' 2013. Bucuresti: Universul Juridic, 922-929.

75 See e.g. CJEU Case C-370/05, Judgement of the Court of 25 January 2007 (Festersen case), point 28.

76 See from the jurisdiction of the CJEU Case 182/83, judgement of the Court of 6 November 1984 (Fearon case), point 3; Case C-302/97, judgement of the Court of 1 June 1999 (Konle case), point 40; Case C-515/99, Judgement of the Court of 5 March 2002 (Reisch case), point 34; Case C-300/01, Judgement of the Court of 15 May 2003 (Salzmann case), point 44; Case C-452/01, Judgement of the Court of

should belong to persons wishing (and being capable) to farm it, (c) the possibility to counteract speculative land acquisition, etc. to conform to the TFEU and to pursue an objective in the public interest. Otherwise, with certain restrictions,[77] the CJEU regards assurance that agricultural property be occupied and farmed predominantly by the owners to be an objective in the public interest.

B. Definitions connected to the special research field

1. Agricultural land, forest and agricultural holding

In connection with the ownership and the use of *agricultural lands, forests* (hereinafter referred to as "agricultural lands", or only as "lands") it is worth determining the definition of these phenomena. According to the classifications of the FAOSTAT,[78] the category of "*agricultural area*"[79] (also denominated as "*agricultural land*"[80]) includes the sub-categories of "arable lands", "permanent crops" and "permanent (meadows and) pastures".[81] The FAOSTAT also determines the category of "*forest area*"

---

23 September 2003 (Ospelt case), points 38-39; and Case C-370/05 (Festersen case), points 27-28, 33.

77 See the Ospelt case.

78 See the classifications of the FAOSTAT at the point "FAO Domain/Inputs/Land"; http://faostat3.fao.org/mes/classifications/E.

79 See the item code 6610 (agricultural area) in the classifications of FAOSTAT.

80 See and cf. the item code 6670 (other land) in the classifications of FAOSTAT.

81 See the item codes 6621 (arable land), 6650 (permanent crops), 6655 (permanent meadows and pastures) in the classifications of FAOSTAT. According to these item codes: "Arable land is the land under temporary agricultural crops (multiple-cropped areas are counted only once), temporary meadows for mowing or pasture, land under market and kitchen gardens and land temporarily fallow (less than five years). The abandoned land resulting from shifting cultivation is not included in this category. Data for `Arable land´ are not meant to indicate the amount of land that is potentially cultivable." "Permanent crops is the land cultivated with long-term crops which do not have to be replanted for several years (such as cocoa and coffee); land under trees and shrubs producing flowers, such as roses and jasmine; and nurseries (except those for forest trees, which should be classified under `forest´)." "Permanent meadows and pastures are excluded from land under permanent crops. Permanent meadows and pastures is the land used permanently (for a period of five years or more) for herbaceous forage crops, either cultivated or naturally

(also denominated as "*forest*").[82] As regards EU law, the categories of "*agricultural land*" and "*forests*" are mentioned in the EU primary law (e.g. in the 2003, 2005 and 2012 Teaties of Accession[83]), and, in the sec-

---

growing. A period of five years or more is used to differentiate between permanent and temporary meadows."

82 See the item code 6661 (forest) in the classifications of FAOSTAT: "Forest area is the land spanning more than 0.5 hectares with trees higher than 5 metres and a canopy cover of more than 10 percent, or trees able to reach these thresholds in situ. It does not include land that is predominantly under agricultural or urban land use. Forest is determined both by the presence of trees and the absence of other predominant land uses. The trees should be able to reach a minimum height of 5 metres (m) in situ. Areas under reforestation that have not yet reached but are expected to reach a canopy cover of 10 percent and a tree height of 5 m are included, as are temporarily unstocked areas, resulting from human intervention or natural causes, which are expected to regenerate. Includes: areas with bamboo and palms provided that height and canopy cover criteria are met; forest roads, firebreaks and other small open areas; forest in national parks, nature reserves and other protected areas such as those of specific scientific, historical, cultural or spiritual interest; windbreaks, shelterbelts and corridors of trees with an area of more than 0.5 ha and width of more than 20 m; plantations primarily used for forestry or protective purposes, such as: rubber-wood plantations and cork, oak stands. Excludes: tree stands in agricultural production systems, for example in fruit plantations and agroforestry systems. The term also excludes trees in urban parks and gardens. Forest is composed of the following sub-categories: "Primary forest", "Other naturally regenerated forest" and "Planted forest"."

83 It is worth noticing that the 2003, 2005, 2012 Treaties of Accession denominate "agricultural land" and "forests" in connection with the acquisition of the ownership in the new member states. The Treaty of Accession (2003) also applies the category of "agricultural area" in connection with the Single Area Payments referring to the classifications of EUROSTAT; the "agricultural area" category is also used in the 2005 Treaty of Accession. Although, the 1994 Treaty of Accession does not use these categories referring to the acquisition of ownership of agricultural lands, nevertheless, it applies the denomination of "agricultural land" and "agricultural area" in connection with national aids. The 1972, 1979 and 1985 Treaties of Accession do not include any provision mentioning agricultural lands or agricultural areas.

84 See e.g. Article 4 (1) e) of Regulation (EU) 1307/2013: "`agricultural area´ means any area taken up by arable land, permanent grassland and permanent pasture, or permanent crops". Article 4 (1) f)-i) of Regulation (EU) 1307/2013 also presents the definition of "arable land", "permanent grassland" and "permanent pasture", or "permanent crops". In connection with "agricultural area", Article 2 (1) f) of Regulation (EU) 1305/2013 refers to the definition of Regulation (EU) 1307/2013.

ondary EU law, the notions "agricultural area"[84] and "forest"[85] are even determined in details similarly to the above mentioned classifications of FAOSTAT.

According to several national reports[86], the decrease of the quantity of agricultural land in comparison with real estate used for other purposes is a typical feature in numerous countries as well.

Numerous states have a special law concerning the acquisition of so-called *agricultural holdings*. Taking into consideration that agricultural lands are the typical components of agricultural holdings, the rules concerning agricultural holdings also seem to be the subject of the present report. In this report, agricultural holding means the basic organizational unit of production equipment and other means of agricultural production (land, agricultural equipment, other assets) in connection with the ownership-use-succession relations in national laws where this category exists. Nevertheless, it is worth emphasizing that EU law also determines this category especially connected to EU supports; e.g.: "`holding´ means all the units used for agricultural activities and managed by a farmer situated within the territory of the same Member State".[87]

2. Cross-border acquisitions of agricultural land

Nowadays, besides inland land transfer, *cross-border acquisition* also plays a more and more important role in the ownership and/or the use of agricultural lands[88] (hereinafter together referred to as cross-border acquisition). Nevertheless, it is worth emphasizing that the distinction between internal and cross-border acquisitions cannot be exact. In this report,

---

85 See e.g. Article 2 (1) r) of Regulation (EU) 1305/2013: "`forest´ means an area of land spanning more than 0,5 hectares with trees higher than 5 meters and a canopy cover of more than 10 percent, or trees able to reach these thresholds in situ; and does not include land that is predominantly under agricultural or urban land use, subject to paragraph 2".

86 E.g. French report, 14.

87 Article 4 (1) b) of Regulation (EU) 1307/2013.

88 Cf. Article 4 (1) l)-n) of Regulation (EU) 1307/2013. According to Article 4 (1) n) of Regulation (EU) 1307/2013, the category of "transfer" includes also the inheritance as well: "`transfer´ means the lease or sale or actual inheritance or anticipated inheritance of land or payment entitlements or any other definitive transfer thereof; it does not cover the reversion of entitlements upon expiry of a lease."

cross-border acquisition primarily means the situation in which citizens and legal entities of a country (hereinafter referred to as "foreigners" or "investors") gain the ownership or long-term use of an agricultural land situated in another country (hereinafter referred to as `target´ country or area). The *goals* of this acquisition can be various: (a) to produce agricultural products, (b) to speculate on the land market, (c) others, (d) the combination of points (a)-(c). In a wider sense, the situation in which *foreigners establish legal entities in the target country* and gain the lands of the target country may be regarded as cross-border acquisition as well. In the EU law, this interpretation of a cross-border acquisition could become quite difficult due to the forms of the European Cooperative Society (SCE, namely *Societas Cooperativa Europaea*)[89] and the European Company (SE, namely *Societas Europaea*)[90]. Otherwise, it is worth noticing that in the EU law, the `cross-border´ element with regard to land acquisitions is typically assessed in the framework of preliminary ruling procedures.

As regards legal entities, there are two elementary issues. First, the traceability of the real ownership (investor) background of the legal entities is always complicated (e.g. difficulties in connection with offshore companies). Secondly, the number of legal entities might easily be multiplied. The solution of both issues is tightly connected to the proper registrations of the affected legal entities and their investors (ownership background).

3. Acquisition of agricultural land by non-agricultural capital

The present report also deals with the "acquisitions of agricultural land by non-agricultural capital". These acquisitions typically mean the use of agricultural lands for non-agricultural purposes. Occasionally, the distinc-

89 Council regulation (EC) No 1435/2003 on the Statute for a European **Cooperative Society** (SCE).

90 Council regulation (EC) No 2157/2001 on the Statute for a European company (SE).

tion between agricultural[91] and non-agricultural activities and purposes might be tough.[92]

4. Land grab(bing)

As regards the topic, it is worth noticing a modern phenomenon, which is tightly connected to the special research field. This phenomenon is the so-called "*land grab*" or "*land grabbing*"[93]. Referring to numerous different academic sources dealing with land grabbing[94], in 2009, the former Special Rapporteur on the right to food has determined the phenomenon as follows: "Over the past three to four years, private investors and governments have shown a growing interest in the acquisition or long-term lease of large portions of arable land (above 1,000 ha) in a number of countries, mostly in the developing world. According to an estimate from the International Food Policy Research Institute (IFPRI), between 15 and 20 million hectares of farmland in developing countries have been the subject of transactions or negotiations involving foreign investors since 2006".[95] Nevertheless, the Special Rapporteur on the right to food mentions that there are also target countries in Central Europe.[96] The Special Rapporteur details the reasons of the phenomenon as well.[97]

---

91 E.g. in EU law, see Article 4 (1) c) of Regulation (EU) 1307/2013: "`agricultural activity´ means: | (i) | production, rearing or growing of agricultural products, including harvesting, milking, breeding animals, and keeping animals for farming purposes, | (ii) | maintaining an agricultural area in a state which makes it suitable for grazing or cultivation without preparatory action going beyond usual agricultural methods and machineries, based on criteria established by Member States on the basis of a framework established by the Commission, or | (iii) | carrying out a minimum activity, defined by Member States, on agricultural areas naturally kept in a state suitable for grazing or cultivation".

92 German report 2, 1.

93 The phenomenon is also known as "agri-foreign direct investment" (agri-FDI); see *Häberli/Smith*, «Food security and agri-foreign direct investment in weak states – Finding the governance gap to avoid `land grab´», Modern Law Review, 2/2014, 189-222.

94 UN General Assembly: A/HRC/13/33/Add.2, 5-6.

95 UN General Assembly: A/HRC/13/33/Add.2, 5.

96 UN General Assembly: A/HRC/13/33/Add.2, 6.

97 UN General Assembly: A/HRC/13/33/Add.2, 6-7.

According to the *Belgian report*, which estimates the amount of land grabbing at more than 200 million hectares, land grabbing is a worldwide agricultural land problem, which has to be solved in the frame of the FAO.

C. The problem and its solution in the national reports

The national reports could not provide a proper opportunity to assess the relationship among the investors, investors' countries and target countries in details.[98] The national reporters typically presented the attitude of their own countries to the special research field of this report.

1. EU law and EU Member States

In the EU, the Members States (MSs) are entitled to adopt rules concerning the acquisition of agricultural lands in order that they can implement their national land policy. Nevertheless, the MSs are enabled to regulate the acquisitions of arable lands only while respecting the TFEU provisions.

a. EU law

First of all, it is worth noticing that the EU law does not prohibit MSs measures restricting the acquisition of agricultural land by entities from outside of the EU or the European Economic Area (EEA). Nonetheless, inside the EU and the EEA, the EU law, on the one hand, requires the implementation of the four EU freedoms of the internal market (in connection with the acquisition of agricultural lands, the free movement of persons and capital are applicable) and, on the other hand, it prohibits the discrimination on the basis of nationality.[99]

98 Cf. *Häberli/Smith*, op. cit.

99 Hungarian report II, 10-11; see furthermore Szilágyi, «The Accession Treaties of the New Member States and the national legislations, particularly the Hungarian law, concerning the ownership of agricultural land», Journal of Agricultural and Environmental Law (JAEL), 9/2010, 52-55.

The TFEU rules concerned are particularly the free movement of persons and capital[100] (Articles 49 and 63 of the TFEU; hereinafter referred to as "*negative integration rules*") and the CAP's above mentioned objective (i.e. Article 39 (1) point b) of the TFEU; hereinafter referred to as "*positive integration rules*").[101] According to *Ágoston Korom*,[102] beside the anti-discrimination rules, EU law determines the competence of its MSs to adopt their national land law by the intersection of negative and positive integration rules. The mentioned TFEU rules contain rather general provisions, therefore, the CJEU has an important role to interpret them and to help assess the national land laws of the MSs. As regards the negative integration rules, according to the jurisdiction of the CJEU, national law can ensure full compliance with the EU law if public interest is pursued by the national law (see chapter II.A) and if the measure of the national law cannot be exchanged for less restrictive measures. The restrictive measures accepted by the jurisdiction of the CJEU are (a) the procedure of prior authorisation for the acquisition of agricultural land,[103] (b) the system of prior declaration,[104] (c) the provision for a higher tax on the resale of land occurring shortly after acquisition,[105] (d) the requirement of a substantial minimum duration for leases of agricultural land,[106] (e) etc.

Inside the EU, the difference between the land markets of the MSs is remarkable (see Table 1). This difference is especially significant between the land prices of the new MSs (i.e. MSs since 2004) and the old MSs (namely MSs before 2004).

---

100 It is worth noticing that, according to Annex I of Council directive 88/361/EEC, investments in real estate on national territory by non-residents are part of the capital movements in the EU.

101 About distinction between the negative and positive integration models and rules of the EU, see Korom, «Az új földtörvény az uniós jog tükrében – Jogegyenlőség vagy de facto más elbírálás», in: Korom (ed.): Az új magyar földforgalmi szabályozás az uniós jogban, Nemzeti Közszolgálati Egyetem, Budapest, 2013, 14.

102 *Korom*, op. cit., 14.

103 See Case C-213/04 Ewald Burtscher v Josef Stauderer [2005] ECR I-10309, paragraph 57; and Case C-452/01, paragraphs 41-45.

104 See Case C-213/04, paragraphs 44, 52-54, 59-62.

105 See Case C-370/05, paragraph 39.

106 See Case C-370/05, paragraph 39.

Table 1

	State	2003	2004	2005	2006	2008	2009
New MSs (since 2004)	**Czech Republic**	1.522	1.561	1.621	1.625	2.375	2.249
	Hungary	-	[676]	[742]	[1.550]	-	-
	Poland	[1.308]	[1.465]	[2.049]	[2.385]	-	-
	Romania	237	283	878	-	-	-
	Slovak Republic	912	946	981	1.017	1.210	1.256
Old MSs (before 2004)	**Belgium**	20.273	23.155	22.053	27.190	-	-
	Denmark	14.669	15.995	18.787	22.791	31.652	25.919
	Germany	9.184	9.233	8.692	8.909	-	-
	France	4.350 [6.079]	4.460 [6.567]	4.700	4.730	5.160	5.130
	Netherlands	34.160	31.432	30.235	31.276	40.916	47.051
	Spain	8.552	9.024	9.713	10.402	10.974	10.465
	Sweden	2.126	2.455	3.351	3.706	4.180	3.747
	UK	10.178	11.128	12.975	13.382	17.773	-

Land prices in selected EU27, 2000-2009 (Measured in current € per hectare)

Source: Eurostat, 2015 [2010[107]]

Therefore, on the basis of the Treaties of Accessions of 2003, 2005 and 2012, (since 2004) the Czech Republic, Estonia, Latvia, Lithuania, Hungary, Poland, Slovakia, (since 2007) Romania, Bulgaria and (since 2013) Croatia (new MSs) were each granted a transitional period (see Table 2) for maintaining existing legislation restricting the acquisition of the *ownership*[108] of agricultural land and forest, by derogation from the freedom of capital movements. Some of the new MSs had (Croatia has) the right to extend the transitional period by 3 years. Taking the difference between the land prices of the new MSs and the old MSs into consideration even

107 Sometimes, the land prices reported by the EUROSTAT in 2015 are different from the land prices reported by the EUROSTAT in 2010. Therefore, the different land prices in 2010 are presented in square brackets in Table 1.

108 Namely, there are generally no restrictions on the lease of agricultural land by foreigners.

after the transitional period has expired (in most of the new MSs), the question may arise whether the MSs should re-assess the situation.

Table 2

New Member States	Temporary derogation of the acquisition of ownership of agricultural land	Opportunity to extend the transitional period
Bulgaria (2007)	7 years	-
Croatia (2013)	7 years	3 years
Czech Republic	7 years	3 years
Estonia	7 years	3 years
Latvia	7 years	3 years
Lithuania	7 years	3 years
Hungary	7 years	3 years
Poland	12 years	-
Romania (2007)	7 years	-
Slovak Republic	7 years	3 years

If a MS wants to adopt a land-law restricting the acquisition of lands, it has to take the following three sources into account: (a) The *TFEU's above mentioned principles* are the primary sources. However, these principles do not include details; i.e. they are too general. (b) The *jurisdiction of the CJEU* interprets the TFEU's principles. Nevertheless, there are relatively few judgements of the CJEU, and, furthermore, the practice is progressively varying. Therefore, it is not always clear how the topical CJEU interpretation of the TFEU's above mentioned principles should be applied in some cases in connection with agricultural land. (c) The *other MSs' legislation* also applies restricting provisions concerning cross-border acquisition and acquisition by non-agricultural capital. But still, the new MSs cannot directly convert the rules of the old MSs into their legal order. Hence, there is an uncertainty in the agricultural land policy at EU level.[109] Referring to a CJEU case (i.e. C-197/11), the Hungarian report notes: "... we have concluded that even though the retention of local residence could be admitted by the European Law as a public interest, the applied measures fail when coming to the filter of proportionality. Compared

109 See, Hungarian report II, 11-12. See furthermore *Korom*, op. cit., 22-23.

to the old Member States (and their local agricultural producers), the intention of the new Member States (and their agricultural producers) related to the creation of viable estates distributed on the basis of equity becomes significantly difficult due to the application of European Law, which eventuates de facto distinct consideration, margin beside the de iure equal treatment."[110]

After the transitional period had expired, numerous new MSs adopted new land laws including restrictive measures. In 2015, the EU Commission submitted infringement procedures against the new MSs; e.g. Bulgaria, Hungary, Latvia, Slovakia. The controversial provisions of the national laws of the new MSs are: (a) the compulsory degree of agricultural producers in order to acquire agricultural land, (b) the compulsory agricultural practice/professional experience of agricultural producers aiming at acquiring agricultural land, etc. It is worth emphasizing that, till 2014, the preliminary ruling has been typical, infringement remains exceptional.[111]

b. The land law and land policy of the Member States of the EU

In a general sense, the national agricultural and rural development strategies of the MSs and, in a special sense, the national land policy thereof are different from each other. The different MSs pay attention to the cross-border acquisition and the acquisition of agricultural land by non-agricultural capital to a differing extent. Some of the MSs are federal states (Austria, Germany, etc.), therefore, the competence of regulation can be differently divided between the federal state and its constituent states. In these federal states, therefore, land law might be dissimilar constituent state by constituent state.

The main differences of the national land laws, inter alia, can be determined by the followings: (a) Whether a Member State intends to apply restrictions in its agricultural land market or no. If yes, (b) which fields of

110 Hungarian report II, 12.

111 E.g. CJEU Case 305/87, **Judgement of the Court of 30 May 1989. About the infringement (Nr. 2007/4766) procedure of EU Commission against Vorarlberg act (Austria), see furthermore** *Norer*, «General report Commission III – Scientific and practical development of rural law in the EU, in states and regions and in the WTO», in: Richli (ed.): *L'agriculture et les exigencies du développement durable*, L'Harmattan, Paris, 2013, 375-376.

agricultural land acquisition are regulated by the state (i.e. acquisition of ownership, use and/or inheritance). (c) Whether the restricting rules of a Member State contain binding or merely non-binding (i.e. orientating) provisions.

Because of the significant difference of land prices, it is worth distinguishing between the old and new Member States of the EU.

aa. Old Member States

Some of the national reporters from the old Members States draw attention to the problems connected with the special research field. Others (the Dutch and Belgian reporters) do not read any significance into these kinds of acquisitions in their countries.

According to the *Dutch report*, "Currently in the Netherlands there is no specific legal framework in place dealing with cross-border acquisition or acquisition by non-agricultural capital. Therefore, there are no specific limitations for foreign investors to buy agricultural land in the Netherlands"[112], and "...currently in the Netherlands there is no specific legislative framework in place dealing with these issues. Nor do such acquisitions raise major concerns in policy terms. That means that such acquisitions can take place under the same conditions that apply to everyone wishing to buy agricultural land and that there are no extra or specific requirements for cross-border acquisitions or acquisitions by non-agricultural capital in this respect."[113] The Dutch report also cites official data about cross-border acquisitions of undeveloped agricultural land in the Netherlands by foreign investors.[114] Nevertheless, according to the cited data, it is not clear whether the foreign investor category includes e.g. the Dutch legal entities established by foreign investors or not. The report also provides non-official information on cross-border acquisition of agricultural land in other EU countries by Dutch persons.[115]

The *Belgian report* notes that cross-border acquisition exists in connection with Belgium and France; namely Belgians buy the cheaper agricultural lands of France. In this case, according to the territorial principle, the

---

112 Dutch report, 9.
113 Dutch report, 11.
114 Dutch report, 9.
115 Dutch report, 10.

French law is applicable. However, the report also mentions a situation when the Belgian law is applicable in connection with agricultural land outside Belgium. Namely, if the agricultural lands in a foreign country form part of an agricultural holding the seat of which is registered in Belgium, the Belgian lease law may apply to the lease of these foreign agricultural lands.[116]

According to the *French report*, the amount of agricultural land in France is permanently decreasing. Nonetheless, the acquisition of agricultural lands is a good investment in France nowadays, because the price of non-agricultural lands is 55 times the price of agricultural lands. Therefore, for instance, a special statute regulates the lease of agricultural lands in order that the agricultural lands could play their part (i.e. for agricultural activity); e.g. the tenant using the land has a special pre-emptive right in connection with this land. This statute is a public law instrument, and the parties concerned are not allowed to diverge from the provisions of this statute.[117]

In *Germany*,[118] there is a re-assessment of land policy. It is partly because of recent trends; i.e. the increasing prices of agricultural lands in numerous regions of Germany. According to the German report, even non-agricultural investors appeared in the market for agricultural land. This situation raised concerns, because agricultural producers worry about the loss of their development potential. Since 2008 (after the financial crisis), wealthy persons and corporations[119] have acquired agricultural lands all around Germany, and especially in the Eastern provinces of Germany. Therefore, in numerous regions of Germany, the land prices have increased to a price-level at which agricultural holdings cannot put up the money from their profit to acquire further agricultural lands.[120] The German report also presents the standpoint of the German Farmer Federation about the needful amendment of the German land policy.[121]

116 Belgian report, 10.
117 French report, 14.
118 About the German land law, see *Grimm*, «Agrarrecht», Verlag C.H. Beck, München, 2010, 17-97.
119 However, the acquisition of lands for nature conservation purposes by private foundations and financial funds is a particularly interesting aspect of the German land market; German report 2, 1.
120 German report 2, 1.
121 German report 2, 2-4.

In *Austria*, land law[122] distinguishes between the acquisition of green real estate (i.e. agricultural lands), grey real estate (i.e. real estate for building), and real estate acquisition by foreigners. The regulation of these acquisitions is within the competence of the constituent states. In the Western constituent states of Austria (e.g. *Tirol*, *Kitzbühel*), the acquisition of agricultural lands by foreigners for non-agricultural purposes is an evergreen topic of agricultural policy. The political dispute about this topic is known as "buying up agricultural lands" (*Ausverkauf von Grund und Boden*). Almost as a response to this dispute, the constituent states have adopted land laws which violated EU law. Several times, the Austrian constitutional court noted that the provisions concerning the obligatory land use by the person acquiring the affected land violated the EU law.[123] The land laws of constituent states which include restrictions concerning the acquisition of agricultural land take the so-called land-transfer committee into the prior authorization procedure for the acquisition of agricultural land. The agricultural chambers of constituent states and settlements are also participants of these authorisation procedures. The Austrian report details the denial causes occurring in such authorisation procedures as well.[124] The Austrian report also emphasizes that the land laws of the constituent states do not distinguish among the persons acquiring agricultural lands on the basis whether they are natural or legal entities.[125]

In connection with British law[126], the *British report* notes that "[c]urrently there are no restrictions on ownership of land by foreign nationals or companies within the UK in respect of most agricultural real estate. Despite this there are political moves within Scotland to limit ownership by non-EU nationals. The political mood in Scotland is that there are too

122 *Holzer*, «Grundverkehrsrecht», in: Norer (ed.): Handbuch des Agrarrechts, Verlag Österreich, Wien, 2012, 673-701; about lease, see *Stollmayer*, «Landpachtrecht», in: Norer (ed.): Handbuch des Agrarrechts, Verlag Österreich, Wien, 2012, pp. 703-716; see furthermore *Reinl*, «Family farms in Austria», in: Bourges/Muniz Espada (ed.): Agricultura Familiar, Ministerio de Agricultura, Madrid, 2014, 51-53.

123 Austrian report, 6.

124 Austrian report, 8-9.

125 Austrian report, 9.

126 About British land law in detail, see *Rennie*, «Land ownership and land use in the United Kingdom», in: Csák (ed.), Current challenges of the European legislation on agricultural land, Novotni, Miskolc, 2010, 255-262; *Rennie*, «Some aspects of agricultural law in Scotland», JAEL, 6/2008, 26-48.

many non-domiciled or otherwise distant landowners owning large rural estates, and that the sustainable development of the countryside is adversely effected."[127] The report highlights that "[t]here are no nationally collated figures available for foreign investment in UK agricultural land... Whilst there may be no wholly reliable statistical evidence for cross-border acquisitions, there is plenty of anecdotal evidence from real estate agents and others. This suggests that the stable nature of the English and Welsh land market and fiscal incentives have encouraged both foreign buyers and other investors within the UK".[128] The report also deals with the increasing presence of non-agricultural buyers in the market of agricultural lands, which causes an increase in the price of agricultural land.[129] The British report draws attention to the importance of registers concerning the cross-border acquisitions: "...the present system of land registration was established by the Land Registry Act 1875. However, registration was not compulsory initially. Compulsory land registration began in London in 1899, but did not extend to all rural areas until 1990. This does not affect land which has not changed hands and the Land Registry estimates that 20% of the land mass in England and Wales remains unregistered and most of this is rural land. This means that it is very difficult to produce accurate statistics on the identity of land owners and the nature of land holding in the UK. ... Recently in a speech in Singapore Prime Minister David Cameron has called for more transparency in land ownership in an effort to overcome fears that proceeds of foreign crime are being 'laundered' through the UK property market. He has announced proposals for the Land Registry to publish details of land held by foreign investment companies. The Financial Times has estimated that at least £122 billion of property in England and Wales is owned by offshore companies. Most of this investment will be in commercial and residential property in London and the south east, but some will be in agricultural property across the UK."[130]

---

127 British report, 2. About the Scottish intention in details, see British report, 15-16.

128 British report, 13.

129 British report, 13. There is similar conclusion in *Day*, «The family farm and it's [*sic!*] succession within the family», in: Bourges/Muniz Espada (ed.): Agricultura Familiar, Ministerio de Agricultura, Madrid, 2014, 178.

130 British report, 14.

bb. New Member States

According to the three national reports from the new Member States, the special research field is undisputedly one of the main topics of their agricultural policy. The transitional periods of Romania and Hungary expired in 2014, and the transitional period of Poland expires in 2016. Because of the end of the transitional period, all of them adopted new rules concerning the acquisition of agricultural lands, according to which these new MSs have introduced (Poland is going to introduce) restrictions concerning the acquisition of agricultural lands in their land markets.

As regards the *Polish report*, the significant part of the Polish land law was amended after the closure of the 1st Polish report[131]. Hence, the Polish reporters wrote a 2nd Polish report. This 2nd Polish report has not been published yet. In this part of the general report, this 2nd Polish report is presented in detail.

As regards the figures and facts of Poland, "Agricultural area in the Republic of Poland amounts to 18.7 million ha"[132]; "In the year 2014 foreigners were granted in all: 271 permits for acquisition of land estate with total area of 1,036.35 ha; including 166 permits related to agricultural and forest real estate with total area of 1,029.74 ha (i.e. 99% of land area covered by the permits). The referred data does not reflect the true extent of acquisition of agricultural real estate by foreigners, as many foreigners: [a] acquire in the Republic of Poland agricultural real estate in the informal way – by "dummy persons"; [b] use gaps in the regulations and acquire shares or stocks in capital companies being owners of land estate (mainly foreigners from Netherlands, Denmark and Luxemburg)"[133].

As regards the Polish law, "The issues regarding cross-border acquisitions of real property in the Republic of Poland are governed by the following regulations: [a] directly – of the Act of 24th March, 1920 on the Acquisition of Real Estate by Foreigners, and [b] indirectly – of the Act of 11th April, 2003 on Shaping of Agricultural System. The issues of the acquisition of agricultural real estate by non-agricultural capital are not directly regulated in the Polish law, but indirectly by the Act of 11th April, 2003 on Shaping of Agricultural System."[134] In connection with the Act

131 See 1st Polish report.
132 2nd Polish report, 1.
133 2nd Polish report, 5.
134 2nd Polish report, 2.

on Shaping of Agricultural system, the 2nd Polish report notes that "...it is replaced by a new act on shaping of agricultural system adopted by the Polish Parliament on 5th August 2015."[135]

As for the Act on the Acquisition of Real Estate by Foreigners, the category of foreigners also includes legal persons based in Poland, but controlled by foreigners. "The Act on the Acquisition of Real Estate by Foreigners makes a distinction between foreigners grouping them in two categories: [a] foreigners from the European Economic Area and the Swiss Confederation; [b] foreigners from other countries. Acquisition of real estate by foreigners from the European Economic Area and the Swiss Confederation requires no permit. There are some exceptions to this rule. Acquisition of real estate by foreigners outside the European Economic Area and the Swiss Confederation requires a permit granted by a minister competent in internal affairs. There are also some exceptions to this rule."[136] "It is not obligatory to obtain a permit by foreigners being citizens of the European Economic Area or the Swiss Confederation, except: [a] acquisition of agricultural real estate; [b] acquisition of forest real estate."[137].

The Act on Shaping of Agricultural System applies a pre-emption right system providing pre-emption rights for the leaseholder of agricultural real property, the neighbouring individual farmer and the Agricultural Property Agency.[138] By virtue of the Act on Shaping of Agricultural System, `individual farmers′ shall have agricultural qualifications, shall be "a resident of a commune for at least 5 years, where one of agricultural real estate composing his/her agricultural holding is located"[139], and, inter alia, they shall personally run "an agricultural holding located in the Republic of Poland for at least 5 years"[140].

The *Romanian reporter* cites a data of 2014, according to which there are 13 million hectares of agricultural land in Romania, and 700 000 hectares of them belong to Romanian legal entities which are, in fact, owned by foreigners. These 700 000 hectares are about 5% of the whole Romanian agricultural lands, but about 10% of the real cultivated agricul-

135 2nd Polish report, 2.
136 2nd Polish report, 3-4.
137 2nd Polish report, 4.
138 2nd Polish report, 6.
139 2nd Polish report, 7.
140 2nd Polish report, 7.

tural lands.[141] As regards Romanian land law, the 1991 Romanian Constitution completely prohibited the acquisition of agricultural lands by foreigners. In 2003, the Romanian decision makers amended this rule because of EU accession. Since 2014, buyers from the EU have been allowed to acquire ownership of agricultural lands under the same conditions as Romanian persons.[142] Act 17/2014 is applicable on agricultural lands located outside the borders of a settlement. The agricultural lands located within the borders of a settlement can be acquired by virtue of the Civil Code and other special acts.[143] The application of the pre-emption right system by the Romanian land law is widespread. The acquisition of agricultural lands within 30 kilometres from the state-border shall be approved by the minister of national security; furthermore, the acquisition of agricultural lands over 30 hectares shall be approved by the minister of national security.[144]

According to *Hungarian land law*[145], there is a distinction between foreigners in connection with the ownership: [a] non-EU foreigners shall not acquire the ownership of agricultural lands, [b] citizens of the EU MSs, citizens of the European Economic Area and nationals of other States enjoying similar treatment under international agreements can acquire the ownership of agricultural land under the same conditions as Hungarians.

---

141 Romanian report, 16.

142 Romanian report, 15-16.

143 Romanian report, 17.

144 Romanian report, 18-21.

145 About Hungarian land law, see *Csák*, «Die ungarische Regulierung der Eigentums- und Nutzungsverhältnisse des Ackerbodens nach dem Beitritt zur Europäischen Union», JAEL, 9/2010, 20-31; *Csák/Nagy*, «Regulation of obligation of use regarding the agricultural land in Hungary», Collected Papers – Zbornyik Rádová, XLV 2/2011, 541-549; *Kurucz*, «Critical analyses of arable land regulation in Hungary», *JAEL*, 3/2007, 17-47; *Csák/Szilágyi*, «Legislative tendencies of land ownership acquisition in Hungary», in: Norer/Holzer (ed.): Agrarrecht Jahrbuch 2013, NWV, Wien-Graz, 2013, 215-233; *Kocsis*, «The new Hungarian land transfer regulation from the aspect of examination of the European Union», JAEL, 16/2014, 95-110; *Olajos/Szilágyi*, «The most important change in the field of agricultural law in Hungary between 2011 and 2013», JAEL, 15/2013, 94-97; *Raisz*, «Women in agriculture in Hungary», in: Bourges/Muniz Espada (ed.): Agricultura Familiar, Ministerio de Agricultura, Madrid, 2014, 133-139; *Szilágyi*, «Das landwirtschaftliche Grundstückverkehrsgesetz als erster Teil der neuen ungarischen Ordnung betreffend Landwirtschaftsland», *AUR*, 2/2015, 44-50; *Bobvos/Hegyes*, «A földforgalom és földhasználat alapintézményei», SZTE-ÁJK – JATEPress, Szeged, 2015, 9-97.

Neither Hungarian nor foreign legal entities shall acquire the ownership of agricultural lands; however, there are some exceptions (i.e. the Hungarian state, listed churches, mortgage loan companies and municipal governments). The ownership or usage of agricultural land for an agricultural purpose can be acquired only by somebody with a proper degree in agricultural or forestry activities, or with the proper experience of agricultural or forestry practice (a minimum of 3 years).[146] In 2015, the EU Commission submitted infringement proceedings against Hungary as well. The most controversial part of this infringement case (at the same time, one of the most important elements of the Hungarian land law regime) is the Hungarian provision prohibiting the acquisition of the ownership of agricultural lands by legal entities. In 2015, the Hungarian constitutional court[147] ruled that some parts of the new Hungarian land law regime violated the new Hungarian constitution (i.e. the so-called Fundamental Law); e.g. some provisions concerning local land commissions[148], which commissions are an important instrument against sham contracts.

2. The land law and land policy of the States outside of the EU

Because of their strong economic and legal relationships with the EU, the Swiss and Norwegian reports present numerous similarities to the land law of the MSs of the EU.

Norway is a member of the European Free Trade Area (EFTA) and it is part of the European Economic Area (EEA) as well. The EEA incorporates the four EU freedoms of the internal market (free movement of goods, persons, services and capital). However, the EEA agreement does not establish binding provisions in all sectors of the EU internal market; e.g. in connection with the EU Common Agricultural Policy (although the

146 Hungarian report II, 5-15; Hungarian report III, 2-11.

147 About the excellent detailed assessment of the decisions of the Hungarian constitutional court, see *Olajos*, «Az Alkotmánybíróság döntése a helyi földbizottságok szerepéről, döntéseiről, és az állásfoglalásuk indokainak megalapozottságáról», JeMa, 3/2015, in press.

148 About local land commissions, see *Hornyák*, «Die Voraussetzungen und die Beschränkungen des landwirtschaftlichen Grunderwerbes in rechtsvergleichender Analyse», CEDR-JRL, 1/2015, 86-95.

EEA agreement contains provisions on trade in agricultural products).[149] Therefore, the above mentioned rules (chapter II.C.1) of EU law must be applied in Norway taking the specialities of the EEA agreement into consideration. As regards the Norwegian report, it presents that they "...do not have updated information on how many properties that have been sold to foreign citizens. From 1917 to 1995 foreigners that bought property in Norway had to apply for a concession. During many years the authorities handled on average 250-300 such applications. Most of them were Swedish citizens who bought second-homes close to the border. Very few applications were related to acquisition of agricultural land. During the last 10-15 years some municipalities have run recruiting activities to increase the number of inhabitants. We know that this has brought some foreign citizens to the country, and some of them have bought agricultural property. Many of these have come from Holland."[150] According to the Norwegian report, "There are no special legal instruments which address cross-border acquisition. Foreign citizens and Norwegians must follow the same procedures." [151] The person intending to acquire agricultural land must apply for a concession; however, there are cases when a person is exempted from the obligation to apply for a concession.[152] "The Concession system is a prior authorization system. When the contract is signed,... an application for a concession shall be sent to the municipality where the property is located."[153] "The new owner of a property with a residential building and more than 2,5 hectares arable land or more than 50 hectares productive forest has usually an obligation to live on the property for at least 5 years… If the owner must apply for a concession, the municipality has… an obligation to assess whether it is necessary or not to live on the farm... [C]lose relatives that for example inherit a farm exceeding the size mentioned above, but do not intend to use it as their home, have to apply for a concession in order to keep the farm."[154]

---

149 *Micco/Fayos*, «The European Economic Area (EEA), Switzerland and the North», in: Fact Sheets on the European Union – The EU's external relations, European Parliament, 2/2015, pp. 1-2, http://www.europarl.europa.eu/ftu/pdf/en/FTU_6.5.3.pdf.

150 Norwegian report, 6.

151 Norwegian report, 8.

152 Norwegian report, 7.

153 Norwegian report, 9.

154 Norwegian report, 8.

Switzerland is a member of the EFTA, but is not part of the EEA: „More than 120 sectoral bilateral treaties linking the country with the EU incorporate largely the same provisions as those adopted by the other EEA countries in the fields of the free movement of people, goods, services and capital."[155] The Swiss land law in force was adopted taking EU law into consideration.[156] The Swiss land law differs considerably per canton.[157] The Swiss report presents that Swiss law intends to avoid the increase of agricultural land prices because of the non-agricultural buyers of lands. The Swiss law (BGBB) determines the persons who are enabled to acquire agricultural lands in the agricultural zone, as a result of which Swiss land law significantly stabilizes the market of agricultural lands.[158] Namely, only an agricultural producer who independently farms is enabled to buy agricultural lands in the agricultural zone.[159]

The US report presents that "[t]he United States enjoys large expanses of productive agricultural land and even more timber and forest land. Ownership of these lands is attractive for investors, as well as for agricultural producers. National concerns about ownership of agricultural land by foreign investors has resulted in federal disclosure requirements. In addition, states have authority to regulate land within their borders, using their general 'police power'. Some states have restricted the ownership of farmland by aliens, residents of other states, or business entities, particularly corporations. Some of these state laws have faced constitutional challenges."[160] At federal level, two aspects of the federal law are worth emphasizing. On the one hand, the Commerce Clause of the US Constitution, according to which the Congress is authorised to regulate commerce among states. In connection with this clause of the US Constitution, the US national report also refers to the so-called Dormant Commerce Clause, which "prohibits states from enacting laws that discriminate against, or unduly burden, interstate commerce."[161] The US report notes: "[a]lthough a few exceptions apply, a state law that discriminates against interstate

155 *Micco/Fayos*, «The European Economic Area (EEA), Switzerland and the North», 1.
156 *Haymoz*, «Bäuerliches Bodenrecht – Unterlagen für eine Übersicht und Einführung zum BGBB», 2011.
157 Swiss report, 3.
158 Swiss report, 3.
159 Swiss report, 5.
160 US-report, 15.
161 US-report, 19.

commerce is likely to be invalid under the Dormant Commerce Clause. If a state law does not discriminate and serves a legitimate public interest, 'the extent of the burden [on commerce] that will be tolerated will ... depend on the nature of the local interest involved and on whether it could be promoted as well with a lesser impact on interstate activities."[162] It seems that the Dormant Commerce Clause, which was applied by the federal appellate court in some cases on constituent states' measures concerning the acquisition of agricultural lands, and the connected jurisdiction of courts are similar to the above mentioned jurisdiction of the CJEU (chapter II.C.1) concerning e.g. the free movement of capital and its application on the restrictions of the MSs in their land markets. On the other hand, it is worth noticing the so-called *Agricultural Foreign Investment Disclosure Act* (AFIDA), which "requires foreign investors to report their holdings. The law requires any 'foreign person who acquires or transfers any interest ... in agricultural land' to report that transaction to the US Secretary of Agriculture within 90 days."[163] The US national report draws the attention to the definition of a foreign person as well: "AFIDA defines 'person' broadly to include both individuals and legal entities (e.g., corporations, associations, and others). 'Foreign person' includes any individual who is not a citizen or permanent resident of the United States and any foreign government. It also includes a legal entity created under the laws of a foreign government or with its principal place of business outside the United States. In addition, it includes an entity created under the laws of a US state, but in which a 'significant interest' (defined by regulation) is held by foreign persons (individuals, entities, or governments)."[164] The AFIDA can provide a proper model for all the countries which really and effectively intend to trace the ownership system of their agricultural lands and territories.[165]

The *Brazilian report* distinguishes between direct and indirect acquisitions of agricultural lands in Brazil. *Indirect acquisition* – i.e. when foreign natural and legal persons participating in a Brazilian company acquire agricultural land (i.e. they have the majority of the capital stock of

162 US-report, 19.
163 US-report, 15-16.
164 US-report, 16.
165 About the US land law, see furthermore *McEowen/Harl*, «Principles of agricultural law», Agricultural Law Press, Eugene, 2007, 7.1-7.60.

that Brazilian company) – is not prohibited by the Brazilian law.[166] As regards the *direct acquisition* of agricultural land in Brazil, there are two options: (a) non-resident foreigners and foreign companies not authorised to operate in Brazil are not enabled to acquire agricultural lands in Brazil; (b) besides, a foreign individual living in Brazil and a foreign company authorised to operate in Brazil are enabled to acquire agricultural lands in Brazil.[167] As regards *foreign companies authorised to operate* in Brazil, they are eligible to acquire Brazilian agricultural lands in case they implement an agricultural, livestock, industrial or colonization project. Taking this into consideration, the Brazil law also applies a prior authorization system in connection with lands.[168]

In *Argentina*, "the law Nº 26737/2011, commonly named the foreign ownership law, limits to foreigners (whether natural or legal persons) the acquisition, transference and assignment of possessory rights on rural land in the country... [T]he law limited to a maximum percentage the amount of rural land to the ownership or possession by [foreign natural persons]"[169]. The Argentinian law also applies a prior authorization system in connection with lands.[170]

III. Conclusion

The jurisprudence created numerous theories about the principal substance of states. Nevertheless, the core remains unchanged: it is indisputable that territory and the people living on that are elementary components of a state. The situation when the local communities cannot access their own natural resources (especially their lands and water) in a proper way might cause crisis in a state. As regards agricultural lands, the national reports have shown that cross-border acquisition and acquisition by non-agricultural capital are topical issues not only in developing countries but in other parts of the world (in the EU and outside of the EU) as well. No rural development can be successful without a proper economic and legal relationship between the local communities and their access to agricultural lands.

166 Brazilian report, 3.
167 Brazilian report, 3.
168 Brazilian report, 3-4.
169 Argentinian report, 3.
170 Argentinian report, 3.

Generalbericht der Kommission II*

Version allemande – German version – Deutsche Version

Ass. Prof. Dr. János Ede Szilágyi, PhD
Universität Miskolc

Die ursprüngliche Absicht der Organisatoren der Konferenz in Potsdam war, wie die Forschungsausrichtung der Kommission I und II zeigen, die Bewertung der Änderungen der ersten und zweiten Säule der gemeinsamen Agrarpolitik (GAP) betreffend den neuen Finanzierungszeitraum der EU (d.h. zwischen 2014 und 2020). Da es sich bald zeigte, dass die nationale Umsetzung der zweiten Säule der GAP nicht so einfach vonstatten ging wie erwartet, wurde der Forschungsbereich der Kommission II entsprechend angepasst.[1]

Infolgedessen wurde der Forschungsbereich erweitert, da neben der Gesamtübersicht der nationalen und regionalen ländlichen Entwicklungsprogramme (LEP) der EU-Mitgliedsstaaten, die Kommission II noch einen Sonderforschungsbereich hinzufügte. Obwohl dieser Sonderforschungsbereich nicht zum klassischen Rahmen der ländlichen Entwicklungspolitik der EU gehört, ist trotzdem eine gewisse Beziehung zur ländlichen Entwicklung vorhanden. Angesichts der obigen Ausführungen wurde *die neue ländliche Entwicklungsperiode der EU 2014-2020 und die Erhaltung ländlicher Gemeinschaften* als allgemeiner Forschungsbereich bezeichnet, während *der grenzüberschreitende Erwerb und der Erwerb durch nichtlandwirtschaftliche Investoren von Agrarland* als Sonderforschungsbereich definiert wurde. Betreffend den allgemeinen Forschungsbereich muss hervorgehoben werden, dass ländliche Gebiete öfter Gegenstand von

---

* Übersetzung vom Englischen ins Deutsche von Romaine Zwygart, MLaw, Universität Neuenburg. Die deutsche Version beinhaltet keine Schlussfolgerung des Generalberichterstatters. Diese finden Sie in der englischen Version.

1 Dieser Generalbericht wurde vom János Bolyai Forschungsstipendium der ungarischen Akademie der Wissenschaften unterstützt. Dieses Manuskript wurde am 01.10.2015 beendet. Der Berichterstatter dankt Anikó Raisz für die Hilfe bei der Interpretation der in französischer und deutscher Sprache verfassten Landesberichte.

wissenschaftlichen Bewertungen sind als ländliche Gemeinden, sodass die Kommission II eine Auswertung präsentieren wird, die sich von den meisten Auswertungen unterscheidet. Nach den neuesten Tendenzen der internationalen und EU Entwicklung kann der Sonderforschungsbereich als aktuelles Thema betrachtet werden. Auf internationaler Ebene wird nämlich diese Entscheidung durch das Phänomen "Land Grabbing" genannt, erklärt. Auf EU-Ebene ist der Übergangszeitraum der deutlichen Mehrheit der neuen Mitgliedsstaaten, die seit 2004 der EU beigetreten sind, 2014 abgelaufen. Die Preise des Agrarlands in diesen neuen Mitgliedsstaaten waren (sind) deutlich tiefer als in den alten Mitgliedsstaaten. Während diesem Übergangszeitraum wurde diesen neuen Mitgliedsstaaten erlaubt, den Eigentumserwerb von Agrarland durch ausländische Käufer aus anderen Mitgliedsstaaten zu beschränken. Diese Situation führt zur Fragestellung, ob das "Land Grabbing" innerhalb der EU-Grenzen vorkommen kann, und was die EU-Institutionen oder die Mitgliedsstaaten tun können, um das "Land Grabbing" oder ähnliche Situationen zu verhindern.

Den Zusammenhang zwischen dem allgemeinen und dem Sonderforschungsbereich bilden die lokalen Gemeinschaften. Fraglich ist allerdings, ob die ländliche Entwicklungspolitik der EU erfolgreich den Sonderforschungsbereich berücksichtigen kann. Die Hypothese dieses Generalberichts ist, dass ernsthafte soziale Krisen entstehen könnten sofern lokale (z.B. ländliche) Gemeinschaften keinen Zugang zu ihren lokalen Naturressourcen (z.B. Wasser, Land) haben.

Dieser Generalbericht beruht auf den Landesberichten. Die Landesberichte können je nach ihrem Schwerpunkt in verschiedene Gruppen unterteilt werden: z.B. ob sie sich hauptsächlich mit dem allgemeinen oder mit dem Sonderforschungsbereich befassen. Erstens gibt es Landesberichte die beide, den allgemeinen wie den Sonderforschungsbereich, in gleichem Masse behandeln: so die Landesberichte Argentinien[2], Österreich[3], Verei-

2 *Victoria/Malanos*, «Nationaler Bericht – Argentinien», 23, (nachfolgend Landesbericht Argentinien), dieser Bericht ist auf http://www.cedr.org/congresses/potsdam/potsdamcom2.php verfügbar.

3 *Kronaus*, «Nationaler Bericht – Österreich», 10, (nachfolgend Landesbericht Österreich genannt), dieser Bericht ist auf http://www.cedr.org/congresses/potsdam/potsdamcom2.php verfügbar.

nigtes Königreich[4], Niederlande[5], Deutschland (Teil 1[6], Teil 2[7]), Ungarn (Bericht II[8], Bericht III[9]), Norwegen[10], Rumänien[11] und USA[12]. Weiter befassen sich gewisse Landesberichte besonders mit dem allgemeinen Forschungsbereich: wie die Landesberichte Belgien[13], Frankreich[14], Italien[15],

4 *Petetin/Taylor*, «Nationaler Bericht – das Vereinigte Königreich», 18, (nachfolgend Landesbericht Vereinigtes Königreich genannt), dieser Bericht ist auf http://www.cedr.org/congresses/potsdam/potsdamcom2.php verfügbar.

5 *Burggraaf*, «Nationaler Bericht – Niederlande», 11, (nachfolgend Landesbericht Niederlande genannt), dieser Bericht ist auf http://www.cedr.org/congresses/potsdam/potsdamcom2.php verfügbar.

6 *Pascher*, «Nationaler Bericht – Deutschland – Bericht über die EU-Förderung der ländlichen Entwicklung in Deutschland», 4, (nachfolgend Landesbericht Deutschland 1 genannt), dieser Bericht ist auf http://www.cedr.org/congresses/potsdam/potsdamcom2.php verfügbar.

7 *Hemmerling*, «Deutscher Bauernverband – Position zum Bodenmarkt», Boppard, 14.10.2014, 4, (nachfolgend Landesbericht Deutschland 2 genannt), dieser Bericht ist auf http://www.cedr.org/congresses/potsdam/potsdamcom2.php verfügbar.

8 *Csák/Kocsis/Raisz*, «Nationaler Bericht – Ungarn», 15, (nachfolgend Landesbericht Ungarn II genannt), dieser Bericht ist auf http://www.cedr.org/congresses/potsdam/potsdamcom2.php verfügbar.

9 *Holló/Hornyák/Nagy*, «Nationaler Bericht – Ungarn», 20, (nachfolgend Landesbericht Ungarn III genannt), dieser Bericht ist auf http://www.cedr.org/congresses/potsdam/potsdamcom3.php verfügbar.

10 *Aasen/Daling*, «Nationaler Bericht – Norwegen», 16, (nachfolgend Landesbericht Norwegen genannt), dieser Bericht ist auf http://www.cedr.org/congresses/potsdam/potsdamcom2.php verfügbar.

11 *Marcusohn*, «Nationaler Bericht – Rumänien», 22, (nachfolgend Landesbericht Rumänien genannt), dieser Bericht ist auf http://www.cedr.org/congresses/potsdam/potsdamcom2.php verfügbar.

12 *Grossman*, «Nationaler Bericht – USA», 20, (nachfolgend Landesbericht USA genannt), dieser Bericht ist auf http://www.cedr.org/congresses/potsdam/potsdamcom2.php verfügbar.

13 *Heyerick*, «Nationaler Bericht – Belgien», 10, (nachfolgend Landesbericht Belgien genannt), dieser Bericht ist auf http://www.cedr.org/congresses/potsdam/potsdamcom2.php verfügbar.

14 *Casassus*, «Nationaler Bericht – Frankreich», 15, (nachfolgend Landesbericht Frankreich genannt), dieser Bericht ist auf http://www.cedr.org/congresses/potsdam/potsdamcom2.php verfügbar

15 *Sciaudone*, «Nationaler Bericht – Italien», 11, (nachfolgend Landesbericht Italien genannt), dieser Bericht ist auf http://www.cedr.org/congresses/potsdam/potsdamcom2.php verfügbar.

Spanien[16] und Schweiz[17]. Die dritte Gruppe von Landesberichten konzentriert sich hauptsächlich auf den Sonderforschungsbereich: wie die Landesberichte Brasilien[18] oder Polen (1. Bericht[19] und 2. Bericht[20]). Im Zusammenhang mit dem britischen Bericht ist darauf hinzuweisen, dass den "first part of this report is restricted to England whilst the second part is written in respect of the whole of the United Kingdom (UK), however different laws apply in Scotland and to a lesser degree in Wales and Northern Ireland."[21]

Hinsichtlich Landesberichte, die sich mit der ländliche Entwicklung beschäftigen, ist der Landesbericht Spanien von besonderer Bedeutung, da er sich nicht nur auf die spanische Umsetzung der ländlichen Entwicklungspolitik der EU konzentriert, sondern auch auf die ländliche Entwicklungspolitik der EU selbst. Der Landesbericht Spanien weist auf die Bedeutung der sogenannten Raumordnung (*"aménagement du territoire"*) auf EU-Ebene hin. Der Landesbericht Spanien stellt fest, dass die EU seit den 1990er Jahren speziell auf die Unterschiede zwischen den städtischen und ländlichen Gebieten aufmerksam macht. Es muss allerdings betont werden, dass beide eine wesentliche Rolle für eine dynamische Entwicklung spielen. Deswegen soll ein integrativer Ansatz angewendet werden, das bedeutet eine räumliche Integration von landwirtschaftlichen und nichtlandwirtschaftlichen Tätigkeiten in Verbindung mit Landwirtschaft[22]. Der Landesbericht Spanien betrachtet daher den Mangel an Raumordnungspo-

---

16 *Muniz Espada*, «Nationaler Bericht – Spanien», 9, (nachfolgend Landesbericht Spanien genannt), dieser Bericht ist auf http://www.cedr.org/congresses/potsdam/potsdamcom2.php verfügbar

17 *Amsler*, «Nationaler Bericht – Schweiz», 10, (nachfolgend Landesbericht Schweiz genannt), dieser Bericht ist auf http://www.cedr.org/congresses/potsdam/potsdamcom2.php verfügbar.

18 *Pereira*, «Nationaler Bericht – Brasilien», 6, (nachfolgend Landesbericht Brasilien genannt), dieser Bericht ist auf http://www.cedr.org/congresses/potsdam/potsdamcom2.php verfügbar.

19 *Kurowska/Kotowska/Gala*, «Nationaler Bericht – Polen», 11, (nachfolgend 1. Landesbericht Polen genannt), dieser Bericht ist auf http://www.cedr.org/congresses/potsdam/potsdamcom2.php verfügbar.

20 *Kurowska/Kotowska/Gala*, «Nationaler Bericht – Polen», 10, (nachfolgend 2. Landesbericht Polen genannt), dieser Bericht wurde dem Generalberichterstatter an der Potsdamer Konferenz übergegeben.

21 Landesbericht Vereinigtes Königreich, 2.

22 Landesbericht Spanien, 3.

litik („*politique d'aménagement du territoire*") innerhalb der EU als ein wesentliches Problem[23].

I. Allgemeiner Forschungsbereich: die neue ländliche Entwicklungsperiode der EU 2014-2020 und die Erhaltung ländlicher Gemeinschaften

Bezüglich der EU-Mitgliedsstaaten, stellen zahlreiche Landesberichte fest, dass (a) die Erhaltung ländlicher Gemeinschaften nicht nur von der EU abhängt, und (b) auf EU-Ebene, neben den Maßnahmen der zweiten Säule (d.h. über ländliche Entwicklung) der EU GAP, auch weitere EU-politische Maßnahmen zur Erhaltung und Verbesserung der ländlichen Gemeinschaften beitragen können; z.B. in diesem Sinne spielen die erste Säule der GAP und die EU-Kohäsionspolitik[24] ebenfalls eine wichtige Rolle. Die betroffenen Landesberichte befassen sich allerdings nur mit der nationalen Umsetzung der zweiten Säule der GAP als solcher.

A. Ländliche Gemeinden im internationalen Recht und im EU-Recht

Der *Landesbericht Belgien*[25] weist darauf hin, dass die Empfehlung[26] des Europarates, die sogenannte Europäische Charta des ländlichen Raums ("*European Charter for Rural Areas*"; nachfolgend Charta genannt), erhebliche Auswirkungen auf der ländlichen Entwicklungspolitik der EU hatte. Die Charta verwendet zahlreiche Begriffe, die mit dem allgemeinen Forschungsbereich von diesem Generalbericht verbunden sind; so z.B. "ländliche Gebiete"[27], "ländliche Gesellschaft"[28], "ländliche Bevölke-

---

23 Landesbericht Spanien, 4.

24 Nach Artikel 174 des AEUV (in dem Titel XVIII über den wirtschaftlichen, sozialen und territorialen Zusammenhalt), "Unter den betreffenden Gebieten gilt besondere Aufmerksamkeit den ländlichen Gebieten...".

25 Landesbericht Belgien, 2-3.

26 Empfehlung 1296 (1996) der Parlamentarischen Versammlung über die Europäische Charta des ländlichen Raums.

27 Artikel 2-6 der Empfehlung 1296 (1996).

28 Präambel 1, 4 und Leitlinien 1, 13 der Empfehlung 1296 (1996).

rung“[29] oder “ländliche Gemeinde“[30]. Die Charta bietet allerdings eine genaue Definition nur in Verbindung mit den “ländlichen Gebieten“ an[31]. *István Olajos* weist auf ein Dokument, einen der Vorläufer der Charta, hin, das von einem Schweizer Professor, *Hans Popp*, erstellt, und in mehrere Sprachen übersetzt wurde, und das sogar die Gefahren, die die ländlichen Gebiete bedrohen, genau beschreibt; nämlich, z.B. neben der Entvölkerung, auch die Spannungen, die aufgrund mangelnder Integration der Neubürgern, entstehen[32]. Die Beschreibung dieser Gefahr ist aus der endgültigen Fassung der Charta allerdings herausgefallen. Diese Charta enthält trotzdem ein progressives Element, indem es die Besonderheiten der ost- und mitteleuropäischen Staaten berücksichtigt, indem sie festhält: “The countries of central and eastern Europe (in transition) deserve special attention and increased support. Special policy strategies and measures are needed to solve specific problems and these should, as far as possible, be devised and determined by the countries themselves...”[33]

Nach der Verordnung (EU) Nr. 1305/2013, die die Grundlage der in Kraft getretenen EU-Gesetzgebung für ländliche Entwicklung bildet, ist die Erhaltung von ländlichen Gemeinschaften eines der wesentlichen Ziele der ländlichen Entwicklungspolitik der EU. Nach Artikel 4 c) der Verordnung (EU) Nr. 1305/2013: “Im allgemeinen Rahmen der GAP trägt die Förderung der Entwicklung des ländlichen Raums... zur Verwirklichung folgender Ziele bei:... [c] Erreichung einer ausgewogenen räumlichen Entwicklung der ländlichen Wirtschaft und der ländlichen Gemeinschaften, einschließlich der Schaffung und des Erhalts von Arbeitsplätzen.“ Die Verordnung (EU) Nr. 1305/2013 spezifiziert, unter welchen Voraussetzungen[34] die Mitgliedsstaaten ihre Begriffe bezüglich ländlicher Gebieten bestimmen sollen. Trotz Anwendung der Begriffe “lokale Gemeinschaf-

---

29 Artikel 4 and Leitlinien 1, 14 der Empfehlung 1296 (1996).

30 Leitlinien 4-5 der Empfehlung 1296 (1996).

31 Artikel 2 der Empfehlung 1296 (1996). Betreffend die Analyse des Problems, siehe *Hollo*, «General report Commission II – Use and protection of land in the countryside», in: Richli (ed.): L’agriculture et les exigencies du développement durable, L’Harmattan, Paris, 2013, 267-271.

32 *Popp*, «A vidéki európa alkotmánya», in: Földszolgálat, Vidékfejlesztők kiskönyvtára 8, Agroinform, Budapest, 2001, 129-130; cited and interpreted by OLAJOS, «A vidékfejlesztési jog kialakulása és története», Novotni, Miskolc, 2008, 20-21.

33 Leitlinie 15 der Empfehlung 1296 (1996).

34 Artikel 50 der Verordnung (EU) Nr. 1305/2013.

ten“[35], “ländliche Gemeinde“[36], sowie “ländliche Bevölkerung“[37] in der Verordnung (EU) Nr. 1305/2013, geben diese keine genauen Definitionen ab. Die Verordnung (EU) Nr. 1305/2013 gibt beispielsweise auch keine Definition von den Personen, die als Mitglieder der lokalen (ländlichen) Gemeinschaften betrachtet werden. Abgesehen davon sind die Ziele der Entscheidungsträger, die in der Präambel der Verordnung detailliert werden, akzeptabel, da die ländliche Bevölkerung in fast jedem Land ständig abnimmt[38]. Der Landesbericht Schweiz auch die Gründe der Entvölkerung wie z.B. die Liberalisierung, technologische Fortschritte, sowie die wirtschaftliche Globalisierung, infolge dessen der Arbeitskraftbedarf in der Landwirtschaft ständig abnimmt[39]. Der Landesbericht USA weist auch auf ähnliche Probleme hin[40].

B. Umsetzung der Verordnung (EU) Nr. 1305/2013 in den Mitgliedsstaaten

Gemäß der Verordnung (EU) Nr. 1305/2013, “[d]er ELER wirkt in den Mitgliedstaaten in Form von Programmen zur Entwicklung des ländlichen Raums. Mit diesen Programmen wird eine Strategie zur Verwirklichung der Prioritäten der Union für die Entwicklung des ländlichen Raums über ein Bündel von Maßnahmen umgesetzt ... Ein Mitgliedstaat kann entweder ein einziges Programm für sein gesamtes Hoheitsgebiet oder ein Bündel von regionalen Programmen vorlegen. Alternativ hierzu kann ein Mitgliedstaat – in hinreichend begründeten Fällen – ein nationales Programm und ein Bündel von regionalen Programmen vorlegen.“ [41]

Mehrere Mitgliedsstaaten haben die Gelegenheit genutzt, regionale Programme in der Umsetzung ihrer nationalen Ziele zu übernehmen: nämlich Finnland, Vereinigtes Königsreich, Deutschland, Frankreich, Spanien, Portugal und Italien. Bezüglich regionaler Programme in Frankreich stellt der *Landesbericht Frankreich* fest, dass es in Frankreich 27 ländliche Ent-

35 Präambel 19 und Artikel 43 der Verordnung (EU) Nr. 1305/2013.
36 Präambel 45 und Artikel 55 der Verordnung (EU) Nr. 1305/2013.
37 Artikel 20 der Verordnung (EU) Nr. 1305/2013.
38 Präambel 19 der Verordnung (EU) Nr. 1305/2013.
39 Landesbericht Schweiz, 1.
40 Landesbericht USA, 3.
41 Artikel 6 (1)-(2) der Verordnung (EU) Nr. 1305/2013.

wicklungsprogramme zur Zeit der Annahme der französischen nationalen ländlichen Entwicklungsprogramme gab. Diese sind (waren) in 21 Regionen, Korsika und in 5 Überseedepartementen und –gebieten ("*Collectivités d'outre-mer*") anwendbar. Obwohl es in Frankreich ab 2016 13 Regionen (anstelle der 22 aktuellen Regionen) und 5 Überseedepartemente und -gebiete ("*Collectivités d'outre-mer*") geben wird, bleibt die Anzahl von 27 ländlichen Entwicklungsprogrammen unverändert[42]. Natürlich, wenn ein Mitgliedsstaat nur ein einziges ländliches Entwicklungsprogramm hat, hat er trotzdem das Recht, dieses mit Abweichungen innerhalb seines Hoheitsgebietes umzusetzen. Der *Landesbericht Niederlande* erwähnt auch diese Situation: "Given the positive experiences in the previous programming period it has been decided to work with one rural development programme for the whole country. The execution however will take place in four geographical parts, divided over the country… The biggest part of the concrete measures will be managed by the provinces, even though the formal responsibility for the rural development programme as a whole lays within the central government, with the Minister of Economic Affairs being officially designed as Management Authority and the Rijkdienst voor Ondernemend Nederland (RVO), a part of the Ministry, as paying Agency."[43]

Aktueller Stand der Genehmigungen der ländlichen Entwicklungsprogramme (LEP) vom 30. September 2015: 87% von 118 LEP wurden durch die EU genehmigt, das bedeutet, dass 81,8% des Budgets für die ländliche Entwicklung genehmigt wurde. Das Genehmigungsverfahren wurde also in 22 Mitgliedsstaaten abgeschlossen[44]. Es muss allerdings betont werden, dass manche LEP im Vergleich zu anderen operativen Programmen der EU-Kohäsionspolitik relativ spät endgültig angenommen wurden. Unter Beachtung dieser Verzögerung waren die Landesberichterstatter nicht in der Lage, die bisherigen Erfahrungen bei der Umsetzung der LEP umfassend zu behandeln.

---

42 Landesbericht Frankreich, 1.

43 Landesbericht Niederlande, 8.

44 Siehe (11.10.2015): http://ec.europa.eu/agriculture/rural-development-2014-2020/country-files/common/rdp-approved_en.pdf

C. Verwirklichung des Staatsinteresses bei den Verhandlungen und die erste Erfahrung bei den LEP

Nationale und regionale Entwicklungsprogramme, d.h. LEP, schafften den Staaten und den Regionen eine gute Gelegenheit, ihre speziellen Anforderungen zu bestimmen.

1. Nationale Sonderinteressen bei den Verhandlungen der neuen ländlichen Entwicklungspolitik der EU

Bei den Verhandlungen der neuen ländlichen Entwicklungspolitik der EU machten die Mitgliedsstaaten ihre nationalen Interessen geltend, um die neuen Normen der ländlichen Politik der EU zu beeinflussen. Zahlreiche Landesberichte erwähnen das. Gemäss dem *Landesbericht Vereinigtes Königreicht*: „During EU negotiations on the CAP, the UK successfully urged for each Member State to have the option to channel a greater proportion of CAP funding into delivering environmental benefits“ [45]. Beitragen zur endgültigen Fassung der ländlichen Entwicklungspolitik der EU haben sogar die oben erwähnten britischen Bemühungen. Im Rahmen dieser Politik gibt es eine zunehmende Gewichtung auf die Einführung von Maßnahmen in die nationalen und regionalen ländlichen Entwicklungsprogramme, die den Naturschutz, den Umweltschutz und die Schonung von natürlichen Ressourcen (z.B. Boden, Wasser) begünstigen. Bezüglich *Ungarn* war die Entwicklung von landwirtschaftlichen Bewässerungen ein wichtiges Interesse, weshalb der *Landesbericht Ungarn* darauf verweist: “ [t]he European Commission, upon strict conditions, but made it possible to promote new investments in irrigation aiming at raising the scale of irrigated areas…“[46]. Ein weiteres ungarisches Ziel war, das Agrarmodell von einem rohstoffproduzierenden Land in das eines Staates, der durch die Produktion von Lebensmittel einen entsprechenden Mehrwert schafft, zu ändern.

Wiederum musste sich jeder Mitgliedsstaat ebenfalls an der Situation, die sich aus der zweiten Säule der EU ergibt, anpassen. Diesbezüglich der *Landesbericht Niederlande*: „With a view to the limited budget available – from the total EU-budget for rural development only 0,6% is attributed to

---

45 Landesbericht Vereinigtes Königreich, 3.

46 Landesbericht Ungarn II, 4.

the Netherlands – it has been decided to put the focus of the new national rural development programme on a limited number of rural development measures. As a consequence, the Dutch programme does not explicitly address all the Union priorities as foreseen in Article 5 of Regulation (EU) No. 1305/2013."[47] Ebenso stellt der *Landesbericht Deutschland* fest, dass einige Bundesländer in Deutschland die Subventionen aus ihren LEP abgeschafft haben, so dass ihre LEP früher von der EU-Kommission genehmigt werden[48].

2. Schwierigkeiten bei der nationalen Umsetzung der ländlichen Entwicklungspolitik der EU

Obwohl nur relativ wenig Zeit seit der nationalen Umsetzung von den LEP verstrichen ist, haben einige Mitgliedsstaaten gewisse Schwierigkeiten bei der Umsetzung zu vermelden.

Im Zusammenhang mit der Umsetzung der nationalen und regionalen ländlichen Entwicklungsprogramme stellt die Art, wie die Mitgliedsstaaten und Begünstigten ihre Beiträge zur Kofinanzierung des ländlichen Entwicklungsprogramm der EU bereitstellen, ein wesentliches Element dar. Z.B. wies der Landesbericht Österreich auf die Schwierigkeiten, gewisse Subventionen des Europäischen Landwirtschaftsfonds für die Entwicklung des ländlichen Raums zu erhalten, hin, da das Niveau der Kofinanzierung, das zu Lasten der Mitgliedsstaaten geht, besonders hoch ist[49]. Der Landesbericht Frankreich weist zusätzlich auf ein weiteres Hindernis bei der Finanzierung hin; nämlich die Bestimmung von geeigneten Sanktionen gegen Gemeindevorstände, die EU-Unterstützungen in unangemessener Weise verwenden[50].

Der *Landesbericht Niederlande* erwähnt zwei Schwierigkeiten im Zusammenhang mit der Umsetzung. Das erste Problem ist die Bestimmung des "Junglandwirtes": "Within the Dutch rural development program a special attention is given to young farmers … However, in order for the measures to be effective it is in the view of the Netherlands essential that only young farmers within the meaning of Article 2(1)(n) of Regulation

47 Landesbericht Niederlande, 2.
48 Landesbericht Deutschland 1, 2.
49 Landesbericht Österreich, 4.
50 Landesbericht Frankreich, 1-2.

(EU) No. 1305/2013 who effectively set up as a head of the holding can profit from the financial support. In this respect, the Netherlands are not entirely happy with article 2 of Commission Delegated Regulation 807/2014, which provides that where several natural persons, including person(s) who are not young farmer(s), participate in the capital or management of a legal person, the young farmer shall be capable of exercising effective and long-term control over the legal person in terms of decisions related to management, benefits and financial risks either solely or jointly together with other farmers. Under these conditions it seems questionable whether it can still be said that the young farmer is actually in control of the holding, given the fact that the wording of Article 2 of Regulation 807/2014 does not exclude shared management of a legal person with persons who are not young farmers themselves.“[51] Das zweite Problem betrifft die Umsetzung eines gemeinsamen Systems von landwirtschaftlichen, ökologischen und klimatischen Maßnahmen (*Agri-environment-climate measure-scheme*): "Thc Netherlands opts for a collective result-based scheme at landscape scale, from 2016 onwards. This implies that beneficiaries are no longer the individual farmers but a group that jointly commits under a contract with the Managing Authority to undertake certain commitments and obligations."[52] "...The general challenge is how to apply the IACS-rules [integrated administration and control system – JESz], which are basically modelled on individual farm scale, on a collective system at landscape scale ... Another issue is the transition of a system based on individual farm scale to a collective scheme ...“[53].

D. Maßnahmen aus den LEP für die Erhaltung von ländlichen Gemeinschaften

Die Erhaltung und die Entwicklung von ländlichen Gemeinschaften spielen eine wesentliche Rolle in der Mehrheit der ländlichen Entwicklungsprogramme. Im Zusammenhang mit der ländlichen Gemeinschaft sind die wichtigsten Maßnahmen der Verordnung (EU) Nr. 1305/2013, die im Rahmen der LEP Anwendung finden, die "*Basisdienstleistungen und Dorfer-*

51 Landesbericht Niederlande, 5.
52 Landesbericht Niederlande, 5.
53 Landesbericht Niederlande, 7.

neuerung in ländlichen Gebieten“[54], “*Zahlungen für aus naturbedingten oder anderen spezifischen Gründen benachteiligte Gebiete*“[55] und “*LEADER*“[56]. Die sogenannten “*thematischen Teilprogramme*“[57] schaffen gute Gelegenheiten für die ländlichen Gemeinschaften; nämlich z.B. für “Junglandwirte“, “kleine landwirtschaftliche Betriebe“, “Berggebiete“, “Frauen in ländlichen Gebieten“.

In zahlreichen Mitgliedsstaaten bestimmen nicht nur ihre LEP die Erhaltung und die Entwicklung von ländlichen Gemeinschaften als Ziel, sondern auch weitere wesentliche rechtliche Unterlagen. Gemäß dem Landesbericht Frankreich schreibt der *Code Rural* die zehn Ziele der ländlichen Entwicklungspolitik vor; einschließlich z.B. den siebten über die Bereitstellung von grundlegenden Dienstleistungen für ländliche Gebiete[58]. In ähnlicher Weise weist der *Landesbericht Österreich* auf das Landwirtschaftsgesetz (*Landwirtschaftsgesetz* 1992, BGBl. Nr. 375/1992 idgF) hin, das die Ziele der nationalen Landwirtschaftspolitik bestimmt, hin; d.h. unter anderem die Erhaltung von lebensfähigen ländlichen Gemeinschaften in Verbindung mit Zielen, mit welchen die sozialen Aspekte ebenso berücksichtigt werden; die Diversifizierung; das Teilen des sozialen und wirtschaftlichen Wohlstandes, selbst für Personen die in der Land- und Forstwirtschaft tätig sind[59]. In *Ungarn*, z.B. bestimmt das Gesetz CXXII von 2013 über Transaktionen von land- und forstwirtschaftlichen Flächen analoge Ziele, nämlich; [1] die Dorferneuerung mit Hinblick auf die Erhaltung des Bevölkerungsstandes, um Migrationsströme zu größeren Städte zu reduzieren und so die Altersstruktur der lokalen Bevölkerung zu verbessern, [2] nennenswerte Auswirkungen auf das Ertragspotenzial der Dörfer zu bewirken dank Verbesserungen und Fortschritten, die im Rahmen landwirtschaftlicher und bäuerlicher Dienstleistungen erreicht werden, [3] die Einkommen, die aus dem Agrarsektor durch ländliche Entwicklung generiert werden, zu kanalisieren, sodass diese Einkommen wenn möglich vor Ort das Beschäftigungswachstum unterstützen, [4] die landwirtschaftliche Gemeinschaft dank der Organisation von Produktion

54 Artikel 20 der Verordnung (EU) Nr. 1305/2013.
55 Artikel 31 der Verordnung (EU) Nr. 1305/2013.
56 Artikel 42 der Verordnung (EU) Nr. 1305/2013.
57 Artikel 7 der Verordnung (EU) Nr. 1305/2013.
58 Landesbericht Frankreich, 9-10.
59 Landesbericht Österreich, 2.

Entwicklungsgruppen durch Partnerschaften unter den ländlichen Familien und dank dem lokalen Wirtschaftswachstum zu verbessern, usw.

E. Maßnahmen zur ländlichen Entwicklung in Staaten außerhalb der EU

In den Staaten außerhalb der EU existieren eine Menge von Maßnahmen, die ähnlich wie die Initiativen der ländlichen Entwicklungspolitik der EU wirken.

Der Landesbericht Schweiz weist auf die Diversifizierung in den ländlichen Gebieten (Tourismus, Produktion von erneuerbarer Energie, usw.) hin, die eine der größten Herausforderungen der schweizerischen ländlichen Entwicklung ist[60]. Die Erhaltung von überlebensfähigen ländlichen Gemeinschaften ist ein wichtiger Zweck, der dank politischen Instrumenten, die ähnlich zu denen der EU sind, zu erreichen versucht wird, nämlich (a) Instrumente der Agrarpolitik: Dircktzahlungen, strukturelle Verbesserungen, Diversifizierung, ökologische Maßnahmen; (b) Instrumente der regionalen Politik: Wissenstransfer betreffend ländliche Gebiete, Unterstützung für Unternehmen; (c) Instrumente zum Naturschutz: Nationalparks, ökonomische Nutzung von Pufferzonen; (d) Instrumente zur Unterstützung der Verwirklichung eines Finanzausgleichs: Entschädigung für geographische und topographische Hindernisse[61]. Anstelle der Dorferneuerung hat die Schweiz eine umfassendere Methode erstellt: d.h. regionale Entwicklungsprojekte, die eine Zusammenarbeit zwischen Forstwirtschaft, Tourismus, kleinen Unternehmen und Landwirtschaft erzielen, um die Produktion, die Verarbeitung und den Handel von lokalen Produkten zu ermöglichen[62].

Der *Landesbericht Norwegen* betont ebenso die Ähnlichkeiten zur EU: ”Norway is not part of the European Union, but the traditional policy for maintaining rural welfare and development are quite similar to the objectives listed in Regulation (EU) No. 1305/2013. The previous government's white paper to the Parliament in 2012, listed four main and sub objectives for rural development. It is necessary to emphasize that the present government wants to change parts of the policy and to repeal some

60 Landesbericht Schweiz, 1-2.
61 Landesbericht Schweiz, 2.
62 Landesbericht Schweiz, 7.

acts..."[63] Die vier Hauptziele: (a) Ernährungssicherheit, (b) Landwirtschaft im ganzen Land, (c) die Erhöhung der Leistung im Bereich der Landwirtschaft und der natürlichen Ressourcen, um so eine Erhöhung des Einkommens zu ermöglichen, und (d) nachhaltige Landwirtschaft. "A series of acts have an impact on the objectives mentioned above. Among these, we find the Concession Act, the Planning and Building Act, the Nature Diversity Act and the Innovation Norway Act. The first three regulates transactions and use of the land and the resources, while the last forms the basis of public financial and advisory measures."[64]

Im Zusammenhang mit der Präsentation der ländlichen Entwicklung vergleicht der Landesbericht Argentinien zuerst die EU mit dem MERCOSUR[65] (nämlich: gemeinsamer Markt Südamerikas), zu welchem Argentinien als Mitgliedsstaat auch gehört: "The MERCOSUR is an imperfect custom union that includes Argentina, Brazil, Paraguay and Uruguay since early 1995 and Venezuela since July of 2006. Argentina incorporates the rules of MERCOSUR from its own legislation since the MERCOSUR normative has no direct and immediate enforceability in the States Members [...] The implementation of the Structural Convergence Fund at MERCOSUR (FOCEM [...]) constitutes a significant advance in the treatment of the asymmetries, the promotion of social cohesion and the strengthened of integration process. This Fund [...] is the first solidar[it]y financing mechanism for MERCOSUR countries and aims to reduce the asymmetries of the block [...] [T]he MERCOSUR has disposed [...] to create the Fund for Family Agriculture of MERCOSUR with the objective to finance programs and projects to stimulate family farming in MERCOSUR"[66]. Der Landesbericht Argentinien weist auf einen anderen internationalen Aspekt der ländlichen Entwicklung hin, nämlich der Internationale Fond für landwirtschaftliche Entwicklung (IFAD) der Vereinten Nationen, der "also contributes to the Family Agriculture (FA) as from IFAD's Regional Program for MERCOSUR"[67]. Weiterhin detailliert der Landes-

63 Landesbericht Norwegen, 2.

64 Landesbericht Norwegen, 2.

65 Betreffend den MERCOSUR, siehe *Borghi*, General report of Commission I – Common Agricultural Policy, new rules of WTO and regional equilibrium, in: Richli (ed.): Les 50 ans de la Politique agricole commune et du Comité européen de droit rural, L'Harmattan, Paris, 2008, 143-147, 162 and 166-167.

66 Landesbericht Argentinien, 2.

67 Landesbericht Argentinien, 2.

bericht Argentinien zahlreiche Programme, die mit der Erhaltung oder der Entwicklung von ländlichen Gemeinschaften verbunden sind: "Among these, stand: The Program for Rural and Family Agriculture Development (PRODAF [...]) that works with funds from de Inter-American Development Bank and national contributions; The Program for Development for Rural Areas (PRODEAR [...]) that function with funds from IFAD and national contributions; The Program for Inclusive Rural Development (PRODERI [...]) that is solved with IFAD's funds and The Program for Provincial Agricultural Services (PROSAP [...]) with funds from the Inter-American Development Bank and the World Bank [...] In reference to the support for basic services and population renewal in rural areas, the PROSAP and PRODERI are responsible.“[68]

Die *Farm Bill*[69] spielt eine wesentliche Rolle bei der Umsetzung der US-amerikanischen ländlichen Entwicklungspolitik. Die Autorin des Länderberichts USA stellt fest, dass "[T]itle VI of the 2014 Farm Bill governs rural development, primarily through programs that support infrastructure in rural areas – for example, water systems, waste disposal, solid waste management, business development, loans for public entities, rural telecommunications, highspeed internet service, transportation, technology transfer, and other programs. The provisions of this Rural Development Title do not parallel those in Regulation (EU) No. 1305/2013.“[70] Der Landesbericht USA verweist auch auf den strategischen Plan für 2014-2018 des US-Landwirtschaftsministeriums, in welchem, um Wohlstand zu generieren, die Unterstützung der ländlichen Gemeinschaften das erste strategische Ziel ist[71]. Zusätzlich betont die Autorin des Landesberichts USA, dass "[r]ural development and other government programs define rural areas and farms differently. At least 15 different definitions of 'rural', 11 from USDA, have applied“ [72].

68 Landesbericht Argentinien, 2-3.

69 *Dooley*, The relationship between agricultural law and environmental law in the United States, in: Monteduro et al (ed.), Law and Agroecology, Springer, Berlin-Heidelberg, 2015, 279-282.

70 Landesbericht USA, 2.

71 Landesbericht USA, 2.

72 Landesbericht USA, 3.

II. Sonderforschungsbereich: grenzüberschreitender Erwerbe und Erwerb durch nichtlandwirtschaftliche Investoren von Agrarland

A. Zusammenhang zwischen Agrarland, Wälder (landwirtschaftliche Betriebe), und lokalen Gemeinschaften (lokale Bevölkerung)

Bettreffend die Erhaltung von lokalen oder ländlichen Gemeinschaften enthalten gewisse internationale Dokumente die Forderung, dass der Boden von "*lokalen Gemeinschaften*", "*lokaler Bevölkerung*" und "*lokalen Landwirten*" bewirtschaftet wird[73] (dies ist unter anderem mit dem Konzept der nachhaltigen Entwicklung und ihren Formuliereungen über "*indigene Bevölkerungsgruppen und ihre Gemeinschaften sowie andere ortsansässigen Gemeinschaften*" verbunden[74]). Im EU-Recht bezweckt Artikel 39 (1) Punkt b) des Vertrags über die Arbeitsweise der Europäischen Union (AEUV) "der landwirtschaftlichen Bevölkerung [...] eine angemessene Lebenshaltung zu gewährleisten". Anders erkennt die Rechtsprechung des Gerichtshofs der Europäischen Union (EuGH), dass die Maßnahmen der nationalen Bodenpolitikmassnahmen der Mitgliedsstaaten rechtmäßig die

73 Die Dokumente verwenden ebenfalls die Begriffe "lokale Erzeuger" und "lokale Arbeitskräfte"; Siehe z.B. UN-Generalversammlung: Bericht des Sonderberichterstatters für das Recht auf Nahrung, Olivier De Schutter: Large-scale land acquisitions and leases: A set of minimum principles and measures to address the human rights challenge, 28 December 2009, A/HRC/13/33/Add.2, http://www2.ohchr.org /english/bodies/hrcouncil/docs/13session/A-HRC-13-33-Add2.pdf

74 Siehe UN-Generalversammlung: Bericht der Konferenz Vereinten Staaten über Umwelt und Entwicklung (Rio de Janeiro, 3.-14. Juni 1992) – Anhang I – Rio Erklärung über Umwelt und Entwicklung, 12. August 1992, A/CONF.151/26 (Vol. I), http://www.un.org/documents/ga/conf151/aconf15126-1annex1.htm Nach dem Grundsatz 22 der Rio-Erklärung, "Indigenen Bevölkerungsgruppen und ihren Gemeinschaften sowie anderen ortsansässigen Gemeinschaften kommt wegen ihres Wissens und ihrer überlieferten Bräuche eine grundlegende Rolle bei der Bewirtschaftung der Umwelt und der Entwicklung zu. Die Staaten sollten die Identität, die Kultur und die Interessen dieser Gruppen und Gemeinschaften anerkennen und gebührend unterstützen und ihre wirksame Teilhabe an der Herbeiführung einer nachhaltigen Entwicklung ermöglichen." Siehe dazu RAISZ, Indigenous Communities before the Inter-American Court of Human Rights: New Century, New Era? Miskolc Journal of International Law, 2008/5(2), 35-51; MARINKÁS, The right of the indigenous people to their ancient lands in the jurisprudence of the Inter-American Court, with special regard to the Mayagna (Sumo) Awas Tingni and the Saramaka people cases. In: Universul Juridic (ed.): Conferinta Studenteasca Anuală 'Nicolae Titulescu' 2013. Bucuresti: Universul Juridic, 922-929.

Niederlassungsfreiheit und den freien Kapitalverkehr selbst gemäß Artikel 39 (1) Punkt b) beschränken können (solange diese Maßnahmen Ziele des Allgemeininteresses verfolgen und verhältnismäßig sind)[75]. Der EuGH[76] betrachtet die Zwecke der nationalen landwirtschaftlichen Bodenpolitikmassnahmen wie beispielsweise (a) die Erhaltung einer dauerhaften landwirtschaftlichen Gemeinschaft, (b) dass der Boden den Personen, die denselben bewirtschaften wollen (und hierzu fähig sind), gehören soll, (c) die Möglichkeit, spekulativen Landerwerb zu verhindern, usw. als übereinstimmend mit dem AEUV und ein Ziel des Allgemeininteresses verfolgend. Weiterhin, allerdings mit gewissen Einschränkungen[77], betrachtet der EuGH die Zusicherung, dass das landwirtschaftliche Grundstück in erster Linie von den Eigentümern genutzt und bewirtschaftet wird, als ein Ziel des Allgemeininteresses.

B. Begriffe in Verbindung mit dem Sonderforschungsbereich

1. Agrarland, Wald und landwirtschaftliche Betriebe

Im Zusammenhang mit dem Eigentum und die Nutzung von *Agrarland, Wald* (nachfolgend "Agrarland" oder nur "Boden" genannt) müssen die Begriffe dieser Phänomene bestimmt werden. Nach den FAOSTAT Klassifizierungen[78], umfasst die Kategorie der "*landwirtschaftlichen Gebiete*"[79] (auch "*Agrarland*"[80] genannt) die Unterkategorien der "*Ackerflä-*

75 Siehe z.B. CJEU Rechtssache C-370/05, Urteil des Gerichtshofs vom 25. Januar 2007 (Festersen Urteil), point 28.

76 Siehe in der Rechtsprechung des EuGH Rechtssache 182/83, Urteil des Gerichtshofs vom 6. November 1984 (Fearon Urteil), Punkt 3; Rechtssache C-302/97, Urteil des Gerichtshofs vom 1. Juni 1999 (Konle Urteil), Punkt 40; Rechtssache C-515/99, Urteil des Gerichtshofs vom 5. März 2002 (Reisch Urteil), Punkt 34; Rechtssache C-300/01, Urteil des Gerichtshofs vom 15. Mai 2003 (Salzmann Urteil), Punkt 44; Rechtssache C-452/01, Urteil des Gerichtshofs vom 23. September 2003 (Ospelt Urteil), Punkte 38-39; und Rechtssache C-370/05 (Festersen Urteil), Punkte 27-28., 33.

77 Siehe der Ospelt Urteil.

78 Siehe die Klassifizierung der FAOSTAT im Punkt `FAO Domain/Inputs/Land´; http://faostat3.fao.org/mes/classifications/E

79 Siehe das item code 6610 (landwirtschaftliche Gebiete) in der Klassifizierung der FAOSTAT.

che", "*Dauerkulturen*" und "(*Dauergrünland und) Dauerweideland*"[81]. Die FAOSTAT bestimmt ebenfalls die Kategorie der "*Waldgebiete*" (auch "*Wald*" gennant) [82]. Bezüglich EU-Recht werden die Kategorien des "*Agrarlandes*" und und des "*Walds*" im EU-Primärrecht (z.B. in den

80 Siehe und vgl. das item code 6670 (andere Gebiete) in der Klassifizierung der FAOSTAT.

81 Siehe die item codes 6621 (Ackerfläche), 6650 (Dauerkulturen), 6655 (Dauergrünland und Dauerweideland) in der Klassifizierung der FAOSTAT. Nach diesen item codes: "Arable land is the land under temporary agricultural crops (multiple-cropped areas are counted only once), temporary meadows for mowing or pasture, land under market and kitchen gardens and land temporarily fallow (less than five years). The abandoned land resulting from shifting cultivation is not included in this category. Data for 'Arable land' are not meant to indicate the amount of land that is potentially cultivable. "Permanent crops is the land cultivated with long-term crops which do not have to be replanted for several years (such as cocoa and coffee); land under trees and shrubs producing flowers, such as roses and jasmine; and nurseries (except those for forest trees, which should be classified under `forest´)." Permanent meadows and pastures are excluded from land under permanent crops. Permanent meadows and pastures is the land used permanently (for a period of five years or more) for herbaceous forage crops, either cultivated or naturally growing. A period of five years or more is used to differentiate between permanent and temporary meadows."

82 Siehe das item code 6661 (Wald) in der Klassifizierung der FAOSTAT: "Forest area is the land spanning more than 0.5 hectares with trees higher than 5 metres and a canopy cover of more than 10 percent, or trees able to reach these thresholds in situ. It does not include land that is predominantly under agricultural or urban land use. Forest is determined both by the presence of trees and the absence of other predominant land uses. The trees should be able to reach a minimum height of 5 metres (m) in situ. Areas under reforestation that have not yet reached but are expected to reach a canopy cover of 10 percent and a tree height of 5 m are included, as are temporarily unstocked areas, resulting from human intervention or natural causes, which are expected to regenerate. Includes: areas with bamboo and palms provided that height and canopy cover criteria are met; forest roads, firebreaks and other small open areas; forest in national parks, nature reserves and other protected areas such as those of specific scientific, historical, cultural or spiritual interest; windbreaks, shelterbelts and corridors of trees with an area of more than 0.5 ha and width of more than 20 m; plantations primarily used for forestry or protective purposes, such as: rubber-wood plantations and cork, oak stands. Excludes: tree stands in agricultural production systems, for example in fruit plantations and agroforestry systems. The term also excludes trees in urban parks and gardens. Forest is composed of the following sub-categories: 'Primary forest', 'Other naturally regenerated forest' and 'Planted forest'."

Beitrittsverträgen von 2003, 2005 und 2012[83]) erwähnt; im EU-Sekundärrecht werden die Begriffe "landwirtschaftliche Gebiete"[84] und "Wald"[85] sogar ausführlich in ähnlicher Weise wie die oben genannten Klassifizierungen der FASOTAT bestimmt.

Gemäss mehreren Landesberichten[86] ist auch der Rückgang des Umfangs von Agrarland im Vergleich zu Grundstücken, die für andere Zwecke benutzt werden, ein typisches Merkmal in zahlreiche Länder.

Zahlreiche Länder haben ein Spezialgesetz über den Erwerb von sogenannten *landwirtschaftlichen Betrieben.* Da Agrarflächen typische Bestandteile die landwirtschaftlichen Betriebe sind, sind die Normen über die landwirtschaftlichen Betriebe auch Gegenstand dieses Berichts. In diesem Bericht bedeutet der Begriff "landwirtschaftlicher Betrieb" die grundlegenede Organisationseinheit, mit dazugehöriger Produktionsausstattung und anderen Kennzeichen landwirtschaftlicher Produktion (Boden, landwirtschaftliche Maschinen und andere Vermögenswerte) in Verbindung mit der Eigentums-Nutzungs-Erbfolge-Beziehung, wie es in verschiedenen

---

83 Es ist darauf hinzuweisen, dass die Beitrittsverträge von 2003, 2005, 2012 die Begriffe "Agrarland" und "Wald" in Verbindung mit dem Eigentumserwerb in den neuen Mitgliedsstaaten bestimmen. Der Beitrittsvertrag (2003) verwendet ebenfalls die Kategorie "landwirtschaftliche Gebiete" in Verbindung mit den einheitlichen Flächenzahlungen bezüglich der Klassifizierungen der EUROSTAT; die Kategorie der "landwirtschaftlichen Gebiete" ist ebenfalls im Beitrittsvertrag von 2005 verwendet. Obwohl der Beitrittsvertrag von 1994 diese Kategorien in Verbindung mit dem Eigentumserwerb von Agrarland nicht verwendet, werden trotzdem die Begriffe "Agrarland" und "landwirtschaftliche Gebiete" in Verbindung mit nationale Förderungen angewendet. Die Beitrittsverträge von 1972, 1979 und 1985 enthalten keine Bestimmungen, die Agrarland oder wirtschaftliche Gebiete erwähnen.

84 Siehe z.B. Artikel 4 (1) e) der Verordnung (EU) Nr. 1307/2013: "'landwirtschaftliche Fläche' [bedeutet] jede Fläche, die als Ackerland, Dauergrünland und Dauerweideland oder mit Dauerkulturen genutzt wird". Artikel 4 (1) f)-i) der Verordnung (EU) Nr. 1307/2013 stellt ebenfalls die Begriffe von "Ackerland", "Dauerkulturen" und "Dauergrünland", oder "Dauerweideland" dar. In Verbindung mit "landwirtschaftlichen Fläche", Artikel 2 (1) f) der Verordnung (EU) Nr. 1305/2013 verweist auf dem Begriff der Verordnung (EU) Nr. 1307/2013.

85 Siehe z.B. Artikel 2 (1) r) der Verordnung (EU) Nr. 1305/2013: "'Wald' [bedeutet] eine Landfläche von mehr als 0,5 Hektar mit über fünf Meter hohen Bäumen und einem Überschirmungsgrad von über 10 % oder mit Bäumen, die auf dem jeweiligen Standort diese Werte erreichen können. Flächen, die vorrangig zu landwirtschaftlichen oder städtischen Zwecken genutzt werden, fallen, vorbehaltlich des Absatzes 2, nicht unter diesen Begriff".

86 Z.B. Landesbericht Frankreich, 14.

Länderrechten ausgedrückt wird, in welchen diese Kategorie besteht. Es muss allerdings betont werden, dass das EU-Recht auch diese Kategorie insbesondere in Verbindung mit der EU-Förderungen definiert; z.B. "'Betrieb' [bezeichnet] die Gesamtheit der für landwirtschaftliche Tätigkeiten genutzten und vom Betriebsinhaber verwalteten Einheiten, die sich im Gebiet desselben Mitgliedsstaats befinden"[87].

2. Grenzüberschreitender Erwerb von Agrarland

Heutzutage spielt neben dem Binnenverkehr von Boden auch der grenzüberschreitende Erwerb eine immer wichtigere Rolle im Rahmen des Eigentums oder der Nutzung von Agrarland.[88] Die Abgrenzung zwischen innerstaatlichem und grenzüberschreitendem Erwerb ist allerdings nicht so klar. In diesem Generalbericht bedeutet grenzüberschreitender Erwerb in erster Linie die Situation, in welcher Bürger und rechtliche Einheiten aus einem Land (nachfolgend "Ausländer" oder "Investoren" genannt) das Eigentum oder die langfristige Nutzung einer agrarisch nutzbaren Fläche, das sich in einem anderen Staat (nachfolgend als Zielstaat oder –gebiet bezeichnet) befindet, aneigen. Die Ziele dieses Erwerbs können unterschiedlich sein: (a) Herstellung von landwirtschaftlichen Erzeugnissen, (b) Spekulation auf dem Grundstücksmarkt, (c) andere Gründe, (d) eine Kombination der Punkt (a)-(c). In einem weiteren Sinne kann die Situation, in welcher *Ausländer rechtliche Einheiten im Zielstaat bilden* und die Grundstücke im Zielstaat erwerben, ebenfalls als grenzüberschreitender Erwerb betrachtet werden. Im EU-Recht könnte die Auslegung eines grenzüberschreitenden Erwerbs wegen der Formen der Europäischen Genossenschaft (SCE; *Societas Cooperativa Europaea*)[89] und der Europäischen Ge-

87 Artikel 4 (1) b) der Verordnung (EU) Nr. 1307/2013.

88 Vgl. Artikel 4 (1) l)-n) der Verordnung (EU) Nr. 1307/2013. Nach Artikel 4 (1) n) der Verordnung (EU) Nr. 1307/2013, umfasst die Kategorie der "Übertragung" ebenfalls die Vererbung: "'Übertragung' [bedeutet] die Pacht, den Verkauf, die Vererbung und vorweggenommene Erbfolge von Flächen und Zahlungsansprüchen oder jede andere endgültige Übertragung derselben; die Rückübertragung von Zahlungsansprüchen bei Ablauf einer Pacht stellt keine Übertragung dar."

89 Verordnung (EG) Nr. 1435/2003 des Rates über das Statut der Europäischen Genossenschaft (SCE).

sellschaft (SE; *Societas Europaea*)[90] ziemlich schwierig werden. Darüber hinaus soll betont werden, dass im EU-Recht das grenzüberschreitende Element in Bezug auf Landerwerb im Prinzip im Rahmen des Vorabentscheidungsverfahren bewertet wird.

Bezüglich rechtlichen Einheiten gibt es zwei grundlegende Probleme. Erstens ist die Rückverfolgbarkeit der tatsächlichen Eigentumsverhältnisse (Investor) bei juritischen Personen immer kompliziert (z.B. Schwierigkeiten in Bezug auf Offshore-Gesellschaften). Zweitens kann die Anzahl von juristischen Personen leicht vervielfacht werden. Die Lösung zu beiden Problemen ist eng verbunden mit der ordnungsgemäßen Regisitrierung der betroffenen juritischen Personen und deren Investoren (Eigentumsverhältnisse).

3. Erwerb von Agrarland durch nichtlandwirtschaftliche Investoren

Der vorliegende Bericht befasst sich auch mit dem Erwerb von Agrarland durch nichtlandwirtschafltiche Investoren. Dieser Erwerb bedeutet in der Regel die Nutzung von Agrarland zu nichtlandwirtschaftlichen Zwecken. Ab und zu kann die Abgrenzung zwischen landwirtschaftliche[91] und nichtlandwirtschaftliche Tätigkeiten und Zwecken[92] schwierig sein.

90 Verordnung (EG) Nr. 2157/2001 des Rates über das Statut der Europäischen Aktiengesellschaft (SE).

91 Z.B. im EU-Recht, siehe Artikel 4 (1) c) der Verordnung (EU) Nr. 1307/2013: "'landwirtschaftliche Tätigkeit' [bedeutet]: | (i) | die Erzeugung, die Zucht oder den Anbau landwirtschaftlicher Erzeugnisse, einschließlich Ernten, Melken, Zucht von Tieren sowie Haltung von Tieren für landwirtschaftliche Zwecken. | (ii) | die Erhaltung einer landwirtschaftlichen Fläche in einem Zustand, der sie ohne über die in der Landwirtschaft üblichen Methoden und Maschinen hinausgehende Vorbereitungsmaßnahmen für die Beweidung oder den Anbau geeignet macht, auf der Grundlage von Kriterien, die von den Mitgliedsstaaten anhand eines von der Kommission vorgegebenen Rahmens festgelegt werden, oder | (iii) | die Ausübung einer von den Mitgliedsstaaten festgelegten Mindesttätigkeit auf landwirtschaftlichen Flächen, die auf natürliche Weise in einem für die Beweidung oder den Anbau geeigneten Zustand erhalten werden".

92 Landesbericht Deutschland 2, 1.

4. „Land Grabbing“

Zu dieser Thematik gehört auch ein modernes Phänomen, das in enger Beziehung zum Sonderforschungsbereich steht. Dieses Phänomen ist das sogenannte “*Land Grabbing*“[93]. In Bezug auf zahlreiche akademische Quellen die sich mit dem „Land Grabbing“[94] befassen, hat der ehemalige Sonderberichterstatter für das Recht auf Nahrung das Phänomen im Jahr 2009 folgendermassen beschrieben: “Over the past three to four years, private investors and governments have shown a growing interest in the acquisition or long-term lease of large portions of arable land (above 1,000 ha) in a number of countries, mostly in the developing world. According to an estimate from the International Food Policy Research Institute (IFPRI), between 15 and 20 million hectares of farmland in developing countries have been the subject of transactions or negotiations involving foreign investors since 2006”[95]. Der Sonderberichterstatter für das Recht auf Nahrung weist allerdings darauf hin, dass es auch Zielländer in Zentraleuropa gibt[96]. Der Sonderberichterstatter detailliert ebenfalls die Gründe dieses Phänomens[97].

Nach dem *Landesbericht Belgien*, der die von “Land Grabbing“ betroffene Fläche auf mehr als 200 Millionen Hektare schätzt, ist das “Land Grabbing“ ein weltweites agrarisches Problem, welches im Rahmen der FAO gelöst werden soll.

C. Das Problem und seine Lösungen in den Landesberichten

In den Landesberichten wurde keine ausführliche Beurteilung der Beziehung zwischen den Investoren, den Investorenländern und den Zielländern vorgenommen.[98] Die Landesberichterstatter haben in der Regel die Stel-

---

93 Das Phänomen ist auch als „landwirtschaftliche Auslandsdirektinvestitionen“ (“agri-foreign direct investment“ (agri-FDI)) bekannt; siehe *Häberli/Smith*, «Food security and agri-foreign direct investment in weak states – Finding the governance gap to avoid `land grab´», Modern Law Review, 2/2014, 189-222.

94 UN-Generalversammlung: A/HRC/13/33/Add.2, 5-6.

95 UN-Generalversammlung: A/HRC/13/33/Add.2, 5.

96 UN-Generalversammlung: A/HRC/13/33/Add.2, 6.

97 UN-Generalversammlung: A/HRC/13/33/Add.2, 6-7.

98 Vgl. Häberli/Smith, op. cit.

lung ihres Landes zum Sonderforschungsbereich dieses Berichts präsentiert.

1. EU-Recht und EU-Mitgliedsstaaten

In der EU sind die Mitgliedsstaaten berechtigt, Normen über den Erwerb von Agrarland zu übernehmen, um diese sodann in ihre nationale Bodenpolitik zu implementieren. Die Mitgliedsstaaten sind allerdings befugt, den Erwerb von kultivierbaren Flächen zu regeln, sofern die Bestimmungen des AEUV respektiert werden.

a. EU-Recht

Erstens soll darauf hingewiesen werden, dass das EU-Recht die Maßnahmen der Mitgliedsstaaten, die den Erwerb von Agrarland durch rechtliche Einheiten außerhalb der EU oder des Europäischen Wirtschaftsraums (EWR) einschränkt, nicht verbietet. Innerhalb der EU und des EWR verlangt allerdings das EU-Recht einerseits die Umsetzung der vier Grundfreiheiten des Binnenmarktes der EU (in Verbindung mit dem Erwerb von Agrarland sind die Personenfreizügigkeit sowie den freien Kapital- und Zahlungsverkehr anwendbar), während es andererseits die Diskriminierung aus Gründen der Staatsangehörigkeit verbietet[99].

Die betroffenen AEUV-Normen sind insbesondere die Personenfreizügigkeit und der freie Kapital- und Zahlungsverkehr[100] (Artikel 49 und 63 des AEUV, nachfolgend "*negative Integrationsregeln*" genannt) sowie das oben erwähnte GAP Ziel (d.h. Artikel 39 (1) Punkt b) des AEUV; nachfol-

99 Landesbericht Ungarn II, 10-11; Siehe dazu *Szilágyi*, «The Accession Treaties of the New Member States and the national legislations, particularly the Hungarian law, concerning the ownership of agricultural land», Journal of Agricultural and Environmental Law (JAEL), 9/2010, 52-55.

100 Es ist darauf hinzuweisen, dass nach dem Anhang I der Richtlinie 88/361/EWG des Rates, Investitionen in Immobilien auf nationalen Boden von Gebietsfremden gehören zum Kapitalverkehr der EU.

gend "*positive Integrationsregeln*" genannt) [101]. Nach *Ágoston Korom*[102] bestimmt, neben dem Diskriminierungsverbot, das EU-Recht die Kompetenz der Mitgliedsstaaten, ihr nationales Bodenrecht im Schnittfeld der positiven und negativen Integrationsregeln zu übernehmen. Die erwähnten AEUV Normen enthalten eher allgemeine Bestimmungen, sodass der EuGH eine wichtige Rolle bei der Auslegung dieser Normen spielt, insbesondere auch, um die Mitgliedsstaaten bei der Bestimmung ihres Bodenrechts zu unterstützen. Hinsichtlich den negativen Integrationsregeln ist nach der Rechtsprechung des EuGH die vollständige Einhaltung des Landesrechts sichergestellt, sofern dasselbe ein allgemeines Interesse verfolgt (siehe Kapitel II.A) und solange keine weniger einschränkenden Maßnahmen des Landesrechts angewendet werden könnten. Die nach der Rechtsprechung anerkannten einschränkenden Maßnahmen sind (a) das vorherige Genehmigungsverfahren beim Erwerb von Agrarland[103], (b) das vorherige Deklarationssystem[104], (c) die Bestimmung über eine höhere Besteuerung, falls ein Grundstück kurz nach dem Erwerb wieder verkauft wird[105], (d) das Erfordernis einer wesentlichen Minimaldauer bei der Verpachtung von Agrarland[106], (e) usw.

Innerhalb der EU ist der Unterschied zwischen den Grundstücksmärkten der Mitgliedsstaaten bemerkenswert (siehe Tabelle 1). Dieser Unterschied ist insbesondere deutlich zwischen den Grundstückspreisen in den neuen MS (d.h. MS seit 2004) und in den alten MS (nämlich MS vor 2004).

---

101 Betreffend die Abgrenzung zwischen negativen und positiven Integrationsmodelle und Normen der EU, siehe Korom, «Az új földtörvény az uniós jog tükrében – Jogegyenlőség vagy de facto más elbírálás», in: Korom (ed.): Az új magyar földforgalmi szabályozás az uniós jogban, Nemzeti Közszolgálati Egyetem, Budapest, 2013, 14.

102 *Korom*, op. cit., S. 14.

103 Siehe Rechtssache C-213/04 Ewald Burtscher v Josef Stauderer [2005] ECR I-10309, Absatz 57; und Rechtssache C-452/01, Absätze 41-45.

104 Siehe Rechtssache C-213/04, Absätze 44, 52-54, 59-62.

105 Siehe Rechtssache C-370/05, Absatz 39.

106 Siehe Rechtssache C-370/05, Absatz 39.

Tabelle 1

	Staat	2003	2004	2005	2006	2008	2009
Neue MS (seit 2004)	**Tschechische Republik**	1.522	1.561	1.621	1.625	2.375	2.249
	Ungarn	-	[676]	[742]	[1.550]	-	-
	Polen	[1.308]	[1.465]	[2.049]	[2.385]	-	-
	Rumänien	237	283	878	-	-	-
	Slowakische Republik	912	946	981	1.017	1.210	1.256
Alte MS (vor 2004)	**Belgien**	20.273	23.155	22.053	27.190	-	-
	Dänemark	14.669	15.995	18.787	22.791	31.652	25.919
	Deutschland	9.184	9.233	8.692	8.909	-	-
	Frankreich	4.350 [6.079]	4.460 [6.567]	4.700	4.730	5.160	5.130
	Niederlande	34.160	31.432	30.235	31.276	40.916	47.051
	Spanien	8.552	9.024	9.713	10.402	10.974	10.465
	Schweden	2.126	2.455	3.351	3.706	4.180	3.747
	Vereinigtes Königreich	10.178	11.128	12.975	13.382	17.773	-

Grundstückspreise in den ausgewählten EU27, 2000-2009 (Preise in € pro Hektar)

Quelle: Eurostat, 2015 [2010[107]]

Aufgrund den Beitrittsverträge von 2003, 2005 und 2012 wurde deshalb (seit 2004) der Tschechischen Republik, Estland, Lettland, Litauen, Ungarn, Polen, Slowakei, (seit 2007) Rumänien, Bulgarien und (seit 2013) Kroatien ein Übergangszeitraum (Tabelle 2) eingeräumt, während dessen sie die bestehenden Gesetzgebung zur Beschränkung des *Eigentum*ser-

107 Teilweise sind die Grundstückspreise von der EUROSTAT 2015 vorgelegt unterschiedlich von den Grundstückspreisen von der EUROSTAT 2010 vorgelegt. Deswegen sind die verschiedene Grundstückpreise in 2010 in eckige Klammern in der Tabelle 1 präsentiert.

werbs[108] von Agrarland oder Wald aufrechterhalten und damit vom Grundsatz des freien Kapitalverkehrs abweichen dürfen. Gewisse neue MS hatten (Kroatien hat) das Recht, diesen Übergangszeitraum um 3 Jahre zu verlängern. Unter Berücksichtigung dieses Unterschieds zwischen den Grundstückspreisen in den neuen MS und in den alten MS auch nach Ablauf des Übergangszeitraums (in den meisten MS) ist es fraglich, ob die MS die ganze Situation nicht nochmals überprüfen sollten.

Tabelle 2

Neue Mitgliedsstaaten	Befristete Abweichung bei dem Eigentumserwerb von Agrarland	Möglichkeit den Übergangszeitraum zu verlängern
Bulgarien(2007)	7 Jahre	-
Kroatien (2013)	7 Jahre	3 Jahre
Tschechische Republik	7 Jahre	3 Jahre
Estland	7 Jahre	3 Jahre
Lettland	7 Jahre	3 Jahre
Litauen	7 Jahre	3 Jahre
Ungarn	7 Jahre	3 Jahre
Polen	12 Jahre	-
Rumänien (2007)	7 Jahre	-
Slowakische Republik	7 Jahre	3 Jahre

Wenn ein MS ein Grundstücksgesetz übernehmen möchte, das den Erwerb von Boden beschränkt, muss es die drei folgenden Rechtsquellen beachten: Die *oben erwähnten Grundsätze des AEUV* sind die Primärquellen. Diese Grundsätze enthalten allerdings keine Einzelheiten; d.h. sie sind zu allgemein. (b) Die Rechtsprechung des EuGH legt die Grundsätze des AEUV aus. Es gibt jedoch relativ wenige Urteile des EuGH, außerdem ist die Praxis variierend. Es ist deshalb nicht immer klar wie der EuGH die oben erwähnten Grundsätze des AEUV in Fällen in Verbindung mit Agrarland aktuell angewendet sehen will. (c) Die *Gesetzgebung anderer MS* wendet ebenfalls einschränkende Bestimmungen betreffend grenz-

108 In der Regel gibt es nämlich keine Einschränkungen auf die Pacht von Agrarland durch Ausländer.

überschreitenden Erwerb und Erwerb durch nichtlandwirtschaftliche Investoren an. Trotzdem kann von den neuen MS nicht erwartet werden, dass sie die Normen der alten MS direkt in ihr Rechtsordnung direkt umwandeln. Auf EU-Ebene besteht deswegen eine Unsicherheit in der Agrarpolitik.[109] Mit Bezug auf eine Rechtsache des EuGH (d.h. C-197/11) stellt der Landesbericht Ungarn fest: "... we have concluded that even though the retention of local residence could be admitted by the European Law as a public interest, the applied measures fail when coming to the filter of proportionality. Compared to the old Member States (and their local agricultural producers), the intention of the new Member States (and their agricultural producers) related to the creation of viable estates distributed on the basis of equity becomes significantly difficult due to the application of European Law, which eventuates de facto distinct consideration, margin beside the de iure equal treatment."[110]

Nach dem Ablauf des Übergangszeitraums führten zahlreiche neue MS neue Grundstücksgesetze ein, welche einschränkende Bestimmungen enthielten. 2015 hat die EU Kommission Vertragsverletzungsverfahren gegen einige neue MS eingeleitet, so z.B. Bulgarien, Ungarn, Lettland und die Slowakei. Die umstrittenen Bestimmungen der Landgesetze der neuen MS sind: (a) die vorgeschriebene Ausbildung der landwirtschaftlichen Erzeuger, um Agrarland zu erwerben, (b) die vorgeschriebene landwirtschaftliche Praxis/berufliche Erfahrung der landwirtschaftliche Erzeuger, deren Ziel es ist, Agrarland zu erwerben, usw. Es muss hervorgehoben werden, dass bis 2014 das Vorabentscheidungsverfahren die Regel war während das Vertragsverletzungsverfahren die Ausnahme darstellte[111].

b. Bodenrecht und Agrarpolitik in den Mitgliedsstaaten der EU

Die nationalen landwirtschaftlichen und ländlichen Entwicklungsstrategien der MS in einem allgemeinen Sinne und die nationale Agrarpolitik in

---

109 Siehe, Landesbericht Ungarn II, 11-12. Siehe dazu *Korom*, op. cit., 22-23.

110 Landesbericht Ungarn II, 12.

111 Z.B. EuGH Rechtssache 305/87, Urteil des Gerichtshofs vom 30. Mai 1989. Betreffend die Vertragsverletzungsverfahren (Nr. 2007/4766) der EU-Kommission gegen das Vorarlberger Gesetz (Österreich), siehe dazu Norer, General report Commission III – Scientific and practical development of rural law in the EU, in states and regions and in the WTO, in: Richli (ed.): L'agriculture et les exigencies du développement durable, L'Harmattan, Paris, 2013, 375-376.

einem speziellen Sinne unterscheiden sich. Die verschiedenen MS beachten den grenzüberschreitenden Erwerb und den Erwerb durch nichtlandwirtschaftliche Investoren von Agrarland in unterschiedlichem Masse. Einige MS sind Bundesstaaten (Österreich, Deutschland, usw.), sodass ihre Regulierungskompetenz unterschiedlich zwischen dem Zentralstaat und seinen Gliedstaaten aufgeteilt sein kann. In diesen Bundesstaaten kann das Bodenrecht deshalb je nach Gliedstaat unterschiedlich sein.

Die Hauptunterschiede der nationalen Bodenrechte können unter anderem wie folgend beschrieben werden: (a) Ob der Mitgliedsstaat beabsichtigt, Beschränkungen auf dem landwirtschaftlichen Bodenmarkt anzuwenden oder nicht. Wenn ja, (b) welche Bereiche des Erwerbs von Agrarland durch den Staat reguliert werden (d.h. Eigentumserwerb, Nutzung und/ oder Erbschaft). (c) Ob die einschränkenden Normen eines Mitgliedstaats verbindliche oder nur unverbindliche (d.h. orientierenden) Bestimmungen enthalten.

Aufgrund des wesentlichen Unterschieds zwischen den Grundstückpreisen ist es wichtig, die alten Mitgliedsstaaten von den neuen Mitgliedsstaaten der EU zu unterscheiden.

aa. Alte Mitgliedsstaaten

Einige Landesberichterstatter der alten Mitgliedsstaaten weisen auf die Probleme des Sonderforschungsbereichs hin. Andere (die holländischen und belgischen Berichterstatter) messen solchen Erwerbsarten keine grosse Bedeutung zu.

Nach dem *Landesbericht Niederlande* "currently in the Netherlands there is no specific legal framework in place dealing with cross-border acquisition or acquisition by non-agricultural capital. Therefore, there are no specific limitations for foreign investors to buy agricultural land in the Netherlands"[112], und "...currently in the Netherlands there is no specific legislative framework in place dealing with these issues. Nor do such acquisitions raise major concerns in policy terms. That means that such acquisitions can take place under the same conditions that apply to everyone wishing to buy agricultural land and that there are no extra or specific requirements for cross-border acquisitions or acquisitions by non-agricultur-

---

112 Landesbericht Niederlande, 9.

al capital in this respect.“[113] Der Landesbericht Niederlande zitiert auch offizielle Daten bezüglich den grenzüberschreitenden Erwerb von unbebautem Agrarland in den Niederlandendurch ausländische Investoren [114]. Nach den erwähnten Daten ist es allerdings nicht klar, ob die Kategorie der ausländischen Investoren z.B. niederländische rechtliche Einheiten, die von ausländischen Investoren gegründet wurden, umfasst oder nicht. Der Bericht stellt darüber hinaus inoffizielle Informationen über grenzüberschreitende Erwerbe durch Niederländer von Agrarland in anderen EU-Staaten zur Verfügung[115].

Der *Landesbericht Belgien* konstatiert, dass grenzüberschreitender Erwerb zwischen Belgien und Frankreich existiert; so akquirieren belgische Käufer die im Verhältnis billigeren landwirtschaftlichen Nutzflächen in Frankreich. Gemäß dem Territorialitätsprinzip findet in diesem Fall französisches Recht Anwendung. Der Bericht erwähnt jedoch auch eine Situation, in der das belgische Recht für Agrarland ausserhalb Belgiens anwendbar ist, dann nämlich, wenn dic landwirtschaftliche Nutzfläche in einem ausländischen Staat zu einem landwirtschaftlichen Betrieb mit Sitz in Belgien gehört. In einem solchen Fall könnte das belgische Pachtrecht auf das Pachtverhältnis bezüglich dieser ausländischen landwirtschaftlichen Nutzfläche anwendbar sein[116].

Nach dem *Landesbericht Frankreich* geht die Anzahl von Agrarland in Frankreich ständig zurück. Trotzdem ist heutzutage der Erwerb von Agrarland in Frankreich eine gute Investition. Der Preis für nichtlandwirtschaftlichen Boden ist 55 Mal höher als Agrarland. Aus diesem Grund reguliert beispielsweise ein Spezialgesetz das Pachten des Agrarlands, um sicherzustellen, dass Agrarland zweckmäßig und vollständig genutzt wird (d.h. für landwirtschaftliche Tätigkeiten); z.B. hat der Pächter, der das Grundstück nutzt, ein Vorkaufsrechts an diesem Grundstück. Dieses Gesetz ist ein Instrument des öffentlichen Rechts, weshalb die Parteien von diesen Bestimmungen nicht abweichen dürfen[117].

113 Landesbericht Niederlande, 11.
114 Landesbericht Niederlande, 9.
115 Landesbericht Niederlande, 10.
116 Landesbericht Belgien, 10.
117 Landesbericht Frankreich, 14.

In *Deutschland*[118] wurde die Agrarpolitik von Neuem überprüft. Dies erklärt sich teilweise durch neue Tendenzen, insbesondere steigende Preise für Agrarland in zahlreichen Regionen Deutschlands. Nach dem Landesbericht Deutschland sind sogar nichtlandwirtschaftliche Investoren auf dem Markt für Agrarland aufgetreten. Diese Situation beunruhigt die landwirtschaftlichen Erzeuger, da sie einen Verlust ihres Entwicklungspotenziales befürchten. Seit 2008 (nach der Finanzkrise) haben vermögende Personen und Gesellschaften[119] Agrarland in ganz Deutschland, insbesondere in den östlichen Ländern, erworben. In zahlreichen Regionen ist deshalb der Grundstückspreis so stark gestiegen, dass die landwirtschaftlichen Betriebe nicht mehr über die Mittel verfügen, um zusätzliche landwirtschaftliche Nutzflächen zu erwerben[120]. Der Landesbericht Deutschland präsentiert zudem den Standpunkt des deutschen Bauernverbands über die notwendigen Berichtigungen der deutschen Agrarpolitik[121].

In *Österreich* unterscheidet das Bodenrecht[122] zwischen dem Erwerb von grünen Immobilien (d.h. Agrarland) und grauen Immobilien (d.h. Immobilien für Gebäude) und dem Erwerb von Immobilien durch Ausländer. Die Regulierung dieses Erwerbs liegt in der Kompetenz der einzelnen Bundesländer. In den westlichen Bundesländern von Österreich (z.B. *Tirol, Kitzbühel*) ist der Erwerb von Agrarland durch Ausländer für nichtlandwirtschaftliche Zwecke ein andauerndes Thema in der Agrarpolitik. Die politische Auseinandersetzung über dieses Thema ist als "Ausverkauf von Grund und Boden" bekannt. Quasi als Antwort hierauf führten die Bundesländer Bodengesetze ein, die das EU-Recht verletzten. Mehrmals stellte der österreichische Verfassungsgerichtshof fest, dass die Bestimmungen über die Verpflichtung des Erwerbers einer Nutzfläche, dieselbe

118 Betreffend das deutsche Bodenrecht, siehe *Grimm*, «Agrarrecht», Verlag C.H. Beck, München, 2010, 17-97.

119 Der Erwerb von Land für Naturschutzzwecke durch private Stiftungen und finanzielle Fonds ist ein absolut interessanter Aspekt des deutschen Grundstücksmarkts; Landesbericht Deutschland 2, 1.

120 Landesbericht Deutschland 2, 1.

121 Landesbericht Deutschland 2, 2-4.

122 *Holzer*, «Grundverkehrsrecht», in: Norer (ed.): Handbuch des Agrarrechts, Verlag Österreich, Wien, 2012, 673-701; about lease, Siehe *Stollmayer*, «Landpachtrecht», in: Norer (ed.): Handbuch des Agrarrechts, Verlag Österreich, Wien, 2012, 703-716; Siehe dazu *Reinl*, «Family farms in Austria», in: Bourges/Muniz Espada (ed.): Agricultura Familiar, Ministerio de Agricultura, Madrid, 2014, 51-53.

Bestimmungen des EU-Rechts verletzten[123]. Die Bodengesetze der Bundesländer enthalten Einschränkungen bezüglich des Erwerbs von Agrarland und sehen vor, dass beim Erwerb von Agrarland die sogenannte Grundverkehrskommission in einem vorgelagernten Genehmigungsverfahren mitwirkt. Die Landwirtschaftskammern der Bundesländer sowie die Ortschaften nehmen bei diesen Genehmigungsverfahren ebenso teil. Der Landesbericht Österreich beschreibt weiterhin die Ablehnungsgründe, die bei solchen Genehmigungsverfahren auftreten[124]. Betont wird ebenfalls, dass die Bodengesetze der Bundesländer nicht unterscheiden, ob die Personen, die Agrarland erwerben, natürliche oder juristische Personen sind[125].

In Bezug auf das britische Recht[126] stellt der *Landesbericht Vereinigtes Königreich* fest dass "[c]urrently there are no restrictions on ownership of land by foreign nationals or companies within the UK in respect of most agricultural real estate. Despite this there are political moves within Scotland to limit ownership by non – EU nationals. The political mood in Scotland is that there are too many non-domiciled or otherwise distant landowners owning large rural estates, and that the sustainable development of the countryside is adversely effected."[127] Der Bericht hebt besonders hervor, dass "[t]here are no nationally collated figures available for foreign investment in UK agricultural land... Whilst there may be no wholly reliable statistical evidence for cross-border acquisitions, there is plenty of anecdotal evidence from real estate agents and others. This suggests that the stable nature of the English and Welsh land market and fiscal incentives have encouraged both foreign buyers and other investors within the UK"[128]. Der Bericht befasst sich ebenfalls mit der zunehmenden Präsenz von nichtlandwirtschaftlichen Käufern auf dem Markt für Agrarland, was zur Erhöhung der Preise für Agrarland führt[129]. Der Landesbericht

---

123 Landesbericht Österreich, 6.

124 Landesbericht Österreich, 8-9.

125 Landesbericht Österreich, 9.

126 Landesbericht Österreich, 9.

127 Landesbericht Vereinigtes Königreich, 2. Betreffend Einzelheiten über die schottischen Absichten, siehe Landesbericht Vereinigtes Königreich, 15-16.

128 Landesbericht Vereinigtes Königreich, 13.

129 Landesbericht Vereinigtes Königreich, 13. Ein ähnliches Fazit gibt es in *Day*, "The family farm and it's [*sic!*] succession within the family", in: Bourges/ Muniz Espada (ed.): Agricultura Familiar, Ministerio de Agricultura, Madrid, 2014, 178.

Vereinigtes Königreich weist auf die Bedeutung von Registern bei grenzüberschreitendem Erwerb hin: "... the present system of land registration was established by the Land Registry Act 1875. However, registration was not compulsory initially. Compulsory land registration began in London in 1899, but did not extend to all rural areas until 1990. This does not affect land which has not changed hands and the Land Registry estimates that 20% of the land mass in England and Wales remains unregistered and most of this is rural land. This means that it is very difficult to produce accurate statistics on the identity of land owners and the nature of land holding in the UK. ... Recently in a speech in Singapore Prime Minister David Cameron has called for more transparency in land ownership in an effort to overcome fears that proceeds of foreign crime are being 'laundered' through the UK property market. He has announced proposals for the Land Registry to publish details of land held by foreign investment companies. The Financial Times has estimated that at least £122 billion of property in England and Wales is owned by offshore companies. Most of this investment will be in commercial and residential property in London and the south east, but some will be in agricultural property across the UK. "[130]

bb. Neue Mitgliedsstaaten

Gemäß den drei Landesberichten der neuen Mitgliedsstaaten wird der Sonderforschungsbereich unbestritten als einer der wesentlichen Themen ihrer Agrarpolitik betrachtet. Für Rumänien und Ungarn ist der Übergangszeitraum 2014 abgelaufen, während der Übergangszeitraum für Polen 2016 ablaufen wird. Wegen des Ablaufs des Übergangszeitraums haben alle diese Staaten neue Normen betreffend den Erwerb von Agrarland lanciert, durch welche diese neuen MS Einschränkungen des Erwerbs von Agrarland im Rahmen ihres Bodenmarkts eingeführt haben (Polen wird einführen).

In Bezug auf den *Landesbericht Polen* wurde der wesentliche Teil des polnischen Bodenrechts erst nach Abschluss des 1. Landesbericht Polen geändert[131]. Aus diesem Grunde hat der polnische Berichterstatter einen 2.

---

130 Landesbericht Vereinigtes Königreich, 14.
131 Siehe 1. Landesbericht Polen.

Landesbericht Polen geschrieben. Dieser 2. Landesbericht Polen wurde bis jetzt noch nicht veröffentlicht. In diesem Teil des Generalberichts wird also der 2. Landesbericht Polen genau präsentiert.

Angesichts der Zahlen und Fakten von Polen, “Agricultural area in the Republic of Poland amounts to 18.7 million ha”[132]; “In the year 2014 foreigners were granted in all: 271 permits for acquisition of land estate with total area of 1,036.35 ha; including 166 permits related to agricultural and forest real estate with total area of 1,029.74 ha (i.e. 99% of land area covered by the permits). The referred data does not reflect true extent of acquisition of agricultural real estate by foreigners, as many foreigners: [a] acquire in the Republic of Poland agricultural real estate in the informal way – by ‘dummy persons’; [b] use gaps in the regulations and acquire shares or stocks in capital companies being owners of land estate (mainly foreigners from Netherlands, Denmark and Luxemburg)“[133].

Im Hinblick auf das polnische Recht, “[t]he issues regarding cross-border acquisitions of real property in the Republic of Poland are governed by the following regulations: [a] directly – of the Act of 24th March, 1920 on the Acquisition of Real Estate by Foreigners, and [b] indirectly – of the Act of 11th April, 2003 on Shaping of Agricultural System. The issues of acquisition of the agricultural real estate by non-agricultural capital are not directly regulated in the Polish law, but indirectly by the Act of 11th April, 2003 on Shaping of Agricultural System.“[134] Im Zusammenhang mit dem Gesetz über die Gestaltung des Landwirtschaftssystems stellt der 2. Landesbericht Polen fest, dass “... it is replaced by a new act on shaping of agricultural system adopted by the Polish Parliament on 5th August 2015.“[135]

Nach dem Gesetz über den Erwerb von Immobilien durch Ausländer umfasst die Kategorie der Ausländer ebenfalls die juristischen Personen mit Sitz in Polen, die von Ausländern kontrolliert sind. “The Act on the Acquisition of Real Estate by Foreigners makes a distinction between foreigners grouping them in two categories: [a] foreigners from the European Economic Area and the Swiss Confederation; [b] foreigners from other countries. Acquisition of real estate by foreigners from the European Economic Area and the Swiss Confederation requires no permit. There are

132 2. Landesbericht Polen, 1.
133 2. Landesbericht Polen, 5.
134 2. Landesbericht Polen, 2.
135 2. Landesbericht Polen, 2.

some exceptions to this rule. Acquisition of real estate by foreigners outside the European Economic Area and the Swiss Confederation requires a permit granted by a minister competent in internal affairs. There are also some exceptions to this rule.“[136] “It is not obligatory to obtain a permit by foreigners being citizens of the European Economic Area or the Swiss Confederation, except: [a] acquisition of agricultural real estate; [b] acquisition of forest real estate.“[137].

Das Gesetz über die Gestaltung des Landwirtschaftssystems beinhaltet ein Vorkaufsrechtssystem, das dem Pächter einer landwirtschaftlichen Nutzfläche, dem benachbarten einzelnen Landwirt und der Agentur für landwirtschaftliches Eigentum Vorkaufsrechte gewährt[138]. Aufgrund des Gesetzes über die Gestaltung des Landwirtschaftssystems sollen die ‚einzelnen Landwirte' über eine landwirtschaftliche Qualifikation verfügen, sowie “a resident of a commune for at least 5 years, where one of agricultural real estate composing his/her agricultural holding is located”[139] sein, und sollen, unter anderem, persönlich “an agricultural holding located in the Republic of Poland for at least 5 years”[140] führen.

Der *rumänische Berichterstatter* erwähnt Daten von 2014, nach welchen es in Rumänien 13 Millionen Hektaren landwirtschaftlicher Nutzflächen gibt. Von diesen 13 Millionen Hektaren gehören 700'000 Hektaren zu rumänischen rechtlichen Einheiten, die in Tat und Wahrheit in ausländischer Hand sind. Diese 700'000 Hektaren repräsentieren rund 5 % der gesamten rumänischen landwirtschaftlichen Nutzfläche, effektiv sind es 10 % der tatsächlichen bewirtschafteten landwirtschaftlichen Nutzfläche[141]. Die rumänische Verfassung von 1991 verbietet den Erwerb von Agrarland durch Ausländer indessen grundsätzlich vollständig. Im Jahr 2003 haben allerdings die rumänischen Entscheidungsträger – infolge des EU-Beitritts – diese Regel geändert. Seit 2014 ist ein Käufer aus der EU berechtigt, das Eigentum von Agrarland zu den gleichen Bedingungen wie rumänische Bürger zu erwerben[142]. Das Gesetz 17/2014 findet auf Agrarland außerhalb der Grenzen einer Ortschaft Anwendung. Das Agrarland,

136 2. Landesbericht Polen, 3-4.
137 2. Landesbericht Polen, 4.
138 2. Landesbericht Polen, 6.
139 2. Landesbericht Polen, 7.
140 2. Landesbericht Polen, 7.
141 Landesbericht Rumänien, 16.
142 Landesbericht Rumänien, 15-16.

das innerhalb der Grenzen einer Ortschaft liegt, kann auf der Grundlage zivilrechtlicher Bestimmungen sowie einiger Spezialgesetze erworben werden[143]. Die Anwendung des Vorkaufrechtssystems im rumänischen Bodenrecht ist weit verbreitet. Der Erwerb von Agrarland innerhalb 30 Kilometern der Staatsgrenze muss allerdings vom Minister für nationale Sicherheit genehmigt werden; zusätzlich muss der Erwerb von Agrarland über 30 Hektaren ebenfalls vom Minister für nationale Sicherheit genehmigt werden[144].

Im *ungarischen Bodenrecht*[145] gibt es eine Abgrenzung bezüglich des Landerwerbs durch Ausländer; [a] Nicht-EU-Ausländer können kein Eigentum an Agrarland erwerben, [b] EU-Staatsbürger, Bürger des europäischen Wirtschaftsraums und Staatsangehörige aus anderen Staaten mit entsprechenden internationalen Verträgen können das Eigentum an Agrarland zu den gleichen Bedingungen wie Ungarn erwerben. Weder ungarische noch ausländische juristische Personen sollen das Eigentum an Agrarland erwerben können; es gibt allerdings Ausnahmen (z.B. Kirchen, Hypothekgesellschaften und Stadtregierungen). Eine Person kann nur zu landwirtschaftlichen Zwecken das Eigentum an einer landwirtschaftlichen Nutzfläche erwerben oder dieselbe nutzen, wenn sie eine angemessene Ausbildung im land- oder forstwirtschaftlichen Bereich besitzt oder eine angemessene land- oder forstwirtschaftliche Erfahrung (zumindest 3 Jah-

---

143 Landesbericht Rumänien, 17.

144 Landesbericht Rumänien, 18-21.

145 Betreffend das ungarische Bodenrecht, siehe *Csák*, «Die ungarische Regulierung der Eigentums- und Nutzungsverhältnisse des Ackerbodens nach dem Beitritt zur Europäischen Union», JAEL, 9/2010, 20-31; *Csák/Nagy*, «Regulation of obligation of use regarding the agricultural land in Hungary», Collected Papers – Zbornyik Rádová, XLV 2/2011, 541-549; *Kurucz*, «Critical analyses of arable land regulation in Hungary», JAEL, 3/2007, 17-47; *Csák/Szilágyi*, «Legislative tendencies of land ownership acquisition in Hungary», in: Norer/Holzer (ed.): Agrarrecht Jahrbuch 20*13*, NWV, Wien-Graz, 2013, 215-233; *Kocsis*, «The new Hungarian land transfer regulation from the aspect of examination of the European Union», JAEL, 16/2014, 95-110; *Olajos/Szilágyi*, «The most important change in the field of agricultural law in Hungary between 2011 and 2013», JAEL, 15/2013, 94-97; *Raisz*, «Women in agriculture in Hungary», in: Bourges/Muniz Espada (ed.): Agricultura Familiar, Ministerio de Agricultura, Madrid, 2014, 133-139; *Szilágyi*, «Das landwirtschaftliche Grundstückverkehrsgesetz als erster Teil der neuen ungarischen Ordnung betreffend Landwirtschaftsland», AUR, 2/2015, 44-50; *Bobvos/Hegyes*, «A földforgalom és földhasználat alapintézményei», SZTE-ÁJK – JATEPress, Szeged, 2015, 9-97.

re) vorweisen kann [146]. 2015 leitete die EU-Kommission[147] ein Vertragsverletzungsverfahren gegen Ungarn ein. Der umstrittenste Teil dieses Vertragsverletzungsfalls (gleichzeitig eines der wichtigsten Elemente des ungarischen Bodenrechtssystems) ist die ungarische Bestimmung, die den Eigentumserwerb von Agrarland durch rechtliche Einheiten verbietet. Ebenso 2015 entschied das ungarische Verfassungsgericht, dass gewisse Teile des neuen ungarischen Bodenrechtssystems die neue ungarische Verfassung bzw. die darin enthaltenen Grundrechte verletzen, so z.B. einige Bestimmungen betreffend lokale Gebiete und Kommissionen[148], welche ein wichtiges Instrument sind, um Scheinverträge zu verhindern.

2. Bodenrecht und Agrarpolitik in den Ländern außerhalb der EU

Aufgrund der wichtigen wirtschaftlichen und rechtlichen Beziehungen mit der EU haben der schweizerische und der Landesbericht Norwegen zahlreichen Ähnlichkeiten mit dem Bodenrecht der Mitgliedsstaaten der EU.

Norwegen ist Mitglied der Europäischen Freihandelszone (EFTA) sowie Teil des Europäischen Wirtschaftsraums (EWR). Der EWR umfasst die vier Grundfreiheiten des Binnenmarktes der EU (freier Verkehr von Waren, Personen, Dienstleistungen und Kapital). Das EWR-Abkommen stellt allerdings nicht in allen Bereichen des Binnenmarkts der EU verbindliche Bestimmungen auf; so z.B. bei der gemeinsamen Agrarpolitik der EU (obwohl das EWR-Abkommen Bestimmungen über den Handel von Landwirtschaftsprodukten enthält)[149]. Deshalb sind die oben erwähnten Normen (Kapitel II.C.1) unter Berücksichtigung der Besonderheiten des EWR-Abkommens anzuwenden. Der Landesbericht Norwegen zeigt,

146 Landesbericht Ungarn II, 5-15; Landesbericht Ungarn III, 2-11.

147 Betreffend die hervorragende detaillierte Bewertung der Entscheide des ungarischen Verfassungsgerichts, siehe *Olajos*, «Az Alkotmánybíróság döntése a helyi földbizottságok szerepéről, döntéseiről, és az állásfoglalásuk indokainak megalapozottságáról», JeMa, 3/2015, in press.

148 Betreffend die lokalen Landkommissionen, siehe *Hornyák*, «Die Voraussetzungen und die Beschränkungen des landwirtschaftlichen Grunderwerbes in rechtsvergleichender Analyse», CEDR-JRL, 1/2015, 86-95;

149 *Micco/Fayos*, The European Economic Area (EEA), Switzerland and the North, in: Fact Sheets on the European Union – The EU's external relations, European Parliament, 2/2015, S. 1-2, http://www.europarl.europa.eu/ftu/pdf/en/FTU_6.5.3.pdf

dass sie "... do not have updated information on how many properties that have been sold to foreign citizens. From 1917 to 1995 foreigners that bought property in Norway had to apply for a concession. During many years the authorities handled on average 250-300 such applications. Most of them were Swedish citizens who bought second-homes close to the border. Very few applications were related to acquisition of agricultural land. During the last 10-15 years some municipalities have run recruiting activities to increase the number of inhabitants. We know that this has brought some foreign citizens to the country, and some of them have bought agricultural property. Many of these have come from Holland."[150] Nach dem Landesbericht Norwegen "There are no special legal instruments which address cross-border acquisition. Foreign citizens and Norwegians must follow the same procedures."[151] Die Person, die Agrarland erwerben möchte, soll eine Bewilligung beantragen; allerdings kann der Gesuchsteller in gewissen Fällen von der Bewilligungspflicht entbunden werden[152]. "The Concession system is a prior authorization system. When the contract is signed,... an application for a concession shall be sent to the municipality where the property is located."[153] "The new owner of a property with a residential building and more than 2,5 hectares arable land or more than 50 hectares productive forest has usually an obligation to live on the property for at least 5 years… If the owner must apply for a concession, the municipality has… an obligation to assess whether it is necessary or not to live on the farm... [C]lose relatives that for example inherit a farm exceeding the size mentioned above, but do not intend to use it as their home, have to apply for a concession in order to keep the farm."[154]

Die Schweiz ist Mitglied der EFTA, aber nicht Teil des EWR: "More than 120 sectoral bilateral treaties linking the country with the EU incorporate largely the same provisions as those adopted by the other EEA countries in the fields of the free movement of people, goods, services and capital."[155] Das in Kraft stehende schweizerische Bodenrecht wurde unter

150 Landesbericht Norwegen, 6.
151 Landesbericht Norwegen, 8.
152 Landesbericht Norwegen, 7.
153 Landesbericht Norwegen, 9.
154 Landesbericht Norwegen, 8.
155 *Micco/Fayos*, The European Economic Area (EEA), Switzerland and the North, 1.

Berücksichtigung des EU-Rechts eingeführt[156]. Das schweizerische Bodenrecht ist jedoch von Kanton zu Kanton unterschiedlich[157]. Der Landesbericht Schweiz zeigt, dass das schweizerische Recht beabsichtigt, den Anstieg der landwirtschaftlichen Grundstückspreise wegen nichtlandwirtschaftlichem Erwerb von Agrarland zu verhindern. Das schweizerische Recht (BGBB) bestimmt wer erlaubt ist landwirtschaftliche Nutzflächen innerhalb der Landwirtschaftszone zu erwerben, mit der Folge, dass das schweizerische Bodenrecht den Markt für Agrarland wesentlich stabilisiert[158]. Demnach sind nur landwirtschaftliche Produzenten, die das Land selbständig bewirtschaften, berechtigt, landwirtschaftliche Nutzflächen innerhalb der Landwirtschaftszone zu kaufen[159].

Der *Landesbericht USA* weist darauf hin, dass "[t]he United States enjoys large expanses of productive agricultural land and even more timber and forest land. Ownership of these lands is attractive for investors, as well as for agricultural producers. National concerns about ownership of agricultural land by foreign investors has resulted in federal disclosure requirements. In addition, states have authority to regulate land within their borders, using their general "police power." Some states have restricted the ownership of farmland by aliens, residents of other states, or business entities, particularly corporations. Some of these state laws have faced constitutional challenges."[160] Auf Bundesebene sind zwei Aspekte des Bundesrechts hervorzuheben. Einerseits die Handelsklausel der US-amerikanischen Verfassung, nach welcher der Kongress berechtigt ist, den Handel zwischen den Staaten zu regulieren. Im Zusammenhang mit dieser Klausel der US-amerikanischen Verfassung verweist der Landesbericht USA auf die sogenannte *Dormant Commerce Clause*, die "prohibits states from enacting laws that discriminate against, or unduly burden, interstate commerce."[161] Weiterhin stellt der Landesbericht USA fest, dass: "[a]lthough a few exceptions apply, a state law that discriminates against interstate commerce is likely to be invalid under the Dormant Commerce Clause. If a state law does not discriminate and serves a legitimate public

156 *Haymoz*, Bäuerliches Bodenrecht – Unterlagen für eine Übersicht und Einführung zum BGBB, 2011.
157 Landesbericht Schweiz, 3.
158 Landesbericht Schweiz, 3.
159 Landesbericht Schweiz, 5.
160 Landesbericht USA, 15.
161 Landesbericht USA, 19.

interest, 'the extent of the burden [on commerce] that will be tolerated will … depend on the nature of the local interest involved and on whether it could be promoted as well with a lesser impact on interstate activities."[162] Die Dormant Commerce Clause wurde in einigen Fällen bei Maßnahmen einzelner Bundesstaaten bezüglich den Erwerb von Agrarland vom Bundesberufungsgericht (federal appellate court) angewendet. Diese Klausel und die verbundene Rechtsprechung der Gerichte sind ähnlich wie die vorgenannte (Kapitel II.C:1) Rechtsprechung des EuGH betreffend z.B. dem freien Kapitalverkehr und deren Anwendung auf die Einschränkungen der Mitgliedsstaaten auf ihren Bodenmarkt. Andererseits ist hervorzuheben, dass das sogenannte Gesetz über die Offenlegung von landwirtschaftlichen Auslandinvestitionen (*Agricultural Foreign Investment Disclosure Act* / AFIDA), welches "requires foreign investors to report their holdings. The law requires any 'foreign person who acquires or transfers any interest ... in agricultural land' to report that transaction to the US Secretary of Agriculture within 90 days."[163] Der Landesbericht USA weist demzufolge auf den Begriff der ausländischen Person hin: "AFIDA defines 'person' broadly to include both individuals and legal entities (e.g., corporations, associations, and others). 'Foreign person' includes any individual who is not a citizen or permanent resident of the United States and any foreign government. It also includes a legal entity created under the laws of a foreign government or with its principal place of business outside the United States. In addition, it includes an entity created under the laws of a US state, but in which a 'significant interest' (defined by regulation) is held by foreign persons (individuals, entities, or governments). "[164] Der AFIDA bietet eine angemessene Vorlage für alle Staaten, die tatsächlich und effektiv im Sinne haben, das Eigentumssystem ihrer landwirtschaftlichen Nutzfläche und Gebiete zurückzuverfolgen[165].

Der Landesbericht Brasilien unterscheidet den direkten und den indirekten Erwerb von Agrarland in Brasilien. *Indirekter Erwerb* – z.B. wenn eine ausländische natürliche oder juristische Person, die am Kapital einer brasilianischen Gesellschaft beteiligt ist, landwirtschaftliche Nutzfläche erwirbt (d.h. sie besitzen die Mehrheit des Grundkapitals der brasiliani-

162 Landesbericht USA, 19.

163 Landesbericht USA, 15-16.

164 Landesbericht USA, 16.

165 Betreffend das US-amerikanische Bodenrecht, siehe dazu *McEowen/Harl*, Principles of agricultural law, Agricultural Law Press, Eugene, 2007, 7.1-7.60.

schen Gesellschaft) – ist nach dem brasilianischen Recht nicht verboten[166]. Beim *direkten Erwerb* von Agrarland in Brasilien liegen zwei Möglichkeiten vor: (a) nicht ortsansässige Ausländer und ausländische Gesellschaften, die nicht ermächtigt sind, in Brasilien Geschäfte zu führen dürfen in keine landwirtschaftlichen Nutzflächen erwerben; (b) daneben darf eine ausländische Person, die in Brasilien wohnt, und eine ausländische Gesellschaft, die ermächtigt ist, in Brasilien Geschäfte zu führen, landwirtschaftliche Nutzflächen in Brasilien erwerben[167]. In Bezug auf die *ausländischen Gesellschaften, die ermächtigt sind in Brasilien Geschäfte zu führen*, sind diese berechtigt brasilianisches Agrarland zu erwerben falls sie ein Landwirtschafts-, Viehzucht-, Industrie- oder ein Kolonisierungsprojekt aufbauen möchten. Unter diesem Gesichtspunkt wird im brasilianischen Recht ebenfalls ein vorgängiges Bewilligungsverfahren angewendet[168].

In *Argentinien* "the law N° 26737/2011, commonly named the foreign ownership law, limits to foreigners (whether natural or legal persons) the acquisition, transference and assignment of possessory rights on rural land in the country... [T]he law limited to a maximum percentage the amount of rural land to the ownership or possession by [foreign natural persons]"[169]. Im argentinischen Recht wird ebenfalls ein vorgängiges Bewilligungsverfahren angewendet[170].

166 Landesbericht Brasilien, 3.
167 Landesbericht Brasilien, 3.
168 Landesbericht Brasilien, 3-4.
169 Landesbericht Argentinien, 3.
170 Landesbericht Argentinien, 3.

Conclusions de la Commission II –
Conclusions of Commission II –
Schlussfolgerungen der Kommission II

Version française – French version – Französische Version
Version anglaise – English version – Englische Version
Version allemande – German version – Deutsche Version

Conclusions de la Commission II

Version française – French version – Französische Version[1]

I. Recommandations

A. Recommandations générales concernant l'espace rural et, particulièrement, le règlement 1305/2013/UE

a) Une politique de droit foncier durable et intégrative doit être définie afin de créer une harmonie entre les espaces urbains et rurales (territoires agricoles).
b) Une base de données correctement intégrée, en temps réel et complète au niveau national et/ou régional, au niveau local afin de contribuer à la préservation l'espace rural (territoires agricoles) ainsi que de l'environnement.
c) D'autres mesures doivent être imposées afin de mettre fin au déclin de la population rurale et à la diminution des terres agricoles.

B. L'acquisition transfrontalière de terres agricoles et l'acquisition de terres agricoles à des fins non-agricoles

En ce qui concerne l'acquisition transfrontalière et non agricole de terres agricoles, il faut ÊTRE ATTENTIF au fait que la Commission II a discuté des conclusions suivantes sans être arrivé à une version finale de recommandations. Ainsi, nos recommandations et nos conclusions sont plutôt de nature à démontrer les problèmes de fait que nous vous demandons de les considérer comme ébauche ne reflétant pas un point de vue univoque de toutes les parties présentes.

- Au vu des différences de prix du terrain agricoles au sein de l'UE, et dans le but d'écarter l'éventualité d'accaparement des terres,

1 La version française ne contient qu'une partie des conclusions de la Commission II. Vous trouvez les conclusions complètes dans la version anglaise.

- Au vu des incertitudes résultant de la politique foncière au sein de l'UE,
- Tout en respectant la souveraineté des Etats membres,
- Permettant de prendre en considération les caractéristiques différentes de chacun des Etats membres jusqu'à un degré approprié,
- Assurant de traiter les personnes physiques et morales de l'UE de manière non-discriminatoire,
- Visant à renforcer davantage l'intégration européenne et à diminuer l'euroscepticisme,

Nous recommandons aux organes décisionnels d'évaluer les éléments suivants :

a) Il semble primordial, en raison de la demande grandissante vis-à-vis de la législation de l'UE, de créer des normes spéciales concernant les terres agricoles, ainsi que développer – et si nécessaire – de modifier la procédure découlant de la jurisprudence pertinente de la CJUE.
b) Les terres agricoles, tout comme l'eau, ne peuvent pas faire l'objet de transactions commerciales dans le sens classique, ainsi, les principes de libre circulation des capitaux et de libre circulation des personnes ne doivent pas être appliqués sans restrictions en rapport avec les terres agricoles.
c) Selon les textes contractuels existants et la jurisprudence de la CJUE correspondante, certains objectifs d'intérêt public peuvent être appliqués par les EM de leur propre gré.
d) Les normes légales doivent définir ces objectifs d'intérêt public auxquels il est possible de se référer en cas de restrictions à la libre circulation des capitaux et des personnes en lien avec les terres agricoles ; en particulier les suivants :
   - Préserver la population rurale et agricole
   - Empêcher les spéculations
   - L'utilisation à des fins de production agricole des terres agricoles au sens étroit
   - La sécurité nationale (c.-à.-d. avoir une vue d'ensemble sur les personnes propriétaires et exploitant un terrain dans l'Etat membre donné)
   - etc.
e) Dans le cadre de la nouvelle réglementation, plusieurs notions doivent être définies correctement telles que l'utilisation à des fins de production agricole des terres agricoles au sens étroit.

f) En ce qui concerne l'acquisition de terres agricoles, nous estimons qu'il est important de réglementer, entre autres, les mesures suivantes en tant que restrictions proportionnelles :

L'introduction d'une réglementation telle que la loi sur la publication déjà en fonction aux Etats-Unis, selon laquelle les Etats peuvent exiger de la part de toute personne physique ou toute personne morale qui acquiert ou transfert des intérêts en lien avec des terres agricoles, d'annoncer cette transaction auprès d'une autorité nationale donnée dans un certain laps de temps. La situation dans laquelle des étrangers constituent une entité légale dans le pays cible et reçoivent ensuite les terres dans le pays cible peut également être considérée comme une transaction (voir détails dans le rapport national des Etats-Unis, 15-16).

- La possibilité de restreindre l'acquisition de la propriété ou l'usage de terres par certaines personnes morales à certaines formes de personnes morales au sein desquelles la structure de la propriété est transparente.
- Permettre la prescription dans les cas où des personnes morales souhaitent acquérir la propriété ou l'usage de terres agricoles; la majeure partie des intérêts de ces personnes doit appartenir aux producteurs agricoles remplissant les conditions ci-dessous.
- Permettre la prescription dans les cas où des producteurs agricoles souhaitent acquérir la propriété ou l'usage de terres agricoles ; ces producteurs doivent disposer d'une formation appropriée en agriculture et/ou d'une certaine pratique dans le secteur agricole.
- Permettre la prescription pour l'utilisation de terres à des fins de production agricole en cas de propriété ou d'usage de terres agricoles.
- Permettre la prescription d'autoproduction dans les cas où des producteurs agricoles souhaitent acquérir la propriété ou l'usage de terres agricoles.
- Permettre l'introduction d'une procédure d'autorisation préalable lors de l'acquisition de terres agricioles.
- Empêcher les contrats simulés ou fictifs (sham contracts), p. ex. en introduisant des comités fonciers locaux dans la procédure d'autorisation préablable lors de l'acquisition de terres agricoles.

a) Suspendre les prodécudres en manquement contre les nouveaux Etats membres jusqu'à la réalisation des mesures citées au point I.B.

Conclusions of Commission II

Version anglaise – English version – Englische Version

I. Assessment and explanation

A. General part: The development of rural areas

One of the essential purposes of the EU's rural development policy is to maintain the rural communities. By virtue of Article 4 c) of Regulation (EU) 1305/2013: "Within the overall framework of the CAP, support for rural development… shall contribute to achieving the following objectives: [c] achieving a balanced territorial development of rural economies and communities including the creation and maintenance of employment". This purpose of the regulation is acceptable because rural population is continuously decreasing in almost every country. However, the decrease of the agricultural lands' quantity in comparison with real estate used for other purposes is a typical feature in numerous countries as well.

According to Regulation 1305/2013/EU, the approval of national and regional development programs was underway during the assessed period. Because of this delay, the adoption of detailed national legislations begins in numerous Member States nowadays. Therefore, the conclusions of this commission in connection with the national implementation of the EU rural development policy may often be partial. Taking this into consideration, the following findings concerning the new rural development period of the EU in 2014-2020 are highlighted:

- There is the necessity to build a *stronger integration between urban and rural areas*. This could be the proper basis of a *sustainable land management policy*.
- National and regional rural development programs create a good *opportunity for states and regions to determine their special demands*.
- In connection with the implementation of national and regional rural development programs, the essential element is how the Member States and beneficiaries can *provide their contributions to the co-financing of the EU's rural development program*.

- There is a growing emphasis in the national and regional rural development programs to introduce measures promoting *nature conservation, environmental protection* and sparing of natural resources (e.g. soil, water) as well as the *support of women or young farmers*.
- The maintenance and development of rural community has a significant role in the rural development programs.

As for the countries outside of the EU, there are plenty of measures which are similar to the initiatives in the EU's rural development policy.

B. Cross-border acquisitions and acquisitions of agricultural land by non-agricultural capital

On 17.01.2014, the CEDR Management Board created three working groups to develop the three perspectives proposed by the representative of the EU Commission in Berlin. One of these groups was established in order "to work on the subject of land property and territory protection". The late Honorary President of the CEDR, Prof. Hudault was member of this working group.

As an introduction to the topic, it is worth stressing that the situation when the local (e.g. rural) communities cannot have a proper access to their natural resources (e.g. land, water) may result in a serious social crisis.

As regards rural (agricultural) communities, Article 39 of the Treaty on the Functioning of the European Union (TFEU) refers to the so-called "agricultural community", the CJEU jurisdiction concerning ownership of agricultural lands mentions "permanent agricultural community", Article 4 of regulation 1305/2013/EU uses the term of "rural communities". It is important to analyse the relationship between the definition of rural communities and agricultural communities in the rural development documents and in the land law documents (e.g. in the jurisprudence of the CJEU). Are these categories the same or only similar? What does "rural community" mean? It means a fix and constant community (e.g. a kind of indigenous people) or rather a dynamic and fast varying population? Which type is supported by the EU rural development law, and which one can be protected by the national land law of the Member States?

Cross-border acquisitions of agricultural lands and forests, and – if the national law knows this category – also of agricultural holdings (hereinafter referred to all of them as "agricultural land" or "land"), furthermore, the acquisition of agricultural lands by non-agricultural capital affects the maintenance of rural (agricultural) communities, and they are regulated quite differently in every country.

As regards the maintenance of rural (agricultural) communities, certain international documents (e.g. UN General Assembly, A/HRC/13/33/Add. 2) contain the demand that lands should be cultivated by local people (connecting this among others with the concept of sustainable development). In the EU law, Article 39 (1) point b) of the TFEU rules to ensure a fair standard of living for the agricultural community. The Court of Justice of the European Union (CJEU) regards the objectives of national agricultural land policy such as (a) to preserve a permanent agricultural community, (b) that the land should belong to persons wishing (and being capable) to farm it, (c) the possibility to counteract speculative land acquisition, etc. to be conform to the TFEU and to pursue an objective in the public interest. With certain restrictions, the CJEU regards the assurance that agricultural property be occupied and farmed predominantly by the owners to be an objective in the public interest.

Besides the inland land transfer, also the cross-border acquisition plays a more and more important role in the ownership and/or the use of agricultural lands and holdings (hereinafter together referred to as cross-border acquisition). However, it is worth emphasizing that the distinction between internal and cross-border acquisitions cannot be exact. According to the national reports, cross-border acquisition primarily means the situation in which citizens and legal entities of a country (hereinafter referred to as "foreigners" or "investors") gain the ownership or long-term use of an agricultural land situated in another country (hereinafter referred to as "target" country or area). The goals of this acquisition can be various: (a) to produce agricultural products, (b) to speculate on the land market, (c) others, (d) the combination of points (a)-(c). In a wider sense, the situation in which foreigners establish legal entities in the target country and gain the lands of the target country may be regarded as cross-border acquisition as well. In the EU law, this interpretation of a cross-border acquisition could become quite difficult due to the forms of the European Cooperative Society (SCE) and the European Company (SE). Otherwise, it is worth noticing that in the EU law, the "cross-border" element with regard to land acquisitions has been typically assessed in the frame of preliminary ruling procedures.

In numerous countries, there is an acceptable interest to get to know transparently the ownership background of the legal entities which own and use agricultural lands in these countries. Therefore, and additionally, the states are supposed to have access to the information and to operate proper registers in order that they may assess the status of cross-border acquisitions in their territories properly. However, comprehensive land registers are also the basis for the proper development of rural areas and for the improvement of environmental conditions.

The cross-border acquisition may have a strong relationship with the phenomenon of "acquisition of agricultural lands for non-agricultural purposes", nevertheless, it is worth emphasizing that they are definitely not the same. However, nowadays, the border between agricultural and non-agricultural activities is not so strict.

Numerous parts of the world are affected by the so-called land-grabbing process, which essentially means large-scale cross-border leases or acquisitions of agricultural lands by private and state investors. In this process, certain countries and regions typically appear as investors, while others as target areas. The national reporters of the present CEDR congress did not regard the cross-border acquisition in their countries as part of the land-grabbing.

In the EU, in the majority of countries having acceded to the EU in 2004 or afterwards (hereinafter new EU Member States), the moratorium upon which the agricultural land acquisition of other Member State (MS) citizens and legal entities could legally be restricted, has expired. Afterwards – allowing the principles of the freedom of establishment and the free movement of capital out of the four freedoms of the EU to evolve (and in certain situations even the application of Article 17 of the Charter of Fundamental Rights of the European Union may be raised) – the new EU MSs are obliged to let every EU MS citizen and legal entity to acquire land under the same terms as their own citizens, legal entities. In this situation however, serious conflicts may arise out of the fact that there is a significant difference between the land prices of the old and the new EU MSs. Taking these price-differences into consideration, numerous new MSs have introduced restricting measures concerning cross-border acquisition and acquisitions for non-agricultural purposes applying the legislation and practice of some old MSs as a role model. Nevertheless, in 2015, the EU Commission submitted infringement procedures only against new MSs (e.g. Bulgaria, Hungary, Latvia, Slovakia). In cases when the EU Commission initiated infringement proceedings against the new MSs because of such MS restrictions that already exist in old MSs, the action of the EU Commission can raise concerns, and may be regarded discriminative. Besides, infringement procedures may be initiated later against an old MSs as well; e.g. any other MS may directly initiate the infringement procedure against a MS that uses a restriction in the land market that is not – according to the CJEU – in compliance with the EU law. The situation definitely refers to some uncertainty in the land law policy in the EU. The question may be solved in different ways; here, we draw the attention to four possible solutions: [a] The EU ceases to apply the four fundamental freedoms with regard to the land policy of the MSs. This step would mean in a way the easing of the integration. [b] Those MSs which introduced restrictions in their land market, liberalize the rules of their land market or introduce more liberal rules. Obviously, this may severely hurt the interests of the citizens of these MSs, and may lead to land-grabbing with regard to the land markets of the new MSs. [c] The debate may be solved in a simple political way: i.e. the case may be forgotten, e.g. based on a political background-deal. In this case, there is no guarantee that the question would not arise later again, or that someone (basically anyone) does not bring the question in front of the CJEU in the frame of a preliminary procedure, basically circumventing the background-deal of the politicians (i.e. of the EU Commission and the given MSs). [d] We move in the direction of further regulation, even modifying the primary legislation of the EU if necessary. This may cease the uncertainty and deepen the integration; on the other hand, it may be interpreted as giving up a certain part of the sovereignty.

However, the cross-border acquisition of agricultural lands and the acquisition of agricultural lands for non-agricultural purposes raise topical legislative issues also in the old MSs of the EU; e.g. in Germany, in Austria, or in the UK (especially in Scotland). This question is mostly ignored in countries where – compared to other MSs – the land prices are high (the Netherlands, Belgium).

As regards the countries outside of the EU, different forms of legislations concerning cross-border acquisition (e.g. Argentina, Brazil) or acquisition of agricultural lands for non-agricultural purposes (e.g. Norway) exist. It is worth noticing that the jurisdiction of the US federal appellate court in connection with states legislation concerning corporate ownership has significant similarity to the practice of the CJEU regarding the land law of the MSs.

II. Recommendations

A. General recommendations concerning rural areas and, especially, Regulation 1305/2013/EU

a) A sustainable and integrative land law policy is to be established in order to create harmony between urban and rural areas (agricultural territories).
b) Properly integrated, real-time and comprehensive database at national and/or regional, local level may help to maintain both rural areas (agricultural territories) and the environment as well.
c) Further measures are to be imposed to stop the depletion of the rural population and the decrease of agricultural lands.

B. The cross-border acquisition of agricultural lands and the acquisition of agricultural lands for non-agricultural purposes

As to cross-border and non-agricultural acquisition of agricultural lands, BEWARE THAT Commission II has discussed the following conclusions, without having arrived to a final version of recommendations. Therefore, our recommendations and conclusions are rather of a problem-detecting nature, and we ask you to consider them as being a draft, not reflecting the univocal standpoint of all present.

- With regard to the agricultural land price differences in the EU, and in order to avoid the possibility of land-grabbing;
- with the regard to the uncertainties arising in the land policy in the EU;
- respecting the sovereignty of the Member States;
- enabling to take into consideration the differing features of the individual Member States to a proper extent;
- ensuring to handle the EU's natural and legal persons in a non-discriminative way;
- promoting to deepen the European integration further and to decrease euro-scepticism;

We recommend the decision-makers to assess the followings:

a) There is a rising demand vis-à-vis the EU legislation to deal with the creation of special rules on agricultural lands, proceeding from the relevant jurisprudence of the CJEU, developing and – if necessary – amending it.

b) Agricultural land, just like water, may not become the object of commercial transactions in a classical sense, therefore, the principles of the freedom of the capital and of the free movement of persons shall not apply without restrictions in the case of agricultural land.
c) According to the existing contractual texts and the corresponding CJEU jurisprudence, certain public interest objectives may be applied by the MSs on their own decision.
d) Legal norms have to determine those public interest objectives which can be called up when restricting the free movement of capital and persons with regard to agricultural lands; particularly the followings:
   - to maintain the rural and the agricultural population;
   - to counteract speculations;
   - agro-productional use of agricultural lands in a broader sense;
   - national security (i.e. to have an overview about who owns and uses the land of the given Member State);
   - etc.
e) In the frame of the new regulation, several notions have to be determined properly, such as the agro-productional use of agricultural lands in a broader sense.
f) As to the acquisition of agricultural lands, we deem it important to regulate, inter alia, the following measures as proportional restrictions:
   - The introduction of a regulation similar to the Disclosure Act already functioning in the USA, according to which states could require any foreign natural and foreign legal person who acquires or transfers any interest in agricultural land to report that transaction to a given national authority within a certain time. The situation in which foreigners establish legal entities in the target country and gain the lands of the target country may be regarded as cross-border transaction as well; (see in detail US Report, 15-16).
   - The possibility to restrain the ownership acquisition or the use of land by legal persons to certain forms of legal persons, in which the ownership structure is transparent.
   - To enable the prescription that in the case of legal persons who aim at acquiring the ownership or use of agricultural lands, the significant interest of these persons shall be owned by agricultural producers fulfilling the requirements below.

- To enable the prescription that in the case of agricultural producers who aim at acquiring the ownership or use of agricultural lands, these producers have to dispose of an appropriate degree in agriculture and/or of a certain practice in agricultural activity.
- To enable the prescription of agro-productional use of lands in the case of ownership and use of agricultural lands.
- To enable the prescription of self-production in the case of agricultural producers who aim at acquiring the ownership or use of agricultural lands.
- To enable to introduce the procedure of prior authorisation for the acquisition of agricultural lands.
- To enable to counteract simulated or sham contracts, e.g. introducing the local land committees in the procedure of prior authorisation for the acquisition of agricultural land.

g) To suspend the infringement procedures against the New Member States until realisation of the measures in Point I.B.

Schlussfolgerungen der Kommission II

Version allemande – German version – Deutsche Version[2]

I. Empfehlungen

A. Allgemeine Empfehlungen zu ländlichen Gebieten und, insbesondere zur Verordnung (EU) Nr. 1305/2013

a) Um eine Harmonie zwischen den städtischen und den ländlichen Gebieten (landwirtschaftlichen Gebieten) zu schaffen, soll eine nachhaltige und integrative ländliche Agrarpolitik eingeführt werden.
b) Eine ordnungsgemäß integrierte und umfassende Echtzeitdatenbank auf Bundesebene und/oder auf regionaler, lokaler Ebene kann eine bessere Erhaltung von ländlichen Gebieten (landwirtschaftlichen Gebieten) sowie der Umwelt ermöglichen.
c) Weitere Maßnahmen sollen auferlegt werden, um den Rückgang der ländlichen Bevölkerung sowie den Bestand von landwirtschaftlichen Nutzflächen aufzuhalten.

B. Der grenzüberschreitende Erwerb von Agrarland und der Erwerb von Agrarland zu nichtlandwirtschaftlichen Zwecken

In Bezug auf den grenzüberschreitenden und nichtlandwirtschaftlichen Erwerb von Agrarland, BEACHTEN SIE, dass die Kommission II über die folgenden Schlussfolgerungen diskutiert hat, ohne dass eine Endfassung von Empfehlungen erreicht wurde. Deshalb sollen unsere Empfehlungen und Schlussfolgerungen eher als Instrument, um Probleme zu erkennen, betrachtet werden. Wir bitten Sie also sie als Entwurf, der nicht den eindeutigen Standpunkt aller wiederspiegelt, zu berücksichtigen.

---

2 Die deutsche Version beinhaltet nur einen Teil der Schlussfolgerungen der Kommission II. Die Schlussfolgerungen in der vollständigen Länge finden Sie in der englischen Version.

- Im Hinblick auf die Unterschiede zwischen den Preisen des Agrarlands innerhalb der EU und, um den „Land Grabbing-Effekt“ zu verhindern;
- Im Hinblick auf die Unsicherheiten, die sich aus der Agrarpolitik der EU ergeben;
- Unter Wahrung der Souveränität der Mitgliedsstaaten;
- Unter Berücksichtigung, in angemessenem Umfang, der unterschiedlichen Merkmale der einzelnen Mitgliedsstaaten;
- Unter Beachtung des Diskriminierungsverbots von natürlichen und juristischen EU-Staatsangehörigen;
- Um die europäische Integration weiter zu vertiefen und der Euroskeptizismus zu mindern;

empfehlen wir den Entscheidungsträgern Folgendes zu bewerten:

a) Aufgrund der steigenden Nachfrage vis-à-vis der EU-Gesetzgebung sollen Sonderregeln über Agrarland geschafft werden und das Verfahren der einschlägigen Rechtsprechung vor dem EuGH entwickelt und – wenn erforderlich – geändert werden.
b) Agrarland, genau so wie Wasser, kann nicht als Gegenstand von Geschäftstransaktionen im klassischen Sinne betrachtet werden, deswegen sollen die Grundsätze des freien Verkehrs von Kapital und Personen im Fall von Agrarland nicht ohne Einschränkungen angewendet werden.
c) Nach den bestehenden Vertragstexten sowie der entsprechenden Rechtsprechung des EuGH sollen gewissen Ziele des Allgemeininteresses auf Beschluss der Mitgliedsstaaten überwiegen.
d) Rechtsnormen sollen diese Ziele des Allgemeininteresses, auf welchen bei Einschränkungen des freien Verkehrs von Kapital und Personen in Verbindung mit Agrarland berufen werden kann, bestimmen; insbesondere Folgende:
   - Die Erhaltung der ländlichen und landwirtschaftlichen Bevölkerung;
   - Die Verhinderung von Spekulation;
   - Die landwirtschaftliche Nutzung von Agrarland im engeren Sinne;
   - Nationale Sicherheit (d.h. Überblick über Eigentümer und Nutzer des Landes im betroffenen Mitgliedsstaat);
   - usw.
e) Im Rahmen der neuen Verordnung sollen mehrere Begriffe genau beschrieben werden, wie beispielsweise die landwirtschaftliche Nutzung von Agrarland im engeren Sinne.

f) In Bezug auf den Erwerb von Agrarland betrachten wir als wichtig, unter anderem, die folgenden Maßnahmen als verhältnismäßige Einschränkungen zu regulieren:
   - Die Einführung einer Verordnung, dem Gesetz über die Offenlegung, das schon in den USA anwendbar ist, ähnlich ist, nach welchem die Staaten von jeder ausländischen natürlichen und juristischen Person, die irgendwelche Interessen eines Agrarlands entweder erworben oder übertragt, verlangen können, dass diese Transaktion bei der jeweiligen Behörde innerhalb einer gewissen Zeit angemeldet werden muss. Als grenzüberschreitende Transaktion kann ebenfalls die Situation, in welcher Ausländer im Zielland eine rechtliche Einheit gründen und Agrarland im Zielland erwerben, gelten; (vgl. Landesbericht USA, S. 15-16)
   - Die Möglichkeit den Eigentumserwerb oder die Nutzung von Agrarland durch juristische Personen auf gewissen Formen juristischer Personen, in welcher die Eigentumsstruktur transparent ist, zu beschränken.
   - Die Verpflichtung, falls juristische Personen das Eigentum oder die Nutzung von Agrarland erwerben möchten, dass die wesentlichen Interessen dieser Personen den landwirtschaftlichen Erzeugern gehören müssen, denen die unten erwähnten Voraussetzungen erfüllen.
   - Die Verpflichtung, falls landwirtschaftlichen Erzeugern das Eigentum oder die Nutzung von Agrarland erwerben möchten, dass diese Erzeuger eine angemessene Ausbildung in Landwirtschaft und/oder eine gewisse Erfahrung in landwirtschaftlichen Tätigkeiten besitzen.
   - Die Verpflichtung, bei Eigentum oder Nutzung von Agrarland, das Land für agro-produktive Zwecke zu benutzen.
   - Die Verpflichtung zur Eigenproduktion, falls landwirtschaftlichen Erzeuger das Eigentum oder die Nutzung erwerben möchten.
   - Die Möglichkeit ein vorheriges Genehmigungsverfahren bei Erwerb von Agrarland einzuführen.
   - Die Möglichkeit Scheinverträge zu verhindern, z.B. durch die Einführung von lokalen Landkommissionen im vorherigen Genehmigungsverfahren bei Erwerb von Agrarland.

g) Die Vertragsverletzungsverfahren gegen die neuen Mitgliedsstaaten sollen bis zur Verwirklichung der Massnahmen im Punkt I.B ausgesetzt werden.

IV.
Commission III – Kommission III

President:

Volkmar Nies,
Landwirtschaftsdirektor (Germany)

General Reporter:

Prof. Dr. Alessandra Di Lauro,
Università degli Studi di Pisa (Italy);
Dr. Luc Bodiguel,
Université de Nantes (France)

Les évolutions récentes et significatives du droit rural

Significant Current Developments in Rural Law

Bedeutende aktuelle Entwicklungen im Recht des ländlichen Raums

Questionnaire de la Commission III – Questionnaire of Commission III – Fragebogen der Kommission III

Questions – Fragen

A. Version française – French version – Französische Version

I. Quelles sont les principales évolutions du droit rural depuis le dernier congrès?

1. Quelles sont les sources de chaque évolution?
2. Sont-elles liées à des obligations ou des orientations internationales, européennes, nationales et/ou régionales? Ces évolutions sont-elles compatibles et conformes aux obligations ou orientations internationales, européennes, nationales et/ou régionales?
3. Quel sont les éléments principaux de chaque évolution?
4. Quels en sont les effets; quelles sont les difficultés d'application?

II. Vous pouvez développer un ou plusieurs thèmes présentés ici à titre d'exemple :

1. Accord de libre-échange TTIP entre l'UE et les Etats-Unis; Changement climatique; Environnement; Sécurité alimentaire; Protection des terres agricoles (année internationale des sols 2015); Exploitations familiales (année internationale de l'agriculture familiale 2014); Brevetabilité des animaux et plantes génétiquement modifiés; Propositions législatives de l'UE pour le droit sur l'élevage des animaux; Dérivés agricoles.
2. Remarque:
   Les rapporteurs sont priés de réaliser un index thématique scientifique visant à mettre en relief, sur la base de mots-clefs, les arguments développés dans le rapport et de signaler la ou les pages de référence correspondant à ces arguments (par exemple, bail rural, page x et x).

B. Version anglaise – English version – Englische Version

I. What are the main developments in rural law since the last Congress?

1. What are the sources for each of these developments?
2. In particular, are they linked to international, European, national and/or regional obligations or guidelines? Are the developments compatible and in conformity with international, European, national and/or regional obligations or guidelines?
3. What are the main elements of each of these developments?
4. What are their effects; and do any difficulties in implementation arise?

II. If possible, please seek to include one or more of the following topics:

1. the free trade agreement TTIP between the EU and the USA; climate change; environmental law; food security; protection of agricultural land (International Year of Soils 2015); family farms (International Year of Family Farming 2014); patentability of genetically modified animals and plants; EU propositions on zootechnical legislation; agricultural derivatives.
2. Note:
   National reporters are kindly asked to create a thematic index for their report so as to identify their detailed arguments by using keywords to indicate the page/the pages where those arguments can be found (e.g., agricultural tenancy, pp. x and x).

C. Version allemande – German version – Deutsche Version

I. Welches sind die wichtigsten Entwicklungen des Rechts des ländlichen Raums seit dem letzten Kongress?

1. Welches sind die Rechtsquellen dieser einzelnen Entwicklungen?
2. Sind sie an internationalen, europäischen, nationalen und/oder regionalen Verpflichtungen oder Leitlinien ausgerichtet? Sind diese Entwicklungen kompatibel und konform mit den internationalen, europäischen, nationalen und/oder regionalen Verpflichtungen oder Leitlinien?

3. Welches sind die Hauptelemente der jeweiligen Entwicklungen?
4. Was sind deren Auswirkungen; wo bestehen Anwendungsschwierigkeiten?

II. Berücksichtigen Sie bitte ein oder mehrere der hier beispielhaft aufgezählten Themen:

1. Freihandelsabkommen TTIP zwischen der EU und den USA; Klimawandel; Umweltrecht; Ernährungssicherheit; Schutz landwirtschaftlicher Flächen (Internationales Jahr des Bodens 2015); Familienbetriebe (Internationales Jahr der familienbetriebenen Landwirtschaft 2014); Patentierbarkeit von GV-Tieren und -Pflanzen; EU-Vorschläge zum Tierzuchtrecht; Agrarderivate.
2. Anmerkung:
   Die Berichterstatter werden gebeten, einen wissenschaftlichen thematischen Index zu ihrem Bericht zu erstellen, der – aufbauend auf Stichworten – die im Bericht dargelegten Argumente hervorhebt und jeweils angibt, auf welcher Seite/auf welchen Seiten diese Argumente ausgeführt werden (z.B. landwirtschaftliche Pachtverhältnisse, S. x und x).

Rapport général de la Commission III –
General Report of Commission III –
Generalbericht der Kommission III

Version française – French version – Französische Version
Version anglaise – English version – Englische Version
Version allemande – German version – Deutsche Version

Rapport général de la Commission III

Version française – French version – Französische Version

Prof. Dr. Alessandra Di Lauro
Université de Pisa

Dr. Luc Bodiguel
CNRS, Université de Nantes

I. Introduction

Dans la commission III, ont été présentés 14 rapports nationaux, 4 rapports individuels et 2 discours officiels des ministères allemands. Nous avons pu constater la diversité des réponses apportées par les différents rapporteurs. Certains ont choisi de développer une thématique principale, d'autres de suivre le questionnaire en développant les principales évolutions de leurs droits nationaux depuis le dernier congrès du CEDR à Lucerne.

Vu cette diversité, il est difficile de faire des comparaisons sans simplifier et porter atteinte à la richesse des contenus proposés par les différents rapporteurs.

Toutefois, trois champs de réflexion plus généraux nous ont semblé pouvoir être mis en évidence (A). Ils trouveront des prolongements lors de l'analyse plus détaillée, mais non exhaustive, des différents sujets examinés dans la commission III (B).

A. Approche générale

1. Aller au-delà des frontières

Nos travaux nous semblent avoir été animés par une première ligne de réflexion et d'évolution du droit qui peut être synthétisée par le slogan:

«Aller au-delà des frontières ». Nous allons tenter d'expliquer ce que nous entendons par cette idée. Dès l'ouverture de nos travaux, le représen-

tant du ministère fédéral pour la coopération économique et le développement a montré, à partir de la Charte à l'avenir « Un monde, Notre responsabilité », combien l'agriculture est au cœur des droits fondamentaux universels:
l'accès à l'alimentation, à la terre et aux semences… Cette tendance a été prolongée par le second discours du représentant du Ministère de l'économie qui a ouvert la seconde journée de discussion par des réflexions sur le *Transatlantic Trade and Investment Partnership* (TTIP) et ses effets. Dans la ligne de ces deux discours, tous les rapports nationaux nous semblent montrer l'impossibilité de limiter notre regard aux seuls enjeux et frontières nationaux. D'ailleurs, l'actualité elle-aussi, confirme cette porosité du monde et de ses frontières. Cette porosité est dans les faits, que l'on considère le climat, l'environnement, les ressources naturelles, les besoins fondamentaux, où la nécessité d'une approche juridique sans frontière a toujours été évidente, ou que ce soit pour la sécurité alimentaire, les baux ruraux, les contrats de production et de cession de produits agricoles, où l'approche nationale a été souvent privilégiée. Cette porosité conduit à s'interroger sur la rigidité ou la flexibilité des branches du droit, des lois et des contrats et sur l'opportunité de suivre des logiques de *soft* ou de *hard law*.

2. Cheminer avec la science

Une seconde ligne de réflexion peut émerger ; sans-doute a-t-elle été plus souterraine au cours de nos débats. Elle est pourtant apparue lors des nombreuses discussions autour des organismes génétiquement modifiés (OGM), de la brevetabilité, du changement climatique, voir même du risque en agriculture. Elle rejoint des débats récurrents sur la gestion du risque dans le domaine alimentaire. Elle concerne les rapports entre le droit et la science. Ainsi, dans le contexte du changement climatique, nous avons l'impression que le droit court derrière les modèles des climatologues, comme les autorités publiques continuent d'attendre les expertises scientifiques pour décider s'ils veulent ou non des OGM alors même que les débats se sont déplacés de la sphère scientifique et technique à la sphère sociale et politique. On pourrait d'ailleurs étendre ces réflexions aux modèles économiques pour la régulation des marchés agricoles ou pour la gestion foncière, objet de plusieurs rapports. Dans la même ligne, et cela a été rappelé à plusieurs reprises par certains rapporteurs, est souvent pointée du doigt la difficulté de mettre en place une expertise neutre et professionnelle, même lorsqu'il s'agit des experts officiels de *l'Intergovernmental Panel on Climate Change* (GIEC en français), ou de l'Autorité européenne de sécurité des aliments.

Pour autant, il ne faut pas conclure que le droit doit « faire ou se faire »sans la science. Nous avons besoin de données scientifiques. Par exemple, a pu être apporté à la discussion le fait que, selon certaines études scientifiques, le changement climatique peut avoir des effets positifs dans certaines zones et négatives dans d'autres; ce qui suggère que certains droits peuvent entrer en conflits les uns avec les autres : des droits visant à une lutte ou à une adaptation standardisée au changement climatique pourront avoir des effets négatifs pour un territoire qui bénéficiera du changement. En ce sens, les questions du rapport entre science et droit rejoint le premier point soulevé de la porosité des frontières du droit (national/régional/international) et des disciplines scientifiques (droit et autres sciences).

Plusieurs questions ressortent alors pour les juristes: comment ne pas courir derrière les modèles et les expertises ? Comment éviter que le droit ne soit placé sous la camisole de la science ? Comment gérer les éventuels conflits de droit entre protections globales et décisions locales ou éviter les dérives d'une trop forte standardisation, la simple application d'une hiérarchie des normes n'étant, à ce titre, plus suffisante.

3. Ethique et droit social en agriculture

Une thématique qui nous semble devoir trouver un espace plus important dans nos rencontres est celle de la recherche de solutions juridiques, sociales et éthiques plus partagées, sur le travail en agriculture. Un seul rapport national, le rapport français, a parlé expressément du dumping social et des difficultés liées à l'utilisation de prestation de travail temporaire par des entreprises privées recrutant des travailleurs étrangers à un coût moindre que des travailleurs nationaux. Le problème du dumping social est, comme on le sait, important et généralisé. L'expression peut être utilisée tant pour faire référence aux pays dans lesquels il existe des conditions de travail considérées comme moins respectueuses des droits de l'homme, que pour des prestations de services transfrontalières utilisant une main d'œuvre à faible rémunération ou pour la délocalisation de production vers des pays et régimes juridiques plus favorables. On a tendance à considérer le phénomène dans le domaine industriel ou du bâtiment mais il est de plus en plus présent et visible en agriculture. En France, la loi d'avenir de 2014 a augmenté les sanctions financières et pénales en cas d'infraction mais, comme l'a souligné le rapporteur, reste le problème de bien définir la ligne de séparation entre les comportements licites ou illicites. Dans d'autres pays, l'actualité montre qu'il y a des filières agricoles, comme celle de la production de tomates, qui fonctionnent grâce à une main d'œuvre bon marché, voire illégale, travaillant dans des conditions humaines déplorables. De ce fait, se pose la question de l'abaissement des niveaux de protection des pays les plus protecteurs, ainsi et surtout que celle relative à un véritable système harmonisé de protection sociale et de droit du travail européen, voire au recours à des approches plus souples relevant de la *soft law*.

B. Approche thématique

Plusieurs sujets développés par les différents rapporteurs ont retenu notre attention. Nous les avons regroupés suivant trois thèmes : 1) « Alimentation », 2) « Exploitant et exploitation », 3) « Intégration de l'environnement en agriculture ».

1. Alimentation

Nous avons pu retrouver des réflexions sur le droit à l'accès à l'alimentation, notamment au fait que les aliments doivent être disponibles en quantité suffisante, adéquats d'un point de vue nutritionnel et culturel et qu'ils doivent être économiquement et physiquement accessibles. A ce titre, on peut citer le rapporteur brésilien qui, après avoir fait référence à l'accès à l'alimentation en tant que droit social, s'est interrogé sur la possibilité de voir dans les OGM un outil d'amélioration de la productivité. Le rapporteur italien nous a fait part des discussions autour d'une éventuelle modification de la Constitution italienne pour introduire une référence au droit à l'accès à l'alimentation. On peut voir dans cette réflexion une continuité avec la tenue à Milan de l'expo 2015 dédiée à « Nourrir la planète. Energie pour la vie ». Dans cette même ligne, le rapporteur belge nous a dit que, dans le nouveau code wallon, la productivité agricole doit garantir une alimentation adéquate en quantité et qualité. Quant au rapporteur suisse, il a manifesté les préoccupations de son pays pour l'autosuffisance et la souveraineté alimentaire, thème que l'on retrouve dans le rapport norvégien. En outre, une partie du droit à l'accès à l'alimentation est certainement liée à la disponibilité et à la qualité des terres agricoles, ainsi qu'au maintien de la population dans les espaces ruraux. Nous parlerons ultérieurement de la disparition des terres, des baux ruraux et du droit des successions en agriculture. Enfin, l'accès à l'alimentation a aussi été débattu au regard des règles et de la jurisprudence internationale. Ainsi, le rapporteur colombien s'est interrogé sur la place des décisions judiciaires et sur la manière dont elles s'articulent avec les décisions politiques. Il a montré l'impact que les décisions de l'ORD WT/DS132 et WT/DS308 ont eu sur la population et l'économie mexicaine (forte émigration des mexicains vers les USA ; forte importation de maïs en provenance des USA par le Belgique.)

Plusieurs rapports se sont intéressés aux règles sur la qualité des produits alimentaires et à sa protection. Le rapporteur finlandais s'est spécialement concentré sur l'application des règlements 1151/2012 sur la qualité alimentaire et 1308/2013 portant organisation commune des marchés des produits agricoles. En ce domaine, on peut aussi se référer au rapport polonais qui prône le développement des marques régionales. Le rapporteur italien, sur la base du règlement précité 1151/2012, nous a, quant à lui, parlé de la protection *ex officio* mise en œuvre par le biais d'un réseau constitué par différents organismes de contrôle nationaux au sein de l'UE et, en Italie, par l'activité constante de l'inspection centrale du Ministère des politiques agricoles, alimentaires et forestières. Afin de lutter contre la contrefaçon dans le secteur de l'huile d'olive, a été instituée l'obligation pour les restaurateurs d'avoir des bouchons qui ne permettent pas le « re-remplissage » des bouteilles. Le rapporteur italien a aussi mentionné une discussion particulièrement vivace dans son pays en raison de l'entrée en vigueur du règlement 1169/2011 qui remet en cause l'obligation nationale de mentionner sur l'étiquette le lieu de fabrication des produits alimentaires. Une demande de dérogation pourrait voir le jour en ce domaine. Quoi qu'il en soit, certains distributeurs ont volontairement choisi de conserver cette information. La Belgique nous a fait part de la présence dans le code wallon d'une attention particulière à l'agriculture biologique, de la création d'une agence pour la production agricole de qualité et de l'institution d'un système de qualité régionale différenciée. Finalement, le rapporteur brésilien a parlé des droits d'information sur l'étiquette des produits OGM et a souligné, entre autre, les liens entre la qualité et la santé.

L'innovation en agriculture a aussi été au centre des réflexions de la Commission III. Ce thème a été décliné de différentes façons. Le premier rapporteur national allemand a discuté du règlement zootechnique COM 2014/5 et plus généralement de l'amélioration des règles de production. Le rapporteur belge a manifesté l'intérêt du nouveau code wallon pour la réalisation de mesures adéquates pour le maintien de la qualité des élevages et des animaux reproducteurs, notamment au moyen d'un registre de contrôle des performances zootechniques, de la valeur génétique des animaux, des reproductions y compris celles obtenues par clonage. Le rapport individuel brésilien s'est aussi intéressé au thème de l'innovation en agriculture, dans le domaine des OGM, en mettant en évidence les avantages et les dangers de leur utilisation. Le second rapport national allemand sur les brevets biotechnologiques a pris en considération les récentes décisions *tomate II* et *brocolis II.* La Grande chambre de recours de l'office européens des brevets, dans les affaires précitées G 2/12 et G 2/13, s'est occupée de la brevetabilité de tomates à faible teneur en eau et de brocolis présentant une forte quantité de substances anti-tumorales. A l'inverse de ses décisions précédentes, elle a admis la brevetabilité de ces produits alors même qu'ils étaient issus d'un procédé non brevetable essentiellement biologique. Pour certains, cette orientation contredit les règles européennes sur la brevetabilité. Cette thématique a conduit notre Commission à discuter de l'extension des droits d'appropriation privée et en particulier des droits des obtenteurs face au privilège des agriculteurs.

2. Exploitation et exploitant

Dans ce domaine, le cœur du droit rural, des ajustements et des nouveautés doivent être mentionnées. Ils touchent d'abord des domaines classiques du droit rural. L'histoire commence souvent avec la notion d'activité agricole. Le nouveau code wallon n'a pas manqué à la tradition avec la nouvelle définition très large qui laisse ouverte des incertitudes sur son champ d'application. Le bail rural est aussi généralement incontournable mais il faut noter que peu de réformes d'importance ont été mentionnées à ce titre. En Pays-Bas, il y a cependant une discussion autour d'une libéralisation totale ou partielle du régime des baux ruraux. Notons aussi que les sociétés agricoles n'ont pas mérité de grands développements. Cependant, le rapport polonais a souligné l'importance des coopératives dans le secteur agricole. Enfin, la question centrale des successions a fait l'objet d'un travail détaillé par le rapporteur turc qui nous a parlé d'une nouvelle loi visant à éviter l'effet de hachoir des successions. Dans ce nouveau cadre, la division de l'exploitation suite au décès de l'exploitant ne sera pas possible en dessous d'un seuil déterminé afin d'éviter le morcellement et la disparition des exploitations.

Des particularités agricoles, souvent absentes de nos débats, ont aussi été évoquées. Tel est le cas des programmes brésiliens de promotion de l'agriculture familiale. Il s'agit d'un système d'aides économiques qui vise à la fois la modernisation mais aussi l'environnement, les jeunes et les femmes. Ce programme se présente avant tout comme une politique sociale visant à éviter la désertification, à maintenir les familles et l'emploi en zones rurales très défavorisées ainsi qu'à garantir l'accès à la nourriture (l'agriculture familiale représente 66 % de l'agriculture au Brésil et moins de 19 % de la production). Une discussion a été lancée au sein de notre Commission sur le point de savoir si derrière ce programme ne se cachait pas une volonté de soumette l'ensemble de l'agriculture au système de marché. **La formation et l'enseignement agricoles** sont rarement évoqués. Pour cette raison au moins, il faut souligner que les rapports belges et français en confirment l'importance. En France, le contenu de l'enseignement supérieur agricole devrait évoluer suite à la loi d'avenir 2014 (introduction de cours plus ouverts sur l'innovation, la coopération, l'environnement…). **La gestion des risques agricoles** a aussi été l'un de nos thèmes de discussion. Il s'agit sans doute d'une question d'avenir en raison du développement des biotechnologies et des énergies renouvelables, ainsi que du fait du changement climatique et des aléas qui en découlent. A ce titre, le rapporteur polonais s'est interrogé sur les outils à mettre en œuvre entre les assurances, les fonds mutuels et les fonds de stabilisation.

Mentionnons que, malgré l'actualité liée à la réforme de la PAC, la question de la filière agricole, des organisations de producteurs et des interprofessions a été peu évoquée. Seul le rapport français s'y est attaché : la loi de 2014 porte amélioration des règles concernant l'obligation de contrat écrit entre les producteurs et les premiers acheteurs afin de renforcer le pouvoir de négociation des agriculteurs (sortie du contrat, durée du contrat, proposition de premier contrat à la charge de l'acheteur).

En outre, nous soulignons l'importance des questions soulevées à propos de l'usage et de la disparition des terres agricoles. Le phénomène de disparition est généralisé en Europe et au-delà. Comme en France et en Turquie, le rapporteur belge mentionne la création d'un Observatoire foncier dont la mission est de « répertorier et d'analyser la vente des biens immobiliers agricoles sur l'entièreté du territoire régional. » Le rapporteur norvégien s'interroge sur la manière de protéger le peu de terres agricoles dont le pays dispose, soit 3% de la surface totale, vu la pression de l'urbanisation et le besoin de réaliser des infrastructures routières. Des discussions, initiées en 2013, ont été engagées pour élaborer une stratégie de protection. Quant à l'Italie, la nécessité de limiter la disparition des terres agricoles a conduit à élaborer un projet de loi au niveau national et, au niveau régional, des lois prévoient la création de banques foncières chargées de la gestion et de l'inventaire des zones abandonnées afin de promouvoir un usage soutenable, principalement pour les jeunes agriculteurs. Cette question est aussi fondamentale pour la Suisse.

En Hongrie, ce sont les cessions d'exploitations qui sont au cœur des préoccupations. Une nouvelle loi sur les transactions foncières rurales et forestières a été promulguée. Elle pose des conditions strictes d'accès à la propriété : exploitation personnelle, pas d'endettement, conditions d'utilisation du sol, conservation de la propriété sans changement de destination pendant 5 ans, plafonnement de la taille de l'exploitation… etc. Ici, le rapporteur britannique s'est demandé pourquoi ce rôle de distribution des terres a été d'accordé à l'Etat en Hongrie ? Le rapporteur polonais a exprimé le fait qu'il s'agissait de proposer une libéralisation contrôlée. Le Président de la Commission a rappelé qu'en Allemagne, comme la terre agricole n'est pas un bien « démultipliable », la cour constitutionnelle considère que l'intervention de l'Etat est justifiée. En France aussi les transactions portant sur les exploitations agricoles ont fait l'objet de modification avec le renforcement des missions des SAFER.

3. Intégration de l'environnement en agriculture

Le processus d'intégration du droit de l'environnement en droit rural se poursuit inexorablement. Du point de vue formel, il peut correspondre à un double phénomène : l'intégration de règles environnementales au sein des textes spéciaux pour l'agriculture ou l'application de textes environnementaux à l'agriculture. Notre première réflexion sur le décloisonnement des frontières juridiques, trouve ici une application. De même, l'intégration environnementale pose souvent des questions sur les rapports entre la science et le droit en ce que les connaissances du monde du vivant sont souvent des éléments indispensables pour bâtir des règles de protection et de gestion de l'environnement et pour rendre compatible le développement agricole avec son environnement naturel.

L'intégration de l'environnement correspond à un processus désormais classique. On le retrouve mentionné à plusieurs titres dans différents rapports dont nous évoquerons quelques passages.

Le développement de la législation agro-environnementale peut conduire à un regroupement formel, sous forme de **codification**, à l'image du projet de *Land Consolidation Act* hollandais (concerne le regroupement du *Zoning Act, Environmental Management Act, Nature Conservancy Act* ainsi que nombre de loi sur l'usage des terres).

Il peut aussi provoquer la **modification de dispositions contractuelles**, comme c'est le cas en France avec l'élargissement des possibilités de clauses environnementales dans les baux ruraux pourtant caractérisés par leur nature d'ordre public.

La question de la gestion des effluents d'élevage et des pollutions par les nitrates et phosphates est aussi assez classique. Elle mérite d'être mentionnée ici en ce qu'elle est renouvelée par la fin des quotas laitiers. En Pays-Bas, cette situation pose un problème particulier puisque la disparition des quotas a entrainé une forte recrudescence de la production laitière et pourrait faire basculer la dérogation qu'elle a obtenue de l'UE lui permettant d'aller au delà des seuils imposés par la directive nitrate.

La question de la limitation des pesticides est elle-aussi renouvelée à l'aune des rapports de plus en plus nombreux démontrant les effets négatifs de l'ingestion de pesticides sur la santé humaine. Cette prise de conscience est sûrement en partie à l'origine des récentes mesures françaises et belges en la matière.

L'intégration environnementale peut aussi conduire à croiser le droit rural et le droit de l'urbanisme avec des considérations environnementales. Tel est le cas en Pays-Bas avec le système développé dans la province de Brabant et consistant à subordonner toute nouvelle construction agricole à des conditions de « durabilité » (taux de chargement à l'hectare, bien-être animal, ouverture au public…).

Toutefois, le processus d'intégration environnementale est désormais débordé par une autre logique, beaucoup plus complexe, visant à intégrer les approches liées au développement durable au sein des pratiques et des droits agricoles. On peut retrouver cette idée à un stade proclamatoire, comme par exemple avec le nouveau code wallon qui « rappelle que l'agriculture est essentielle au fonctionnement économique, social et environnemental et concourt au développement durable. » L'idée prend encore plus corps avec le développement de nouveaux concepts globaux supportant des actions de politique publique. C'est le cas avec le GIEE en France, structure permettant le développement de projets collectifs alliant la performance économique et écologique avec des considérations plus sociales (loi d'avenir 2014) ou avec le concept d'agriculture écologiquement intensive du code walon « qui s'appuie sur les processus et fonctionnalités écologiques pour produire, sans compromettre l'aptitude du système à maintenir sa propre capacité de production et qui cherche à utiliser les fonctions des écosystèmes, les processus écologiques, l'information et le savoir pour minimiser les intrants et remplacer les intrants synthétisés chimiquement. »

Les risques de dissémination dans l'environnement du fait de cultures d'OGM restent aussi un sujet d'actualité non seulement dans les pays de l'UE, comme en témoignent les rapports espagnol et belge par exemple, mais aussi hors de l'UE comme au Brésil. La question centrale est celle de la coexistence des cultures OGM et non OGM dont la réalisation est particulièrement difficile. En Belgique, comme dans la réglementation européenne et d'autres pays de l'UE auparavant, le code wallon pose le principe de liberté de production et de libre choix des consommateurs et réglemente la coexistence par un système de notification auprès de l'autorité administrative et d'information des voisins. En Espagne, cette question est encore plus importante suite à la réforme de l'UE autorisant les régions et Etats à restreindre les cultures OGM. Au Brésil, la réglementation est assez légère malgré des taux de production de soja OGM très fortement majoritaire. Il n'existe pas de zones free OGM mais sont mises en place des distances de sécurité à respecter qui ont été largement réduites dernièrement. Notons que ces zones tampon peuvent tout de même aller jusqu'à 500 m alors qu'au sein de l'UE, elles sont beaucoup plus réduites.

Enfin, le changement climatique entre désormais dans la course à l'intégration environnementale. La réforme de la PAC lui fait une belle place, au moins dans les discours. L'Autriche s'est attaqué au phénomène et a élaboré une stratégie nationale pour l'adaptation au changement climatique. Il s'agit de s'adapter aux processus irréversibles provoquant des effets de basculement. Trois sortes de mesures ont été envisagées : des mesures techniques (protection anti-crue par ex), l'amélioration des fonctions naturelles des écosystèmes (protection des eaux humides par ex) et la sensibilisation et l'augmentation des connaissances. Cette intervention étatique a pu étonner le représentant britannique qui a rappelé que ce type de démarche relève au RU de l'initiative privée des filières agricoles. L'importance du phénomène de changement climatique est aussi un thème relevé par le rapporteur norvègien qui souligne la création en 2014 du *Government committee on Climate Challenges to Agriculture* qui présentera son rapport en décembre 2015. Une nouvelle loi (*Climate Act*) devrait être proposée pour réviser la réglementation sur le CC par le gouvernement à la requête du Parlement. Le rapport italien mentionne aussi le lien entre les engagements internationaux sur le changement climatique et l'impact des politiques sur les usages du sol dans la suite logique de la *Roadmap to a Resource Efficient Europe* of 2011.

Finalement, la question de la protection de la biodiversité reste aussi une question d'actualité pour les activités agricoles. Elle s'exprime de manières diverses selon les orateurs. En Pologne, une nouvelle loi de 2015 contient des lignes stratégiques pour la protection de certaines zones et le rapporteur anglais a souhaité montrer l'influence des dispositions environnementales de l'UE (Natura 2000, Directive sol…) sur les usages du sol au Royaume-Uni. Enfin, au Mozambique, est discutée la loi sur la protection des ressources naturelles dont la particularité est d'être des biens collectifs. Un choix, plus ou moins libéral, doit être fait pour trouver un équilibre entre les possibilités d'exploitation de ces ressources et le respect des droits acquis des populations autochtones.

General Report of Commission III*

Version anglaise – English version – Englische Version

Prof. Dr. Alessandra Di Lauro
University of Pisa

Dr. Luc Bodiguel
CNRS, University of Nantes

I. Introduction

In Commission III, 14 national reports, four individual reports and two official lectures from representatives of German federal ministries were presented. The various speakers supplied us with a diverse range of perspectivess. Some opted for a general approach, others chose to exhibit, via reference to the questionnaire, the most significant developments in their respective national legislations in the period since the last CEDR Congress in Lucerne.

Such diversity renders it difficult to make comparisons without unduly simplifying and/or compromising the valuable work and input of the speakers.

Nonetheless, we believe that three central considerations can be highlighted (A). These considerations will then have developed more deeply via detailed – if not exhaustive – analysis of the different thematic fields covered by Commission III (B).

---

* Translation from German into English by Dr. Steven Howe, University of Lucerne.

A. General Approach

1. Crossing Borders

We have the impression that our work was primarily animated by the contemplation of law and its evolution under the general heading of "crossing borders". We will here try to explain what we understand by this term. At the outset of our work, the representative of the federal ministry for Trade Cooperation and Development expounded, via reference to the Charta for the Future "Our World, Our Responsibility", on how centrally agriculture is anchored in our universal basic rights: access to food, land and seeds etc. This position was reinforced in the lecture delivered by the representative of the Federal Ministry for Economy and Energy that opened the second day of discussions with a series of reflections on the *Transatlantic Trade and Investment Partnership* (TTIP) and its effects. Both these two presentations, and the various national reports as well, reveal, to our mind, how it is impossible to limit our gaze to national questions and boundaries. Current events confirm, moreover, the porosity of the world and its borders. If we consider climate, the environment, natural resources, basic needs or the necessity of legal problem-solving without borders – this porosity is everywhere evident in reality. Food security, agricultural lease, production contracts and the sale of agricultural products all also point towards a certain permeability, whereby in these particular areas, a national solution is frequently privileged. Such permeability or porosity compels us to question the rigidity or flexibility of legal fields, laws and contracts, as well as the practical expedience of *soft law* and *hard law* respectively.

2. In Step with Science

A second consideration also stood out, in our view, even though this was not necessarily at the forefront of the debates. It emerged frequently, however, in the context of discussions on genetically-modified organisms (GMOs), patentability, climate change and risks in agriculture. It was also brought to bear on the frequently recurring debates on the management of risks in relation to food, and concerns the relations between law and science. We have the impression, for instance, that, in the context of climate change, law has lagged behind the models developed by climatologists; the authorities continue to wait for scientific insights before deciding whether or not they want GMOs, even though the debate has migrated from the scientific and technical to the social and political sphere. One could also extend these reflections to the economic models for regulating agricultural markets or to land management, which are the subject of several studies. In this context, various reporters repeatedly pointed to the difficulty involved in the compilation of neutral and professional expert reports, even in the case of official representatives of the *Intergovernmental Panel on Climate Change* (Weltklimarat) or the European Authority for Food Safety.

At the same time, it cannot be adduced from this that the law must get on without science. It requires scientific data. For example, it might be brought to discussion how, according to scientific studies, climate change can have positive effects in certain areas, and a negative impact in others. In accordance thereto, it must also be considered that certain laws may come into conflict with others: those laws that promote the fight against, or a standardised adaptation to, climate change may, for instance, have a negative effect on those areas that profit from the same. In this sense, questions regarding the relations between law and science are comparable to the considerations noted earlier regarding the porosity of the borders of law (national/regional/international) and of scientific disciplines (law and other sciences).

For jurists, the following questions arise from this: How can it be ensured that the law keeps pace with scientific models and expertise? How can we prevent law from being forced into a scientific straitjacket? How might possible legal conflicts between global protection and local decisions be dealt with? How can we avoid the excesses of overstandardization? The straightforward application of the hierarchy of norms is, as such, no longer sufficient in this case.

3. Ethics and Social Law in Agriculture

A topic that, in our view, was not granted adequate attention during our meetings was that of the quest for legal, social and ethic solutions in the area of agricultural labour. Only the French national report made explicit reference to social dumping and the difficultues that arise when private enterprises take on temporary foreign workers who are employed at a lower wage than domestic equivalents. As is already generally known, social dumping represents a significant and widespread problem. The term can be used to refer to countries in which the observation of human rights in relation to work conditions are regarded as unimportant. Cross-border services that exploit underpaid workers, or the relocation of production to countries with more advantageous legal conditions can, however, also fall under the heading of social dumping. While one may have the impression that this problem only exists in the manufacturing or construction industries, it is also becoming ever more current and evident in agriculture. In France, the Future Law 2014 (*Loi du 13 octobre 2014 d'avenir pour l'agriculture, l'alimentation et la forêt*) has raised the financial and criminal law sanctions that apply in the case of any offence; as the reporter underlines, however, the problem of precisely defining the line between legal and illegal activities nonetheless remains. The current state of affairs reveals, moreover, that there are, in other countries, certain branches of agriculture, such as tomato production, which only function thanks to the use of cheap, even illegal workers with sub-standard living conditions. In view of this, questions arise regarding the reduction of protectionist measures in certain countries, and, in particular, the development of a genuine, harmonised social security system, a European labour law and a more flexible approach within the framework of soft law.

B. Thematic Approach

Diverse themes from various reporters caught our attention. We have organised them here in the following three subject areas: 1) "Food", 2) "Farming and Management", and 3) "Integration of the Environment in Agriculture".

1. Food

We were able to note various considerations on the subject of the "right to food", in particular that foodstuffs must be available in sufficient quantities, be appropriate from a cultural and nutritional point of view and be both economically and physically accessible. In this context we might quote from the Brazilian national report that, after referring to the right to food as a social right, asks whether genetically-modified organisms can be regarded as an instrument for raising productivity. The Italian reporter discusses a possible emendation to the Italian constitution that aims to introduce a reference to the right to food. One can observe here a certain continuity under the motto of the Universal Expo hosted in Milan in 2015: "Feeding the Planet, Energy for Life". In a similar regard, the Belgian reporter mentions that, according to the new Wallonian legal agricultural code, agricultural productivity must guarantee adequate nutrition in terms of both quantity and quality. As in the Norwegian report, so the Swiss reporter too gives expression to national concerns regarding self-sufficiency and food sovereignty. A part of the right to food is, moreover, certainly linked to the availability and quality of agricultural lands, and to the continued existence of the population in rural areas. We will also subsequently speak about the loss of cultivated land, agricultural lease agreements and inheritance law in agriculture. Finally, the right to food has also been discussed in consideration of international rules and jurisdiction. Thus the Colombian reporter, for instance, questions the status of legal decisions as well as their interactions with political resolutions, and demonstrates the effects of decisions WT/DS132 and WT/DS308 of the DSB (Dispute Settlement Body) of the WTO on the Mexican population and economy (increased emigration of Mexicans to the USA, and increased import of corn from the USA by Belgium).

Several reports exhibited an interest in the quality schemes for foodstuffs and their protection. The Finnish reporter concentrated in particular on the application of Regulation (EU) No. 1151/2012 on quality schemes for agricultural products and foodstuffs and Regulation (EU) No. 1308/2013 on the common organisation of the markets in agricultural products. In this area, we can also refer to the Polish report, which talks up the development of regional markets. The Italian reporter provides an account, on the basis of Regulation 1151/2012, of *ex officio* protection, which has been introduced within the EU by a network of different national supervisory authorities. In Italy, this mode of protection is due primarily to the constant efforts of the central inspection agency of the Ministry for Agricultural, Food and Forestry Policies. In order to combat falsifications in the olive oil industry, obligations for restaurants to only use corks that prevent the refilling of bottles were introduced. The same reporter also mentions an extremely lively current debate in Italy that has been sparked by the fact that the inception of Regulation (EU) No. 1169/2011 has put into question the national obligation to declare the place of production on food labels. A request for an exemption clause in this regard may be submitted shortly. Be this as it may, certain distributors have nonetheless voluntarily decided to retain this information. Belgium also pointed out that special attention is, in the Wallonian legal code, granted to biological agriculture, the establishment of an agency for a quality-oriented food production and a regional system for quality products. Lastly, the Brazilian reporter has spoken about information rights on the labels of genetically-modified products, and highlighted the relation between quality and health.

Innovation in agriculture was also a central theme in Commission III. This subject was tackled in diverse manner by the reporters. The first German reporter spoke about Regulation 2014/5 and the improvement in the rules of production more generally. The Belgian reporter illustrated the usefulness of the new Wallonian agricultural legal code for the realisation of appropriate measures to ensure the quality of breeding establishments and breeding animals. These measures should be guaranteed by a register in which services in the area of animal breeding are monitored and the breeding value of the animals, as well as breeding statistics, are recorded. The Brazilian individual report also demonstrated an interest in the area of innovation in agriculture by highlighting the advantages and risks associated with the use of GMOs. The second German national report on the subject of biotechnology patents appraised the decisions *Tomatoes II* and *Broccoli II*. The Enlarged Board of Appeal of the European Patent Office dealt, in the two decisions noted here (G 2/12 and G 2/13), with the patentability of tomatoes with reduced water content and broccoli containing a higher proportion of anticarcinogenic substances. In contrast to their earlier decisions, the Board of Appeal recognised the patentability of such products, even though they are developed from a purely biological breeding method. Certain persons consider this judgement a violation of European patent laws. Our Commission thus discussed a broadening of private appropriation rights and, in particular, the relation between breeders' and farmers' privilege.

2. Farming and Management

Certain adjustments and innovations in this sphere, the beating heart of rural law, must be noted. These firstly concern the classical areas of rural law such as the general concept of agriculture. The new Wallonian agricultural legal code, for example, contains, in accordance with tradition, a broad definition of agriculture which, in its usage, leaves certain questions open. Agricultural lease agreements likewise belong to the core area in this regard, although it should be observed that few significant reforms have been introduced under this heading. In the Netherlands, there is, however, a discussion currently taking place regarding the full or partial liberalisation of the system of lease agreements. It should also be noted at this point that agricultural enterprises have not yielded any further large developments. The Polish national report did, however, underline the importance of cooperatives in the agricultural sector. Finally, the Turkish reporter took up the central question of inheritance in a detailed report in which he elucidated a new law that attempts to prevent the carving-up of land. So as to avoid division and the disappearance of agricultural enterprises, the new law renders the partitioning of enterprises on account of the operator's death no longer possible below a fixed lower-limit.

Particular agricultural characteristics that are frequently absent from our discussions were also recalled to us. This is the case, for example, with regards Brazilian plans to promote family-based agriculture. At issue here is a form of economic aid that, on the one hand, strives towards modernisation and, on the other, also supports the environment, children and women. The programme presents itself primarily as a social project that attempts to prevent desertification, preserve familial structures and income opportunities in deprived rural areas and guarantee access to food (family-based agriculture accounts for 66% of Brazilian agriculture and less than 19% of total production). Within the framework of a discussion, we in the Commission asked ourselves whether or not the motivation to subjugate agriculture en masse to the free market perhaps underlies such reforms. **Agricultural training and apprenticeships** were mentioned only rarely in the reports, for which reason it should be noted that the French and Belgian reporters did flag up their significance. Agricultural training at higher-education level should be able to develop further in France on account of the Future Law 2014 (Introduction of courses which are more open to topics like innovation, cooperation and environment). **Hazard management** was also a topic raised in our discussions. In view of the rapid development of biotechnologies and renewable energy, as well as global warming and its effects, this question will surely continue to occupy our attention in the future. In this context, the Polish reporter reflected upon different instruments that would have to be introduced between the insurances, mutual funds and stabilisation funds.

Despite the current reforms in the EU's Common Agricultural Policy, issues regarding the agricultural industry, producer groups and sector associations were seldom mentioned. Only the French report submitted observations on such points: the law of 2014 improves the rules on written form requirements for contracts between producers and first-buyers so as to allow for a strengthening of the negotiating position of the farmer (termination of contract, length of contract, first draft of contract at the expense of the buyer).

In addition, we would also like to highlight the importance of questions regarding the use and loss of cultivated lands. The phenomenon of the loss of cultivated lands is generalised both within Europe and beyond. Much as in France and Turkey, the Belgian reporter commented on the creation of a monitoring centre, the aim of which is to "register and analyse the sale of agricultural lands across the entire regional area". The Norwegian reporter posed the question as to how, in the face of increased urbanisation and the necessary street-building that this demands, the scarce agricultural land, which accounts for just 3% of the entire territory, can be better protected. In an attempt to draw up a strategy for the protection of cultivated lands, debates on this subject were launched in 2013. In Italy, the need to curb the loss of cultivated land has led to the drawing up of a new legislative project at national level. At regional level, meanwhile, the plan is to create a mortgage bank that should, via the management and cataloguing of abandoned lands, help guarantee sustainable use of such areas, above all by young farmers. This issue is also a fundamental concern in Switzerland.

Hungary faces perhaps the biggest headaches in relation to the transfer of agricultural enterprises. A new law on agricultural and forest land transactions has been passed that standardises strict preconditions for the acquisition of property: owner farming, no debts, conditions of use for the land, retention of the property without any change of intended purpose for five years, fixing of a maximum size for agricultural enterprises etc. On this point, the British reporter asked why the distribution of land was a task for the Hungarian state. The Polish reporter proposed in this regard a controlled liberalisation. The president of the Commission called to mind that the German Federal Constitutional Court has regarded the intervention of the state in such matters to be justified as agricultural lands cannot simply be multiplied at will. In France too, the framework conditions for the transfer of agricultural enterprises has been altered via an extension of the tasks of the SAFER (*Société d'aménagement foncier et d'etablissement rural*).

3. Integration of the Environment in Agriculture

The process of integrating environmental law into rural law continues apace. In formal terms, this process can occur in two ways: either through the integration of environmental-protection regulations into the particular laws of agriculture or via the implementation of environmental-protection norms in the agricultural sphere. Our initial consideration of the porosity of law finds an application here. Environmental integration also frequently raises questions regarding the relation between science and law: insights from the living world are often indispensable elements for the establishment of environmental-protection regulations and help to bring agricultural development into harmony with the natural environment.

The integration of the environment now corresponds to a classical process. This is mentioned in various reports under several titles, and we would like to outline a few points here.

The ongoing development of environmental law and agricultural law legislation can lead to a formal merging in the form of a new **codification**, such as is the case with the Dutch legislative project known as the Land Consolidation Act (which concerns the integration of the *Zoning Act*, the *Environmental Management Act*, the *Nature Conservancy Act* and other laws on land use).

Such legal developments can, however, also cause **changes to various contractual clauses**. In France, for instance, there is now greater possibility to add environmental-protection clauses to agricultural lease agreements, even though these are characterised by the principle of *ordre public*.

How the question of effluents from animal breeding and pollution caused by nitrates and phosphates should be dealt with is a similarly classical question. It warrants mention in this context as it has, since the ending of milk quotas, again taken on new topicality. In the Netherlands, this has engendered a particularly acute problem as the abolition of quotas has led to a stark increase in milk production, and it could ultimately lead to the EU repealing the exemption clause for the exceedance of the maximum values set by the Nitrate Directives.

The question of the limiting of pesticides also came up repeatedly on account of the numerous reports that highlighted the negative effects of the uptake of pesticides on the human body. This raising of awareness is no doubt due in some part to the various measures undertaken by France and Belgium in this area.

Environmental integration can also prompt the coupling of rural law and the law of urban space, on the one hand, with ecological considerations, on the other. This applies in the Netherlands to the system developed in the region of Brabant, which stipulates for all new agricultural buildings "sustainability requirements" (stocking density per hectare, animal well-being, public access etc.).

The process of environmental integration is, however, overlaid with a further, more complicated logic that strives to integrate the principles and approaches of sustainable development into agricultural law and practice. This idea is currently at a proclamatory stage – witness, for example, the new Wallonian agricultural legal code, which recalls that "agriculture is essential to economic, social and ecological well-being and contributes to sustainable development". With the development of new global concepts that support public policy measures, this idea is becoming still further evident. In France, for instance, the GIEE offers the necessary structures to allow for the development of collaborative projects that are economically and ecologically efficient, but which also pay adequate attention to social concerns (Future Law 2014). The concept of environmentally-friendly, intensive agriculture set down by the Wallonian legal code "relies for production on ecological processes and features, without, however, endangering the systems own productive assets, and attempts to utilise the functions of the ecosystem, the environmentally-friendly processes, information and knowledge, so as to minimise agricultural production resources and replace chemically-synthesised production resources."

The spread of genetically-modified organisms in the environment remains a current issue not only in the EU, as the Spanish and Belgian reports note, but also in countries outside the EU, such as Brazil. The central question in this context is that of the coexistence of conventional and GMO cultures, which proves extremely difficult in terms of implementation. As in the European legal regulations, and as was previously the case in other countries within the EU, the Wallonain agricultural legal code upholds the principle of freedom of production and the freedom of choice for consumers in Belgium and regulates the coexistence by way of an official notification and neighbourly information system. In Spain, this issue is more pressing still as the regions and states are, on the basis of the European reform, allowed to limit their GMO cultures. Despite the largely genetically-modified soya production, the legal regulations are relatively lax in Brazil. There are no GMO-free zones, and although safety distances were introduced, these have more recently been reduced again quite considerably. It is worth noting at this point that the buffer zones can nonetheless measure up to 500m, while they are much smaller in the EU.

Climate change, too, will henceforth play a significant role in environmental integration. This fact is – in public speeches at least – taken into consideration in the reform of European agricultural policy. Austria has taken up the issue and devised a national strategy for adapting to climate change. The aim is to adjust to irreversible climate events that trigger "tipping points" in climatic development. Three different kinds of measure are targeted: technical measures (e.g. flood protection), improvements to the natural functioning of the ecosystem (e.g. protection of wetlands), and the raising of awareness and enhancement of scientific insights. The intervention of the state surprised the British reporter, who for his part recalled that in the United Kingdom such endeavours are attributable to private initiatives in the agricultural sector. The Norwegian reporter also upheld the importance of climate change and emphasised the point that the *Government Committee on Climate Challenges to Agriculture* was established in 2014 and will present its report in December 2015. At the request of parliament, the government must shortly present a new law (Climate Act) on the revision of the legal regulations of the CC. The Italian report also remarks on how the connection between international agreements on climate change and the effects of political measures on the use of land can be regarded as the logical consequence of the *Roadmap to a Resource Efficient Europe of 2011*.

Lastly, the question of biodiversity also remains relevant for agricultural activities. According to the reporters, this manifests itself in different ways. In Poland, a new law contains the strategic guidelines for the protection of certain areas. The English reporter sought to illustrate the effects of the EU's environmental-protection legislation on the use of land in the United Kingdom (Natura 2000, Soil Directive ...). Finally, in Mozambique, a law on the protection of natural resources, which are there considered public goods, is being discussed. In order to achieve a balanced relation between the possibility of using such natural resources and respect for the acquired rights of the indigenous people, a more or less liberal regulation must be found.

Generalbericht der Kommission III*

Version allemande – German version – Deutsche Version

Prof. Dr. Alessandra Di Lauro
Universität Pisa

Dr. Luc Bodiguel
CNRS, Universität Nantes

I. Einführung

In der Kommission III wurden 14 Landesberichte, 4 Einzelberichte und 2 offizielle Vorträge deutscher Bundesministerien präsentiert. Wir haben dabei von den Referenten eine Vielfalt an verschiedenen Antworten erhalten. Gewisse haben sich für eine allgemeine Herangehensweise entschieden, andere wiederum haben es vorgezogen, anhand des Fragebogens die wichtigsten Entwicklungen ihres nationalen Rechts seit dem letzten CEDR-Kongress in Luzern darzulegen.

Aufgrund dieser Vielfalt ist es schwierig, Vergleiche anzustellen ohne zu vereinfachen und die reichhaltigen Inhalte der verschiedenen Referenten zu beeinträchtigen.

Allerdings können unserer Meinung nach drei zentrale Überlegungen aufgezeigt werden (A). Diese Überlegungen werden in der detaillierten – aber nicht erschöpfenden – Analyse der verschiedenen Themenfelder, welche in der Kommission III behandelt wurden, weiter vertiefen (B).

---

* Übersetzung aus dem Französischen ins Deutsche von Sébastien Touton, RA MLaw, Universität Luzern.

A. Generelle Betrachtungsweise

1. Über die Grenzen hinaus

Wir haben den Eindruck, dass unsere Arbeiten primär durch die Betrachtung und den Wandel des Rechts geleitet wurden, welche unter dem Slogan "Über die Grenzen hinaus“ zusammengefasst werden können. Wir werden versuchen zu erläutern, was wir unter dieser Idee verstehen. Bereits bei der Aufnahme unserer Arbeit hat der Vertreter des Bundesministeriums für wirtschaftliche Zusammenarbeit und Entwicklung anhand der Zukunftscharta „Eine Welt, Unsere Verantwortung“ erläutert, wie zentral die Landwirtschaft in unseren universellen Grundrechten verankert ist: Zugang zu Nahrung, Land und Saatgut… Diese Tendenz wurde durch den zweiten Vortrag eines Vertreters des Bundesministeriums für Wirtschaft und Energie, welcher den zweiten Diskussionstag mit seinen Überlegungen zum *Transatlantic Trade and Investment Partnership* (TTIP) und dessen Auswirkungen eröffnete, weiter verstärkt. Unter Berücksichtigung dieser beiden Vorträge zeigen unserer Meinung nach auch alle Landesberichte auf, dass es unmöglich ist, unsere Sichtweise auf die nationalen Fragen und Grenzen zu beschränken. Überdies bestätigt auch das aktuelle Tagesgeschehen die Durchlässigkeit der Welt und ihrer Grenzen. Betrachtet man das Klima, die Umwelt, die natürlichen Ressourcen, die Grundbedürfnisse oder die Notwendigkeit grenzüberschreitender juristischer Ansätze, war diese Durchlässigkeit in der Realität schon immer offensichtlich. Auch die Ernährungssicherheit, die landwirtschaftlichen Pachtverträge, die Produktionsverträge und der Verkauf landwirtschaftlicher Erzeugnisse deuten auf eine Durchlässigkeit hin, wobei in diesen Bereichen ein nationaler Lösungsansatz häufig privilegiert wurde. Diese Durchlässigkeit zwingt uns dazu, die Steifheit oder Flexibilität der Rechtsgebiete, der Gesetze und der Verträge sowie die Zweckmässigkeit von *Soft* oder *Hard Law* zu hinterfragen.

2. Im Gleichschritt mit der Wissenschaft

Eine zweite Überlegung hat sich unserer Meinung nach abgezeichnet, wobei diese ohne Zweifel während den Debatten nicht im Vordergrund stand. Aufgetaucht ist sie allerdings häufig im Rahmen der Diskussionen über die gentechnisch veränderten Organismen (GVO), die Patentierbarkeit, den Klimawandel und über die Risiken in der Landwirtschaft. Ebenfalls taucht sie in den häufig wiederkehrenden Debatten über die Handhabung von Risiken im Lebensmittelbereich auf. Sie betrifft auch die Beziehungen zwischen dem Recht und der Wissenschaft. So haben wir den Eindruck, dass im Kontext des Klimawandels das Recht hinter den Modellen der Klimatologen zurückbleibt; die Behörden warten weiterhin auf die wissenschaftlichen Erkenntnisse, um zu entscheiden, ob sie jetzt GVO wollen, auch wenn sich die Debatte von der wissenschaftlichen und technischen Sphäre in die soziale und politische Sphäre verschoben hat. Man könnte diese Überlegungen auch auf die ökonomischen Modelle für die Regulation der landwirtschaftlichen Märkte oder auf das Bodenmanagement ausdehnen, welches Gegenstand vieler Berichte ist. In diesem Zusammenhang wurde von verschiedenen Berichterstattern wiederholt auf die Schwierigkeit hingewiesen, neutrale und professionelle Gutachten zu erstellen, auch wenn es sich um offizielle Experten des *Intergovernmental Panel on Climate Change* (Weltklimarat) oder der Europäischen Behörde für Lebensmittelsicherheit handelt.

Gleichwohl darf man nicht daraus folgern, dass das Recht ohne die Wissenschaft auskommen kann. Es braucht dafür wissenschaftliche Daten. Zum Beispiel konnte in die Diskussion eingebracht werden, dass aufgrund wissenschaftlicher Untersuchungen der Klimawandel in gewissen Regionen positive Auswirkungen und in anderen Regionen negative Auswirkungen haben kann. Dementsprechend muss auch in Betracht gezogen werden, dass gewisse Rechte mit anderen Rechten in Konflikt geraten können: Die Rechte, welche den Kampf gegen oder die standardisierte Anpassung an den Klimawandel zum Ziel haben, können für andere Gebiete, welche vom Klimawandel profitieren werden, negative Auswirkungen haben. In diesem Sinne sind die Fragen der Beziehung zwischen Recht und Wissenschaft mit den anfangs angestellten Überlegungen zur Durchlässigkeit der Grenzen des Rechts (national/regional/international) und den wissenschaftlichen Disziplinen (Recht und anderen Wissenschaften) vergleichbar.

Für die Juristen ergeben sich demnach folgende Fragen: Wie kann man erreichen, dass das Recht mit den Modellen und Expertisen Schritt halten kann? Wie kann man verhindern, dass das Recht in eine Zwangsjacke der Wissenschaft gesteckt wird? Wie kann man mit möglichen Rechtskonflikten zwischen globalem Schutz und lokalen Entscheidungen umgehen, oder die Auswüchse einer zu starken Vereinheitlichung vermeiden? Die einfache Anwendung der Normenhierarchie ist als solche in diesem Fall nicht mehr ausreichend.

3. Ethik und Sozialrecht in der Landwirtschaft

Ein Thema, welches unserer Meinung nach bei unseren Treffen nicht genügend berücksichtigt wird, ist die Suche nach Lösungen rechtlicher, sozialer und ethischer Art im Bereich der Landarbeit. Nur der französische Landesbericht spricht ausdrücklich von Sozialdumping und den Schwierigkeiten, wenn private Unternehmungen Arbeitsleistungen ausländischer Saisonarbeiter in Anspruch nehmen, die zu einem tieferen Lohn als die inländischen Arbeiter angestellt werden. Wie ohnehin bekannt ist, stellt das Sozialdumping ein wichtiges und flächendeckendes Problem dar. Der Begriff kann verwendet werden, um auf Länder hinzuweisen, in welchen die Arbeitsbedingungen von wenig Respekt gegenüber den Menschenrechten zeugen. Jedoch können auch grenzüberschreitende Dienstleistungen, welche unterbezahlte Arbeitskräfte ausnützen, oder die Produktionsverlagerung in rechtlich vorteilhaftere Länder unter den Begriff der Sozialdumpings fallen. Man hat den Eindruck, dass dieses Problem nur in der Industrie oder Bauwirtschaft vorkommt, aber auch in der Landwirtschaft wird es immer präsenter und sichtbarer. In Frankreich hat das Zukunftsgesetz 2014 (Loi du 13 octobre 2014 d'avenir pour l'agriculture, l'alimentation et la forêt) die finanziellen und strafrechtlichen Sanktionen im Falle von Vergehen erhöht, aber, wie der Berichterstatter unterstrichen hat, besteht weiterhin das Problem, die genaue Trennungslinie zwischen legalen und illegalen Handlungen zu definieren. Die Aktualität zeigt, dass es in anderen Ländern Betriebszweige gibt – wie z.B. die Tomatenproduktion –, welche nur dank billigen, ja sogar illegalen, in erbärmlichen Lebensbedingungen arbeitenden Arbeitskräften funktionieren. Deswegen stellt sich die Frage nach einer Reduktion protektionistischer Massnahmen gewisser Länder und insbesondere nach einem echten System harmonisierten Sozialschutzes und europäischen Arbeitsrechts, sogar unter einer flexibleren Herangehensweise im Rahmen von *soft law*.

B. Thematische Betrachtungsweise

Diverse Themen verschiedener Berichterstatter haben unsere Aufmerksamkeit erregt. Wir haben sie in folgende drei Themenbereiche unterteilt: 1) "Ernährung", 2) "Landwirt und Betrieb", 3) "Integration der Umwelt in die Landwirtschaft".

1. Ernährung

Wir konnten verschiedene Überlegungen zum Thema "Recht auf Nahrung" feststellen, insbesondere, dass Lebensmittel in genügender Menge verfügbar, aus nahrungsbezogener und kultureller Sicht angemessen sowie wirtschaftlich und physisch zugänglich sein müssen. Diesbezüglich kann man den brasilianischen Berichterstatter zitieren, welcher, nachdem er auf das Recht auf Nahrung als soziales Recht Bezug genommen hatte, fragte, ob gentechnisch veränderte Organismen als Werkzeuge für eine Produktivitätssteigerung erachtet werden könnten. Der italienische Berichterstatter hat über eine mögliche Änderung der italienischen Verfassung diskutiert, einen Verweis auf das Recht auf Nahrung einzuführen. Man kann in diesem Punkt eine Kontinuität unter dem Motto „Den Planeten ernähren, Energie für das Leben" der Weltausstellung Expo 2015 in Mailand feststellen. In einem ähnlichen Zusammenhang hat der belgische Berichterstatter erwähnt, dass im neuen wallonischen Gesetzbuch die landwirtschaftliche Produktivität eine angemessene Ernährung in quantitativer und qualitativer Hinsicht sicherstellen soll. Wie der norwegische Landesbericht hat auch der schweizerische die Sorgen seines Landes in Bezug auf die Selbstversorgung und Ernährungssouveränität zum Ausdruck gebracht. Ausserdem hängt ein Teil des Rechts auf Nahrung sicherlich mit der Verfügbarkeit und der Qualität der landwirtschaftlichen Böden sowie mit dem Fortbestand der Bevölkerung in ländlichen Gebieten zusammen. Wir werden anschliessend über den Kulturlandverlust, die landwirtschaftlichen Pachtverträge sowie das Erbrecht in der Landwirtschaft sprechen. Schliesslich wurde das Recht auf Nahrung unter Berücksichtigung der internationalen Regeln und Rechtsprechung diskutiert. So hat der kolumbianische Berichterstatter die Stellung juristischer Entscheidungen sowie deren Zusammenwirken mit politischen Entscheidungen hinterfragt. Er hat die Auswirkungen der Entscheidungen WT/DS132 und WT/DS308 des DSB (Dispute Settlement Body) der WTO auf die mexikanische Bevölkerung und Wirtschaft aufgezeigt (starke Emigration von Mexikanern in die USA; starker Import von Mais aus den USA durch Belgien).

Mehrere Berichte haben sich für die Qualitätsregeln der Nahrungsmittel und deren Schutz interessiert. Der finnländische Berichterstatter hat sich insbesondere auf die Anwendung der Verordnungen 1151/2012 über Qualitätsregelungen für Agrarerzeugnisse und Lebensmittel und 1308/2013 über eine gemeinsame Marktorganisation für landwirtschaftliche Erzeugnisse konzentriert. In diesem Bereich kann auch auf den polnischen Berichterstatter verwiesen werden, welcher die Entwicklung regionaler Marken angepriesen hat. Der italienische Berichterstatter hat uns auf Basis der obenerwähnten Verordnung 1151/2012 vom Schutz *ex officio* berichtet, welcher durch ein Netzwerk verschiedener nationaler Kontrollstellen innerhalb der EU eingeführt wurde. In Italien ist dieser Schutz auf die konstanten Bemühungen der zentralen Inspektionsstelle des Ministeriums für Landwirtschafts-, Ernährungs- und Forstpolitik zurückzuführen. Um gegen Fälschungen im Bereich von Olivenöl vorzugehen, wurde für Restaurants die Pflicht eingeführt, nur noch Korken zu verwenden, welche das Wiederauffüllen der Flaschen verhindern. Der italienische Berichterstatter hat ebenfalls eine äusserst lebendige Diskussion in seinem Land erwähnt, weil durch das Inkrafttreten der Verordnung 1169/2011 die nationale Verpflichtung, auf Etiketten von Nahrungsmitteln den Herstellungsort deklarieren zu müssen, in Frage gestellt wird. Das Gesuch einer Ausnahmereglung könnte in diesem Bereich bald eingereicht werden. Wie dem auch sei, haben sich gewisse Verteiler freiwillig dafür entschieden, diese Informationen zu beizubehalten. Belgien hat uns ebenfalls darauf hingewiesen, dass im wallonischen Gesetzbuch ein besonderes Augenmerk auf die biologische Landwirtschaft, die Gründung einer Agentur für eine qualitätsorientierte Lebensmittelproduktion und ein regionales System für Qualitätsprodukte gelegt wird. Schliesslich hat der brasilianische Berichterstatter von Informationsrechten auf Etiketten gentechnisch veränderter Produkte gesprochen und unter anderem die Beziehung zwischen Qualität und Gesundheit hervorgehoben.

Auch in der Kommission III war die Innovation in der Landwirtschaft ein zentrales Thema. Dieses Thema wurde von den Berichterstattern unterschiedlich angegangen. Der erste deutsche Berichterstatter hat über die Verordnung 2014/5 und über die Verbesserung der Produktionsregeln im Allgemeinen gesprochen. Der belgische Berichterstatter hat den Nutzen des neuen wallonischen Gesetzbuches für die Realisation angemessener Massnahmen zur Sicherung der Qualität der Zuchtbetriebe und der Zuchttiere aufgezeigt. Namentlich sollen diese Massnahmen durch ein Register sichergestellt werden, in welchem die Leistungen im Bereich der Tierzucht kontrolliert und der Zuchtwert der Tiere sowie die Zuchtstatistiken registriert werden. Der brasilianische Einzelbericht hat sich ebenfalls für den Themenbereich der Innovation in der Landwirtschaft interessiert, indem er aufgezeigt hat, welche Vorteile und Risiken die Verwendung von GVO mit sich bringt. Der zweite deutsche Landesbericht über Biotechnologiepatente hat die beiden Entscheide *Tomate II* und *Broccoli II* begutachtet. Die Grosse Beschwerdekammer des Europäischen Patentamtes hat sich in den obenerwähnten Entscheiden G 2/12 und G 2/13 mit der Patentierbarkeit von wasserarmen Tomaten und Broccoli mit erhöhtem Anteil an tumorhemmenden Substanzen auseinandergesetzt. Im Gegensatz zu ihren früheren Entscheiden hat sie die Patentierbarkeit dieser Produkte anerkannt, obwohl diese aus einem rein biologischen Zuchtverfahren entstanden sind. Manche sehen in diesem Urteil eine Verletzung der europäischen Patentgesetze. Diese Thematik hat unsere Kommission in der Folge zur Diskussion einer Erweiterung des privaten Aneignungsrechts sowie im Speziellen des Verhältnisses von Züchter- und Landwirteprivileg geführt.

2. Bewirtschaftung und Landwirt

Auf diesem Gebiet, dem Herzstück des ländlichen Rechts, müssen gewisse Anpassungen und Neuerungen erwähnt werden. Diese betreffen vorab die klassischen Gebiete des ländlichen Rechts, wie z.B. den Begriff der Landwirtschaft. So enthält das neue wallonische Landwirtschaftsgesetzbuch der Tradition entsprechend eine neue, sehr breit gefasste Definition der Landwirtschaft, welche bei der Anwendung gewisse Unsicherheiten offenlässt. Ebenfalls zum Kernbereich gehört in diesem Zusammenhang das landwirtschaftliche Pachtrecht, wobei unter diesem Titel nur wenige wichtige Reformen angeführt wurden. In den Niederlanden findet allerdings eine Diskussion über die vollständige oder teilweise Liberalisierung des agrarischen Pachtsystems statt. Anzumerken ist jedoch auch, dass die landwirtschaftlichen Betriebe keine großen Veränderungen verdient haben. Allerdings hat der polnische Landesbericht die Wichtigkeit von Genossenschaften im landwirtschaftlichen Sektor unterstrichen. Schliesslich hat der türkische Berichterstatter die zentrale Frage der Erbschaft in einem detaillierten Bericht aufgenommen, indem er uns ein neues Gesetz erläutert hat, welches die Zerstückelung der Landschaft zu verhindern versucht. Um die

Teilung und das Verschwinden von landwirtschaftlichen Betrieben zu vermeiden, ist gemäss dieser neuen Regelung die Teilung eines landwirtschaftlichen Betriebes aufgrund des Ablebens des Bewirtschafters unter einer festgesetzten Untergrenze nicht mehr möglich.

Landwirtschaftliche Besonderheiten, welche in den Diskussionen häufig fehlten, wurden uns ebenfalls wieder in Erinnerung gerufen. Das ist der Fall bei den brasilianischen Plänen zur Förderung der Familienbetriebe. Es handelt sich dabei um wirtschaftliche Hilfe, welche zum einen eine Modernisierung anstrebt und zum anderen auch die Umwelt, die Jungen und die Frauen unterstützt. Das Programm präsentiert sich primär als soziales Projekt, welches versucht die Wüstenbildung zu verhindern, die Familienstrukturen und Erwerbsmöglichkeiten in den benachteiligten ländlichen Regionen zu erhalten sowie den Zugang zu Nahrung zu garantieren (die Familienbetriebe machen 66% der brasilianischen Landwirtschaft und weniger als 19% der gesamten Produktion aus). Wir haben uns in unserer Kommission im Rahmen einer Diskussion gefragt, ob hinter diesen Reformen nicht der Wille steckt, die gesamte Landwirtschaft dem freien Markt zu unterwerfen. **Die landwirtschaftliche Ausbildung und Lehre** werden in den Berichten nur selten erwähnt, weshalb mindestens darauf hingewiesen werden muss, dass die französischen und belgischen Berichterstatter deren Wichtigkeit hervorgehoben haben. Die landwirtschaftliche Hochschulausbildung dürfte sich in Frankreich aufgrund des Zukunftsgesetzes 2014 weiterentwickeln (Einführung von Kursen, die offen sind für Themen wie Innovation, Kooperation und Umwelt). **Auch das Gefahrenmanagement in der Landwirtschaft** war ein Thema in unserer Diskussion. Aufgrund der rasanten Entwicklung der Biotechnologien und der erneuerbaren Energien, sowie der Klimaerwärmung und deren Folgen, wird uns diese Frage in Zukunft sicherlich noch beschäftigen. In diesem Zusammenhang hat sich der polnische Berichterstatter Gedanken über verschiedene Instrumente gemacht, welche unter Versicherungen, Anlage- und Stabilisierungsfonds eingeführt werden müssten.

Trotz der aktuellen Reformen in der Gemeinsamen Agrarpolitik der EU wurden Fragen der Agrarbranche, Erzeugerorganisationen und Branchenverbände nur selten erwähnt. Nur der französische Bericht hat hierzu Stellung bezogen: Das Gesetz von 2014 verbessert die Regeln des Schriftformerfordernisses bei Verträgen zwischen Produzenten und Erstkäufern, damit die Verhandlungsmacht der Landwirte gestärkt werden kann (Vertragskündigung, Vertragsdauer, erster Vertragsentwurf zulasten des Käufers).

Des Weiteren möchten wir die Wichtigkeit der Fragen in Zusammenhang mit der Nutzung und dem Verlust des Kulturlandes hervorheben. Das Phänomen des Kulturlandesverlustes ist in Europa und darüber hinaus verbreitet. Wie in Frankreich und der Türkei hat der belgische Berichterstatter die Schaffung einer Beobachtungsstelle erwähnt, welche zum Ziel hat, "den Verkauf von landwirtschaftlichen Grundstücken auf dem gesamten regionalen Gebiet zu registrieren und analysieren". Der norwegische Berichterstatter hat sich gefragt, wie in Anbetracht der wachsenden Urbanisierung sowie des erforderlichen Strassenbaus das wenige Agrarland, welches nur 3% des Landes ausmacht, besser geschützt werden kann. Um eine Strategie zum Schutz des Kulturlandes auszuarbeiten, wurden im Jahre 2013 Debatten zu diesem Thema lanciert. In Italien führte währenddessen die Notwendigkeit, den Kulturlandverlust einzudämmen, dazu, dass auf nationaler Ebene ein neues Gesetzesprojekt ausgearbeitet wurde. Auf regionaler Ebene ist durch verschiedene Gesetze die Schaffung einer Hypothekarbank vorgesehen, welche durch die Verwaltung und Inventarisierung der verlassenen Gebiete eine nachhaltige Nutzung – vor allem durch junge Landwirte – sicherstellen soll. Dieses Anliegen ist auch fundamental für die Schweiz.

Ungarn bereiten die Übertragungen von landwirtschaftlichen Betrieben die grössten Sorgen. Ein neues Gesetz über landwirtschaftliche und forstliche Grundstücktransaktionen wurde erlassen und normiert strenge Voraussetzungen für den Erwerb von Grundeigentum: Selbstbewirtschaftung, keine Verschuldung, Nutzungsauflagen für den Boden, Erhaltung des Grundeigentums ohne Änderung des Verwendungszweckes während 5 Jahren, Festsetzung einer Maximalgrösse für landwirtschaftliche Betrieb etc. An dieser Stelle hat sich der britische Berichterstatter gefragt, weshalb die Verteilung des Bodens eine Aufgabe des ungarischen Staates sei. Der polnische Berichterstatter hat diesbezüglich eine kontrollierte Liberalisierung vorgeschlagen. Der Präsident der Kommission hat daran erinnert, dass das deutsche Bundesverfassungsgericht eine solche Intervention des Staates als gerechtfertigt betrachtet hat, weil die landwirtschaftliche Nutzfläche nicht beliebig "vervielfacht" werden könne. Auch in Frankreich wurden die Rahmenbedingungen für die Übertragung landwirtschaftlicher Betriebe durch eine Erweiterung der Aufgaben der SAFER (Société d'aménagement foncier et d'etablissement rural) geändert.

3. Integration der Umwelt in die Landwirtschaft

Der Prozess der Integration des Umweltrechts in das Recht des ländlichen Raums wird unaufhaltsam fortgesetzt. Aus formeller Sicht kann dieser Prozess auf zwei Arten erfolgen: Durch die Integration umweltschutzrechtlicher Vorschriften in die speziellen Gesetze für die Landwirtschaft oder durch Anwendung umweltschutzrechtlicher Normen auf die Landwirtschaft. Unsere erste Überlegung zur Durchlässigkeit des Rechts findet hier eine Anwendung. Ebenso wirft die Umweltintegration häufig Fragen betreffend das Verhältnis zwischen Wissenschaft und Recht auf. Die Erkenntnisse der Welt des Lebendigen sind häufig unverzichtbare Elemente für Schaffung der umweltrechtlichen Regeln und helfen dabei, die landwirtschaftliche Entwicklung mit ihrer natürlichen Umwelt in Einklang zu bringen.

Die Integration der Umwelt entspricht nunmehr einem klassischen Prozess. Dieser wird unter mehreren Titeln in verschiedenen Berichten erwähnt, wovon hier einige Passagen Erwähnung finden sollen.

Die Weiterentwicklung der agrarumweltrechtlichen Gesetzgebung kann zu einem formellen Zusammenschluss in Form einer neuen **Kodifikation** führen, wie z.B. dem niederländischen Gesetzgebungsprojekt *Land Consolidation Act* (betrifft den Zusammenschluss des *Zoning Act, Environmental Management Act, Nature Conservancy Act* sowie weiterer Gesetze über die Bodennutzung).

Diese Weiterentwicklung des Rechts kann aber auch eine **Änderung verschiedener Vertragsklauseln**, wie das in Frankreich der Fall ist mit einer nun erweiterten Möglichkeit landwirtschaftliche Pachtverträge, obwohl diese durch den Gedanken des ordre public charakterisiert werden, mit umweltschutzrechtlichen Klauseln zu ergänzen.

Wie man mit der Frage des Eintrags aus der Tierzucht und der Verschmutzung durch Nitrate und Phosphate umgehen soll, ist ebenfalls eine eher klassische Frage. Sie verdient es im Rahmen dieser Überlegungen erwähnt zu werden, da sie durch das Ende der Milchquoten wieder an Aktualität gewonnen hat. In den Niederlanden führt dieser Umstand zu einem speziellen Problem, da durch die Abschaffung der Quoten die Milchproduktion stark zugenommen hat, und allenfalls dazu führen könnte, dass die Ausnahmeregelung für die Überschreitung der Maximalwerte der Nitratrichtlinie durch die EU aufgehoben wird.

Auch die Frage der Begrenzung der Pestizide hat sich aufgrund der zahlreichen Berichterstattungen, welche die negativen Auswirkungen auf den menschlichen Körper durch die Aufnahme von Pestiziden aufgezeigt haben, wiederholt. Diese Bewusstseinsbildung ist z.T. sicherlich auf die jüngsten französischen und belgischen Maßnahmen in diesem Bereich zurückzuführen.

Die Umweltintegration kann auch dazu führen, dass das Recht des ländlichen Raums und jenes des urbanen Raums mit ökologischen Überlegungen verknüpft werden. In den Niederlanden trifft dies auf das in der Provinz Brabant entwickelte System zu, welches für alle neuen landwirtschaftlichen Bauten "Nachhaltigkeitsbedingungen" vorsieht (Besatzdichte pro Hektare, Wohlbefinden der Tiere, Öffnung für die Öffentlichkeit etc.)

Allerdings wird der Prozess der Umweltintegration durch eine andere, viel komplizierte Logik überlagert, welche zum Ziel hat, die Ansätze einer nachhaltigen Entwicklung in die landwirtschaftliche Praxis und Gesetze zu integrieren. Diese Idee findet man noch in einem proklamatorischen Stadium, wie z.B. im neue wallonischen Landwirtschaftsgesetzbuch, welches uns daran erinnert, "dass die Landwirtschaft essentiell für das wirtschaftliche, soziale sowie ökologische Wohlergehen ist und zur nachhaltigen Entwicklung beiträgt". Die Idee wird mit der Entwicklung neuer globaler Konzepte, welche Maßnahmen in der öffentlichen Politik unterstützen, noch sichtbarer. In Frankreich bieten z.B. die GIEE die nötigen Strukturen an, um gemeinschaftliche Projekte zu entwickeln, welche ökonomisch und ökologisch leistungsfähig sind, aber auch soziale Anliegen genügend berücksichtigen (Zukunftsgesetz 2014). Auch das Konzept der umweltfreundlichen, intensiven Landwirtschaft des wallonischen Gesetzbuches "stützt sich für die Produktion auf ökologische Prozesse und Funktionalitäten, ohne jedoch das eigene Produktionsvermögen des Systems zu gefährden und versucht die Funktionen des Ökosystems, die umweltfreundlichen Prozesse, die Informationen sowie das Wissen zu gebrauchen, um landwirtschaftliche Produktionsmittel zu minimieren und chemisch synthetisierte Produktionsmittel zu ersetzen."

Die Verbreitung gentechnisch veränderter Organismen in der Umwelt bleibt nicht nur in der EU, wie der spanische und belgische Berichterstatter erläutern, sondern auch in Ländern ausserhalb der EU, wie z.B. in Brasilien, ein aktuelles Thema. Die zentrale Frage in diesem Bereich betrifft die Koexistenz von konventionellen und GVO-Kulturen, welche sich in der Umsetzung als äußerst schwierig gestaltet. Wie in der europäischen Gesetzgebung und vorher auch in anderen EU-Staaten hält in Belgien das wallonische Landwirtschaftsgesetzesbuch das Prinzip der Produktionsfreiheit und der Wahlfreiheit des Konsumenten fest und reglementiert die Koexistenz durch ein behördliches Notifikations- und nachbarliches Informationssystem. In Spanien ist diese Frage noch wichtiger, weil es den Regionen und Staaten aufgrund der europäischen Reform nunmehr erlaubt ist, ihre GVO-Kulturen einzuschränken. In Brasilien sind trotz der Produktion von großmehrheitlich GVO- Soja die gesetzlichen Rahmenbedingungen eher lasch. Es gibt keine GVO-freien Zonen, jedoch wurden Sicherheitsabstände eingerichtet, welche in letzter Zeit wieder großzügig reduziert wurden. Anzumerken ist an dieser Stelle noch, dass diese Pufferzonen trotzdem bis zu 500 Meter betragen können, währenddessen diese in der EU viel kleiner ausfallen.

Fortan spielt nun auch der Klimawandel eine wichtige Rolle in der Umweltintegration. Auch in der Reform der europäischen Agrarpolitik wird dieser Umstand – zumindest in den öffentlichen Reden – berücksichtigt. Österreich hat sich dieser Thematik angenommen und eine nationale Strategie zur Anpassung an den Klimawandel ausgearbeitet. Ziel dabei ist es, sich an die irreversiblen klimatischen Ereignisse anzupassen und "Kippeffekte" auszulösen. Drei verschiedene Arten von Maßnahmen wurden anvisiert: Technische Maßnahmen (z.B. Hochwasserschutz), Verbesserung der natürlichen Funktionen des Ökosystems (z.B. Schutz der Feuchtgebiete) und die Sensibilisierung und Erhöhung wissenschaftlicher Erkenntnisse. Die staatliche Intervention hat den britischen Berichterstatter überrascht, welcher seinerseits daran erinnert hat, dass im Vereinigten Königreich solche Bemühungen auf private Initiativen der Landwirtschaftsbranche zurückzuführen sind. Auch der norwegische Berichterstatter hat die Wichtigkeit des Klimawandels festgehalten und betont, dass im Jahre 2014 das *Government committee on Climate Challenges to Agriculture* gegründet worden sei, welches seinen Bericht im Dezember 2015 präsentieren wird. Auf Gesuch des Parlaments hin müsste von der Regierung in nächster Zeit ein neues Gesetz (*Climate Act*) für die Revision der gesetzlichen Bestimmungen des CC präsentiert werden. Der italienische Bericht erwähnt ebenfalls die Verbindung zwischen internationalen Abkommen über den Klimawandel und den Auswirkungen von politischen Maßnahmen auf die Benutzung des Bodens als logische Folge der *Roadmap to a Resource Efficient Europe of 2011.*

Letztlich bleibt auch die Frage der Biodiversität relevant für die landwirtschaftlichen Tätigkeiten. Gemäss den Berichterstattern zeigt sich dies in verschiedener Art und Weise. In Polen enthält ein neues Gesetz die strategischen Leitlinien für den Schutz gewisser Gebiete. Der englische Berichterstatter wollte die Auswirkungen der umweltrechtlichen Gesetzesbestimmungen der EU auf die Nutzung des Bodens im Vereinigten Königreich aufzeigen (Natura 2000, Bodenrahmenrichtlinie …). Schließlich wird in Mozambique das Gesetz über den Schutz natürlicher Ressourcen, welche als öffentliche Güter gelten, diskutiert. Für ein ausgeglichenes Verhältnis zwischen der Möglichkeit der Nutzung dieser natürlichen Ressourcen und dem Respekt der wohlerworbenen Rechte der Einheimischen muss noch eine mehr oder weniger liberale Regelung gefunden werden.

Conclusions de la Commission III –
Conclusions of Commission III –
Schlussfolgerungen der Kommission III

Version française – French version – Französische Version
Version anglaise – English version – Englische Version
Version allemande – German version – Deutsche Version

Conclusions de la Commission III

Version française – French version – Französische Version

I. Aller au-delà des frontières

Nos travaux nous semblent avoir été animés par une première ligne de réflexion et d'évolution du droit qui peut être synthétisée par le slogan:

«Aller au-delà des frontières». Nous allons tenter d'expliquer ce que nous entendons par cette idée: tous les rapports nationaux nous semblent montrer l'impossibilité de limiter notre regard aux seuls enjeux et frontières nationaux. D'ailleurs, l'actualité elle-aussi, confirme cette porosité du monde et de ses frontières. Cette porosité est dans les faits, que l'on considère le climat, l'environnement, les ressources naturelles, les besoins fondamentaux, où la nécessité d'une approche juridique sans frontière a toujours été évidente, ou que ce soit pour la sécurité alimentaire, les baux ruraux, les contrats de production et de cession de produits agricoles, où l'approche nationale a été souvent privilégiée. Cette porosité conduit à s'interroger sur la rigidité ou la flexibilité des branches du droit, des lois et des contrats et sur l'opportunité de suivre des logiques de soft ou de hard law.

Suggestion de la Commission III : traiter les grandes questions juridiques d'actualité en prenant en considération la diversité des approches culturelles et juridiques des différents pays, ainsi que les répercussions globales des décisions et règles locales.

II. Cheminer avec la science

Une seconde ligne de réflexion peut émerger au regard des nombreuses discussions autour des OGM, de la brevetabilité, du changement climatique, et du risque en agriculture. Elle concerne les rapports entre le droit et la science. Le droit semble courir derrière les modèles, comme les autorités publiques continuent d'attendre les expertises scientifiques pour décider. Dans la même ligne, est souvent pointée du doigt la difficulté de mettre en place une expertise neutre et professionnelle, même lorsqu'il s'agit d'experts officiels. Pour autant, il ne faut pas conclure que le droit doit « faire ou se faire » sans la science. Nous avons besoin de données scientifiques. Plusieurs questions ressortent alors pour les juristes : comment ne pas courir derrière les modèles et les expertises ? Comment éviter que le droit ne soit placé sous la camisole de la science ? Comment gérer les éventuels conflits de droit entre protections globales et décisions locales ou éviter les dérives d'une trop forte standardisation, la simple application d'une hiérarchie des normes n'étant, à ce titre, plus suffisante.

Suggestion de la Commission III : continuer à s'interroger sur le rôle du droit face à l'expertise scientifique, sur les moyens de les relier sans les asservir.

III. Ethique et droit social en agriculture

Une thématique qui nous semble devoir trouver un espace plus important dans nos rencontres est celle de la recherche de solutions juridiques, sociales et éthiques plus partagées, sur le travail en agriculture. Ce problème du dumping social est, comme on le sait, important et généralisé. L'expression peut être utilisée tant pour faire référence aux pays dans lesquels il existe des conditions de travail considérées comme moins respectueuses des droits de l'homme, que pour des prestations de services transfrontalières utilisant une main d'œuvre à faible rémunération ou pour la délocalisation de production vers des pays et régimes juridiques plus favorables. On a tendance à considérer le phénomène dans le domaine industriel ou du bâtiment mais il est de plus en plus présent et visible en agriculture. De ce fait, se pose la question de l'abaissement des niveaux de protection des pays les plus protecteurs, ainsi et surtout que celle relative à un véritable système harmonisé de protection sociale et de droit du travail européen, voire au recours à des approches plus souples relevant de la *soft law*.

Suggestion de la Commission III : réfléchir sur les dangers liés à la recherche d'un abaissement des niveaux de protection sociale des pays les plus protecteurs et sur les conséquences d'un véritable système harmonisé de protection sociale et de droit du travail pour éviter le dumping social.

Conclusions of Commission III

Version anglaise – English version – Englische Version

I. Crossing Borders

We have the impression that our work was primarily animated by the contemplation of law and its evolution under the general heading of "crossing borders". We will here try to explain what we understand by this term. All the various national reports reveal, to our mind, how it is impossible to limit our gaze to national questions and boundaries. Current events confirm, moreover, the porosity of the world and its borders. If we consider climate, the environment, natural resources, basic needs or the necessity of legal problem-solving without borders – this porosity is everywhere evident in reality. Food security, agricultural lease agreements, production contracts and the sale of agricultural products all also point towards a certain permeability, whereby in these particular areas, a national solution is frequently privileged. Such permeability or porosity compels us to question the rigidity or flexibility of legal fields, laws and contracts, as well as the practical expedience of *soft law* and *hard law* respectively.

Recommendation of Commission III: Explorations of the important legal questions of the day, whereby both the cultural and legal ways of thinking of the various countries and the global effects of local decisions and rules should be granted ample consideration.

II. In Step with Science

A second consideration arises on the basis of the various discussions on genetically-modified organisms (GMOs), patentability, climate change and risks in agriculture. It concerns the relations between law and science. As authorities continue to wait for scientific expertise before making decisions, it seems that law lags behind scientific models. In this context, the difficulty involved in generating neutral and professional expertise is frequently pointed out. Yet it cannot be adduced from this that the law must get on without science. It requires scientific data. For jurists, the following questions arise from this: How can it be ensured that the law keeps pace with scientific models and expertise? How can we prevent law from being forced into a scientific straitjacket? How might possible legal conflicts between global protection and local decisions be dealt with? How can we avoid the excesses of overstandardization? The straightforward application of the hierarchy of norms is, as such, no longer sufficient in this case.

Recommendation of Commission III: Continue to probe the question of the role of law in relation to scientific knowledge, and that of the means by which these two areas might be coupled without stifling their development.

III. Ethics and Social Law in Agriculture

We believe that the common search for legal, social and ethical solutions in the area of agricultural labour should have played a greater role in our discussions. As is already generally known, social dumping represents a significant and widespread problem. The term can be used to refer to countries in which the observation of human rights in relation to work conditions are regarded as unimportant. Cross-border services that exploit underpaid workers, or the relocation of production to countries with more advantageous legal conditions can, however, also fall under the heading of social dumping. While one may have the impression that this problem only exists in the manufacturing or construction industries, it is also becoming ever more current and evident in agriculture. In view of this, questions arise regarding the reduction of protectionist measures in certain countries, and, in particular, the development of a genuine, harmonised social security system, a European labour law and a more flexible approach within the framework of soft law.

Recommendation of Commission III: Continue to consider the dangers that attend to attempts to reduce protectionist measures in certain countries, and the consequences that the introduction of a genuine social protection system and the harmonisation of European labour law might have for the reduction of wage dumping.

Schlussfolgerungen der Kommission III

Version allemande – German version – Deutsche Version

I. Über die Grenzen hinaus

Es scheint, dass unsere Arbeit in erster Linie durch die Betrachtung und Entwicklung des Rechts unter dem Titel "Über die Grenzen hinaus" inspiriert wurde. Wir werden versuchen zu erklären, was wir unter dieser Idee verstehen: Alle Landesberichte scheinen uns aufzuzeigen, dass es unmöglich ist, unseren Blick einzig auf nationale Fragen und Grenzen zu richten. Des Weiteren bestätigt uns auch das aktuelle Tagesgeschehen die Durchlässigkeit der Welt und ihrer Grenzen. Betrachtet man das Klima, die Umwelt, die natürlichen Ressourcen, die Grundbedürfnisse oder die Notwendigkeit juristischer Problemlösungen ohne Grenzen, war diese Durchlässigkeit in der Realität schon immer offensichtlich. Auch die Ernährungssicherheit, die landwirtschaftliche Pacht, die Produktionsverträge und der Verkauf landwirtschaftlicher Erzeugnisse deuten auf eine internationale Durchlässigkeit hin, wobei in diesen Bereichen ein nationaler Lösungsansatz häufig privilegiert wurde. Diese Durchlässigkeit zwingt uns dazu, die Steifheit oder Flexibilität der Rechtsgebiete, der Gesetze und der Verträge sowie die Zweckmässigkeit von *soft* oder *hard law* zu hinterfragen.

Vorschlag der Kommission III: Erforschung der wichtigen juristischen Fragen der Gegenwart, indem man die kulturellen und juristischen Denkweisen der verschiedenen Länder sowie die globalen Auswirkungen lokaler Entscheidungen und Regeln genügend berücksichtigt.

II. Im Gleichschritt mit der Wissenschaft

Eine zweite Überlegung sich kann aufgrund der vielen Diskussionen über GVO, die Patentierbarkeit, den Klimawandel und der Risiken in der Landwirtschaft ergeben. Sie betrifft die Beziehung zwischen dem Recht und der Wissenschaft. Wie die Behörden weiterhin auf wissenschaftliche Expertisen warten um Entscheidungen zu treffen, scheint es, dass das Recht hinter den wissenschaftlichen Modellen zurückbleibt. In diesem Zusammenhang wird häufig darauf verweisen, dass es selbst mit offiziellen Experten schwierig sei, neutrale und professionelle Expertisen zu erstellen. Trotzdem darf nicht daraus gefolgert werden, dass das Recht ohne die Wissenschaft auskommen kann. Es braucht dafür die wissenschaftlichen Erkenntnisse. Folglich ergeben sich für die Juristen folgende Fragen: Wie kann man erreichen, dass das Recht mit den Modellen und Expertisen Schritt halten kann? Wie kann man verhindern, dass Recht in eine Zwangsjacke der Wissenschaft gesteckt wird? Wie kann man mit möglichen Rechtskonflikten zwischen globalem Schutz und lokalen Entscheidungen umgehen, oder die Auswüchse einer zu starken Vereinheitlichung vermeiden? Die simple Anwendung der Normenhierarchie ist als solche in dem Fall nicht mehr ausreichend.

Vorschlag der Kommission III: Weiterhin hinterfragen, was die Rolle des Rechts im Verhältnis zu wissenschaftlichem Fachwissen ist, und mit welchen Mitteln diese beiden Bereiche miteinander verknüpft werden können, ohne sie zu unterwerfen.

III. Ethik und Sozialrecht in der Landwirtschaft

Wir finden, dass die gemeinsame Suche nach juristischen, sozialen und ethischen Lösungen im Bereich der Landarbeit in unseren Diskussionen mehr Platz einnehmen sollte. Das Sozialdumping stellt, wie gesagt, ein wichtiges und flächendeckendes Problem dar. Der Begriff kann gebraucht werden, um auf Länder zu verweisen, in welchen die Achtung der Menschenrechte in den Arbeitsbedingungen als unwichtig betrachtet wird. Jedoch können auch grenzüberschreitende Dienstleistungen, welche unterbezahlte Arbeitskräfte ausnützen, oder die Produktionsverlagerung in rechtlich vorteilhaftere Länder unter den Begriff der Sozialdumpings fallen. Man hat den Eindruck, dass dieses Problem nur in der Industrie oder Bauwirtschaft vorkommt, aber auch in der Landwirtschaft wird es immer sichtbarer und aktueller. Aufgrund dieser Tatsachen stellen sich Fragen nach einer Reduktion protektionistischer Massnahmen gewisser Länder und insbesondere nach einem harmonisierten, echten Sozialschutzsystem, einem europäischen Arbeitsrecht und einer flexibleren Herangehensweise im Rahmen des soft law.

Vorschlag der Kommission III: Sich weiterhin Gedanken darüber machen, welche Gefahren mit der Suche nach einer Reduktion protektionistischer Massnahmen gewisser Länder verbunden sind und was für Konsequenzen die Einführung eines echten Sozialschutzsystems und die Harmonisierung des europäischen Arbeitsrechts für Reduktion des Lohndumpings haben könnten.

V.
Rapport de Synthese – Synthesis Report – Synthesebericht

Prof. Dr. Roland Norer

General Delegate CEDR,

Universität Luzern (Switzerland)

Version française – French version – Französische Version

Version anglaise – English version – Englische Version

Version allemande – German version – Deutsche Version

Rapport de Synthese*

Version française – French version – Französische Version

Prof. Dr. Roland Norer
Délégué général du CEDR,
Université de Lucerne

I. Introduction et remerciements

Monsieur le Président,
Mesdames et Messieurs,
Chers collègues,[1]

Votre Délégué général reçoit, comme le veut la tradition, le dernier mot accadémique dans le cadre de ce XXVIIIème Congrès européen de droit rural. Mais tout d'abord – également de manière traditionnelle – quelques mots de remerciement.

J'aimerais premièrement remercier notre Président, le Prof. Dr. *Dieter Schweizer* et son équipe du DGAR pour l'organisation circonspecte et très réussie. Votre hospitalité, la bonne atmosphère, le cadre impressionnant, tout ceci a rendu la participation ici à Potsdam en une expérience unique. Merci beaucoup.

Laissez-moi préalablement aussi remercier chaleureusement les rapporteurs généraux des commissions et les présidents. Ils ont attendu les rapports nationaux patiemment et les ont pris en compte rapidement, tout comme ils ont dirigé le travail de la Commission de manière efficace et rentable. Il s'agit pour la Commission I du Prof. Dr. *José Martínez* et du Prof. Dr. *Pablo Amat Llombart*, pour la Commission II du Prof. Dr. *Rudy Gotzen* et de l'Ass. Prof. Dr. *János Ede Szilágyi* ainsi que pour la Comissi-

* Traduction de l'allemande en français par Méryl Maulini, MLaw, Université de Neuchâtel.

1 Version élargie et complétée pour le système de notes de bas de page, le style de l'exposé a été conservé.

on III de *Volkmar Nies*, tout comme du Prof. Dr. *Alessandra Di Lauro* et du Dr. *Luc Bodiguel*.

En outre, tous les rapporteurs et rapporteuses généraux nationaux et individuels méritent tous nos remerciements. Leurs rapports étaient la contribtion centrale de cet événement. En tout, 43 rapports nationaux ont été présentés par des représentants et représentantes de 20 pays. 5 rapports individuels ont été en plus déposés.

J'adresse finalement mes remerciements à vous, mes chers participants et participantes. Le XXVIIIème Congrès européen de droit rural se serait déroulé de manière bien plus pauvre sans votre engagement et votre esprit de discussion.

Après ces mots de remerciement, je me permets de vous demander encore quelques minutes d'attention pour l'analyse scientifique du Congrès. En 2007, quand j'écoutais à Caserte le rapport de synthèse de mon cher prédécesseur Prof. Dr. *Paul Richli*, d'ailleurs mon deuxième Congrès CEDR à cette époque, j'étais très impressionné. Passant d'une langue à l'autre, il exposait à l'époque d'une manière incroyablement dense et captivante les thèmes du Congrès avec les développements actuels du droit et les nouvelles apparitions littéraires durant un discours qui durait une bonne heure. Paul Richli est encore aujourd'hui parmi nous et j'en profite pour le saluer chaleureusement. Je me trouve désormais à sa place et face à la tâche à accomplir comme lui ou justement complètement. Alors que faire? Aucune peur, je ne veux pas vous tourmenter trop longtemps avec mon manque de talent en langues étrangères. Je n'ai également pas l'intention de faire un long discours battant des records. Mais examinons donc encore une fois le programme scientifique de ce XXVIIIème Congrès et Colloque du CEDR.

II. Exposé d'introduction académique

Dans le cadre de l'introduction scientifique de mercredi dernier, une grande demande m'a été faite, qui devait également s'associer à la Commission suivante. Le Collègue Prof. Dr. *Joseph A. McMahon* a d'abord eu l'amabilité d'accepter de reprendre cette tâche et de faire un exposé sur le thème « Towards New Objectives for the CAP? – A legal analysis ». Il a dû malheureusement annuler sa participation en dernière minute mais nous avons pu trouver spontanément le Prof. *Michael Cardwell* comme fantastique substitut.

Sa présentation des thèses MacMahons, je voudrais presque déjà dire paraphrase, a démontré une fois de plus que certe rien n'a changé jusqu'à aujourd'hui dans l'objectifs de la politique agricole commune (PAC)[2], mais une accumulation croissante de buts non agricoles s'est pourtant ancrée dans la pratique. Entre la sécurité des denrées alimentaires et le bien-être des animaux, la biodiversité, la protection de l'environnement et climatique, le développement durable et la bioéconomie, on semble en fin de compte en avoir presque négligé la fonction première, à savoir la production de produits agricoles. Pour autant que – en suivant les thèses de Mc-Mahon – la production de denrées alimentaires soit définie comme bien public et doit être pour ainsi dire redécouverte et l'idée d'un nouveau contrat social, d'un contrat social mis en discussion manifestement dans l'esprit de Rousseau[3] entre agriculteur et société. Cette idée n'est pas totalement nouvelle – le contenu de l'article de la Constitution concernant l'agriculture[4] est également vu comme objet d'un contrat social dans le système démocratique suisse, étant donné qu'il a été accepté en votation par le peuple et les cantons[5]; Les dialogues publics et les consultations sur le futur de l'agriculture aux Pays-Bas ont été effectués de telle manière que la société civile et les milieux intéressés soient intégrés dans une large mesure, je me permets de renvoyer sur ce point au rapport y relatif par la Commission I. Nous devrions néanmoins nous demander que devrait être exactement la prestation de la société dans une telle formation de contrat théorique. Les devoirs de l'agriculture découleraient déjà bien des objectifs précités, mais est-ce que le devoir du public, de la politique et du consommateur auraient pour objet de garantir les paiements directs avec leur charge fiscale, de rétribuer des prestations multifonctionnelles ou même de payer des prix convenables pour les produits alimentaires? Une idée certes digne d'approfondissement.

2 Cf. art. 39 TFUE.

3 *Rousseau*, Du contrat social (1762).

4 Cf. art. 104 Constitution fédérale suisse (Cst.; RS 101).

5 *Norer*, Landwirtschaft und Verfassungsrecht: Hinführung und Nachtrag, in: *idem* (édit.), Landwirtschaft und Verfassungsrecht – Initiativen, Zielbestimmungen, rechtlicher Gehalt (2015), 22 avec d'autres références.

III. Thèmes

Nous avons par la suite repris les travaux, comme d'habitude dans trois Commissions. Le Conseil de direction a cette fois décidé de faire la plus jeune réforme du PAC sur le thème central: « Réforme de la PAC: Organisation du marché et espace rural. Cadre juridique et mise en œuvre ». Du point de vue d'une exécution à un moment peut-être encore trop précoce comme les expériences de mise en oeuvre viennent juste de si bien commencer un peu partout, les orientations juridiques devraient en tout cas sur la base des nouveaux textes juridiques déjà être soumises à une analyse. Une nouveauté réside dans la liaison thématique des Commission I et II, si bien que le Congrès est dédié à un thème central commun, encadré par le thème qui a fait ses preuves sur développement actuel dans la Commission III. En comparaison sur ce point avec le Congrès du droit rural européen du passé, il n'y a que celui de 1999 à Amsterdam où le projet de réforme de l'AGENDA 2000 avait pour objet spécifique de la Commission les conseils tout autant de politique du marché et des prix que de développement rural.[6]

La Commission I se consacra au thème « Organisation du marché: Cadre juridique et mise en œuvre » et traita par conséquent du nouveau premier pillier de la PAC. Il s'imposa ici dans le domaine des aides financières une foule familière ainsi que de nouveaux éléments comme par exemple l'exploitant agricole actif, le capping, le paiement unique d'exploitation, le verdissement, la conditionnalité, SIGC ou les règles de transparence pour une analyse approfondie. Par ailleurs, il existait aussi la possibilité d'élargir le champ de vision à d'autres instruments comme l'intervention et le stockage privé, le commerce extérieur ou la cotation. La Commission I ne négocia donc pas seulement le chapitre le plus important à l'heure actuelle pour l'agricultre européenne mais joua aussi un rôle au groupe le plus spécialisé à Potsdam. Les thèmes semblables, en tout cas ce qui concerne le règlement du marché et les instruments spécifiques y relatifs, étaient cependant aussi déjà à plusieurs reprises le thème du Congrès de droit rural européen.[7] Cette fois- ci, il s'agissait de 12 rapports nationaux.

6 1999 à Amsterdam: Commission I « *Politique du marché et des prix* »; Commission II « *Développement rural* ».

7 Donc 1985 à Puerto de la Cruz (Ténériffe) (« *Régime juridique des limitations de la production agricole* »); 1987 à Salzbourg (« *Techniques juridiques anciennes et*

La Commission II était correspondante à la Comission I avec comme intitulé « Espace rural: Cadre juridique et mise en œuvre » et se consacrait au nouveau deuxième pillier de la PAC. Il s'agissait ici surtout de ne pas seulement prendre en compte le cadre juridique mais également de se pencher de manière intensive sur les programmes nationaux concernés dans le cadre de la politique au développement de l'espace rural. De plus, il fallait accorder aussi en parallèle une attention particulière au cadre juridique national, en particulier aux thèmes du droit des transactions foncières, du droit des baux ruraux, de l'aménagement du territoire, du droit de l'infrastructure, de la politique régionale et de mesures structurelles rurales. Une attention particulière a été accordée à cette occasion aux acquisitions transfrontalières et extra-agricoles de terres agricoles. Cela donna un motif suffisant pour des discussions animées, ce qui maitrisa ce groupe avec un grand engagement. Les Congrès passés s'occupaient du reste déjà occassionnellement de l'espace rural au sens le plus large, respectivement des aspects particuliers[8]. A Potsdam 16 rapports nationaux et 2 rapports individuels traitaient de ce thème.

La Commission III s'occupait finalement du thème prioritaire « Les évolutions récentes et significatives du droit rural ». Les thèmes proposés à cette occasion comme par exemple la génétique, la brevetabilité d'animaux et de plantes génétiquement modifiés, le droit des obtentions végétales et des semences, le droit de l'élevage des animaux, la sécurité alimentaire, le changement climatique, la protection de terres agricoles ou le droit de chasse ont été de loin surpassé. Comme d'habitude, cette Commission proposa l'image la plus hétérogène et présenta une quantité variée à des développements en partie complètement différents de presque toutes les parties du monde du droit rural. Il faut attirer l'attention en particulier sur les présentations d'hôtes dans cette Commission sur le thème du droit des brevets européens et du TTIP. Ce format ouvert avait également déjà été au mieux sauvegardé par le Congrès de Cambridge en 2009, Bucarest en 2011 ainsi que de Lucerne en 2013. Il s'agissait ici aussi de 15 rapports

nouvelles pour la régulation du marché »); 2001 à Helsinki (« *Instruments juridiques du marché des produits agricoles* »); 2007 à Caserte (« *La mise en application du paiement unique par les administrations et les tribunaux nationaux* »).

8 Donc 1993 à Interlaken (« *Problèmes juridiques particuliers posés par l'agriculture de montagne et des zones dáfavorisées* »); 1995 in Oxford (« *La conservation et la restauration de l'espace rural protégé et non-protégé* »); 1997 à Bonn (« *Les instruments juridiques de la protection de l'espace rural* »).

nationaux et de 3 rapports individuels. C'était aux Rapporteurs généraux de séléctionner dans la diversité du matérial élaboré la tendance correspondante.

Dans l'ensemble, les rapports nationaux suivaient en grande partie les questionnaires qui avaient été établis par accord entre les rapporteurs généraux et les Délégués généraux. Cela a allégé les Commissions pour mener des débats structurés et pour formuler des conclusions.

Mesdames et Messieurs, je me permets simplement de souligner quelques éléments des rapports et des discussions qui me paraissent importants.

IV. Commission I et II

Les Commissions I et II avaient un thème très complexe à traiter, à savoir la transposition d'environ 700 pages de textes juridiques qui ne sont toutes en vigueur que depuis le 1er janvier de cette année. Un examen prudent pour savoir si une idée possible de problèmes qui se poseront encore dans un futur proche et un regard critique du détail vers l'ensemble étaient nécessaires et ont été entrepris par tous les participants avec beaucoup d'engagement et de bravoure.

A. Régime juridique

Si nous gardons à l'esprit ce régime juridique de la nouvelle PAC dans son ensemble, nous remarquons naturellement tout de suite la nouvelle structure en raison du traité de Lisbonne avec les règlements de base, les règlements délégués et les règlements d'exécution.[9] Si l'on pouvait dégager des quatre règlements de base du Parlement européen et du Conseil (Règlements 1305-1308/2013[10]) qui ont été publiés en 2013, malgré une étendue

9 Cf. art. 290 s. TFUE.

10 Règlement (UE) n° 1305/2013 concernant le soutien au développement rural par le Fonds européen agricole pour le développement rural (FEADER), JO L 347/487 (antérieurement règlement 1698/2005); Règlement (UE) n° 1306/2013 relatif au financement, à la gestion et au suivi de la politique agricole, JO 347/549 (antérieurement règlement 1290/2005); Règlement (UE) n° 1307/2013 établissant les règles relatives aux paiements directs en faveur des agriculteurs au titre des régimes de soutien relevant de la politique agricole commune, JO L 347/608 (antérieurement

en partie importante de matières juridiques concevables, une multitude de règlements délégués[11] et d'exécution[12] ont été fixé depuis 2014.

---

règlement 73/2009); Règlement (UE) n° 1308/2013 portant organisation commune des marchés des produits agricoles, JO L 347/671 (antérieurement règlement 1234/2007).

11 Règlement délégué (UE) n° 807/2014 complétant le règlement (UE) 1305/2013 en ce qui concerne le soutien au développement rural par le Fonds européen agricole pour le développement rural (FEADER) et pour l'introduction des dispositions transitoires, JO L 227/1; Règlement délégué (UE) n° 640/2014 complétant le règlement (UE) 1306/2013 en ce qui concerne le système intégré de gestion et de contrôle, les conditions relatives au refus ou au retrait des paiements et les sanctions administratives applicables aux paiements directs, le soutien au développement rural et la conditionnalité, JO L 181/48; Règlement délégué (UE) n° 906/2014 complétant le règlement (UE) 1306/2013 en ce qi concerne les dépenses d'intervention publique, JO L 255/1; Règlement délégué (UE) n° 907/2014 complétant le règlement (UE) 1306/2013 en ce qui concerne les organismes paycurs et autres entités, la gestion financière, l'apurcment des comptes, les garanties et l'utilisation de l'euro, JO L 255/18; Règlement délégué (UE) n° 639/2014 complétant le règlement (UE) 1307/2013 établissant les règles relatives aux paiements directs en faveur des agriculteurs au titre des régimes de soutien relevant de la politique agricole commune et modifiant l'annexe X dudit règlement, JO L 181/1; Règlement délégué (UE) n° 499/2014 complétant le règlement (UE) 1308/2013 et le règlement (UE) 1306/2013 en modifiant le règlement d'exécution (UE) 543/2011 en ce qui concerne les secteurs des fruits et légumes et des fruits et légumes transformés, JO L 145/5; Règlement délégué (UE) n° 500/2014 complétant le règlement (UE) 1308/2013 par la modification du règlement (CE) 288/2009 en ce qui concerne l'octroi d'aides pour les mesures d'accompagnement dans le cadre d'un programme en faveur de la consommation de fruits et légumes à l'école, JO L 145/12; Règlement délégué (UE) n° 501/2014 complétant le règlement (UE) 1308/2013 en modifiant le règlement (CE) 826/2008 en ce qui concerne certaines exigences relatives aux produits agricoles bénéficiant de l'aide au stockage privé, JO L 145/14; Règlement délégué (UE) n° 611/2014 complétant le règlement (UE) 1308/2013 en ce qui concerne les programmes de soutien au secteur de l'huile d'olive et des olives de table, JO L 168/55; Règlement délégué (UE) n° 612/2014 complétant le règlement (UE) 1308/2013 par la modification du règlement (CE) 555/2008 en ce qui concerne de nouvelles mesures dans le cadre des programmes d'aide nationaux dans le secteur vitivinicole, JO L 168/62; Règlement délégué (UE) n° 2015/560 complétant le règlement (UE) 1308/2013 en ce qui concerne le régime d'autorisations de plantations de vigne, JO L 93/1.

12 Règlement d'exécution (UE) n° 808/2014 portant modalités d'application du règlement (UE) 1305/2013 relatif au soutien au développement rural par le Fonds européen agricole pour le développement rural (FEADER), JO L 227/18; Règlement d'exécution (UE) n° 615/2014 portant modalités d'application du règlement (UE) 1306/2013 et du règlement (UE) 1308/2013 en ce qui concerne les programmes de travail pour soutenir les secteurs de l'huile d'olive et des olives de ta-

Les négociations de la réforme du GAP de 2013 étaient du reste d'intérêt institutionnel particulier sur ce point, comme les seuls règlements devaient être classés pour la première fois dans ces nouveux instruments selon le traité de Lisbonne. Les délimitations plus consistantes du contenu entre les compétences déléguées (art. 290 TFUE) et les compétences d'exécution (art. 291 TFUE) en particulier ont été à cette occasion reconnues comme complexes et controversées.[13] Il a été démontré dans le processus de discussion que le Conseil et le Parlement conservent en priorité leur forme d'apparition plus familière ou plus favorable de participation. Ainsi, les Etats membres du Conseil ont opté en cas de doute pour les règlements délégué sans participation du Parlement alors que le Parlement a exigé les règlements de délégation pour lesquels il y a un droit d'opposition. Finalement, des compromis politiques acceptables ont pu être trouvés dans tous les cas. Une délimitation juridique solide entre les règlements de délégation et d'exécution ne sera cependant possible qu'au fur et à mesure sur le fondement d'une jurisprudence détaillé des juridictions européennes. Une fois de plus, le droit rural s'est démontré en tout cas comme terrain de jeu, comme large précurseur du développement du droit européen.

Qu'en ont alors fait les législateurs nationaux? Il est à déduire des rapports déposés que tous les Etats membres ont transposé le nouveau droit dans les formes nationales actuelles et le plus souvent dans le droit de la régulation des marchés (il ne manque pas de diverses lois, ordonnances, décrets et même règlements royaux), certains avec une forte réserve et d'autres à nouveau conscients du « règlement boiteux », ils se sont référés

ble, JO L 168/95; Règlement d'exécution (UE) n° 809/2014 établissant les modalités d'application du règlement (UE) 1306/2013 en ce qui concerne le système intégré de gestion et de contrôle, les mesures en faveur du développement rural et la conditionnalité, JO L 227/69; Règlement d'exécution (UE) n° 908/2014 portant modalités d'application du règlement (UE) 1306/2013 en ce qui concerne les organismes payeurs et autres entités, la gestion financière, l'apurement des comptes, les règles relatives aux contrôles, les garanties et la transparence, JO L 255/59; Règlement d'exécution (UE) n° 641/2014 fixant les modalités d'application du règlement (UE) 1307/2013 établissant les règles relatives aux paiements directs en faveur des agriculteurs au titre des régimes de soutien relevant de la politique agricole commune, JO L 181/74; Règlement d'exécution (UE) n° 614/2014 modifiant le règlement (CE) 555/2008 en ce qui comcerne l'application de certaines mesures d'aide dans le secteur vitivinicole, JO L 168/73.

13 Pour plus de détail cf. *Mögele*, Die Reform der Gemeinsamen Agrarpolitik 2013 – rechtliche und politische Aspekte, in: Norer/Holzer (édit.), Agrarrecht. Jahrbuch 2014 (2014), 134 ss.

à l'effet direct des règlements de l'UE – à savoir la forme bel et bien existante en pratique du règlement nécessitant une mise en oeuvre – ou ont en raison d'une méfiance générale vis-à-vis de l'art de la création du droit bruxellois repris l'ensemble de la réforme dans le cadre national. Pour une étendue impressionnante du régime de droit européen, encadré du reste par le droit de l'entraide et de la concurrence réformée, les règlements nationaux s'y ajoutent donc encore.

B. Flexibilité

Ces réglements nationaux sont d'importance croissante, car la nouvelle PAC nécessite beaucoup de variantes, de différenciations, de diversités et ainsi de décisions des législateurs nationaux. Concernant cette fois l'assouplissement toujours plus grand du 1er pilier rigide et peu flexible pour rechercher une parole la plus neutre possible, il se justifie plus que jamais de parler d'une redistribution des compétences entre l'UE et les Etats membres. Vouloir nommer ceci différenciation, fédéralisation ou renationalisation est une question d'ordre religieux. Si l'on place la réforme de la PAC dans le laps de temps si souvent cité depuis la réforme MacSharry de 1992, il n'apparaît pas seulement que la ligne de développement conduit directement à toujours plus d'écologisation mais aussi à une remise en question – les critiques déplorent depuis longtemps déjà même la perte – du „C" dans le sigle PAC, à savoir le terme commun.[14] Avons-nous encore à faire à une politique agricole « commune » ou est-ce que chaque Etat membre fait ce qu'il veut de son côté avec des frais de gestion élevés et un

---

14 Cf. d'actualité *Mögele*, Die Reform der Gemeinsamen Agrarpolitik 2013 – rechtliche und politische Aspekte, in: Norer/Holzer (édit.), Agrarrecht. Jahrbuch 2014 (2014), 137 ss.; ainsi que *Bianchi*, Y a-t-il encore quelque chose de « commun » dans la nouvelle Politique agricole commune?, RTDE 2005, 623; *Gilsdorf*, Der Grundsatz der Subsidiarität und die gemeinsame Agrarpolitik, GS Grabitz (1995), 77; *Götz*, Supranationale und staatliche Kompetenzen auf dem Gebiet der Agrarpolitik, AgrarR 1971, 33; *Priebe*, Wie „subsidiär" kann die Gemeinsame Agrarpolitik sein?, EuZW 1993, 425; *Priebe*, Differenzierung und Dezentralisierung in der gemeinsamen Agrarpolitik, FS Steinberger (2002), 1347; *Scherer*, Subsidiaritätsprinzip und EG-Agrarreform, DVBl. 1993, 281; *Seidel*, Rückführung der Landwirtschaftspolitik in die Verantwortung der Mitgliedstaaten? – Rechts- und Verfassungsfragen des Gemeinschaftsrechts, AgrarR 2000, 381.

financement en commun qui vise à tout le moins à conserver l'apparence d'une politique communautaire et unie?

Ce développement a selon mon avis encore une autre répercussion possible, à savoir la différenciation entre les deux piliers. Quel est alors – mis à part le développement historique dans lequel les mesures structurelles ont réuni seulement plus tard un 2ème pilier – la différence déterminante? Dans l'UE c'est entre autres, on nous l'a expliqué durant des années, l'approche divergente: 1er pilier "top down" – obligations uniformes et contrainte, 2ème pilier "bottom up" – mesures différenciées et dans une certaine mesure facultative. Concernant les développements esquissés plus haut, dernièrement renforcés par la réforme de la PAC de 2013, la question de cette différenciation reste en suspens. Même si à ma connaissance la Commission européenne soutient toujours qu'il faudrait conserver l'architecture des deux piliers, alors les frontières exactes sont à atténuer, voir à disparaître de la notion. Il reste encore le financement différent – ici 100% UE, là le cofinancement par l'UE et les Etats membres –, mais ce critère est aussi affaibli à vue d'œil avec divers tops up-options.

C. Simplification

En outre, assouplissement signifie inévitablement augmentation du matériel normatif et je passe ainsi au thème de la simplification. Simplification, un joli mot qui s'est pourtant révélé incompatible dans l'histoire de la PAC avec cette dernière.[15] Nous l'avons entendu avant-hier par le ministre de l'agriculture de Brandenburg et les rapports le confirment également, la charge administrative a à nouveau augmenté plutôt que diminuer. Les tentatives de simplification législative et administrative sont légion, tout comme les groupes de travail concernés. On peut naturellement aboutir à quelques simplifications avec des astuces de technique juridique, la réduction du matériel normatif était en particulier concernée. On peut – comme la Commission européenne l'a fait de façon impressionnante par le passé – réunir 22 organisations communes des marchés dans un règlement unique, on peut fonder la PAC commune comme actuellement sur quatre actes de base, mais on ne m'ôtera pas l'idée que d'avoir assemblé a été plutôt com-

15 Par exemple *Streinz*, Vereinfachung und Verbesserung der Rechtsetzung in der Gemeinsamen Agrarpolitik der EG, GS Kopp (2007), 248.

pilé que vraiment simplifié. Le règlement actuel sur l'organisation commune du marché avec le numéro 1308/2013[16] n'est pas seulement considérablement plus dur à conserver que l'ancien avec la série de chiffres innoubliable 1234 (règlement 1234/2007[17]), il a aussi dépassé une certaine limite naturelle avec un nombre de 261 pages. Je ne parle pas du laïque inexpérimenté intéressé qui valide de bonne foi le bouton impression sur son PC et doit remettre étonner du papier au moins deux. Non, je parle bien du juriste spécialisé en droit rural. Peut-être que je me fais gentiment vieux, mais je me surprends à être de moins en moins prêt à rechercher et préparer toujours du nouveau pour remplacer des dispositions familières et reconues toutes les quelques années.

De quoi pourrait alors avoir l'air une simplification juridique rurale radicale de lege ferenda? Dans la Commission I, *José Martìnez* a lancé dans la discussion l'idée d'une partie générale du droit rural européen. Le titre II du règlement sur les paiements directs (UE) n° 1307/2013 pourrait servir de point de départ adéquat pour un tel projet. Jc suis personnellement sceptique sur les conséquences d'un déplacement visé par la Commission I aux conclusions de l'input législatif sur le plan des notes interprétatives, des lignes directrices et des directives. Les praticiens de la justice ont naturellement besoin d'un dernier espoir, pour pouvoir assurer une exécution peut-être pas impérativement conforme au droit mais – malheureusement largement plus important – conforme à la Commission sans corrections financières. Nous avions déjà une fois exigé durant un Congrès CEDR que de matériels jusqu' au commentaire déjà apparu de l'Organisation commune du marché unique[18] soient largement mise à disposition.[19] Mis à part tous les problèmes de la fiabilité juridique[20], nous devrions tout de même nous demander si ce n'est pas finalement une incapacité d'un législateur, dont le niveau législatif importe peu, lorsqu'il a besoin des 100 pages – l'exemple de l'art. 6 Fauna-Flora-Habitat-Directive doit maintenant sim-

16 Voir N 11.

17 Règlement (CE) n° 1234/2007 portant organisation commune des marchés dans le secteur agricole et dispositions spécifiques en ce qui concerne certains produits de ce secteur (règlement OCM unique), JO L 299/1.

18 *Mögele/Erlbacher* (édit.), Single Common Market Organisation (2011).

19 Ainsi dans la conclusion de la Commission III en 2011 à Bucarest; *Richli* (édit.), L'agriculture et les exigences du développement durable (2013), 416.

20 Finalement *Martinez*, Mehrebenenvollzug des Direktzahlungssystems in der Europäischen Union: Brüssel und Mitgliedstaaten, in: Norer (édit.), Agrarische Direktzahlungen – rechtliche Aspekte in Konzeption und Vollzug (2011), 159 ss.

plement être évoqué[21] –, afin d'expliquer au praticien juridique ce qu'il a en fait voulu dire par là. Peut-être devrions-nous formuler librement selon Wittgenstein: Ce sur quoi on ne peut pas légiférer de manière compréhensible, nous devons nous taire.

D. Technicité

Nous nous sommes en revanche approprié entre temps chaque type de langage spécifique et sommes aussi prêts – cette fois avec « verdissement » et « capping » – d'élargir continuellement notre jargon. Par ceci nous nous entendons majoritairement comme économistes agricoles et notre travail est celle qui permet une « continuation à bricoler » dans les abîmes profonds du droit dit technique. De nouveaux instruments sont naturellement intéressant et profitable, comme par exemple d'ajuster désormais systématiquement le verdissement, de se faire une idée sur la éco-architecture de la PAC comme l'a fait par exemple *Gottfried Holzer* dans le journal actuel de la CEDR[22]. Je souhaiterais cependant bien plus retrouver à nouveau le regard juridique originel, même si l'émancipation de la réalité du droit technicisée pourrait être rendue difficile. Nous avons bien trop rarement la possibilité d'exiger un Etat de droit et la conformité des droits fondamentaux. Qui se préoccupe de la proportionnalité et de la subsidiarité en relation avec la PAC? Quelle contribution scientifique va encore au-delà d'une représentation purement descriptive? Où est passée l'époque durant laquelle – je dois déjà dire notre ancêtre de droit rural – la dogmatique de propriété de l'UE pouvait être développée à l'aide du droit de la politique agricole commune, où des questions juridiques fondamentales dans le domaine des quotas du lait ont été posées durant des années pour que des explications juridiques enrichissantes aient finalement été apportées?

---

21 Directives Natura 2000 – Gestion du territoire. La règle de l'art. 6 de l'Habitat-Directive 92/43/CEE (2000).

22 *Holzer*, Die „neue" Ökoarchitektur der GAP, CEDR-JRL 1/2015, 50 ff.

E. Transparence

Un exemple dans cette relation qui était aussi l'objet des discussions de la Commission I est ici la transparence. Jusqu'à présent une petite lueur à l'horizon. Je reconnais toutefois que ce thème n'a pas vraiment été compris en dehors de l'Allemagne et de l'Autriche. La disposition sur la transparence actuellement règlementé dans l'art. 111 ss. du règlement (UE) n° 1306/2013[23], à savoir la publication obligatoire des données des bénédiciaires de l'aide agricole de l'UE avec nom, commune et montants reçus avait poussé à l'époque deux agriculteurs de Hesse à se défendre judiciairement en invoquant comme argument la violation de leur droit à la sphère privée. Nous savons tous comme s'est terminé l'affaire Schecke et Eifert[24]. La CJCE a partagé en grande partie ses préoccupations et a déclaré la disposition à tout le moins en partie non applicable. David contre Goliath nous a donné un motif d'espoir si vous voulez le droit fondamental contre la norme technique comme nous voulons toujours interpréter cet arrêt. Aujourd'hui nous devons voir l'ensemble de manière désabusée. La Commission a entre temps retouché la disposition concernée, en particulier pour instaurer une valeur seuil sous laquelle le nom ne doit pas être publié. À ma connaissance, on tente actuellement toujours de soumettre cette règlementation postérieure à un examen judiciaire. Il est à se demander si cette rectification suffit afin de dissiper les préoccupations juridiques fondamentales de l'époque. Ainsi – et sur ceci attire le rapport général de la Commission I explicitement l'attention –, il est finalement question de savoir si la transparence est bel et bien appropriée pour atteindre le but d'un contrôle public de l'administration.

F. Espace rural

Se focaliser sur le travail de la Commission II et sur son développement rural renforce l'impression déjé suscitée jusqu'à présent. Nous pourrions comparer les mesures variées dans le domaine du soutien structurel et régional dans les Etats membres de l'UE ainsi que dans tous les autres pays ici représentés, partager nos priorités, formuler nos objectifs, mais il paraît parfois difficile – même dans la transposition du règlement (UE)

23 Voir N 11.
24 CJCE, dans l'affaire C-92/09 et C-93/09 du 9.11.2010.

n° 1305/2013[25] – de découvrir l'ensemble. Finalement le 2ème pilier représente le développement de politiques nationales autonomes à l'intérieur d'une règlementation cadre de l'UE avec, au-delà du soutien à la compétitivité agricole, des objectifs essentiels étendus.

Les réponses aux questions du prochain cadre légal pour l'espace rural dans la Comission II sont au contraire bien plus riches, lesquelles sont inévitablement allées bien plus loin que l'agriculture. Le droit de l'aménagement du territoire a toujours été cité à juste titre, droit de nature et droit de la protection de l'environnement, droit des eaux allant jusqu'aux directive sur les eaux de l'EU et sur la protection contre les inondations[26] ainsi que droit foncier.

La perte de terrain cultivé est un exemple particulièrement clair qui a été indirectement abordé dans la 2ème partie du questionnaire selon l'acquisition transfrontalière et non agricole des espaces et qui est également apparu dans la Commission III sur le thème de la souveraineté alimentaire. La question centrale est ainsi de savoir s'il est légitime et – justement en ce qui concerne les paramètres du droit européen – légal de réserver l'accès aux terres cultivables à la population locale sur place, pour autant qu'ils soient agriculteurs. De nombreux rapports attestent du fait que le terrain cultivé est rare et le devient de plus en plus, dont le rapport particulièrement impressionnant de Norvège selon lequel seulement 3% de la surface du pays peut être utilisée de manière agricole.

G. Droit de l'espace rural

Sur la durée, il y a probablement besoin d'un programme d'ensemble juridique pour l'espace rural. J'avais lancé l'idée, il y a quelques années, d'un tel « droit rural » dans la discussion théorique[27] et je remarque que jusqu'à présent personne n'a suivi mon approche dans la litérature, au contraire. J'en ai rediscuté avec des collègues durant le dîner de gala et ai entre le plat principal et le dessert encore pensé de manière autocritique que je de-

25 Voir N 11.

26 Directive 2000/60/CE établissant un cadre pour une politique communautaire dans le domaine de l'eau, JO L 327/1; Directive 2007/60/CE relative à l'évaluation et à la gestion des risques d'inondations, JO L 288/27.

27 *Norer*, Vom Agrarrecht zum Recht des ländlichen Raums – alte und neue Begrifflichkeiten, ZfV 2001, 2 ss.

vrais aujourd'hui revenir sur ma proposition. Durant la rédaction de ce rapport de synthèse hier matin, je me suis cependant convaincu que nous devrions nous pencher effectivement sur l'ensemble, même si nous ne sommes pas des juristes agricoles au sens étroit mais des juristes du droit de l'espace rural. Ne serait-ce pas cohérent de réunir les politiques et les normes spaciaux dans un même contenu, même si celles-ci ne devraient ensuite plus s'appeler politique agricole mais peut-être politique régionale? Et à côtà de cela, de profiter du rapprochement discuté ci-dessus des deux piliers et de transférer dans le 1er pilier les mesures de nature agricole spécifiquement du 2ème pilier avec toutes les possibilités de différenciation et de réussir un seul et grand pilier commun avec un régime juridique systématisé et homogène? Un régime qui continuerait d'être financé à 100% par l'Union afin que l'argent national imposé jusqu'à présent puisse être librement utilisé pour d'autres mesures de politique structurelle; Un régime par lequel la question déplaisante de la répartition des moyens serait inutile, voudrait dire une réévaluation des mesures structurelles et finalement l'agriculture serait déchargée d'une série d'objectifs éloignés de la production.

V. Commission III

Les nombreux rapports de la Commission III démontrent un large domaine. Bien qu'ils soient le moins de rapporteurs, qu'ils ont de toute façon tenu de courts questionnaires et et ont souvent choisi seulement un ou deux thèmes actuels, il résulte de la synthèse une image variée et à nouveau avec une homogénéité suprenante.

A. Droit européen

Un gros bloc des développements de droit rural forme généralement le développement de la politique agricole correspondante. Ici détermina ces deux dernières annes de manière décisive la plus jeune réforme de la PAC le développement juridique par les Etats membres de l'UE. Une bonne partie de la réglementation agricole des Etats membres était absorbée par le travail de mise en oeuvre du nouveau régime juridique. À un régime qui – nous l'avons déjà entendu – n'est pas devenu plus simple avec le partage dans le règlement de base, dans les règlements délégués et d'exécution et qui a augmenté jusqu'à une quantité énorme. Pas étonnant que le législateur agricole ait démontré peu de capacité afin de marquer un tournant essentiel aussi dans d'autres domaines. Du reste, peut-être surprenant que ce soit similaire pour la Suisse en tant que non Etat membre européen. La contribution suisse rapporte des développements juridiques centraux tout à fait comparables par rapport à la réforme de la politique agricole nationale qui a eu lieu là-bas.

Mais l'influence du droit de l'UE ne se limite déjà depuis longtemps plus à la politique agricole. Les divers rapports démontrent dans leur ensemble de manière impressionnante quels champs thématiques vont en outre être abordés. Pour en citer quelques-uns :

Dans le domaine du droit de l'environnement, la contribution du Royaume-Uni rend attentif sur le fait que le régime juridique de Natura 2000, à savoir la directive oiseaus et habitats[28], va être soumis à un examen des performances sportives avec dont l'issue du point de vue de l'agriculture est incertaine.

En janvier 2015, le règlement (UE) n° 1143/2014 relatives aux espèces exotiques envahissantes[29] est entré en vigueur. Ces animaux et plantes envahissants représentent un grand danger pour la faune et la flore locales en Europe et causent des dommages de de billions de d'euros. Le règlement prévoit différent types d'intervention.

Le rapport du Royaume-Uni explique également les nombreuses conséquences possibles qui pourraient être associées, avec le 7ème programme d'action pour l'environnement (7. PAE)[30], à l'agriculture. Ce programme entra en vigueur en janvier 2014. Il énumère une série d'autres recommandations spécifiques qui doivent fixer les buts politiques et législatifs pour les prochaines années.

Une autre thématique concerne la protection des indications géographiques et des appellations d'origine des produits agricoles. Avec le règlement (UE) n° 1151/2012 relatif aux systèmes de qualité applicables aux

---

28 Directive 92/43/CEE concernant la conservation des habitats naturelsainsi que de la faune et de la flore sauvages, JO L 206/7; Directive 2009/147/CE concernant la conservation des oiseaux sauvages, JO 2010 L 20/7.

29 Règlement (UE) n° 1143/2014 relatif à la prévention et à la gestion de l'introduction et de la propagation des espèces exotiques envahissantes, JO L 317/35.

30 Voir http://ec.europa.eu/environment/action-programme/.

produits agricoles[31], des aiguillages importants pour le droit de désignation national sont en particulier créés concernant la nourriture locale, comme les rapports finnois et italien le démontrent clairement.

En Italie cependant, l'application du règlement (UE) n° 1169/2011 concernant l'information des consommateurs sur les denrées alimentaires[32] est intensément débattu. En comparaison avec le droit jusqu'à present, il manqué effectivement la possibilité de réaliser la production ou le conditionnement selon les déclarations impératives pour les denrées alimentaires conditionnées, tout autant quele règlement ne prévoie pas d'exceptions spécifiques pour la legislation des Etats membres.

Ici la nouvelle version du droit de l'élevage des animaux européen est également à classer, tout comme le rapport national allemand l'expose. La question centrale se pose en particulier pour savoir si, à l'avenir, des entreprises privées devraient aussi pouvoir être reconnues en tant qu'organisations d'élevelage pour les pures races de toute espèce animale.

Nous allons nous intéresser encore un peu de la culture d'OGM (organismes génétiquement modifiés) reprise dans le rapport espagnol dans le cadre européen de la directive (UE) 2015/412[33]. Il en resort que les Etats membres ont la possibilité d'édicter des dispositions juridiquement contraignantes qui peuvent interdire ou limiter la culture d'OGM sur leur territoire national dès que des OGM ont été autorisés légalement pour le marché européen. Vu de cette manière, la directive signifie en gros: La restitution de compétences de l'UE aux Etats membres afin qu'ils puissent décider de manière autonome de la politique concernant les OGM ou les denrées alimentaires génétiquement modifies[34].

Mais l'influence au niveau européen ne se limite en aucun cas à Bruxelles. Comme déjà souvent, il est indispensable de prendre en compte la jurisprudence de la Cour européenne des droits de l'homme. Le rapport norvégien informe par exemple qu'une disposition de la loi sur les baux

---

31 Règlement (UE) n° 1151/2012 relatif aux systèmes de qualité applicables aux produits agricoles et aux denrées alimentaires, JO L 343/1.

32 JO L 304/18.

33 Directive (UE) 2015/412 modifiant la directive 2001/18/CE en ce qui concerne la possibilité pour les Etats membres de restreindre ou d'interdire la culture d'organismes génétiquement modifiés (OGM) sur leur territoire, JO L 68/1.

34 À ce sujet, voir *Martìnez*, Grenzen einer Renationalisierung des Agrarbinnenmarktes. Zum Vorschlag der Kommission zur Änderung der EU-Freisetzungsrichtlinie, in: Norer/Holzer (édit.), Agrarrecht Jahrbuch 2011 (2011), 145 ss.

ruraux nationale a été déclarée comme contradictoire au protocole 1 de la CEDH.

Une autre influence sur le plan national, cette fois le droit des inventions biotechnologiques, émane de l'Office européen des brevets (OEB). La Grande Chambre de recours a jugé récemment sur ce point que les plantes et les animaux qui proviennent essentiellement de processus biologiques puissent être ensuite brevetés même lorsque la méthode d'élevage n'est en elle-même pas brevetable.[35] Le rapport individual de *Ernst Bleibaum* a démontré les répercussions de ces décisions sur le droit national.

B. Droit international

À côté des répercussions au niveau européen, il est aussi nécessaire – et les rapports le démontrent clairement – d'y associer celles au niveau du droit international. Les implications du droit international se trouvent par exemple en relation avec le Transantlantic Trade and Investment Partnership, en abrégé accord TTIP, l'accord de libre-échange prévu entre l'UE et les USA. Ces répercussions sur l'agriculture ont démontré la contribution individuelle de *Berend Diekmann* plus que clairement. Même un Etat non membre comme la Suisse craint ici des répercussions préjudiciables, en particulier ce que les standards de qualité des produits agicoles concernent.

Le rapport du Royaume-Uni attire l'attention, dans le domaine des accords multilatéraux sur l'environnement (Mulitlateral Environmental Agreements, MEAs), sur les traités internationaux dans le secteur de l'agriculture, comme la Convention relative à la conservation de la vie sauvage et du milieu naturel de l'Europe (Convention de Berne) ou la Convention relative aux zones humides d'importance internationale particulièrement comme habitats des oiseaux d'eau (Convention de Ramsar).

D'autres thèmes évoqués dans ce contexte sont la Conférence des Nations Unies sur le développement durable (CNUDD) (Rio+20) concernant particulièrement aussi la sécurité alimentaire, l'alimentation et l'agriculture durable, l'eau et la biodiversité, le Protocole de Kyoto avec ses objectifs contraignants ou de manière générale le changement climatique dis-

35 European Patent Office (Enlarged Board of Appeal) 25.03. 2015, G 2/12 – Tomato II, G 2/13 – Broccoli II.

cuté dans les rapports autrichien et norvégien avec des répercussions agricoles variées. Les études comptent effectivement parmi les secteurs les plus touchés par ces phénomènes l'agriculture et l'exploitation forestière.

C. Droit national

Que reste-t-il désormais dans la zone de règlementation nationale exclusive concernant cette – ici purement comme exemple – abondance de domaines thématiques? La Belgique informe d'un nouveau Code Wallon de l'Agriculture surprenant, dans lequel le Gouvernement Wallon a réformé et unifié des décisions et les réglementations de la Région Wallonne en matière d'agriculture. Ces Codification remarquables, qui se divisent en 14 titres, rappell en le fameux Code rural français. Cependant, le Code rappelle explicitement que la politique agricole de la Région Wallonne s'intègre dans une dimension internationale et européenne et tend à assurer le développement durable de l'agriculture. Une telle focalisation des règlementations du droit à l'origine national et par la transposition européenne représente dans tous les cas un effort législatif considérable qui devrait être plus qu'utile à la systématique du droit agricole.

Le plan rapporté par les Pays-Bas n'est pas comparable mais tout autant remarquable avec environ trente actes formels à intégrer dans un seul Code for the Physical Environment. Aussi bien les lois d'aménagement, de management de l'environnement, et de protection de la nature que celles sur le remembrement et sur d'autres manières d'utilisation du sol – agricole et autre – sont concernés.

Le législateur national dirige sa créativité également dans la transposition du droit européen. Avec la suppression des quotas du lait aux Pays-Bas, une grande hausse de la production du lait est répertoriée, ce qui a aussi conduit à un accroissement de la production de phosphate par les animaux. En 2014, un nouveau système limité par le cadre européen que forment les directives sur les nitrates[36] et faune-flore-habitat[37] a été introduit. Les détails peuvent être verifies dans le rapport néerlandais mais une des mesures serait ici citée: la limite de production autorisé du phosphate. Les néerlandais ont négocié une exception jusqu'à 230 kg d'azote par hectare avec

36 Directive 91/676/CEE concernant la protection des eaux contre la pollution par les nitrates à partir de sources agricoles, JO L 375/1.

37 Voir N 29.

l'UE pour l'utilisation de lisier. Une des conditions était que la production de phosphate nationale ne dépasse pas le niveau de l'année 2002. Cette limite de production autorisée est désormais cependant en danger, c'est pourquoi le Gouvernement veut introduire un nouvel instrument de production, à savoir les droits du phosphate. Les producteurs de lait vont ici également avoir une limite de production autorisée sur la base de leur production durant l'année 2014, avec la condition qu'elle ne soit pas dépassée. L'achat supplémentaire de droits de production d'autres agriculteurs est à nouveau autorisé. Dans les faits, le rapport néerlandais constate non sans sarcasm que l'on est à nouveau concerné par les limitations et les coûts.

Il a été, au contraire, très peu rapporté dans le domaine de la règlementation traditionnellement exclusivement réservée au législateur national: De nouveaux développements dans le droit des successions en Turquie par exemple ou dans le domaine de la régulation de l'exploitation du sol ainsi que le transfert de fonds agricoles comme actuellement en Italie ou en Hongrie. En 2014, une nouvelle loi sur le transfert de terres agricoles et forestières est entrée en vigueur en Hongrie, qui prévoit pour la première fois et dans des cas particuliers des accords et prises de position officiels par des Comissions de transfert de fonds locales.

D. Sécurité alimentaire et perte de terres cultivables

Il ne reste plus qu'à attirer l'attention, à la fin de la synthèse de la Comission III, sur le point en commun de beaucoup de rapports. Par exemple, les thèmes apparus dans plusieurs rapports se réduisent à deux, à savoir la sécurité alimentaire et la perte de terres cultivables. La sécurité alimentaire (food security) n'était pas le thème global de l'EXPO 2015 à Milan sans raison. Aujourd'hui une augmentation de personnes sans accès à de la nourriture convenable est même répertoriée en Europe avec la crise économique. Les aspects légaux de ces thèmes vont de discussions sur l'introduction d'une reconnaissance ancrée explicite et constitutionnelle du droit fondamental à la nourriture en Italie jusqu'à des stratégies pour la réduction du gaspillage et de la perte alimentaire, particulièrement l'adaptation des règles d'information de l'UE sur les denrées alimentaires (par exemple pour la date de péremption) et des règles d'hygiène de l'UE pour l'encouragement aux dons de nourriture par des organisations de charité. En Suisse, la notion de souveraineté alimentaire a même été ancrée au niveau de la loi avec la nouvelle politique agricole nationale mais toutefois avec des répercussions encore inconnues. En outre, diverses initiatives encouragent des protections juridiques qui vont plus loin au niveau constitutionnel, comme un renforcement de la production intérireure et ainsi une augmentation ou au moins le maintien du taux d'auto-approvisionnement ou de « fair food ». La Norvège est plus pragmatique où la loi pour la sécurité alimentaire (Food Protection and Food Safety Act) a été changée, afin de rendre possible une réorganisation des autorités norvégiennes pour la sécurité alimentaire. Le rapport individuel brésilen de *Roberto Grassi Neto* s'occupe également de la sécurité des aliments (food safety) en relation avec la biotechnologie.

Le combat contre la perte de terrain cultivé va de pair avec ceci, lequel – comme en Suisse – est essentiellement réglé par le droit de l'aménagement du territoire. Des instruments comme la promotion du développement urbain vers l'intérieur, la redimentionnement des zones de construction ou de l'obligation de compensation lors de nouveaux classements de terrains agricoles sont à disposition. En Norvège, une nouvelle stratégie nationale pour la protection de terres cultivables a comme but annuel que moins qu'un certain nombre de m^2 de terres cultivables soient par année à diposition pour des buts autres qu'agricoles. Un besoin d'intervention paraît de toute façon nécessaire dans un grand nombre d'Etats.

VI. Conclusion

Que reste-t-il alors du Congrès de Potsdam après 12 heures de travail en Commission, environ 400 pages de rapports, de rapports généraux et de conclusions, 10 discours politiques et de bienvenue, au moins deux courtes nuits après le dîner de gala et avant les conférences de rédaction de 8 heures ainsi que les dégustations constantes et assurées de produits agricoles sous forme de Currywurst, de Rote Grütze et d'alcool en différents aspects?

Les Commissions I et II ont essentiellement clarifié les bases de la réforme de la PAC de 2013. La Commission I a démontré le besoin de réforme, respectivement le besoin de clarification qui mériterait d'être inclu dans la revue à mi-parcours.

La Commission II a essentiellement élargi le regard sur le 2ème pilier avec une attention particulière pour les questions de droit foncier et ainsi de droit de propriété ainsi que finalement aussi politiques de répartition.

La Commission III montre une image des moeurs un peu encourangeante de la situation du droit agricole actuelle. Le législateur européen domine – sous la croissance de dépendances internationales – largement les événements et les législateurs nationaux sont très absorbés par le travail de transposition, si bien qu'il reste peu de temps pour des activités législatives propres. Le droit de l'Union laisse également suffisamment de marge de manœuvre pour des solutions créatives et – l'exemple de la Walonie le montre – même des codifications.

Les thèmes qui appellent à un ancrage juridique, respectivement à une consolidation juridique, sont à examiner tranquilement. Pour ceux qui sont vraiment important, le juriste agricole devrait trouver le niveau adéquat d'ancrage juridique entre la Consitution et les directives et pour les autres, il devrait s'imposer de la retenue. Dans toute l'excellence en droit technique, il devrait garder l'œil sur ce qui est effectivement juridique. Un système global à peu près cohérent d'un droit de l'espace rural reste toutefois avec les thématiques toujours plus diversifiées et les différents niveaux législatifs impliqués – le Congrès de cette année l'a montré une fois de plus de manière impressionnante – disons un rêve?

Le bilan scientifique de Potsdam ne devrait cependant pas troubler, au contraire : Des rêves et visions peuvent se réaliser par de la persévérence, du savoir et de l'habilité et cela devrait aussi valoir dans le droit agricole. Nous vérifierons donc ceci ensemble au prochain Congrès européen de droit agricole en 2017.

Merci pour votre attention!

Synthesis Report*

Version anglaise – English version – Englische Version

Prof. Dr. Roland Norer
General Delegate CEDR,
University of Lucerne

I. Introduction and Acknowledgements

Mr. President,
ladies and gentlemen,
dear colleagues,[1]

As tradition dictates, your General Delegate shall have the final academic word within the framework of this triumphant XXVIII European Congress on Rural Law. First though – and in the same spirit of tradition – a few brief words of thanks.

Firstly, I would like to thank our president, Prof. Dr. *Dieter Schweizer* and his DGAR team for the adroit and successful organisation of the congress. Your hospitality, the pleasant atmosphere, the impressive settings – all of this has contributed to making sure that participation here in Potsdam has been a unique experience. For this, most sincere thanks.

Please allow me to also offer profuse thanks up front to the general reporters of the commissions and the presidents, who waited patiently for the country reports and considered these at short notice, and also directed the work of the commissions efficiently and productively. They are: for Commission I, Prof. Dr. *José Martínez* and Prof. Dr. *Pablo Amat Llombart*; for Commission II, Dr. *Rudy Gotzen* and Ass.-Prof. Dr. *János Ede Szilágyi*; and for Commission III, *Volkmar Nies*, Prof. Dr. *Alessandra Di Lauro* and Dr. *Luc Bodiguel*.

---

* Translation from German into English by Dr. Steven Howe, University of Lucerne.

1 This is an expanded version of the original address, with added footnotes. The oral style has been retained.

Further thanks are also due to all national and individual *rapporteurs*. Your reports constituted the main contribution to the event. 43 country reports were presented, by representatives from 20 countries. In addition, five individual reports were also incorporated into the programme.

Finally, my thanks go to you, our attendees. Without your engagement and willingness to discuss and debate, the 28th European Congress on Rural Law would have been a much poorer affair.

Following these brief acknowledgements, I respectfully ask for a few moments more of your attention for the scientific analysis of the congress. When, in 2007 in Caserta – at what was my second CEDR congress – I heard my esteemed predecessor, Prof. Dr. *Paul Richli*, deliver the Synthesis Report, I was greatly impressed. Seamlessly switching from one language to another, he unfurled the congress themes, including current legal developments and recent publications, in a remarkably close and enthralling manner in a talk lasting over an hour. Paul Richli is with us today, and I am delighted to welcome him. I now stand in his place and am faced with the task of either doing like he or taking a quite different approach. What is one to do? Please do not worry, I have no intention of tormenting you too long with my inadequate language skills. Nor do I plan to make my myself popular by giving a record-breakingly long speech. Nonetheless, let us at least swiftly cast an eye over the scientific programme of this 28th Congress and Colloquium of the CEDR.

II. Introductory Academic Lecture

As part of the scientific introduction last Wednesday, I felt it important to offer in plenary an introductory academic lecture that would set the tone for the subsequent work of the commission. Our colleague Prof. Dr. *Joseph A. McMahon* initially agreed, very kindly, to take on this task and to deliver a talk entitled "Towards New Objectives for the CAP? – A legal analysis". Unfortunately, he subsequently had to cancel at short notice; thankfully, we were, however, able to find an excellent substitute in the person of Prof. *Michael Cardwell.*

His presentation of McMahon's theses – I would almost term it a paraphrasing – showed once more that while, in terms of the objectives of the

Common Agricultural Policy (CAP),[2] nothing has changed in the contract, in practice, a growing cluster of non-agricultural aims has accumulated. Between food safety and animal welfare, biodiversity, environmental and climate protection, sustainability and bio-economy, the original function – namely, the production of agricultural products – seems to have become somewhat lost. This is the case to such an extent that – according to McMahon's theses – food production must be defined as a public good and thus at the same time rediscovered, and the idea of a new *contrat social*, a social contract in the spirit of Rousseau,[3] between the farmer and society put up for discussion. This idea is not entirely novel – in the Swiss direct democratic system, for instance, the content of the constitutional article concerning agriculture are similarly regarded as the object of a social contract as they are accepted by the people and cantons via a popular referendum[4]; in the Netherlands, meanwhile, public debates and hearings are held regarding the future of agriculture so as to involve civil society and the sections of the public concerned on a broader basis – I can point in this regard to the relevant report in Commission I. At the same time, the question would need to be posed as to what, precisely, the *quid pro quo* from society should be in such a contractual arrangement. The obligations for agriculture would clearly emerge from the stated objectives, but would the obligation for the public, the political administration and users be to guarantee direct payments through their tax contributions, to provide multifunctional services, or even to pay reasonable prices for foodstuffs? This is a thought that warrants deeper reflection.

III. Themes

Following on from the introductory lecture, we then entered into our work, as usual in three separate commissions. The executive committee decided upon the most recent reform of the CAP as a focus topic: "CAP-Reform: Market Organisation and Rural Areas. Legal Framework and Implementation". While this issue perhaps seems, from the point of view of enforcement, slightly premature, given that experiences with the implementation are only just now fully underway in many places, the legal directions set

2 See Art. 39 TFEU.

3 *Rousseau*, Du contrat social (1762).

4 See Art. 104 Swiss Constitution (BV; SR 101).

can and should nonetheless be subjected to analysis on the basis of the new legislative texts. What is novel in this regard is the thematic linking of Commisions I and II so that the Congress be dedicated to a common umbrella topic, flanked by the long-established theme of current developments in Commission III. The only previous European Congress on Rural Law comparable in this sense is the one which took place in Amsterdam in 1999, where the reforms of the AGENDA 2000 were made the subject of discussions across the commissions, on market and price policy and rural development.[5]

Commission I focused on the topic of "Market Organisation: Legal Framework and Implementation" and thus dealt with the new first pillar of the CAP. In this context, a whole host of familiar and new elements in the aid sector presented themselves as possible subjects for detailed analysis, e.g. "active farmer", capping, single payment, "greening", cross compliance, IACS and/or the transparency laws. In addition, there was, however, also the opportunity to extend the field of view to other instruments such as intervention and private storage, foreign trade and the setting of quotas. Thus Commission I not only debated the most significant current set of issues for European agriculture, but also developed into the most highly specialised group in Postdam. Similar themes, at least with regards to market regulation and the specific instruments related thereto, have, however, been variously addressed at previous European Congresses on Rural Law.[6] On this occasion, twelve country reports were submitted.

In correspondence with Commission I, Commission II was entitled "Rural Areas: Legal Framework and Implementation" and focused on the new second pillar of the CAP. Of particular importance here was to not only consider the EU regulatory framework, but to also engage intensively with the relevant national programmes with regards policy on the development of rural areas. In addition, attention was also to be granted to national regulatory frameworks, particularly in relation to the following topics: property transaction law, land tenancy law, land use planning, infrastruc-

---

5 1999 in Amsterdam: Commission I "*Politique du marché et des prix*"; Commission II "*Développement rural*".

6 E.g. in Puerto de la Cruz (Tenerife) in 1985 ("*Régime juridique des limitations de la production agricole*"); in Salzburg in 1987 ("*Techniques juridiques anciennes et nouvelles pour la régulation du marché*"); in Helsinki in 2001 ("*Instruments juridiques du marché des produits agricoles*"); and in Caserta in 2007 ("*La mise en application du paiement unique par les administrations et les tribunaux nationaux*").

ture law, regional policy and agricultural structural measures. A particular emphasis was placed in this context on crossborder and non-agricultural acquisitions of agricultural land. This provided ample opportunity for animated discussions, which the group met with great engagement. Both the issue of rural areas in its broadest sense, and particular aspects related thereto, have also been the subject of discussion at previous congresses.[7] In Potsdam, 16 country reports and two individual reports relating to the topic were submitted.

Finally, Commission III analysed the ongoing issue of "Significant Current Developments in Rural Law". The list of suggested topics such as genetic engineering, the patentability of genetically-modified animals and plants, variety and seed legislation, zootechnical law, food security, climate change, the protection of agricultural lands and/or hunting rights, was swiftly exceeded here. As is usually the case, this commission was thus the most heterogeneous and presented a rich and colourful variety of often very different legal developments from almost all areas of rural law legislation. Worthy of particular note are the guest lectures presented in this commission on the subjects of European Patent Law and the Transatlantic Trade and Investment Partnership (TTIP) respectively. This open format had already previously proven highly successful during the congresses in Cambridge (2009), Bucharest (2011) and Lucerne (2013). Here, 15 country reports were submitted, together with three individual reports. It was the task of the general *rapporteurs* to distil out from the diverse material relevant trends and lines of development.

In general, the national reports largely followed the questionnaires devised by the general *rapporteurs* in liaison with the General Delegate. This made it easier for the commissions to lead structured debates and draw together clear conclusions.

Now, ladies and gentlemen, please allow me to underline certain elements from the reports and discussions that seem to me to be particularly important.

---

7 E.g. in Interlaken in 1993 ("*Problèmes juridiques particuliers posés par l'agriculture de montagne et des zones dáfavorisées*"); in Oxford in 1995 ("*La conservation et la restauration de l'espace rural protégé et non-protégé*"); in Bonn in 1997 ("*Les instruments juridiques de la protection de l'espace rural*").

IV. Commissions I and II

Commissions I and II had an extremely challenging topic to tackle, namely the transcription of approximately 700 pages of legal texts that have, in their entirety, only been valid since 1 January of this year. A careful approach, an awareness of possible problems that may arise in the future and a critical assessment capable of moving from the details to the bigger picture were necessary, and all participants realised these tasks with a great deal of engagement and boldness.

A. Legal Regime

When we envision the legal regime of the new CAP in its entirety, the new structure emerging from the Lisbon Treaty, comprising basic regulation, delegated regulation and implementing regulation, is immediately striking.[8] With the four basic legislative acts of the European Parliament and Council (Regulations 1305-1308/2013[9]), published in 2013, one could, despite their considerable scope, still proceed from a body of legal material

8 See Art. 290 f. TFEU.

9 Regulation (EU) No. 1305/2013 on support for rural development by the European Agricultural Fund for Rural Development (EAFRD), OJ. L 347/487 (formerly Regulation 1698/2005); Regulation (EU) No. 1306/2013 on the financing, management and monitoring of the Common Agricultural Policy, OJ. 347/549 (formerly Regulation 1290/2005); Regulation (EU) No. 1307/2013 establishing rules for direct payments to farmers under support schemes within the framework of the Common Agriculatural Policy, OJ. L 347/608 (formerly Regulation 73/2009); Regulation (EU) No. 1308/2013 establishing a common organisation of the markets in agricultural products, OJ. L 347/671 (formerly Regulation 1234/2007).

that was at least halfway comprehensible; since 2014, however, a mass of delegated[10] and implementing[11] regulations has accumulated.

10 Commission Delegated Regulation (EU) No. 807/2014 supplementing Regulation (EU) No. 1305/2013 on support for rural development by the European Agricultural Fund for Rural Development (EAFRD) and introducing transitional provisions, OJ. L 227/1; Commission Delegated Regulation (EU) No. 640/2014 supplementing Regulation (EU) No. 1306/2013 with regard to the integrated administration and control system and conditions for refusal or withdrawal of payments and administrative penalties applicable to direct payments, rural development support and cross compliance, OJ. L 181/48; Commission Delegated Regulation (EU) No. 906/2014 supplementing Regulation (EU) No. 1306/2013 with regard to public intervention expenditure, OJ. L 255/1; Commission Delegated Regulation (EU) No. 907/2014 supplementing Regulation (EU) No. 1306/2013 with regard to paying agencies and other bodies, financial management, clearance of accounts, securities and use of euro, OJ. L 255/18; Commision Delegated Regulation (EU) No. 639/2014 supplementing Regulation (EU) No. 1307/2013 establishing rules for direct payments to farmers under support schemes within the framework of the Common Agricultural Policy and amending Annex X to that Regulation, OJ. L 181/1; Commission Delegated Regulation (EU) No. 499/2014 supplementing Regulations (EU) No. 1308/2013 and Regulation (EU) No. 1306/2013 by amending Commission Implementing Regulation (EU) No 543/2011 relating to the fruit and vegetables and processed fruit and vegetables sectors, OJ. L 145/5; Commission Delegated Regulation (EU) No. 500/2014 supplemting Regulation (EU) No. 1308/2013 by amending Commission Regulation (EC) No. 288/2009 as regards the granting of aid for accompanying measures in the framework of a School Fruit and Vegetables Scheme, OJ. L 145/12; Commission Delegated Regulation (EU) No. 501/2014 supplementing Regulation (EU) No. 1308/2013 by amending Commission Regulation (EC) No. 826/2008 as regards certain requirements related to the agricultural products benefiting from private storage aid, OJ. L 145/14; Commission Delegated Regulation (EU) No. 611/2014 supplementing Regulation (EU) No. 1308/2013 as regards the support programmes for the olive-oil and table-olives sector, OJ. L 168/55; Commission Delegated Regulation (EU) No. 612/2014 supplementing Regulation (EU) No. 1308/2013 by amending Commission Regulation (EC) No. 555/2008 as regards new measures under the national support programmes in the wine sector, OJ. L 168/62; Commission Delegated Regulation (EU) No. 2015/560 supplementing Regulation (EU) No. 1308/2013 as regards the scheme of authorisations for vine plantings, OJ. L 93/1.

11 Commission Implementing Regulation (EU) No. 808/2014 laying down rules for the application of Regulation (EU) No. 1305/2013 on support for rural development by the European Agricultural Fund for Rural Development (EAFRD), OJ. L 227/18; Commission Implementing Regulation (EU) No. 615/2014 laying down detailed rules for the application of Regulation (EU) No. 1306/2013 and Regulation (EU) No. 1308/2013 in respect of work programmes to support the olive oil and table olives sector, OJ. L 168/95; Commission Implementing Regulation (EU) No. 809/2014 laying down rules for the application of Regulation (EU)

The negotiations of the CAP reform 2013 were of particular institutional interest in the sense that the individual regulations had to first be correlated to these new models in accordance with the Lisbon Treaty. The contentual demarcation between delegating regulations (Art. 290 TFEU) and implementing regulations (Art. 291 TFEU) proved especially complex and contentious in this regard.[12] During the discussion process, both the council and parliament insisted upon the form of participation that appeared most familiar or advantageous. Thus the member states of the council opted for implementing actions without parliamentary participation, while the parliament demanded delegated actions to which it had a right of objection. Ultimately, politically-sustainable compromises could be reached in all cases. A solid, legal distinction between delegated and implementing regulations will, however, only gradually be made possible on the basis of more extensive case law from the European courts. Rural Law has, at any rate, once again emerged as an important playground and trailblazer for wide-reaching European legal developments.

How, then, have the national legislators responded to this? The submitted reports indicate that all member states have cast the new law into the existing national, mostly market-regulatory forms (there is no shortage of diverse laws, acts, decrees, even royal regulations), whereby some have acted with restraint via reference to the direct effect of EU regulations, while others, either in view of the principle of the 'limping regulation' (that is, regulation requiring national transposition, a form readily observable in practice), or on account of a general mistrust of Brussels' legislative art, have essentially duplicated the entire reform in their own nation-

No. 1306/2013 with regard to the integrated administration and control system, rural development measures and cross compliance, OJ. L 227/69; Commission Implementing Regulation (EU) No. 908/2014 laying down rules for the application of Regulation (EU) No. 1306/2013 with regard to paying agencies and other bodies, financial management, clearance of accounts, rules on checks, securities and transparency, OJ. L 255/59; Commission Implementing Regulation (EU) No. 641/2014 laying down rules for the application of Regulation (EU) No. 1307/2013 establishing rules for direct payments to farmers under support schemes within the framework of the Common Agricultural Policy, OJ. L 181/74; Commission Implementing Regulation (EU) No. 614/2014 amending Regulation (EC) No. 555/2008 as regards the application of certain support measures in the wine sector, OJ. L 168/73.

12 For a detailed discussion see *Mögele*, Die Reform der Gemeinsamen Agrarpolitik 2013 – rechtliche und politische Aspekte, in: Norer/Holzer (eds), Agrarrecht. Jahrbuch 2014 (2014), 134 ff.

al frameworks. Thus the imposing scope of the European legal regime, itself already flanked by reformed state aid and competition law, is further supplemented by national regulations.

B. Flexibilisation

These national regulations are of particular importance not least because the new CAP calls for a multitude of variations, differentiations and diversities and, as such, also relies on decisions passed by national legislators. In view of this increased 'flexibilisation' (to use as neutral a term as possible) of the – in and of itself inflexible and rigid – first pillar, it is more legitimate than ever to speak of a redistribution of responsibilities between the EU and the member states. Whether one wishes to refer to this as differentiation, federalisation or renationalisation is ultimately a question of faith. Should we place the CAP reform in the oft-cited timeframe that starts with the MacSharry reform of 1992, then we can observe how the line of development leads not only to ever increasing greening, but also to the questioning of – some critics have long-since claimed to the loss of – the "C" from the abbreviation CAP, that is to say, of the "common" element.[13] Can we still speak of a "common" agricultural policy, or does each member state now essentially do its own thing, while striving – at great administrative expense and through common funding – to protect the impression of a communitised and unionised policy?

This development has, in my opinion, however, a further implication, namely with regard to the distinction between the two pillars. Aside from the historical development that saw the structural measures only later

---

13 See in particular *Mögele*, Die Reform der Gemeinsamen Agrarpolitik 2013 – rechtliche und politische Aspekte, in: Norer/Holzer (eds), Agrarrecht. Jahrbuch 2014 (2014), 137 ff; see also *Bianchi*, Y a-t-il encore quelque chose de „commun" dans la nouvelle Politique agricole commune?, RTDE 2005, 623; *Gilsdorf*, Der Grundsatz der Subsidiarität und die gemeinsame Agrarpolitik, GS Grabitz (1995), 77; *Götz*, Supranationale und staatliche Kompetenzen auf dem Gebiet der Agrarpolitik, AgrarR 1971, 33; *Priebe*, Wie "subsidiär" kann die Gemeinsame Agrarpolitik sein?, EuZW 1993, 425; *Priebe*, Differenzierung und Dezentralisierung in der gemeinsamen Agrarpolitik, FS Steinberger (2002), 1347; *Scherer*, Subsidiaritätsprinzip und EG-Agrarreform, DVBl. 1993, 281; *Seidel*, Rückführung der Landwirtschaftspolitik in die Verantwortung der Mitgliedstaaten? – Rechts- und Verfassungsfragen des Gemeinschaftsrechts, AgrarR 2000, 381.

made into a second pillar, what is the key difference? In the EU, the distinction lies in part – at least this is what we have been told for some considerable time – in the approach: Pillar 1, "top down" – common obligations and constraint; Pillar 2, "bottom up" – measures that are differentiated and to some extent voluntary. Yet in view of the development sketched above, which has been further intensified by the CAP reform 2013, this distinction can be placed into question. Even if the European Commission continues, as far as I am aware, to stress that the architecture of Pillar 2 should be maintained, the lines of demarcation are nonetheless in the process of, if not dissolving entirely, then at least becoming more blurred. Granted, the difference in funding remains – Pillar 1, 100% from the EU; Pillar 2, common co-funding from the EU and the member states. Even this criterion is, however, being increasingly weakened via diverse top-up options.

C. Simplification

Flexibilisation also inevitably entails an increase in the legal material, and here we alight on the theme of simplification. Simplification is a neat term, but one which has, in the history of the CAP, proven to be incompatible with the policy.[14] We heard yesterday from the agriculture minister of Brandenburg (and the various reports also confirm the same): the administrative burden has again increased rather than decreased. Attempts to simplify administrative and legislative work are legion, as are the relevant working groups set up to consider such issues. Naturally, it is possible to effect some simplifications via certain legal-technical tricks, particularly with regards a possible reduction of the legal material. One can – as the European Commission has done most impressively in the past – condense 22 common market organisations into a single provision, one can also build the entire CAP on four basic legislative acts; I cannot help but feel, however, that these are processes of compilation and collation rather than genuine simplification. The current regulation on common market organisation, numbered 1308/2013,[15] is not only more difficult to remember than the previous regulation with its memorable 1234 numbering (Regulation

14 E.g. *Streinz*, Vereinfachung und Verbesserung der Rechtsetzung in der Gemeinsamen Agrarpolitik der EG, GS Kopp (2007), 248.

15 See footnote 11.

No. 1234/2007[16]); it has also, at 261 pages, now exceeded a certain natural limit in terms of its scope. I am not thinking here of the naïve layperson who innocently presses the print button on the PC and then has to twice load new paper into the machine. No, I am thinking rather of the specialist agricultural lawyer. Perhaps it is because I am slowly becoming old, but I find that I am ever less prepared to seek out familiar and well-learned regulations every few years and try to memorise them anew.

How might, then, a radical simplification of rural law take shape in the future? In Commission I, *José Martinez* posited the idea of a general section of European Rural Law. Title II of the Regulation for Direct Payments (EU) No. 1307/2013 might serve as a possible starting point for such a project. Personally, I remain sceptical regarding the idea spoken of in the conclusions of Commission I to transfer legislative inputs to the level of the explanatory notes, guidelines and instructions. Of course, practitioners need, much like a drowning person, just such a life-raft, in order to guarantee an implementing practice that, while not necessarily compliant with law, is (as is regrettably much more important) compliant with the Commission – and which thus does not run the risk of disallowances. We have already once, at an earlier CEDR congress, requested that such material, up to and including the commentary on the Single Common Market Organisation[17] that had just been published at the time, be made more readily available.[18] Aside from all questions of legally-binding force,[19] however, we should also ask ourselves whether it is not ultimately a sign of inadequacy on the part of a legislator, at whichever level of legislation, when s/he – the example of Art. 6 of the Habitat Directive must immediately spring to mind here[20] – requires around 100 pages to explain to the user what s/he actually means. Perhaps, then, we might – loosely – speak with

16 Regulation (EC) No. 1234/2007 establishing a common organisation of agricultural markets and on specific provisions for certain agricultural products (single CMO regulation), OJ. L 299/1.

17 *Mögele/Erlbacher* (eds), Single Common Market Organisation (2011).

18 See the conclusions of Commission III at the congress in Bucharest in 2011 in: *Richli* (ed.), L'agriculture et les exigences du développement durable (2013), 418.

19 See most recently *Martinez*, Mehrebenenvollzug des Direktzahlungssystems in der Europäischen Union: Brüssel und Mitgliedstaaten, in: Norer (ed.), Agrarische Direktzahlungen – rechtliche Aspekte in Konzeption und Vollzug (2011), 159 ff.

20 Natura 2000 Guidelines – Managing and Protecting Sites. The provisions of article 6 of the Habitats Directive 92/43/EEC (2000).

Wittgenstein here and say: whereof one cannot legislate intelligibly, thereof must one be silent.

D. Technicity

We, however, have made all forms of technical terminology our own and are readily prepared to continually expand our technical jargon – most recently via the uptake of terms such as “greening” and “capping”. As such, we sound increasingly like agricultural economists, and our work constitutes a kind of ongoing ‘rummaging’ through the depths of what might be termed technical legislation. It is, of course, both interesting and rewarding to create a systematic framework for new instruments such as greening, for instance, and to reflect on the ecoarchitecture of the CAP, as *Gottfried Holzer* does in the current volume of the CEDR journal.[21] Yet I wish that we might also reclaim the original legal viewpoint, even if it may prove somewhat difficult to emancipate ourselves from technicized legal realities. All too rarely do we have the opportunity to challenge notions of the rule of law and conformity with fundamental rights. Who, with regards to the CAP, genuinely concerns themselves with proportionality and subsidiarity? How many scientific contributions go beyond a mere descriptive account? What a golden age it now seems when our rural law ancestors could develop, through the law of the Common Agricultural Policy, the EU’s dogmatic laws on property, when fundamental legal questions could, in the context of discussions on milk quotas, be clarified through lengthy and fierce – yet ultimately fruitful – legal debates?

E. Transparency

An example in this regard – one that was also a topic of discussion during the deliberations of Commission I – is that of transparency. To date this has been a small bright spot on the horizon. I concede though that the subject has not really garnered attention outside Germany and Austria. The transparency requirement – that is, the compulsory publication of the details of all recipients of EU agricultural aid with name, municipality and

21 *Holzer*, Die „neue“ Ökoarchitektur der GAP, CEDR-JRL 1/2015, 50 ff.

the total of the contribution, currently regulated by Art. 111 ff. Regulation (EU) No. 1306/2013[22] – famously prompted two Hessian farmers to take legal action against the regulation, on the grounds that it violated their right to privacy. We all know how the Schecke and Eifert lawsuit[23] played out. The European Court of Justice largely shared the concerns of the plaintiffs and declared the requirement to be at least partially inapplicable. David versus Goliath, or, if you will, fundamental right versus technical norm – however one wishes to interpret the judgment, it gave occasion for hope. Today, however, we have to regard the whole issue with a degree of disenchantment. The commission has, in the years since, touched up the relevant requirements, notably with the introduction of a new threshold value, according to which the name of the recipient no longer has to be published. At present, a further attempt is, as far as I am aware, underway to make this successor regulation subject to legal review. It remains highly questionable whether the amendment suffices to dispel the fundamental legal concerns raised at the time of the suit. For the issue at play here – as noted explicitly in the general report of Commission I – is that of whether transparency is at all suitable as a means for achieving public control of administration.

F. Rural Areas

If we now turn our focus to the work of Commission II and, as such, to questions of rural development, the impression gained so far is reinforced. We can compare diverse measures in the area of structural and regional funding in the EU member states and all other countries represented here, we can exchange views on different priorities and formulate objectives, yet it nonetheless remains difficult – even with regards the implementation of Regulation (EU) No. 1305/2013[24] – to identify the common element. The second pillar speaks, after all, to the development of autonomous national policies within the framework of EU regulation – policies that include objectives that extend far beyond the promotion of agricultural competitiveness.

---

22 See footnote 11.

23 ECHR, Case C-92/09 and C-93/09 from 9.11.2010.

24 See footnote 11.

How much richer were, by contrast, the answers supplied in Commission II to the question of the broader legal framework for rural areas, whereby the focus necessarily went beyond agriculture. Spatial planning regulations were, quite rightly, mentioned time and again, as were conservation law and environmental law, water legislation – including the EU's Water Framework Directive and Flood Protection Directive[25] – and land law.

This is particularly evident in the case of the loss of cultivated land, a subject raised indirectly in the second part of the questionnaire regarding the crossborder and non-agricultural acquisition of agricultural lands, and also addressed in Commission III in relation to the question of food sovereignty. The central question here is whether it is legitimate and – within the parameters of European Law – legal to reserve access to agricultural areas for the local population, provided they are active farmers. That cultivated land is scarce, and becoming ever scarcer, is attested to by numerous reports. Particularly striking in this regard is the report from Norway, according to which only 3% of national territory can be put to agricultural use.

G. Rural Law

What is probably required, long-term, is a comprehensive legal package for rural areas. A few years ago, I put the idea of just such a "Law of Rural Areas" up for discussion;[26] as far as I can tell, no-one has followed my lead in the literature since – in fact, quite the contrary. During the gala dinner, I again alighted on the theme with colleagues and suggested, self-critically, between the main course and the dessert, that I ought now to retract my proposal. While drafting this synthesis report yesterday morning, however, I again came to the conclusion that we should, in fact, engage more intensely with the whole matter, even if this perhaps means that we wish not to be agricultural lawyers in a narrow sense but rather jurists of the law of rural areas. Would it not be appropriate to bind spatial policy and

---

25 Directive 2000/60/EC establishing a framework for community action in the field of water policy, OJ. L 327/1; Directive 2007/60/EC on the assessment and management of flood risks, OJ. L 288/27.

26 *Norer*, Vom Agrarrecht zum Recht des ländlichen Raums – alte und neue Begrifflichkeiten, ZfV 2001, 2 ff.

norms in a common package, even if this ought then to no longer be referred to as agricultural policy but rather regional policy? And would it not also be apt to utilise the above-noted convergence of the two pillars and to transfer the specific agricultural measures available in the second pillar into the first pillar, with all the possibilities of national divergence, and thus to create a single, strong common pillar with a uniformly systematised legal regime? A regime that would continue to be financed 100% by the Union, so as to free up previously bound national funds for other structural-political measures; a regime that would render the tiresome question of the reallocation of funds obsolete, that would signify an upward revaluation of structural measures and, lastly, relieve agriculture of the burden of a series of non-production objectives.

V. Commission III

The numerous reports in Commission III cover a broad field. Although only a few *rapporteurs* adhered to the questionnaire and, in the main, picked out just one or two current themes, a general overview reveals a picture that is colourful yet also surprisingly homogeneous.

A. European Law

The ongoing evolution of respective agricultural policies usually comprises a large block of agricultural legislative developments. Obviously, the most recent CAP reform has, in the last two years, decisively determined legal developments in the EU member states in this context. Broad sections of the agricultural legislation in the member states were absorbed in the work of implementing the new legal regime – a regime that, through its splitting into basic regulation, delegated regulation and implemeting regulation has, as mentioned earlier, in no way become more simple and in fact rather expanded enormously. No wonder that national agricultural legislators have shown little capacity to set significant accents in other areas. Perhaps surprisingly, the case is much the same in Switzerland as a non-EU member state. The Swiss contribution reports of strikingly similar central legal developments in relation to the reforms of national agricultural policy that have occurred there.

The influence of EU Law is not, however, by any means limited to agricultural policy. The diverse reports, taken together, clearly show which other themes have also been addressed. To cite just a few examples:

With regards to environmental law, the report from the UK points out that the legal regime of Natura 2000, the Habitats and Birds Directive,[27] is currently undergoing a kind of "fitness check", the agricultural impact of which remains uncertain.

In January 2015, Regulation 1143/2014 on invasive alien species[28] entered into force. These invasive animals and plants represent a major threat to native fauna and flora in Europe, causing damage worth billions of euros. The regulation foresees various types of possible intervention.

The UK report also mentions the potentially wide-ranging consequences for agriculture that may arise from the 7th Environment Action Programme (7 EAP).[29] This programme entered into force in January 2014 and outlines a series of more specific recommendations that are intended to set the political and legislative agenda for the coming years.

A further area of relevance is that of the protected designation of origin for agricultural products. Regulation 1151/2012 concerning the regulation of the quality of agricultural products[30] sets down significant directives for national labelling law, particularly with regards to local produce – as both the Finnish and Italian reports clearly illustrate.

Remaining with Italy, the application of Regulation 1169/2011 on the provision of food information to consumers[31] was also debated intensively here. In view of existing law, there is no opportunity to include the site of production or packing among the mandatory specifications for pre-packed food, nor does the regulation provide for any specific exceptions for member states legislation.

The intended revision of the EU's animal breeding law can also be placed in this line, as the national report from Germany shows. The central question that presents here is whether private companies should, in the fu-

---

27 Directive 92/43/EEC on the conservation of natural habitats and of wild fauna and flora, OJ. L 206/7; Directive 2009/147/EG on the conservation of wild birds, OJ. 2010 L 20/7.

28 Regulation (EU) No. 1143/2014 on the prevention and management of the introduction and spread of invasive alien species, OJ. L 317/35.

29 See http://ec.europa.eu/environment/action-programme/.

30 Regulation (EU) No. 1151/2012 on quality schemes for agricultural products and foodstuffs, OJ. L 343/1.

31 OJ. L 304/18.

ture, also be recognised as a breeding organisation for pure-bred breeding animals of all varieties.

The cultivation of GMOs (Genetically Modified Organisms) within the European framework of directive 2015/412,[32] taken up in the report from Spain, will probably occupy us longer still. According to the directive, member states have the opportunity to adopt legally-binding acts, through which the cultivation of GMOs can be prohibited or restricted in their territory, as soon as GMOs are lawfully permitted in the European market. Seen in this light, the directive carries enormous implications, foreseeing as it does the restitution of competences from the EU back to the member states so as to allow them to decide upon their own policy concerning genetically modified organisms or genetically modified food.[33]

Influences at European level are not only restricted to Brussels, however. As is so often the case, it is also necessary to take into account the case-law of the European Court of Human Rights. The Norwegian report, for example, notes how a provision of the national Ground Lease Act was found to contravene Protocol 1 of the European Convention on Human Rights.[34]

A further influence on national legislation, in this case biopatent law, emanates from the European Patent Office (EPO). The Enlarged Board of Appeal recently decided here that plants and animals that substantially stem from biological processes can be patented, even where the breeding method itself is not patentable.[35] The individual report from *Ernst Bleibaum* illustrates the consequences of these decisions for national legislation.

---

32 Directive (EU) 2015/412 amending Directive 2001/18/EC as regards the possibility for the member states to restrict or prohibit the cultivation of genetically modified organisms (GMOs) in their territory, OJ. L 68/1.

33 On this point see *Martìnez*, Grenzen einer Renationalisierung des Agrarbinnenmarktes. Zum Vorschlag der Kommission zur Änderung der EU-Freisetzungsrichtlinie, in: Norer/Holzer (eds.), Agrarrecht Jahrbuch 2011 (2011), 145 ff.

34 ECtHR 12.6.2012 – 13221/08, 2139/10 Lindheim and others v. Norway.

35 European Patent Office (Enlarged Board of Appeal) 25.03. 2015, G 2/12 – Tomato II, G 2/13 – Broccoli II.

B. International Law

Alongside these effects at European level, it is vital – as the reports clearly indicate – to also consider developments on the plane of international law. International-law implications can be noted, for example, in connection with the Transantlantic Trade and Investment Partnership (TTIP-Agreement), the intended free trade agreement between the EU and the USA. The impact of the agreement on agriculture has been amply demonstrated in the individual contribution from *Berend Diekmann*. Even a non-EU member state such as Switzerland also fears negative repercussions here, in particular with regards to the quality standards for agricultural produce.

The report from the UK refers to additional international treaties within the sphere of Multilateral Environmental Agreements (MEAs) that also touch upon agricultural concerns, such as the Convention on the Conservation of European Wildlife and Natural Habits (Bern Convention) or the Ramsar Convention concerning wetlands of international importance.

Other themes mentioned in this context were the United Nations Conference on Sustainable Development (UNCSD) (Rio+20) regarding, in particular, food security, nutrition and sustainable agriculture, water and biodiversity; the Kyoto Protocol with its binding targets; or, more generally, climate change and its various agricultural-legislative effects, as touched upon in both the Austrian and Norwegian reports. According to studies, agriculture and forestry actually represent two of the industrial sectors most heavily affected by this phenomenon.

C. National Legislation

In view of the multitude of themes enumerated – and that only exemplarily – here, what additional issues might, then, remain at the level of national regulation? Belgium reports of a new and striking *Code Wallon de l'Agriculture*, in which the Wallonian government has reformed and unified the decisions and regulations of the Wallonian region with regards to agriculture. This remarkable act of codification, which is divided into 14 titles, resembles the famous French *Code rural*. The Code explicitly recalls that the agricultural policy of the Wallonian region is embedded within an international and European context and accentuates the sustainable development of agriculture. This bundling together of regulations that were originally national and passed in relation to the implementation of

European Law represents a significant legislative effort that could be of considerable benefit to the constitution of a systematic framework of agricultural legislation.

Just as remarkable, though not necessarily comparable, is the Dutch plan to integrate approximately 30 formal foundational legal principles into a single *Code for the Physical Environment*. Acts involved here include the Zoning Act, the Environmental Management Act, the Nature Conservation Act, together with the Land Consolidation Act and all manner of additional acts on land use, both agricultural and otherwise.

National legislators have also applied their creativity, in part, to the task of implementing EU Law. In the Netherlands, for example, the abolition of milk quotas has yielded a vast upsurge in milk production, which has, in turn, also led to an increase in the amount of phosphate produced by animals. Restricted by the European framework constituted by the Nitrat Directive[36] and the Habitat Directive,[37] a new system was introduced in 2014. The details can be found in the Dutch report; I would though like to comment on one of the measures – namely, a production-ceiling for phosphates. The Netherlands obtained a derogation from the EU allowing the application of 230kg nitrogen per hectare in manure. One of the conditions attached to this was that the national production of phosphates must not exceed the level of 2002. This ceiling is now in danger of being breached, and thus the government wants to introduce a new production instrument, namely phosphate-rights. Here again, dairy farmers will have a production ceiling imposed upon them, based on their production levels in 2014, together with a prohibition to expand beyond this. Once more, they will be able to buy production rights from other farmers. Thus in effect we are, as the Dutch report contends with no little sarcasm, back to a system of limitations and costs.

There is, by way of contrast, only sparse reference made in the reports to those areas of regulation traditionally reserved for national legislators: to new developments in inheritance law in Turkey, for instance, or to the field of land use frameworks and agricultural property transfer in Italy and Hungary. In 2014, a new law on the transfer of agricultural and forestry lands came into force in Hungary that, for the first time, foresees official approval and opinion from local land transfer commission in certain cases.

36 Directive 91/676/EEC concerning the protection of waters against pollution caused by nitrates from agricultural sources, OJ. L 375/1.

37 See footnote 28.

D. Food Security and the Loss of Cultivated Land

As we come towards the close of this summary of Commission III, it remains only to point towards certain elements common to several reports. We might limit focus here to two exemplary themes that surface in many reports, namely food security and the loss of cultivated land. It is not without reason that food security is the overarching theme of the EXPO 2015 in Milan. Even in Europe, there is, as a by-product of the financial crisis, an increasing number of people who do not have access to adequate food. The legal aspects of this issue range from discussions regarding the introduction of an explicit constitutionally-enshrined recognition of the fundamental right to food in Italy, to strategies designed to reduce food waste and loss, in particular with regards to modifying EU food information rules (e.g. about the date of minimum durability) and EU hygienic rules for promoting food donation by charitable organisations. In Switzerland, the concept of food sovereignty has been embedded at legislative level through the new national agricultural policy, though the effects of this remain unknown as yet. In addition, diverse initiatives also call for further-reaching legal safeguards at constitutional level, such as, for example, a strengthening of domestic production and thus an increase in, or at least a retention of, self-sufficiency rates or "fair food". A more pragmatic approach has been followed in Norway, where the Food Protection and Food Safety Act was changed so as to allow for a re-organisation of the Norwegian Food Safety Authority. The issue of food safety in relation to biotechnology is also a concern in the Brazilian individual report from *Roberto Grassi Neto*.

The battle against the loss of cultivated land also proceeds hand-in-hand with such issues – a battle that, as is the case in Switzerland, is predominantly fought out within the sphere of spatial planning law. Instruments such as the promotion of an internalisation of residential development, the re-dimensioning of building zones, or compensation obligations for the planning designation of agricultural lands are currently up for discussion. In Norway, a new national strategy for the protection of agricultural land includes an annual goal of ensuring that less than a certain number of m^2 should be designated for purposes other than agriculture each year. Need for action seems to be given in a number of states.

VI. Conclusion

What, then, has the Potsdam Congress bequeathed us after 12 hours of commission work, around 400 pages of reports, general reports and conclusions, 10 speeches by politicians and welcoming addresses, at least two short nights after the gala dinner and before the 8 a.m. draft committee meetings, and the steady and persistent tasting of agricultural products in the form of Currywurst, Roter Grütze and alcohol in diverse varieties?

Commissions I and II elaborated on the essential points of the 2013 CAP reform. Commission I has shown where, exactly, the necessity for reform or clarification lies, and highlighted key issues that should be incorporated into the midterm discussions.

Commission II widened the spectrum considerably and looked far beyond the second pillar, in particular by considering aspects of land law and thus questions of fundamental relevance for property rights and, ultimately, distribution policy.

Commission III paints a rather demoralising picture of the contemporary situation for agricultural law. The European legislator tends to dominate developments, with international dependency also increasing; national legislators are, meanwhile, largely occupied by and absorbed with the work of implemtation and thus have little time to engage in their own legislative activities. European Law does, however, also leave enough scope for creative solutions and – as the Wallonian example shows – even codifications.

The topics that call for legal anchoring or strengthening must be evaluated carefully. For the truly significant ones, the agricultural lawyer should be sure to find the adequate level – ranging from the constitution down to guidelines – for the legal integration of the rule; for the other topics, s/he should exercise restraint. Brilliance in technical law should never result in neglecting the underlying legal aspect. As this year's Congress has once again vividly shown, a coherent, all-encompassing system of rural law will, however, in light of the ever-more diversified range of topics and legal fields involved, probably remain a dream.

The academic conclusion shall, at any rate, not be clouded by this. On the contrary, dreams and visions can, with the requisite persistence, knowledge and craftsmanship, be realised. This should also be true of the field of agricultural law. Let us verify this together in 2017 at the next European Congress on Rural Law.

Thank you for your attention.

Synthesebericht

Version allemande – German version – Deutsche Version

Prof. Dr. Roland Norer
Generaldelegierter des CEDR,
Universität Luzern

I. Einleitung und Dank

Sehr geehrter Herr Präsident,
Sehr geehrte Damen und Herren,
Liebe Kolleginnen und Kollegen,[1]

Ganz im Sinne der Tradition erhält Ihr Generaldelegierter das letzte akademische Wort im Rahmen dieses erfolgreichen XXVIII. Europäischen Agrarrechtskongresses. Doch zunächst – ebenfalls traditionell – ein paar Worte des Dankes.

Ich möchte mich zunächst bei unserem Präsidenten Prof. Dr. *Dieter Schweizer* und seinem Team der DGAR für die umsichtige und gelungene Organisation bedanken. Ihre Gastfreundschaft, die gute Atmosphäre, der beeindruckende Rahmen, all das hat die Teilnahme hier in Potsdam zu einem einzigartigen Erlebnis werden lassen. Dafür herzlichen Dank.

Lassen Sie mich vorweg aber auch den Generalberichterstattern der Kommissionen und den Präsidenten sehr herzlich danken. Sie haben geduldig die Länderberichte abgewartet und auch kurzfristig noch berücksichtigt sowie die Kommissionsarbeit effizient und ertragreich geleitet. Es sind dies für die Kommission I Prof. Dr. *José Martínez* und Prof. Dr. *Pablo Amat Llombart*, für die Kommission II Prof. Dr. *Rudy Gotzen* und Ass.Prof. Dr. *János Ede Szilágyi* sowie für die Kommission III *Volkmar Nies* sowie Prof. Dr. *Alessandra Di Lauro* und Dr. *Luc Bodiguel.*

Zudem verdienen alle nationalen und individuellen Berichterstatterinnen und Berichterstatter großen Dank. Ihre Berichte waren der zentrale

1 Erweiterte und um den Fußnotenapparat ergänzte Fassung, der Vortragsstil wurde beibehalten.

Beitrag dieser Veranstaltung. Es wurden insgesamt 43 Länderberichte von Vertreterinnen und Vertretern aus 20 Ländern präsentiert. Zusätzlich wurden 5 Individualberichte eingereicht.

Schließlich richtet sich mein Dank an Sie, liebe Teilnehmerinnen und Teilnehmer. Ohne Ihr Engagement und Ihre Diskussionsbereitschaft wäre der XXVIII. Europäische Agrarrechtskongress um einiges ärmer verlaufen.

Nach diesen Dankesworten darf ich Sie noch um einige Minuten der Aufmerksamkeit für die wissenschaftliche Analyse des Kongresses bitten. Als ich 2007, übrigens mein damals zweiter CEDR-Kongress, in Caserta dem Synthesebericht meines verehrten Vorgängers Prof. Dr. *Paul Richli* lauschte, war ich sehr beeindruckt. Von einer in die andere der Sprachen wechselnd breitete er damals in unglaublich dichter und packender Art die Kongressthemen mitsamt den aktuellen Rechtsentwicklungen und literarischen Neuerscheinungen in einer gut eine Stunde dauernden Rede aus. Paul Richli ist ja heute unter uns, und ich darf ihn an dieser Stelle herzlich grüßen. Nun stehe ich an seiner Stelle und damit vor der Aufgabe es ihm gleich zu tun oder es eben ganz anders zu machen. Was also tun? Keine Angst, ich will Sie mit meinem unzureichenden Fremdsprachentalent nicht allzu lange quälen. Ebenso gedenke ich nicht mich mit einer rekordverdächtig langen Rede beliebt zu machen. Aber betrachten wir doch noch einmal das wissenschaftliche Programm dieses XXVIII. Kongresses und Kolloquiums des CEDR.

II. Akademischer Einführungsvortrag

Im Rahmen der wissenschaftlichen Einführung letzten Mittwoch war es mir ein großes Anliegen im Plenum einen akademischen Einführungsvortrag anzubieten, der uns auf die folgende Kommissionsarbeit einstimmen sollte. Dankenswerterweise hat Kollege Prof. Dr. *Joseph A. McMahon* zunächst zugesagt, diese Aufgabe zu übernehmen und zum Thema "Towards New Objectives for the CAP? – A legal analysis" zu referieren. Bedauerlicherweise hat er seine Teilnahme kurzfristig absagen müssen, wir haben aber mit Prof. *Michael Cardwell* spontan einen wunderbaren Ersatz finden können.

Sein Vortrag der Thesen McMahons, ich würde fast schon sagen Paraphrase, hat einmal mehr gezeigt, dass sich in den Zielsetzungen der Gemeinsamen Agrarpolitik (GAP)[2] bis heute zwar nichts im Vertrag geändert, sich in der Praxis jedoch eine wachsende Ansammlung außerlandwirtschaftlicher Ziele angelagert hat. Zwischen Lebensmittelsicherheit und Tierwohl, Biodiversität, Umwelt- und Klimaschutz, Nachhaltigkeit und Bioökonomie scheint letztlich die Urfunktion, nämlich die Erzeugung landwirtschaftlicher Produkte, beinahe verloren gegangen zu sein. Soweit, dass – den Thesen von McMahon folgend – die Nahrungsmittelproduktion als öffentliches Gut definiert und damit gleichsam wiederentdeckt werden muss und die Idee eines neuen Contrat social, eines Gesellschaftsvertrags offenbar im Geiste Rousseaus[3] zwischen Landwirt und Gesellschaft zur Diskussion gestellt wird. Diese Idee ist nicht ganz neu – so werden im schweizerischen direktdemokratischen System die Inhalte des Verfassungsartikels betreffend Landwirtschaft[4] ebenfalls als Gegenstand eines Gesellschaftsvertrags gesehen, da sie in einer Volksabstimmung von Volk und Ständen angenommen worden sind[5]; so wurden in den Niederlanden öffentliche Dialogforen und Anhörungen über die Zukunft der Landwirtschaft durchgeführt um die Zivilgesellschaft und beteiligten Verkehrskreise auf breiter Basis einzubinden, ich darf hierzu auf den entsprechenden Bericht in der Kommission I verweisen. Gleichwohl wäre zu fragen, was denn genau die Gegenleistung der Gesellschaft in einem solchen theoretischen Vertragsgebilde sein sollte. Die Pflichten der Landwirtschaft würden sich wohl schon aus den genannten Zielsetzungen ergeben, aber bestünde die Verpflichtung der Öffentlichkeit, der Politik und der Verbraucher darin, Direktzahlungen mit ihrer Steuerleistung zu garantieren, multifunktionale Leistungen abzugelten oder gar angemessene Preise für Lebensmittel zu bezahlen? Ein durchaus vertiefenswerter Gedanke.

III. Themen

Im Anschluss daran haben wir die Arbeiten aufgenommen, wie gewohnt in drei Kommissionen. Der Direktionsrat hat sich diesmal entschlossen,

---

2 Vgl. Art. 39 AEUV.

3 *Rousseau*, Du contrat social (1762).

4 Vgl. Art. 104 Schweizerische Bundesverfassung (BV; SR 101).

5 *Norer*, Landwirtschaft und Verfassungsrecht: Hinführung und Nachtrag, in: ders. (Hrsg.), Landwirtschaft und Verfassungsrecht – Initiativen, Zielbestimmungen, rechtlicher Gehalt (2015), 22 m.w.N.

die jüngste Reform der GAP zum Schwerpunktthema zu machen: "GAP-Reform: Marktorganisation und ländlicher Raum. Rechtsrahmen und Umsetzung". Aus Sicht des Vollzugs vielleicht zu einem etwas zu frühen Zeitpunkt, da die Erfahrungen mit der Implementierung vielerorts gerade erst so richtig angelaufen sind, sollten doch die rechtlichen Weichenstellungen zumindest auf Grundlage der neuen Rechtstexte bereits einer Analyse unterzogen werden können. Neu ist dabei die thematische Verlinkung der Kommissionen I und II, sodass der Kongress einem gemeinsamen Oberthema gewidmet ist, flankiert vom bewährten Thema der aktuellen Entwicklungen in Kommission III. Insofern vergleichbar mit Europäischen Agrarrechtskongressen der Vergangenheit ist lediglich jener von 1999 in Amsterdam, wo das Reformwerk der AGENDA 2000 kommissionsübergreifend Gegenstand von Beratungen sowohl zur Markt- und Preispolitik als auch zur ländlichen Entwicklung war.[6]

Kommission I widmete sich dem Thema "Marktorganisation: Rechtsrahmen und Umsetzung" und behandelte folglich die neue 1. Säule der GAP. Hier bot sich im Bereich der Beihilfen eine Fülle vertrauter als auch neuer Elemente wie etwa active farmer, Capping, Betriebsprämie, "Greening", Cross Compliance, InVeKoS oder die Transparenzregeln für eine eingehende Analyse an. Daneben bestand aber auch die Möglichkeit, das Betrachtungsfeld auf andere Instrumente wie die Intervention und private Lagerhaltung, den Außenhandel oder die Quotierung auszuweiten. Damit verhandelte die Kommission I nicht nur das für die europäische Landwirtschaft heute bedeutendste Kapitel, sondern avancierte auch zur wohl am stärksten spezialisierten Gruppe in Potsdam. Ähnliche Themen, zumindest was die Regulierung des Marktes und die dabei spezifischen Instrumente betrifft, waren jedoch auch bereits bisher verschiedentlich Thema bei Europäischen Agrarrechtskongressen.[7] Diesmal gingen hier 12 Landesberichte ein.

Kommission II war korrespondierend zu Kommission I mit "Ländlicher Raum: Rechtsrahmen und Umsetzung" überschrieben und widmete sich

6 1999 in Amsterdam: Kommission I "*Politique du marché et des prix*"; Kommission II "*Développement rural*".

7 So 1985 in Puerto de la Cruz (Teneriffa) ("*Régime juridique des limitations de la production agricole*"); 1987 in Salzburg ("*Techniques juridiques anciennes et nouvelles pour la régulation du marché*"); 2001 in Helsinki ("*Instruments juridiques du marché des produits agricoles*"); 2007 in Caserta ("*La mise en application du paiement unique par les administrations et les tribunaux nationaux*").

der neuen 2. Säule der GAP. Hier galt es vor allem nicht nur den EU-Rechtsrahmen im Auge zu behalten, sondern sich auch intensiv mit den entsprechenden nationalen Programmen im Rahmen der Politik zur Entwicklung des ländlichen Raums auseinanderzusetzen. Flankierend war daneben aber auch dem nationalen Rechtsrahmen Beachtung zu schenken, insbesondere den Themen Grund(stück)verkehrsrecht, Landpachtrecht, Raumplanung, Infrastrukturrecht, Regionalpolitik und Agrarstrukturmaßnahmen. Ein besonderes Augenmerk wurde dabei auf den grenzüberschreitenden und außerlandwirtschaftlichen Erwerb landwirtschaftlicher Flächen gelegt. Das bot ausreichend Anlass für angeregte Diskussionen, die diese Gruppe mit großem Engagement meisterte. Mit dem ländlichen Raum im weitesten Sinne bzw. bestimmten Aspekten daraus beschäftigten sich übrigens gelegentlich auch bereits frühere Kongresse[8]. In Potsdam gingen zu diesem Thema 16 Landesberichte und 2 individuelle Berichte ein.

Kommission III schließlich beschäftigte sich mit dem Dauerthema "Bedeutende aktuelle Entwicklungen im Recht des ländlichen Raums". Die dabei vorgeschlagenen Themen wie etwa Gentechnik, Patentierbarkeit von GV-Tieren und -Pflanzen, Sorten- und Saatgutrecht, Tierzuchtrecht, Ernährungssicherheit, Klimawandel, Schutz landwirtschaftlicher Flächen oder Jagdrecht wurden bei weitem übertroffen. Wie gewohnt bot diese Kommission damit das heterogenste Bild und präsentierte eine bunte Fülle an teilweise völlig unterschiedlichen Rechtsentwicklungen aus nahezu allen Teilen der agrarrechtlichen Welt. Besonders hinzuweisen ist auf die in dieser Kommission präsentierten Gastvorträge zu den Themen Europäisches Patentrecht und TTIP. Auch bereits bei den Kongressen von Cambridge 2009, Bukarest 2011 sowie Luzern 2013 hatte sich dieses offene Format bestens bewährt. Hier gingen denn auch 15 Landesberichte und 3 individuelle Berichte ein. Es war an den Generalberichterstattern, aus der Vielfalt des erarbeiteten Materials die entsprechenden Trends und Entwicklungslinien herauszufiltern.

Insgesamt folgten die nationalen Berichte zum großen Teil den Fragebögen, die von den Generalberichterstattern in Absprache mit dem Generaldelegierten erstellt worden waren. Das erleichterte es den Kommissio-

---

8 So 1993 in Interlaken ("*Problèmes juridiques particuliers posés par l'agriculture de montagne et des zones dáfavorisées*"); 1995 in Oxford ("*La conservation et la restauration de l'espace rural protégé et non-protégé*"); 1997 in Bonn ("*Les instruments juridiques de la protection de l'espace rural*").

nen, strukturierte Debatten zu führen und Schlussfolgerungen auszuarbeiten.

Meine sehr verehrten Damen und Herren, ich gestatte mir nun einige der mir besonders wichtig erscheinenden Elemente der Berichte und Diskussionen herauszustreichen.

IV. Kommission I und II

Kommission I und II hatten ein äußerst anspruchsvolles Thema zu bearbeiten, nämlich genau genommen die Umsetzung von ca. 700 Seiten Rechtstexten, die zur Gänze erst seit dem 1.1. dieses Jahres in Geltung stehen. Ein vorsichtiges Abtasten, eine Ahnung möglicher sich in naher Zukunft noch stellender Probleme und ein kritischer Blick vom Detail zum großen Ganzen waren vonnöten und wurden von allen Beteiligten mit viel Engagement und Bravour vorgenommen.

A. Rechtsregime

Wenn wir uns dieses Rechtsregime der neuen GAP in seiner Gesamtheit vergegenwärtigen, dann fällt natürlich sofort die neue Struktur aufgrund des Lissabonner Vertrags mit den Basis-Rechtsakten, den delegierten Rechtsakten und den Durchführungsrechtsakten auf.[9] Konnte man bei den vier grundlegenden Rechtsakten des Europäischen Parlaments und des Rates (VOen 1305-1308/2013[10]), die 2013 publiziert worden sind, trotz teilweise beträchtlichen Umfangs noch von einer halbwegs erfassbaren

9 Vgl. Art. 290 f. AEUV.

10 VO (EU) Nr. 1305/2013 über die Förderung der ländlichen Entwicklung durch den Europäischen Landwirtschaftsfonds für die Entwicklung des ländlichen Raums (ELER), ABl. L 347/487 (vormals VO 1698/2005); VO (EU) Nr. 1306/2013 über die Finanzierung, die Verwaltung und das Kontrollsystem der Gemeinsamen Agrarpolitik, ABl. 347/549 (vormals VO 1290/2005); VO (EU) Nr. 1307/2013 mit Vorschriften über Direktzahlungen an Inhaber landwirtschaftlicher Betriebe im Rahmen von Stützungsregelungen der Gemeinsamen Agrarpolitik, ABl. L 347/608 (vormals VO 73/2009); VO (EU) Nr. 1308/2013 über eine gemeinsame Marktorganisation für landwirtschaftliche Erzeugnisse, ABl. L 347/671 (vormals VO 1234/2007).

Rechtsmaterie ausgehen, hat sich seit 2014 eine Vielzahl an delegierten[11] und durchführenden[12] Rechtsakten angelagert.

---

11 Delegierte VO (EU) Nr. 807/2014 zur Ergänzung der VO (EU) 1305/2013 über die Förderung der ländlichen Entwicklung durch den Europäischen Landwirtschaftsfonds für die Entwicklung des ländlichen Raums (ELER) und zur Einführung von Übergangsvorschriften, ABl. L 227/1; Delegierte VO (EU) Nr. 640/2014 zur Ergänzung der VO (EU) 1306/2013 in Bezug auf das integrierte Verwaltungs- und Kontrollsystem und die Bedingungen für die Ablehnung oder Rücknahme von Zahlungen sowie für Verwaltungssanktionen im Rahmen von Direktzahlungen, Entwicklungsmaßnahmen für den ländlichen Raum und der Cross-Compliance, ABl. L 181/48; Delegierte VO (EU) Nr. 906/2014 zur Ergänzung der VO (EU) 1306/2013 im Hinblick auf die Ausgaben für Maßnahmen der öffentlichen Intervention, ABl. L 255/1; Delegierte VO (EU) Nr. 907/2014 zur Ergänzung der VO (EU) 1306/2013 im Hinblick auf die Zahlstellen und anderen Einrichtungen, die finanzielle Verwaltung, den Rechnungsabschluss, Sicherheiten und die Verwendung des Euro, ABl. L 255/18; Delegierte VO (EU) Nr. 639/2014 zur Ergänzung der VO (EU) 1307/2013 mit Vorschriften über Direktzahlungen an Inhaber landwirtschaftlicher Betriebe im Rahmen von Stützungsregelungen der Gemeinsamen Agrarpolitik und zur Änderung des Anhangs X der genannten Verordnung, ABl. L 181/1; Delegierte VO (EU) Nr. 499/2014 zur Ergänzung der VO (EU) 1308/2013 sowie VO (EU) 1306/2013 durch Änderung der DVO (EU) 543/2011 in Bezug auf Obst und Gemüse und Verarbeitungserzeugnisse aus Obst und Gemüse, ABl. L 145/5; Delegierte VO (EU) Nr. 500/2014 zur Ergänzung der VO (EU) 1308/2013 durch Änderung der VO (EG) 288/2009 hinsichtlich der Gewährung einer Beihilfe für flankierende Maßnahmen im Rahmen eines Schulobst- und -gemüseprogramms, ABl. L 145/12; Delegierte VO (EU) Nr. 501/2014 zur Ergänzung der VO (EU) 1308/2013 durch Änderung der VO (EG) 826/2008 hinsichtlich bestimmter Anforderungen für landwirtschaftliche Erzeugnisse, für die eine Beihilfe für die private Lagerhaltung gewährt werden kann, ABl. L 145/14; Delegierte VO (EU) Nr. 611/2014 zur Ergänzung der VO (EU) 1308/2013 hinsichtlich der Programme zur Stützung des Sektors Olivenöl und Tafeloliven, ABl. L 168/55; Delegierte VO (EU) Nr. 612/2014 zur Ergänzung der VO (EU) 1308/2013 durch Änderung der VO (EG) 555/2008 in Bezug auf neue Maßnahmen im Rahmen der nationalen Stützungsprogramme für den Weinsektor, ABl. L 168/62; Delegierte VO (EU) Nr. 2015/560 zur Ergänzung der VO (EU) 1308/2013 hinsichtlich des Genehmigungssystems für Rebpflanzungen, ABl. L 93/1.

12 DVO (EU) Nr. 808/2014 mit Durchführungsvorschriften zur VO (EU) 1305/2013 über die Förderung der ländlichen Entwicklung durch den Europäischen Landwirtschaftsfonds für die Entwicklung des ländlichen Raums (ELER), ABl. L 227/18; DVO (EU) Nr. 615/2014 mit Durchführungsbestimmungen zur VO (EU) 1306/2013 und VO (EU) 1308/2013 hinsichtlich der Arbeitsprogramme zur Stützung des Sektors Olivenöl und Tafeloliven, ABl. L 168/95; DVO (EU) Nr. 809/2014 mit Durchführungsbestimmungen zur VO (EU) 1306/2013 hinsichtlich des integrierten Verwaltungs- und Kontrollsystems, der Maßnahmen zur Entwicklung des ländlichen Raums und der Cross-Compliance, ABl. L 227/69; DVO

Die Verhandlungen der GAP-Reform 2013 waren übrigens insofern von besonderem institutionellem Interesse, als die einzelnen Regelungen erstmals diesen neuen Gefäßen nach dem Lissabonner Vertrag zugeordnet werden mussten. Dabei erwies sich insbesondere die nähere inhaltliche Abgrenzung zwischen den delegierten Befugnissen (Art. 290 AEUV) und den Durchführungsbefugnissen (Art. 291 AEUV) als komplex und umstritten.[13] Im Diskussionsprozess hat sich gezeigt, dass Rat und Parlament vorrangig auf der ihnen jeweils vertrauter oder günstiger erscheinenden Form der Beteiligung bestanden. So haben die Mitgliedstaaten im Rat im Zweifel für Durchführungsakte ohne Parlamentsbeteiligung optiert, während das Parlament delegierte Akte verlangt habe, bei denen es ein Widerspruchsrecht besitzt. Letztlich haben in allen Fällen politisch tragfähige Kompromisse gefunden werden können. Eine solide rechtliche Abgrenzung zwischen delegierten und Durchführungsakten wird aber erst nach und nach auf der Grundlage einer ausführlicheren Judikatur der europäischen Gerichte möglich werden. Einmal mehr hat sich jedenfalls das Agrarrecht als Spielfeld, als Vorreiter weitreichender europäischer Rechtsentwicklungen erwiesen.

Was haben nun die nationalen Gesetzgeber daraus gemacht? Den eingereichten Berichten ist zu entnehmen, dass alle Mitgliedstaaten das neue Recht in die bestehenden nationalen, meist marktordnungsrechtlichen Formen gegossen haben (an diversen Gesetzen, Verordnungen, Dekreten und selbst königlichen Reglementen mangelt es nicht), wobei sich mit dem Hinweis auf die Direktwirkung von EU-Verordnungen manche in vornehmer Zurückhaltung geübt und andere wieder im Wissen um die „hinkende Verordnung“ – also die in der Praxis sehr wohl bestehende Form der umsetzungsbedürftigen Verordnung – oder aufgrund eines generellen Miss-

---

(EU) Nr. 908/2014 mit Durchführungsbestimmungen zur VO (EU) 1306/2013 hinsichtlich der Zahlstellen und anderen Einrichtungen, der Mittelverwaltung, des Rechnungsabschlusses und der Bestimmungen für Kontrollen, Sicherheiten und Transparenz, ABl. L 255/59; DVO (EU) Nr. 641/2014 mit Durchführungsbestimmungen zur VO (EU) 1307/2013 mit Vorschriften über Direktzahlungen an Inhaber landwirtschaftlicher Betriebe im Rahmen von Stützungsregelungen der Gemeinsamen Agrarpolitik, ABl. L 181/74; DVO (EU) Nr. 614/2014 zur Änderung der VO (EG) 555/2008 in Bezug auf die Anwendung bestimmter Stützungsmaßnahmen im Weinsektor, ABl. L 168/73.

13 Im Detail siehe *Mögele*, Die Reform der Gemeinsamen Agrarpolitik 2013 – rechtliche und politische Aspekte, in: Norer/Holzer (Hrsg.), Agrarrecht. Jahrbuch 2014 (2014), 134 ff.

trauens gegenüber Brüsseler Rechtsetzungskunst gleich die gesamte Reform im nationalen Rahmen gleichsam dupliziert haben. Zum eindrucksvollen Umfang des europäischen Rechtsregimes, flankiert übrigens vom reformierten Beihilfe- und Wettbewerbsrecht, treten also noch die nationalen Regelungen hinzu.

B. Flexibilisierung

Diese nationalen Regelungen sind auch schon deshalb von gesteigerter Bedeutung, weil die neue GAP eine Vielzahl an Varianten, Differenzierungen, Diversitäten und damit Entscheidungen der nationalen Gesetzgeber erfordert. Angesichts dieser diesmal weiter gesteigerten Flexibilisierung, um ein möglichst neutrales Wort zu suchen, der an und für sich unflexiblen und starren 1. Säule rechtfertigt es sich mehr denn je von einer Neuverteilung der Zuständigkeiten zwischen EU und Mitgliedstaaten zu sprechen. Ob man das nun Ausdifferenzierung, Föderalisierung oder Renationalisierung nennen will, ist letztlich eine Glaubensfrage. Setzen wir die GAP-Reform in den so oft zitierten Zeitrahmen seit der MacSharry-Reform 1992 dann fällt nicht nur auf, dass die Entwicklungslinie direkt zu immer mehr Ökologisierung führt, sondern auch zum Infragestellen – Kritiker bemängeln schon seit langem sogar den Verlust – des „G" im Kürzel GAP, also des Gemeinsamen.[14] Haben wir es noch mit einer „Gemeinsamen" Agrarpolitik zu tun, oder kocht mittlerweile jeder Mitgliedstaat sein eigenes Süppchen, das mit hohem Verwaltungsaufwand und gemeinsamer Finanzierung wenigstens noch den Anschein einer vergemeinschafteten, einer unionalen Politik zu wahren trachtet?

---

14 Vgl. aktuell *Mögele*, Die Reform der Gemeinsamen Agrarpolitik 2013 – rechtliche und politische Aspekte, in: Norer/Holzer (Hrsg.), Agrarrecht. Jahrbuch 2014 (2014), 137 ff; sowie *Bianchi*, Y a-t-il encore quelque chose de „commun" dans la nouvelle Politique agricole commune?, RTDE 2005, 623; *Gilsdorf*, Der Grundsatz der Subsidiarität und die gemeinsame Agrarpolitik, GS Grabitz (1995), 77; *Götz*, Supranationale und staatliche Kompetenzen auf dem Gebiet der Agrarpolitik, AgrarR 1971, 33; *Priebe*, Wie "subsidiär" kann die Gemeinsame Agrarpolitik sein?, EuZW 1993, 425; *Priebe*, Differenzierung und Dezentralisierung in der gemeinsamen Agrarpolitik, FS Steinberger (2002), 1347; *Scherer*, Subsidiaritätsprinzip und EG-Agrarreform, DVBl. 1993, 281; *Seidel*, Rückführung der Landwirtschaftspolitik in die Verantwortung der Mitgliedstaaten? – Rechts- und Verfassungsfragen des Gemeinschaftsrechts, AgrarR 2000, 381.

Diese Entwicklung hat aber meiner Ansicht noch eine weitere mögliche Auswirkung, nämlich die Unterscheidung zwischen den beiden Säulen. Was ist denn – abgesehen von der historischen Entwicklung, in der die Strukturmaßnahmen erst später zu einer 2. Säule erhoben wurden – der prägende Unterschied? In der EU ist es unter anderem, so wurde uns das jahrelang erklärt, der divergierende Ansatz: 1. Säule „top down" – einheitliche Verpflichtungen und Zwang, 2. Säule „bottom up" – differenzierte und zu einem gewissen Grad freiwillige Maßnahmen. Angesichts der oben skizzierten Entwicklungen, zuletzt eben verschärft durch die GAP-Reform 2013, lässt sich diese Unterscheidung aber in Frage stellen. Auch wenn meines Wissens die Europäische Kommission immer wieder betont, dass an der 2-Säulen-Architektur festgehalten werden soll, so sind die scharfen Trennlinien doch im Begriff wenn schon nicht sich aufzulösen so doch zu verschwimmen. Es bleibt noch die unterschiedliche Finanzierung – hier 100% EU, dort gemeinsame Kofinanzierung durch EU und Mitgliedstaat –, aber auch dieses Kriterium wird mit diversen top up-Optionen zusehends geschwächt.

C. Vereinfachung

Flexibilisierung bedeutet überdies unweigerlich ein Anwachsen des Normenmaterials und damit bin ich beim Thema Vereinfachung. Simplification, ein schönes Wort, das sich aber in der Geschichte der GAP als unvereinbar mit derselben herausgestellt hat.[15] Wir haben es vorgestern vom brandenburgischen Landwirtschaftsminister gehört und auch die Berichte bestätigen es, der Verwaltungsaufwand hat wieder einmal zu- statt abgenommen. Die Versuche der legistischen und administrativen Vereinfachung sind Legion, ebenso die entsprechenden Arbeitsgruppen. Natürlich kann man mit rechtstechnischen Tricks einige Vereinfachungen herbeiführen, insbesondere was die Reduktion des Normenmaterials betrifft. Man kann – wie das die Europäische Kommission in der Vergangenheit durchaus beeindruckend vorexerziert hat – 22 Gemeinsame Marktorganisationen zu einer einzigen Verordnung zusammenfassen, man kann die gesamte GAP wie soeben auf vier Basisrechtsakten aufbauen, ich werde aber das

15 Z.B. *Streinz*, Vereinfachung und Verbesserung der Rechtsetzung in der Gemeinsamen Agrarpolitik der EG, GS Kopp (2007), 248.

Gefühl nicht los, dass hier eher kompiliert, zusammengeschrieben als wirklich simplifiziert worden ist. Die aktuelle VO über die gemeinsame Marktorganisation ist mit der Nummer 1308/2013[16] nicht nur ungleich schwerer zu behalten als die alte mit der einprägsamen Zahlenfolge 1234 (VO 1234/2007[17]), sie hat auch im Umfang mit 261 Seiten eine gewissermaßen natürliche Grenze überschritten. Ich meine jetzt nicht den unbedarften interessierten Laien, der gutgläubig auf seinem PC die Drucken-Taste betätigt und erstaunt zumindest zweimal Papier nachlegen muss. Nein, ich meine durchaus den spezialisierten Agrarjuristen. Vielleicht liegt es bei mir am langsam fortschreitenden Alterungsprozess, aber ich ertappe mich dabei, wie ich zusehends weniger bereit bin, alle paar Jahre vertraute und eingeübte Bestimmungen immer wieder aufs Neue suchen und einlernen zu müssen.

Wie könnte also eine radikale agrarjuristische Vereinfachung de lege ferenda aussehen? In Kommission I hat *José Martinez* die Idee eines allgemeinen Teils des europäischen Agrarrechts in die Diskussion geworfen. Der Titel II der Direktzahlungsverordnung (EU) Nr. 1307/2013 mag als möglicherweise geeigneter Ausgangspunkt eines solchen Projekts dienen. Skeptisch bin ich persönlich gegenüber der in den Schlussfolgerungen der Kommisison I angesprochenen Verlagerung des gesetzgeberischen Inputs auf die Ebene der Auslegungsvermerke, Guidelines und Wegleitungen. Natürlich brauchen die Rechtsanwender gleich einem Ertrinkenden einen solchen Strohhalm, um einen vielleicht nicht unbedingt rechtskonformen aber – leider weit wichtiger – kommissionskonformen Vollzug ohne Anlastungsrisiken sicherstellen zu können. Wir haben auch schon einmal bei einem CEDR-Kongress gefordert, dass solche Materialien bis hin zum damals gerade erschienenen Kommentar der einheitlichen Marktorganisation[18] verstärkt zur Verfügung gestellt werden.[19] Abgesehen von allen Problemen der rechtlichen Verbindlichkeit[20] sollten wir uns aber doch fragen,

16 Siehe FN 10.

17 VO (EG) Nr. 1234/2007 über eine gemeinsame Organisation der Agrarmärkte und mit Sondervorschriften für bestimmte landwirtschaftliche Erzeugnisse (Verordnung über die einheitliche GMO), ABl. L 299/1.

18 *Mögele/Erlbacher* (Hrsg.), Single Common Market Organisation (2011).

19 So in den Schlussfolgerungen der Kommission III 2011 in Bukarest; *Richli* (Hrsg.), L'agriculture et les exigences du développement durable (2013), 420.

20 Zuletzt *Martinez*, Mehrebenenvollzug des Direktzahlungssystems in der Europäischen Union: Brüssel und Mitgliedstaaten, in: Norer (Hrsg.), Agrarische Direktzahlungen – rechtliche Aspekte in Konzeption und Vollzug (2011), 159 ff.

ob es letztlich nicht ein Armutszeugnis eines Gesetzgebers, welcher Rechtsetzungsebene auch immer, ist, wenn er – das Beispiel Art. 6 Fauna-Flora-Habitat-RL muss jetzt einfach kommen[21] – an die 100 Seiten braucht, um dem Rechtsanwender zu erklären, was er denn da eigentlich gemeint hat. Vielleicht sollte man frei nach Wittgenstein formulieren: Worüber man nicht verständlich legiferieren also Recht setzen kann, darüber muss man schweigen.

D. Technizität

Wir hingegen haben uns mittlerweile jedwede Art von Fachtermini zu eigen gemacht, wir sind auch geduldig bereit – diesmal mit „greening" und „capping" – unser Fachchinesisch ständig zu erweitern. Dabei hören wir uns mehrheitlich wie Agrarökonomen an, und unsere Arbeit ist die eines „Weiterwurschtelns" tief in den Abgründen des sogenannten technischen Rechts. Natürlich ist es interessant und lohnend neue Instrumente, wie nunmehr etwa das Greening systematisch einzupassen, sich Gedanken über die Ökoarchitektur der GAP zu machen, wie das etwa *Gottfried Holzer* im aktuellen CEDR-Journal[22] getan hat. Ich wünsche uns aber vielmehr wieder den originär juristischen Blick zurückzugewinnen, auch wenn die Emanzipation von der technisierten Rechtsrealität schwer fallen mag. Wir haben allzu selten Gelegenheit, Rechtsstaatlichkeit und Grundrechtskonformität einzufordern. Wer beschäftigt sich im Zusammenhang mit der GAP eigentlich mit Verhältnismäßigkeit und Subsidiarität? Welcher wissenschaftliche Beitrag geht noch über eine bloß deskriptive Darstellung hinaus? Was waren das für Zeiten als – ich muss schon sagen unsere agrarrechtlichen Vorfahren – anhand des Rechts der Gemeinsamen Agrarpolitik die EU-Eigentumsdogmatik entwickeln konnten, als im Bereich der Milchquoten grundlegende Rechtsfragen in jahrelangen erbitterten aber letztlich fruchtbaren rechtlichen Auseinandersetzungen geklärt werden konnten?

---

21 Leitlinien Natura 2000 – Gebietsmanagement. Die Vorgaben des Art. 6 der Habitat-Richtlinie 92/43/EWG (2000).

22 *Holzer*, Die „neue" Ökoarchitektur der GAP, CEDR-JRL 1/2015, 50 ff.

E. Transparenz

Ein Beispiel in diesem Zusammenhang, das auch Gegenstand der Beratungen der Kommission I war, ist die Transparenz. Bislang ein kleiner heller Streifen am Horizont. Ich gebe allerdings zu, dass dieses Thema außerhalb von Deutschland und Österreich nicht wirklich wahrgenommen wurde. Die Transparenzbestimmung, also die verpflichtende Veröffentlichung der Daten von EU-Agrarbeihilfe-Empfängern mit Name, Gemeinde und erhaltenen Beträgen, aktuell geregelt in Art. 111 ff. VO (EU) Nr. 1306/2013[23], hat damals zwei hessische Landwirte bewogen, sich mit dem Argument der Verletzung ihres Rechts auf Privatsphäre dagegen gerichtlich zu Wehr zu setzen. Wir wissen alle wie dieses Verfahren Schecke und Eifert[24] ausgegangen ist. Der EuGH hat die Bedenken großteils geteilt und die Bestimmung zumindest teilweise für nicht anwendbar erklärt. David gegen Goliath, wenn Sie wollen Grundrecht gegen technische Norm, wie immer man dieses Urteil deuten will, es hat Anlass zur Hoffnung gegeben. Heute muss man das Ganze etwas ernüchtert sehen. Die Kommission hat mittlerweile die betreffenden Bestimmungen nachgebessert, insbesondere um einen Schwellenwert, unter dem der Namen nicht veröffentlicht werden muss. Derzeit wird meines Wissens wieder versucht, diese Nachfolgeregelung einer gerichtlichen Prüfung zu unterziehen. Es ist wohl mehr als fraglich, ob die Korrektur ausreicht, um die grundlegenden rechtlichen Bedenken von damals nun zu zerstreuen. Denn – und darauf weist der Generalbericht der Kommission I explizit hin – es geht letztlich um die Frage, ob die Transparenz überhaupt geeignet ist, das Ziel einer öffentlichen Kontrolle der Verwaltung zu erreichen.

F. Ländlicher Raum

Richten wir unseren Fokus nun auf die Arbeit der Kommission II und damit die ländliche Entwicklung, so verstärkt sich der bislang gewonnene Eindruck. Wir können vielfältige Maßnahmen im Bereich der Struktur- und Regionalförderung in den Mitgliedstaaten der EU als auch in allen anderen hier vertretenen Ländern vergleichen, uns über unterschiedliche Schwerpunktsetzungen austauschen, Zielsetzungen formulieren, aber es

23 Siehe FN 10.

24 EuGH, Rs. C-92/09 und C-93/09 vom 9.11.2010.

fällt mitunter schwer – selbst in der Umsetzung der VO (EU) Nr. 1305/2013[25] – das Gemeinsame zu entdecken. Letztlich bedeutet die 2. Säule die Entwicklung eigenständiger nationaler Politiken innerhalb einer EU-Rahmenregelung, mit über die Förderung der landwirtschaftlichen Wettbewerbsfähigkeit hinaus wesentlich erweiterten Zielsetzungen.

Um wieviel reicher sind dagegen die Antworten auf die Frage nach den weiteren rechtlichen Rahmenbedingungen für die ländlichen Räume in der Kommission II ausgefallen, wobei zwangsläufig weit über die Landwirtschaft hinaus gegangen wurde. Das Raumplanungsrecht wurde zurecht immer wieder genannt, Natur- und Umweltschutzrecht, Wasserrecht bis hin zur EU-Wasserrahmen- und Hochwasserschutzrichtlinie[26] sowie das Bodenrecht.

Besonders deutlich wird das am Beispiel des Kulturlandverlusts, der indirekt mit dem 2. Teil des Fragebogens nach dem grenzüberschreitenden und außerlandwirtschaftlichen Erwerb landwirtschaftlicher Flächen angesprochen wurde und sich auch in Kommission III beim Thema Ernährungssouveränität gezeigt hat. Die zentrale Frage ist dabei, ob es legitim und – gerade unter den Parametern des Europarechts – rechtens ist, den Zugang zu landwirtschaftlichen Nutzflächen der lokalen Bevölkerung vor Ort, so sie denn aktive Landwirte sind, vorzubehalten. Dass Kulturland knapp ist und immer knapper wird, bezeugen zahlreiche Berichte, besonders eindrucksvoll der Report aus Norwegen, wonach nur gerade 3% der Landesfläche landwirtschaftlich genutzt werden kann.

G. Recht des ländlichen Raums

Vermutlich braucht es auf Dauer ein rechtliches Gesamtpaket für den ländlichen Raum. Ich habe vor einigen Jahren ein solches „Recht des ländlichen Raums“ in die theoretische Diskussion geworfen[27], soweit ich sehe, ist bis dato in der Literatur niemand meinem Ansatz gefolgt, im Gegenteil. Beim Galadinner bin ich mit Kollegen wieder darauf zu sprechen gekom-

---

25 Siehe FN 10.

26 RL 2000/60/EG zur Schaffung eines Ordnungsrahmens für Maßnahmen der Gemeinschaft im Bereich der Wasserpolitik, ABl. L 327/1; RL 2007/60/EG über die Bewertung und das Management von Hochwasserrisiken, ABl. L 288/27.

27 *Norer*, Vom Agrarrecht zum Recht des ländlichen Raums – alte und neue Begrifflichkeiten, ZfV 2001, 2 ff.

men und habe selbstkritisch zwischen Hauptgang und Nachspeise noch gemeint, ich müsste wohl jetzt einmal meinen Vorschlag wieder zurückziehen. Beim Verfassen dieses Syntheseberichts gestern Morgen bin ich aber zur Überzeugung gekommen, dass wir uns sehr wohl verstärkt mit dem Ganzen auseinandersetzen sollten, auch wenn wir dann vielleicht keine Agrarjuristen im engeren Sinne sondern Juristinnen und Juristen des Rechts des ländlichen Raums sein mögen. Wäre es nicht konsequent, die raumbezogenen Politiken und Normen in ein gemeinsames Gefäß zu packen, auch wenn dieses dann nicht mehr Agrarpolitik, sondern vielleicht Regionalpolitik heißen sollte? Und daneben die oben angesprochene Annäherung der beiden Säulen zu nutzen und die wirklich spezifisch agrarrelevanten Maßnahmen der 2. Säule in die 1. Säule mit all den nationalen Differenzierungsmöglichkeiten zu transferieren und eine einzige, starke gemeinsame Säule mit einem einheitlich systematisierten Rechtsregime zu schaffen? Ein Regime, das weiterhin zu 100% von der Union finanziert würde um bisher gebundene nationale Gelder für andere strukturpolitische Maßnahmen freizuspielen; ein Regime bei dem sich die leidige Frage der Umschichtung der Mittel erübrigen würde, das eine Aufwertung der Strukturmaßnahmen bedeuten und letztlich die Landwirtschaft von einer Reihe von produktionsfernen Zielsetzungen entlasten würde.

V. Kommission III

Die zahlreichen Berichte in der Kommission III zeigen ein weites Feld auf. Obwohl nur die wenigsten Berichterstatter sich an den, ohnehin kurzen Fragebogen gehalten haben und lediglich meist ein oder zwei aktuelle Themen herausgegriffen haben, ergibt sich in der Zusammenschau ein buntes und doch wieder überraschend homogenes Bild.

A. Europarecht

Einen großen Block agrarrechtlicher Entwicklungen bildet für gewöhnlich die Weiterentwicklung der jeweiligen Agrarpolitik. Hier bestimmte in den letzten beiden Jahren natürlich die jüngste GAP-Reform die Rechtsentwicklung bei den EU-Mitgliedern ganz entscheidend. Weite Teile der mitgliedstaatlichen Agrargesetzgebung waren absorbiert durch die Arbeit an der Implementierung des neuen Rechtsregimes. Eines Regimes, das durch die Aufsplittung in Grundverordnung, delegierte Verordnungen und Durchführungsverordnungen – wir haben es oben gehört – nicht einfacher geworden ist und sich zu einem enormen Umfang ausgewachsen hat. Kein Wunder, dass der nationale Agrargesetzgeber wenig Kapazitäten zeigte, um auch in anderen Bereichen wesentliche Akzente zu setzen. Übrigens vielleicht überraschend, verhält es sich ähnlich beim europäischen Nicht-Mitgliedstaat Schweiz. Der schweizerische Beitrag berichtet von durchaus vergleichbaren zentralen Rechtsentwicklungen in Bezug auf die dort stattgefundene Reform der nationalen Agrarpolitik.

Aber der Einfluss des EU-Rechts beschränkt sich schon lange nicht mehr auf die Agrarpolitik. Die diversen Berichte zeigen in ihrer Gesamtheit eindrucksvoll auf, welche Themenfelder darüber hinaus noch angesprochen werden. Um nur einige zu nennen:

Im Bereich des Umweltrechts macht der Beitrag des Vereinigten Königreichs darauf aufmerksam, dass das Rechtsregime von Natura 2000, also die Vogelschutz- und Fauna-Flora-Habitat-Richtlinie[28], derzeit einem fitness check unterzogen wird mit ungewissem Ausgang was die Landwirtschaft anbelangt.

Im Januar 2015 trat die Verordnung (EU) Nr. 1143/2014 über invasive gebietsfremde Arten[29] in Kraft. Diese invasiven Tiere und Pflanzen stellen eine große Gefahr für die heimische Fauna und Flora in Europa dar und verursachen Schäden von Billionen von Euros. Die Verordnung sieht verschiedene Typen von Interventionen vor.

Ebenfalls der UK-Bericht erläutert die möglicherweise weitreichenden Folgen, die mit dem 7. Umweltaktionsprogramm (7. UAP)[30] für die Landwirtschaft verbunden sein könnten. Dieses Programm trat im Januar 2014 in Kraft. Es führt eine Reihe von weiteren spezifischen Empfehlungen auf, die die politischen und legislatorischen Ziele für die kommenden Jahre setzen sollen.

Ein weiterer Themenbereich betrifft die geschützten Ursprungsbezeichnungen für Agrarprodukte. Mit der Verordnung (EU) Nr. 1151/2012 be-

---

28 RL 92/43/EWG zur Erhaltung der natürlichen Lebensräume sowie der wildlebenden Tiere und Pflanzen, ABl. L 206/7; RL 2009/147/EG über die Erhaltung der wildlebenden Vogelarten, ABl. 2010 L 20/7.

29 VO (EU) Nr. 1143/2014 über die Prävention und das Management der Einbringung und Ausbreitung invasiver gebietsfremder Arten, ABl. L 317/35.

30 Siehe http://ec.europa.eu/environment/action-programme/.

treffend Qualitätsregelungen für Agrarerzeugnisse[31] sind wesentliche Weichenstellungen für das nationale Bezeichnungsrecht insbesondere in Bezug auf lokale Lebensmittel verbunden, wie der finnische und italienische Bericht anschaulich aufzeigen.

In Italien wiederum wird die Anwendung der Verordnung (EU) Nr. 1169/2011 betreffend die Information der Verbraucher über Lebensmittel[32] intensiv debattiert. Im Vergleich zum bisherigen Recht fehlt nämlich die Möglichkeit, die Produktions- oder Verpackungsstätte unter die zwingenden Angaben für verpackte Lebensmittel zu fassen, ebenso wenig sieht die Verordnung spezifische Ausnahmen für die Gesetzgebung der Mitgliedstaaten vor.

Hier ebenfalls einzureihen ist die geplante Neufassung des EU-Tierzuchtrechts, wie der deutsche Landesbericht darlegt. Insbesondere stellt sich dabei die zentrale Frage, ob künftig auch private Unternehmen als Zuchtorganisationen für reinrassige Zuchttiere aller Tierarten anerkannt werden können sollen.

Noch länger beschäftigen wird uns der im Bericht Spaniens aufgegriffene Anbau von GVOs (gentechnisch veränderte Organismen) innerhalb des europäischen Rahmens der Richtlinie (EU) 2015/412[33]. Demnach haben die Mitgliedstaaten die Möglichkeit, rechtlich bindende Bestimmungen zu erlassen, welche den Anbau von GVOs auf ihrem Staatsgebiet verbieten oder einschränken können, sobald GVOs für den europäischen Markt gesetzlich zugelassen worden sind. So gesehen bedeutet die Richtlinie Ungeheures: Die Rückgabe von Kompetenzen der EU an die Mitgliedstaaten, die damit selbstständig über ihre Politik bezüglich GVOs oder gentechnisch veränderten Lebensmitteln entscheiden können.[34]

Aber die Einflüsse auf europäischer Ebene beschränken sich keinesfalls auf Brüssel. Wie schon so oft gilt es auch der Rechtsprechung des EGMR Rechnung zu tragen. Beispielsweise berichtet der norwegische Report,

31 VO (EU) Nr. 1151/2012 über Qualitätsregelungen für Agrarerzeugnisse und Lebensmittel, ABl. L 343/1.

32 ABl. L 304/18.

33 RL (EU) 2015/412 zur Änderung der Richtlinie 2001/18/EG zu der den Mitgliedstaaten eingeräumten Möglichkeit, den Anbau von gentechnisch veränderten Organismen (GVO) in ihrem Hoheitsgebiet zu beschränken oder zu untersagen, ABl. L 68/1.

34 Dazu siehe *Martìnez*, Grenzen einer Renationalisierung des Agrarbinnenmarktes. Zum Vorschlag der Kommission zur Änderung der EU-Freisetzungsrichtlinie, in: Norer/Holzer (Hrsg.), Agrarrecht Jahrbuch 2011 (2011), 145 ff.

dass eine Bestimmung des nationalen Landpachtgesetzes als im Widerspruch zu Protokoll 1 der EMRK befunden wurde.[35]

Eine weitere Einflussnahme auf das nationale, diesmal das Biopatentrecht, geht vom Europäischen Patentamt (EPA) aus. Hier entschied die Große Beschwerdekammer kürzlich, dass Pflanzen und Tiere, die wesentlich von biologischen Prozessen stammen, selbst dann patentiert werden können, wenn die Zuchtmethode an sich nicht patentierbar ist.[36] Der Individualbericht von *Ernst Bleibaum* zeigte die Auswirkungen dieser Entscheide auf das nationale Recht auf.

B. Internationales Recht

Neben diesen Auswirkungen auf europäischer Ebene gilt es aber auch – und das zeigen die Berichte deutlich – die Ebene des internationalen Rechts miteinzubeziehen. Völkerrechtliche Implikationen finden sich beispielsweise im Zusammenhang mit dem Transantlantic Trade and Investment Partnership, kurz TTIP-Abkommen, dem geplanten Freihandelsabkommen zwischen der EU und den USA. Dessen Auswirkungen auf die Landwirtschaft hat der individuelle Beitrag von *Berend Diekmann* mehr als deutlich aufgezeigt. Selbst ein Nicht-EU-Mitglied wie die Schweiz befürchtet hier, insbesondere was die Qualitätsstandards landwirtschaftlicher Produkte angeht, nachteilige Auswirkungen.

Der Bericht aus dem Vereinigten Königreich weist im Bereich der Multilateralen Umweltabkommen (Mulitlateral Environmental Agreements, MEAs) auf weitere internationale Vertragswerke mit Agrarbezug hin, so das Übereinkommen über die Erhaltung der europäischen wildlebenden Pflanzen und Tiere und ihrer natürlichen Lebensräume (Berner Konvention) oder das Übereinkommen über Feuchtgebiete, insbesondere als Lebensraum für Wat- und Wasservögel, von internationaler Bedeutung (Ramsar-Konvention).

Andere in diesem Zusammenhang genannte Themen sind die Konferenz der Vereinten Nationen über nachhaltige Entwicklung (UNCSD) (Rio +20) betreffend insbesondere auch Ernährungssicherheit, Ernährung und nachhaltige Landwirtschaft, Wasser und Biodiversität, das Kyoto Proto-

35 EGMR 12.6.2012 – 13221/08, 2139/10 Lindheim and others v. Norway.

36 European Patent Office (Enlarged Board of Appeal) 25.03. 2015, G 2/12 – Tomato II, G 2/13 – Broccoli II.

koll mit seinen verbindlichen Zielvorgaben oder generell der im österreichischen und norwegischen Report angesprochene Klimawandel mit vielfältigen agrarrechtlichen Auswirkungen. Studien zufolge zählt ja die Land- und Forstwirtschaft zu den von diesem Phänomen am stärksten betroffenen Wirtschaftszweigen überhaupt.

C. Nationales Recht

Nun was verbleibt angesichts dieser – hier bloß beispielhaft – aufgezählten Fülle an Themenbereichen noch im ausschließlichen nationalen Regelungsbereich? Belgien berichtet von einem aufsehenerregenden neuen *Code Wallon de l'Agriculture*, in dem die wallonische Regierung die Entscheidungen und Regulierungen der wallonischen Region im Bereich der Landwirtschaft reformiert und vereinheitlicht hat. Diese bemerkenswerte Kodifikation, die sich in 14 Titel gliedert, gemahnt an den berühmten französischen Code rural. Freilich erinnert der Code ausdrücklich daran, dass die Landwirtschaftspolitik der wallonischen Region sich in eine internationale und europäische Dimension einbettet und betont die nachhaltige Entwicklung der Landwirtschaft. Eine solche Bündelung originär nationaler und in Umsetzung europäischen Rechts ergangener Regelungen stellt in jedem Fall einen bedeutenden gesetzgeberischen Kraftakt dar, der einer agrarrechtlichen Systematik mehr als förderlich sein dürfte.

Nicht vergleichbar aber doch ebenso bemerkenswert ist der aus den Niederlanden berichtete Plan, rund dreissig formelle Rechtsgrundlagen in einen einzigen *Code for the Physical Environment* zu integrieren. Dabei sind sowohl Gesetze bezüglich Bebauung, Umweltmanagement und Naturschutz als auch bezüglich Flurbereinigung und anderweitige Landnutzungsarten – landwirtschaftlich und andere – involviert.

Teilweise lenkt der nationale Gesetzgeber seine Kreativität aber auch in die Umsetzung von EU-Recht. So ist mit der Aufhebung der Milchquoten in den Niederlanden ein enormer Anstieg der Milchproduktion zu verzeichnen, der auch zu einer Steigerung der Phosphatproduktion durch die Tiere geführt hat. Limitiert durch den europäischen Rahmen, den die Nitrat-Richtlinie[37] und Fauna-Flora-Habitat-Richtlinie[38] bilden, ist 2014 ein

---

37 RL 91/676/EWG über den Schutz der Gewässer vor Verunreinigung durch Nitrat aus landwirtschaftlichen Quellen, ABl. L 375/1.

38 Siehe FN 28.

neues System eingeführt worden. Details können im niederländischen Bericht nachgelesen werden, aber eine der Maßnahmen sei hier erwähnt: die Produktionshöchstgrenze für Phosphate. Die Niederlande haben für die Verwendung von Gülle bis zu 230 kg Stickstoff pro Hektar mit der EU eine Ausnahme ausgehandelt. Eine der Bedingungen war, dass die nationale Phosphatproduktion nicht das Niveau des Jahres 2002 überschreitet. Diese Produktionshöchstgrenze ist nun allerdings in Gefahr, weshalb die Regierung ein neues Produktionsinstrument, nämlich Phosphatrechte, einführen will. Auch hier werden die Milchproduzenten eine Produktionshöchstgrenze erhalten und zwar auf der Grundlage ihrer Produktion im Jahr 2014, die mit der Auflage verbunden ist, dass sie nicht überschritten werden darf. Wieder ist der Zukauf von Produktionsrechten von anderen Bauern erlaubt. In der Tat, konstatiert der niederländische Bericht nicht ohne Sarkasmus, ist man wieder bei Begrenzungen und Kosten angelangt.

Aus dem Bereich der traditionellerweise ausschließlich dem nationalen Gesetzgeber vorbehaltenen Regelungsfelder wird hingegen nur sehr spärlich berichtet: Neue Entwicklungen im Erbrecht in der Türkei beispielsweise oder der Bereich der Landnutzungsregulierung sowie der landwirtschaftliche Grundverkehr wie aktuell in Italien oder Ungarn. In Ungarn ist 2014 ein neues Gesetz über den Verkehr von land- und forstwirtschaftlichen Böden in Kraft getreten, das erstmals in bestimmten Fällen behördliche Genehmigungen und Stellungnahmen örtlicher Grundverkehrskommissionen vorsieht.

D. Ernährungssicherheit und Kulturlandverlust

Bleibt am Ende der Synthese der Kommission III nur noch auf das Gemeinsame vieler Berichte hinzuweisen. Beispielhaft lässt sich das auf zwei in mehreren Berichten auftauchende Themen reduzieren, nämlich Ernährungssicherheit und Kulturlandverlust. Ernährungssicherheit (food security) ist nicht umsonst das überspannende Thema der EXPO 2015 in Mailand. Heute ist sogar in Europa, einhergehend mit der Wirtschaftskrise, ein Anstieg von Personen ohne Zugang zu angemessener Nahrung zu verzeichnen. Die rechtlichen Aspekte dieser Themen reichen von Diskussionen über die Einführung einer expliziten, verfassungsrechtlich verankerten Anerkennung des Grundrechts auf Nahrung in Italien bis zu Strategien zur Reduktion von Nahrungsmittelverschwendung und -verlust, insbesondere der Anpassung von lebensmittelrechtlichen EU-Informationsregeln (z.B.

zum Mindesthaltbarkeitsdatum) und EU-Hygieneregeln zur Förderung von Nahrungsmittelspenden durch Wohltätigkeitsorganisationen. In der Schweiz wurde mit der neuen nationalen Agrarpolitik der Begriff der Ernährungssouveränität sogar auf Gesetzesebene verankert, freilich noch mit unbekannter Auswirkung. Darüber hinaus fordern diverse Initiativen weitergehende rechtliche Absicherungen auf Verfassungsebene, wie eine Stärkung der inländischen Produktion und damit Steigerung oder zumindest Beibehaltung des Selbstversorgungsgrads oder "fair food". Pragmatischer geht es Norwegen an, wo das Gesetz zur Lebensmittelsicherheit (Food Protection and Food Safety Act) geändert wurde, um eine Neuorganisation der norwegischen Behörde für Lebensmittelsicherheit zu ermöglichen. Lebensmittelsicherheit (food safety) im Zusammenhang mit Biotechnologie beschäftigt auch den brasilianischen Individualbericht von *Roberto Grassi Neto*.

Hand in Hand damit geht der Kampf gegen den Kulturlandverlust, der – wie in der Schweiz – vornehmlich im Raumplanungsrecht ausgetragen wird. Instrumente wie Förderung der Siedlungsentwicklung nach innen, Redimensionierung von Bauzonen oder Kompensationspflichten bei Einzonungen landwirtschaftlicher Nutzflächen stehen zur Disposition. In Norwegen umfasst eine neue nationale Strategie zum Schutz des Kulturlandes das jährliche Ziel, dass weniger als eine gewisse Anzahl von m^2 an Kulturland pro Jahr für andere Zwecke als landwirtschaftliche zur Verfügung steht. Handlungsbedarf scheint jedenfalls in einer Vielzahl von Staaten gegeben.

VI. Abschluss

Nun was bleibt vom Potsdam-Kongress nach 12 Stunden Kommissionsarbeit, ca. 400 Seiten Berichten, Generalberichten und Schlussfolgerungen, 10 Politikerreden und Willkommensansprachen, zumindest zwei kurzen Nächten nach Galadiner und vor den 8-Uhr-Redaktionssitzungen sowie dem standhaften und ausdauernden Verkosten agrarischer Produkte in Form von Currywurst, Roter Grütze und Alkohol in diversen Gestalten?

Kommission I und II haben wesentliche Grundlinien der Reform der GAP 2013 herausgearbeitet. Kommission I hat konkreten Reform- bzw. Klärungsbedarf aufgezeigt, der es wert wäre, in die Midterm-Diskussionen eingespeist zu werden.

Kommission II hat den Blick über die 2. Säule hinaus wesentlich erweitert, mit besonderer Beachtung bodenrechtlicher und damit schwerwiegender eigentumsrechtlicher und letztlich auch verteilungspolitischer Fragen.

Kommission III ergibt ein wenig ermutigendes Sittenbild der aktuellen agrarrechtlichen Situation. Der europäische Gesetzgeber dominiert – bei steigender Bedeutung internationaler Abhängigkeiten – weitgehend das Geschehen, die nationalen Gesetzgeber sind mit der Umsetzungsarbeit weitgehend absorbiert, sodass wenig Zeit für eigene legistische Aktivitäten bleibt. Dabei lässt auch das Unionsrecht genügend Spielraum für kreative Lösungen und – das Beispiel Wallonien zeigt es – sogar Kodifikationen.

Die Themen, die nach rechtlicher Verankerung bzw. Verstärkung rufen, gilt es in Ruhe abzuwägen. Für die wirklich Wichtigen sollte der Agrarjurist die adäquate Ebene rechtlicher Verankerung zwischen Verfassung und *Guideline* finden, für die anderen sollte er sich Zurückhaltung auferlegen. Bei aller Brillanz im technischen Recht sollte er sich den Blick für das eigentlich Juristische bewahren. Ein halbwegs kohärentes Gesamtsystem eines Rechts des ländlichen Raums freilich bleibt mit den sich immer mehr diversifizierenden Themenbereichen und verschiedenen involvierten Rechtsetzungsebenen – das hat der diesjährige Kongress einmal mehr eindrücklich vor Augen geführt – ein, sagen wir Traum?

Die wissenschaftliche Bilanz von Potsdam soll das aber keinesfalls trüben, im Gegenteil: Träume und Visionen können bei entsprechender Hartnäckigkeit, Wissen und Kunstfertigkeit wahr werden, das sollte auch für solche im Agrarrecht gelten. Überprüfen wir das doch gemeinsam 2017 am nächsten Europäischen Agrarrechtskongress.

Danke für Ihre Aufmerksamkeit.

VI.
Rapports Nationaux – National Reports – Landesberichte

Résumés – Summaries – Zusammenfassungen

A. Commission I – Kommission I

Organisation des marchés: cadre juridique et mise en œuvre

Market Organisation: Legal Framework and Implementation

Marktorganisation: Rechtsrahmen und Umsetzung

Rapports nationaux – National Reports – Landesberichte

Résumés – Summaries – Zusammenfassungen

Austria

Dr. Anton Reinl
Vizepräsident der Österreichischen Gesellschaft für Agrar- und Umweltrecht, Wien

Die Reform der GAP 2013 hat zu einem großen Verwaltungsaufwand (zB Greening, Koppelung von Zahlungen) geführt. Sowohl die Agrarverwaltung als auch die landwirtschaftliche Interessenvertretung fordern mittlerweile eine deutliche Vereinfachung.

I. Rechtliche Ausgestaltung der GAP Reform 2013 in Österreich

- Marktordnungsgesetz (MOG)
- Horizontale GAP-Verordnung (BGBl II 100/2015 idF)
- Direktzahlungs-Verordnung 2015 (BGBl II 368/2014)

Im Marktordnungsgesetz (MOG) ist in § 8 Abs. 1 Z 1 geregelt, dass alle Kleinerzeuer (Betriebsinhaber mit bis zu 1250 € Direktzahlungen) als aktive Landwirte gelten. In § 8 Abs. 2 Z 2 MOG ist eine Verordnungsermächtigung enthalten, mit der Kriterien festgelegt werden können, unter denen solche Betriebsinhaber, die durch den Basisrechtsakt VO 1307/2013 von den Direktzahlungen ausgeschlossen sind, sich wieder „hineinreklamieren" können. § 4 der nationalen Direktzahlungs-Verordnung ermöglicht durch Vorlage des zuletzt ergangenen Steuerbescheides den Nachweis, dass die landwirtschaftliche Tätigkeit nicht unwesentlich ist. Allen anderen Betriebsinhabern liegt die Definition des aktiven Landwirts gemäß Art. 9 Abs. 1 VO 1307/2013 durch die landwirtschaftliche Mindesttätigkeit zu Grunde. Die Option zur Ausweitung der „Negativliste" wurde in Österreich nicht in Anspruch genommen.

In § 8 Abs. 1 Z 3 MOG wird die Höchstgrenze für Direktzahlungen mit 150'000 € pro Jahr festgelegt.

Fördermöglichkeit für Junglandwirte bestehen sowohl in der 1. Säule als auch in der 2. Säule der GAP. Junglandwirte können die "Zahlung für Junglandwirte" (1. Säule der GAP) beantragen (Obergrenze bis 40 Zahlungsansprüche). Zusätzlich zu den Bestimmungen des EU-Basisrechtsakts ist der Qualifikationsnachweis (Mindestanforderung landwirtschaftlicher Facharbeiter) erforderlich. Darüber hinaus gibt es für Junglandwirte die Existenzgründungsbeihilfe (2. Säule der GAP).

Bis zu 2,1% der nationalen Obergrenze gemäß EU-Basisrechtsakt werden für eine gekoppelte Zahlung für Rinder, Schafe und Ziegen, die auf Almfutterflächen aufgetrieben werden, verwendet.

Betriebsinhaber mit bis zu 1'250 € Direktzahlungen werden in die Kleinerzeugerregelung einbezogen, bei Übersteigen dieses Betrages ist ein Opting in möglich, ebenso ist der Ausstieg aus der Kleinerzeugerregelung jährlich möglich. (§ 8g MOG)

Es erfolgt keine Umschichtung von Mitteln aus der 1. Säule in die 2. Säule oder umgekehrt. Veränderungen für die Betriebsinhaber ergeben sich durch die Umstellung vom historischen Betriebsprämienmodell auf ein Regionalmodell und durch ein neues Programm für die Ländliche Entwicklung.

II. Greening

Neben der Greening-Prämie der 1. Säule werden zusätzliche ökologische Leistungen in der 2. Säule im Rahmen des Agrarumweltprogramms, der biologischen Wirtschaftsweise und des Naturschutzes abgegolten. Österreich ist Vorreiter in Sachen freiwilliger Umweltleistungen der Landwirte bzw. des Vertragsnaturschutzes. Dies entspricht auch der grundsätzlichen Positionierung, dass Anreizsysteme über Sanktionsregelungen zu stellen sind.

III. Transparenz

Seit dem 29. Mai 2015 werden in Umsetzung des Artikels 111 ff. VO 1306/2013 die Daten von Betrieben, die mehr als 1250 € erhalten, auf der Webseite http://www.transparenzdatenbank.at/ veröffentlicht. Bei Betrieben unter 1'250 € ist statt dem Namen nur ein Code anzugeben.

In Österreich ist beim Verfassungsgerichtshof ein Verfahren einer Landwirtin anhängig, die die Veröffentlichung als unvereinbar mit den Artikeln 7 und 8 der Charta der Grundrechte ansieht. Dieses Verfahren wird von der landwirtschaftlichen Interessenvertretung unterstützt.

Belgium

Etienne Gregoire
Avocat, Liège

La Belgique comprend trois régions dont la Région wallonne qui a utilisé l'article 23 du règlement européen 1307/2013 pour appliquer le régime des paiements de base au niveau régional.

La Région wallonne dispose d'un Code wallon de l'Agriculture du 27 mars 2014 qui constitue une base juridique à l'action de son Gouvernement pour la mise en oeuvre de la Politique Agricole Commune.

Dès octobre 2014, tous les agriculteurs wallons ont reçu une notice explicative relative aux paiements directs dans le cadre de la réforme de la PAC 2015-2020. Dès ce moment, tous les agriculteurs ont pris connaissance individuellement de leurs données de référence prises en compte pour le calcul des droits au paiement de base avec un système de révision en cas d'erreur de l'administration ou de changement de statut de l'agriculteur.

Ensuite, la législation réglementaire wallonne a vu le jour d'abord par un arrêté du 12 février 2015 du Gouvernement wallon qui a exécuté le régime des paiements directs en faveur des agriculteurs et par un arrêté ministériel du 23 avril 2015 qui a exécuté l'arrêté du Gouvernement wallon.

Enfin, la Région wallonne, terre d'élevage et notamment de la race bovine viandeuse Blanc-Bleu-Belge a utilisé la possibilité d'octroyer aux éleveurs de bovins et d'ovins des aides couplées.

La Région wallonne, par cette réglementation, a appliqué les règlements (UE) 1307/2013 et 1306/2013 du Parlement européen et du Conseil du 17 décembre 2013 et les règlements d'exécution de la Commission n° 641/2014 du 16 juin 2014 et n° 639/2014 de la Commission du 11 mars 2014.

La définition de l'agriculteur actif n'est pas encore claire mais un arrêté ministériel est prévu.

Sur base des dispositions réglementaires, les droits au paiement de base ont été fixés de manière provisoire avec la certitude que chaque agriculteur connaitra de façon définitive le nombre et la valeur de ses droits le 1er avril 2016.

La réserve régionale a été organisée pour permettre, par préférence, l'installation de jeunes agriculteurs.

Le paiement vert a également été mis au point et notamment pour garder le maintien d'un ratio de prairies permanentes.

Le paiement redistributif a été utilisé jusqu'à 30 hectares et même plus pour les groupements de personnes physiques et les sociétés qui sont composés d'agriculteurs qui ont apporté leur travail ou leur capital.

Le paiement "*jeune agriculteur*" est également appliqué avec les précisions relatives aux conditions de formation voulue.

En conclusion, la Région wallonne a réalisé l'objectif du Parlement et du Conseil européen et surtout réussira la convergence interne avec un paiement moyen uniforme pour 2019 et participe ainsi à la convergence externe.

France

Bernard Peignot
Maitre, Avocat honoraire aux Conseils, Vice-président de l'AFDR

Jean-Baptiste Millard
Responsable gestion des entreprises et territoire du think tank Saf agr'iDées, Secrétaire général de l'AFDR

Dotée d'un budget préservé de l'ordre de 9,1 milliards d'€ par an, la nouvelle PAC est entrée en application en France le 1er janvier 2015, et va s'inscrire pleinement dans le cadre commun de l'agriculture européenne jusqu'en 2020.

Selon le Ministère de l'agriculture, Elle apparaît comme étant plus juste et plus régulatrice, car elle devrait permettre, en France, de réorienter les soutiens vers ceux qui en ont à ce jour le plus besoin, notamment les éleveurs et les petites et moyennes exploitations, pourvoyeurs d'emploi, grâce au renforcement des aides perçues pour les 52 premiers hectares.

Reconnue comme étant plus soucieuse des enjeux à la fois économiques et environnementaux, la nouvelle PAC française devrait conduire à pérenniser l'agriculture, à l'ancrer dans les territoires et à rapprocher les pratiques agricoles des attentes de l'ensemble de la société, en particulier par des financements du second pilier.

Enfin, il est vrai que la mise en œuvre nationale de la nouvelle PAC soutient d'avantage l'installation de jeunes agriculteurs et en offre des possibilités renforcées de gestion des risques.

Pour autant, la transposition française de la nouvelle PAC suscite déjà bien des questions, au plan économique comme au plan juridique, dont quelques-unes sont révélées par l'actualité récente.

Ainsi, n'est-il pas pour le moins paradoxal de choisir de soutenir les éleveurs et d'octroyer près de 13% de ses aides directes sous forme de soutiens couplés aux productions animales et végétales, – aides aux bovins laitiers, aides aux bovins allaitants, aides aux veaux sous la mère, aides aux cultures riches en protéine – et dans le même temps, d'assister, impuissant, à une nouvelle crise économique affectant les secteurs de la viande et du lait ?

Est-ce que les mesures du plan de soutien aux éleveurs dévoilé le 12 août dernier leur permettront d'envisager de nouvelles perspectives (Plan de soutien de l'élevage) ? Rien n'est moins sûr car il s'agit pour l'essentiel de mesures conjoncturelles qui permettront de patienter en espérant une remontée des cours avec lesquels, il faut bien l'admettre ces derniers sont à présent en prise directe. Mais n'était-ce pas là le souhait de l'Union européenne ?

A cet égard, il importe que la politique agricole française soit cohérente : on ne peut donner d'une main et reprendre de l'autre : les éleveurs, qui sont financièrement incités à produire du lait ou de la viande de qualité, ont légitimement droit à la valorisation de leur travail.

Développer les productions animales, soutenir les productions fourragères par des incitations financières puisées dans les crédits du premier pilier de la nouvelle de la PAC, avec pour objectif louable de préserver le tissu rural et de renforcer les liens entre les éleveurs et les terroirs, est une chose ; mais relever les vrais défis pour pérenniser les filières d'élevage vivant de leur produit en est une autre. Ceux-ci passent par des choix stratégiques, tels que la segmentation du marché de la viande bovine, le renforcement des organisations de producteurs avec transfert de propriété, le développement des marchés à l'export ....

Dans son rapport d'étape de juillet dernier sur les filières bovine et porcine, le médiateur des relations commerciales agricoles faisait un constat comparable en affirmant pour sa part que, outre le relèvement des prix payés aux producteurs, « *une piste complémentaire consisterait à trouver des leviers pour favoriser une meilleure valorisation de la viande sur les autres débouchés, par une mise en avant de l'origine France pour contrer la logique d'approvisionnement par des importations dictée par la recherche du moindre coût, ou par une redynamisation de l'exportation au travers de la promotion à l'exportation* » (Rapport d'étape du médiateur des relations commerciales agricoles sur Les filières bovine et porcine, 22 juillet 2015).

Une autre question qui ne manquera pas rapidement d'interpeller, concerne la valeur économique des DPB : les droits à paiement unique (DPU) ont disparu au 31 décembre 2014 et les droits à paiement de base (DPB) ont une existence juridique depuis le 15 juin dernier.

Or les droits à paiement constituent l'actif agricole de l'entreprise agricole : il s'agit là de l'un des enjeux économiques et juridiques de la réforme de la PAC.

On se souvient des débats récurrents que la France a connus, année après année, concernant la question du transfert des DPU et de leur valeur. Et les plus hautes juridictions françaises se sont prononcées sur la question par plusieurs arrêts qui ont fait jurisprudence, reconnaissant, après de nombreux contentieux, le caractère marchand des droits à paiement unique, allant jusqu'à envisager le paiement de dommages intérêts en cas de perception de ces droits par un tiers au détriment du véritable titulaire (Cass. 3ème civ., 5 mars 2015, n° 13-27219), mais refusant dans le même temps toute valeur économique aux autres droits de produire.

Il y a tout lieu de penser que la question de la valorisation des droits à paiement de base va revenir au-devant de l'actualité : en effet la valeur potentielle économique du ticket d'entrée est bien réelle. Aussi chaque fois qu'il y aura un transfert d'exploitation, la valorisation des DPB devra nécessairement être posée. Alors comment les instances françaises vont-elles se positionner ? La question mérite d'être posée et d'être rapidement solutionnée afin d'éviter le retour de contentieux de la nature de ceux auxquels de nombreux exploitants et producteurs ont été confrontés dans le passé.

Mais la loi comporte une dimension encore plus fondamentale en ce qu'elle cherche à faire converger et à mettre en cohérence des dispositifs éprouvés du droit rural interne en leur affectant des finalités communes en étroite parenté avec celles de la PAC réformée (art. L. 1-I) : liaisons avec la politique de l'alimentation, verdissement, transition énergétique et changements climatiques, ancrage territorial. Dans ce contexte, la protection et la valorisation des terres agricoles, la diversification des systèmes de production et des circuits commerciaux, l'installation des jeunes agriculteurs deviennent des objectifs européens et nationaux convergents exigeant le contrôle de l'accès à la terre, même si sur ce dernier point la compétence reste exclusivement nationale.

La loi d'Avenir joue comme jamais auparavant la carte européenne d'autant plus aisément, il est vrai, que le droit rural européen naissant s'approprie des outils de la politique agricole française tout en redonnant à d'autres, par ricochet, une nouvelle jeunesse.

Enfin, si l'on devait mentionner une réflexion sur le futur développement de la PAC en France, ce pourrait être l'assurance revenu. Non traité dans le présent rapport car transféré dans le deuxième pilier de la PAC, le mécanisme de l'assurance récolte mérite encore d'évoluer. L'idée serait demain de pouvoir garantir, après franchise et dans le respect des règles fixées par l'Organisation mondiale du commerce un niveau de marge et non plus la perte d'une récolte ou l'augmentation brutale d'un coup de production. Car c'est la marge qui permet de garantir le potentiel de l'exploitation.

Mais pour ce faire, il faudrait pouvoir imaginer un transfert des aides du premier pilier vers le second. C'est-à-dire diminuer les aides directes à l'hectare en les transformant en fonds de garantie climatique et économique ouverts à toutes les entreprises agricoles, ce à quoi les agriculteurs sont encore très réticents. Or si les soutiens à la production agricole ne sont pas toujours bien perçus, l'idée de déclencher une assurance en cas d'accident climatique, économique ou sanitaire pourrait faire consensus, car aisément compréhensible par la société civile.

Plus que jamais, il faudra compter avec elle lors des réformes à venir.

Germany

Dr. Christian Busse
Bundesministerium für Ernährung und Landwirtschaft, Bonn; Universität Bonn

Dr. Meinhard List
Bundesministerium für Ernährung und Landwirtschaft, Bonn

Deutschland befindet sich derzeit in der praktischen Umsetzungsphase der GAP-Reform 2014/15. Antragsteller und Verwaltungen wenden dabei nicht nur die EU-rechtlichen Vorgaben, sondern auch die durch den deutschen Gesetzgeber ausgeübten Umsetzungsoptionen an. Deutschland nutzt verschiedene Optionen und hat beispielsweise Fördermittel von der ersten in die zweite Säule der GAP transferriert. Anstelle einer Kappung der Direktzahlung wird eine Umverteilungsprämie gewährt. Die Kleinerzeugerregelung findet Anwendung. Die nach Regionen unterschiedlich hohen Direktzahlungen werden bis 2019 schrittweise angeglichen. Im Bereich der Schulmilch hat sich Deutschland für regionale Strategien entschieden. Hinsichtlich der Agrarorganisationen nutzt Deutschland eine Reihe der möglichen marktregulierenden Instrumente nicht, um keine neuen Markteingriffsbefugnisse aufzubauen.

Diese Beispiele zeigen die den Mitgliedstaaten eingeräumte Flexibilität bei der Umsetzung der GAP-Reform 2014/15. Deutschland bewertet den eröffneten Handlungsspielraum durchaus positiv, da auf diese Weise nationale Besonderheiten besser berücksichtigt werden können. Die Wahlmöglichkeiten werden jedoch in Deutschland auch dazu genutzt, die Umsetzung der Reform so einfach wie möglich zu gestalten. So wird etwa kein Anteil des Direktzahlungsvolumens an die Erzeugung bestimmter Produkte gekoppelt und in der ersten Säule keine Zusatzzahlung in benachteiligten Gebieten gewährt. Aus deutscher Sicht sollte eine im EU-Recht vorgesehene Flexibilisierung nicht zu Wettbewerbsverzerrung führen.

Eine gewisse Sorge bereitet der Verwaltungsaufwand, der mit den neuen Regelungen verbunden ist. Insbesondere das Greening bedeutet für Landwirte und Verwaltungen eine außerordentliche Herausforderung. Einige Fördervoraussetzungen sind ungleich komplexer als die Bedingungen der vergangenen Förderperiode strukturiert. Dies betrifft etwa die Gewährung der Junglandwirteförderung für juristische Personen oder die Nutzung von Zwischenfrüchten als Ökologische Vorrangfläche. Je komplizierter sich die Ausgestaltung darstellt, desto größer ist die Gefahr, dass der Auszahlungstermin auf Grund umfangreicher Kontrollen in das jeweils neue Antragsjahr verschoben werden muss. Die Akzeptanz der neuen GAP-Regelungen durch die Landwirte wird vor diesem Hintergrund wenig gefördert.

Auch aus diesem Grund hat Deutschland die Initiative des EU-Agrarkommissars *Hogan* zur Vereinfachung der GAP nachdrücklich unterstützt. Vereinfachungspotentiale werden unter anderem in den Regelungen zum "aktiven Betriebsinhaber" und zum Dauergrünland gesehen. Der geringe Nutzen und die kontraproduktive Wirkung dieser Regelungen – insbesondere vor dem Hintergrund des Verwaltungsaufwandes – lassen eine Anpassung geboten erscheinen. Deutschland spricht sich im Hinblick auf die GAP nach 2020 für eine strukturelle Vereinfachung der komplexen Regelungen aus, die insbesondere eine bessere Aufgabenteilung zwischen der EU und den Mitgliedstaaten zum Ziel haben sollte. Was insbesondere die GMO betrifft, so werden schon gegenwärtig unter anderem die Auswirkungen des Auslaufens der EU-Zuckerquotenregelung, die optimale Strukturierung von Krisenmaßnahmen und die Perspektiven für den Milchmarkt diskutiert. Es ist zu erwarten, dass sich der Antagonismus zwischen mehr marktregulierend und mehr marktliberal ausgerichteten Mitgliedstaaten fortsetzen wird.

Hungary

Ass. Prof. Dr. István Olajos, PhD, LLM
University of Miskolc

Dr. Krisztina Bányai, LLM
Public prosecutor, Public Prosecutor's Office, Borsod-Abaúj- Zemplén County

Dr. Tamás Andréka, LLM
Leader of Legal Main Department of Agricultural Ministry, PhD student at the University of Miskolc

The system of market regulation after 2013 was based on area-based EU regulations, on the Hungarian unified agricultural market traditions, and on the sectoral development plans defining agricultural market rules.

The market supports are increasingly integrated into the income of those who are dealing with agriculture as a life profession for several years and become less and less dependent from the prices of market products. Separation (decoupling) and compulsory transfer (modulation) are realized and some parts of the related grants depend on the production, other parts depend on keeping the rules of environmental and agrominimum rules for the area. The market supports can be realized from two important sources. From the CAP market aids that can be market measures in case when certain disturbances of product lines may occur or direct producer subsidies in the form of SAPS supports in Hungary. In addition, greening and support for young farmers are the new titles of direct producer supports. The form of voluntary contributions introduced in Hungary are the support of small farmers and some production-linked subsidies. The transitional national titles can be applied without the breach of EU competition rules (1307/2013 article 39). However, besides these titles further supports can be applied only in accordance with EU competition rules (TFEU 107-108).

New elements of the support system: Supports with rearrangement (article 42), supports for naturally handicapped areas, supports for young farmers, production-depended voluntary supports and greening. There are two types of matching criteria for supporting types: production requirements based on Law (*statutory management requirements*) and keeping the good agricultural and environmental status (*standards for good agricultural and environmental condition of land*). Besides the matching criteria the further condition of getting the support is being an active farmer and the specified minimum area of land, usually 1 hectare.

The transitional national aid is granted only for specified products. In case of some of these products the production should not necessary been continued (tobacco, dairy), while in case of others the production should continue (keeping suckler cow or ewe). Some of these can be financed from the EU budget, as coupled support, so these two supports and their conditions should be harmonized.

There are three main forms of greening: the product diversification, maintenance of permanent pasture and ecological target area. For realizing this latter, the organic farming supported from rural development and agri-environmental programs are suitable. The condition of support for young farmers is that one should be under 40 years of age, be eligible for SAPS support no more than 4 years as an individual farmer or a leader of an agricultural company.

The producer, instead of all these supports, can choose the support for small farmers, which is not related to greening requirements and keeping matching criteria. To enter this type of support is possible only in 2015 and then the farmers can get area-based support proportionally 500-1250 € per year. If it would be less than 500 €, the support is 500 €. All supportable parcels must be at least one hectare and the small producers should continue agricultural activity.

Italy

Ass. Prof. Dr. Luigi Russo
University of Ferrara

The Italian National Report details how the 1st Pillar of the CAP after the 2013 Reform has been implemented in Italy.

In the Country, the most of the complaints about the reform are focused on the greening, first of all due to the reduced average arable land that characterizes our farms; in most cases the compliance to the greening provisions is going to create new bureaucracy, burdens obligations and costs for the beneficiaries, which could be appreciate only where agricultural activities are done in wide holdings, and not in small ones as generally they are in Italy.

The 2013 CAP direct payments reform has been implemented in Italy with ministerial decrees adopted by the Minister for the agricultural, food and forestry policy (MIPAAF), without the adoptions of laws or other acts having the strength of the law.

The current issues are about the use or, better, the abuse of the instrument of the ministerial decree: currently in Italy have been adopted six ministerial decrees: five of them focused on the implementation of the direct payment system, and one (dated 23.1.2015) providing the internal rules for the cross compliance, regulated by Reg. EU 1306/2013, but operating, as known, in the sector of direct payments too.

The most relevant act for the implementation in Italy of the direct payment system is the DM 18.11.2014; the other four DMs (dated 12.1.2015, 26.2.2015, 20.3.2015, 12.5.2015) have been adopted to cover some aspects not ruled by the first one, or to lay down simplifications in the application of the European discipline.

The Report covers the main topics concerning the direct payment system as implemented in Italy:

- active farmers (definition layed down by ministerial decree 18.11.2014), thresolds (direct payments are not paid if their amount is below 250 € in the years 2015 and 2016, and if it is below 300 € for

2017 and following years and the application needs to be referred to a surface of at least 0,5 hectares);
- capping (payments over 150.000 euros are reduced of 50% for the amount over that threshold, and if the payments are above 500.000 euros no payments are paid over that threshold);
- young farmers, with a percentage of 1% of the national ceiling;
- coupled support (disposed for milk, sheepmeat and goatmeat, beef and veal, durum wheat, rice, protein crops, sugar beets, tomatoes for processing and olive oil) with a national ceiling percentage fixed in 11%;
- small farmers;
- greening (whose payments are granted as a percentage of the total value of the payment entitlements that the farmer has activated for each relevant year).

Poland

Dr. mult. Adam Niewiadomski

Dr. Monika A. Król
University of Lodz

The next CAP reform dictated by the new determinants of change: external constraints (eg competition in global markets, climate change) and partly other than in the past, internal considerations (such as the desire to reduce the budgetary resources and further enlargement of the EU with new Member States).

Under this new environment follows the reorientation of agricultural policy instruments. The introduced solutions have eliminated a group of owners of land holdings with the sole purpose of receiving payment (so called "sofa farmers"), to reduce the subsidies for the largest farms, and the money saved spent on rural development.

Analysis of established legal solutions in the field of direct payments shows that despite the fundamental objective which is to ensure the appropriate level of farm income, which is the subject of increasingly frequent concerns of part of the economic doctrine, the new model of direct support is also intended to support environment-friendly agricultural practices. The established legal measures also apply (both indirectly and directly) to the protection of biodiversity and landscape through crop diversification, maintenance of permanent pasture, the maintenance of ecological focus areas, or equivalent practices including, among others management of landscape features including thinning trees, trimming hedges, coastal forest vegetation restoration, stone walls, terraces, ditches, ponds (Section III. 5 of the Annex to Reg. No 1307/2013.

Factors speaking for the effective implementation of instruments of the so-called greening farms are:

1. their mandatory nature - farmers are entitled to payment for all eligible land will be required to observe agricultural practices beneficial to the environment and climate, or alternatively will be able to make so

called similar practices (listed in Annex IX of Reg. No 1307/2013), which result in equal or greater level of environmental benefits;
2. financial sanction for failure to comply "greening" by agricultural producers, being the possibility of withdrawal, in whole or in part of the aid. Payments are of administrative law and their granting shall be based on administrative law decision under specified procedure. Failure to comply with management requirements in accordance with established principles (agricultural practices beneficial for the environment and climate) in the years beyond 2017 will be able lead to sanctions even exceeding the amount received in respect of greening, which will mean a partial reduction of other payments;
3. the obligation to re-convert land into permanent pasture for plowing or conversion of permanent grassland in environmentally valuable areas (eg. Nature 2000 sites), applied regardless of the financial penalty in the form of reduced payments;
4. ensuring for this purpose 30% of the total funds allocated for direct payments. In this way, almost one-third of the grant funds earmarked for direct payments will be dependent on the fulfillment by Member States of more flexible and introduced gradually requirements relating to environmental protection.

On the other hand, factor limiting the effectiveness of this instrument are numerous exemptions to undertake agricultural practices beneficial for the environment and the climate. As follows from the above analysis, to farmers who carry out farming activities on arable land to 10 hectares and do not have permanent grassland or were enrolled in 2015 into the system for small farms receiving payments for greening, will necessitate making changes in the management system.

Slovenia

Franci Avsec
PhD, Legal Adviser, Cooperative Union of Slovenia

According to the Eurobarometer survey conducted in October 2015, the proportion of respondents assessing the agriculture and rural areas as very important for the future of Europe was in Slovenia higher (81%) than the average in the EU (62%). Similarly, approximately 83% of respondents in Slovenia have heard about the support for farmers through CAP (compared to average share 69% in the EU-28). 77% of respondents in Slovenia (compared to 70% in the entire EU) consider the financial aid to farmers as either too low or about right (Europeans, Agriculture and the CAP, Special Eurobarometer 440, 2016). These differences may be, at least to a certain extent, explained by a relatively great portion of rural population (43.7%) and dispersed farm structure (72,377 holdings with average physical size 6.6 hectars of utilized agricultural area per holding) in Slovenia. The results of the survey speak about a quite firm public support for the common agricultural policy.

In 2014, the Slovenian Agriculture Act was amended for the second time with a view of adjustmet of its provisions to the new EU legislation relating to the common agricultural policy, concerning quality schemes of agricultural products and foodstuffs (Regulation 115/2012), direct payments (Regulation 1307/2013), common organisation of markets (Regulation 1308/2013), rural development (Regulation 1305/2013), financing, management and monitoring of the CAP (Regulation 1306/2013).

The Slovenian Decree on direct payments schemes (2015) laid down also proportions relating to allocation of national ceiling (from Annex II of Regulation 1308/2013/EU), so that for the basic payment scheme it may be used up to 54.21% (2015) or 53.71% (in subsequent years), for the greening component 30%, for young farmers up to 1% (in 2015) and up to 1,5% (in subsequent years), for the coupled support scheme up to 15%, while for the small farmers scheme up to 10% of the national ceiling (Art. 4).

Slovenia decided to introduce coupled support for following sectors and productions: cereals, milk production in mountain regions, beef and veal, vegetables and protein crops (see Art. 26-41 of Decree on direct payments scheme).

The minimum area threshold for small farmer's scheme is 1 hectar, while for farmers implementing animal related voluntary coupled support, with less than area threshold the minimum requirement is set up as the amount threshold (EUR 100).

Slovenia opted for a partial convergence to the flat rate, limiting possibility to decrease in the value of payment entitlements above average to 30% of their initial unit value.

Similarly, as other 14 Member States, also Slovenia opted for applying only the minimum reduction of 5% on amounts of basic payments above 150.000 €.

Slovenia designated 24% of permanent grassland inside Natura 2000 areas as environmentally sensitive.

According to the Rural development plan for 2014-2020, Slovenia continues to grant payments for areas with natural constraints (ANC), since ANC represented a major share (75.3%) of the total Slovenian utilized agricultural area (UAA) in 2013. ANC are classified into three categories: (1) mountain areas (55.7% of total UAA), (2) other areas with natural handicaps (3.6 % of total UAA) and (3) areas with specific handicaps (16 % of total UAA). The payments for ANC are planned to amount up to 24% of the available support.

The Slovenian Rural Development Programme foresees also farm start-up and development aid for young farmers.

In accordance with Commission Regulation 908/2014 and Commission Regulation 1306/2013, the Slovenian Agency for agricultural markets and rural development (ARSKTRP) publishes all beneficiaries who receive funding from the European agricultural funds.

Switzerland

Regula Sohm
Rechtsanwältin und Mediatorin MAS, Fachbereichsleiterin Recht und Verfahren, Stv. Leiterin des Direktionsbereichs Politik, Evaluation, Recht und Verfahren, Bundesamt für Landwirtschaft BLW, Bern

Sarah Volknandt
Rechtsanwältin, Fachbereich Recht und Verfahren, Bundesamt für Landwirtschaft BLW, Bern

Thomas Maier
Wissenschaftlicher Mitarbeiter, Bundesamt für Landwirschaft BLW Fachbereich Agrarökonomie, Raum und Strukturen, Bern

Marktorganisation: Rechtsrahmen und Umsetzung, Länderstudie Schweiz

Die Schweiz verfolgt ihre Agrarpolitik gestützt auf die Bundesverfassung der Schweizerischen Eidgenossenschaft (Art. 104 BV; SR 101), weitgehend autonom. Im internationalen Bereich (Agrarhandel) hat sie jedoch die verpflichtenden Bestimmungen mit den einzelnen Handelspartnern gemäss den Verträgen bzw. im Kontext von multinationalen Vereinbarungen zu erfüllen.

Ähnlich wie die EU ihre Gemeinsame Agrarpolitik (GAP) laufend erneuert, vollzieht auch die Schweiz Reformen in der Landwirtschaftspolitik. Seit Anfang der Neunzigerjahre wurde die Agrarpolitik in fünf Etappen (für jeweils 4 Jahre) weiterentwickelt.

Dabei wurden einerseits die direkten Interventionen des Staates in die Märkte deutlich reduziert und gleichzeitig die Direktzahlungen zur Abgeltung der gemeinwirtschaftlichen Leistungen sukzessive ausgebaut. Dadurch konnten sowohl die Wettbewerbsfähigkeit und Produktivität als auch die ökologischen und die ethologischen Leistungen der Landwirtschaft gesteigert werden. 2014 startete die jüngste Etappe unter dem Titel Agrarpolitik 2014–2017 (AP 14-17).

Seit dem 1. Januar 2014 wird die AP 14-17 umgesetzt. Die seit Sommer 2015 vorliegenden Daten erlauben eine erste Momentaufnahme der

Auswirkungen. Die Auswertungen zeigen, dass die mit der Weiterentwicklung der Agrarpolitik angestrebten Ziele erreicht werden können. Kernstück der AP 14-17 ist das überarbeitete Direktzahlungssystem. Es fördert noch gezielter die in der Bundesverfassung festgehaltenen Leistungen der Landwirtschaft zugunsten der Gesellschaft: Die sichere Versorgung mit Nahrungsmitteln, die Pflege der Kulturlandschaft, die Erhaltung der natürlichen Lebensgrundlagen, die Förderung besonders naturnaher, umwelt- und tierfreundlicher Produktionsformen sowie die dezentrale Besiedlung des Landes. Jede dieser Leistungen wird mit einer spezifischen Direktzahlungsart gefördert.

Daneben laufen bereits heute Überlegungen zur Weiterentwicklung der Agrarpolitik in der Schweiz. Es sind Projekte im Gange, die mögliche Änderungen bzw. Anpassungen nötig machen: Die Reform AP 14-17 hat nicht alle Kreise begeistert, weshalb der Schweizerische Bauernverband 2014 eine Volksinitiative "Für Ernährungssicherheit" lancierte. Sie schlägt eine Ergänzung der Bundesverfassung um einen neuen Artikel 104a "Ernährungssicherheit" vor. Die Vernehmlassung zeigte, dass der Ernährungssicherheit grosse Bedeutung zugemessen wird. Der Bundesrat anerkennt klar, dass die Landwirtschaft einen wichtigen Beitrag zur Versorgung leistet. Dennoch empfiehlt er dem Parlament die Ablehnung der Initiative, da eine einseitige Fokussierung auf die Inlandproduktion zu kurz greift.

Nach der Verordnung vom 7. Dezember 1998 über die Beurteilung der Nachhaltigkeit in der Landwirtschaft kommt dem BLW die Aufgabe zu, ein Monitoring zur Lage der Landwirtschaft zu betreiben und die Agrarpolitik zu evaluieren. Die Ergebnisse des Monitorings werden im jährlich erscheinenden Agrarbericht des BLW publiziert. Die im Rahmen des Monitorings erhobenen Daten stellen auch eine wichtige Grundlage für die Evaluation der agrarpolitischen Instrumente dar. Sie werden wichtige Impulse für die kommende AP 18-21 und für die noch späteren Reformen leisten.

Neben diesen Maßnahmen hat der Bundesrat auch die Schwerpunkte der Weiterentwicklung der Agrarpolitik nach 2017 festgelegt. Er versteht die nächste Etappe AP 2018-2021 als eine "Optimierung der Agrarpolitik", d.h. der eingeschlagene Weg soll konsequent fortgesetzt werden. Die Umsetzung sowohl des neuen Direktzahlungssystems als auch der neuen Instrumente zur Unterstützung der Innovation in den Bereichen Qualität und Nachhaltigkeit brauchen einen längeren Zeithorizont. Demzufolge sind für diese Periode keine Gesetzesanpassungen vorgesehen.

United Kingdom

Dr. Nerys Llewelin Jones
Principal, Agri Advisor Solicitors, Wales

The regionalisation within UK due to devolution causes difficulties in implementation with 4 different approaches across the UK. It would be interesting to quantify in CEDR the number of implementation models there are across EU as there are of course variations within Member States as to the implementation. Implementation in 2015 not 2013 with no extension to end date in 2020 which does not provide for a long period of stability. As lawyers we talk about simplification of the regulations but what is more important is to look at simplification from a farmer view point – look at practical and administrative simplification.

What is the CAP for? This is a crucial question. Are the original objectives still relevant? We must consider this question in detail. We seem to be reforming for the sake of reform without regard to the wider impact and long-term goals of the CAP. Food security and economic stability is essential for our public – the CAP policy should reflect this. Public perception is also key – more can be done in relation to promoting the importance of food and its provenance. Food and its importance has been devalued – food for cheap prices, current low milk prices are a case in point.

I. Implementation

Implementation in 2015 has been problematic in UK, probably the most difficult in many people's eyes since *MacSharry* in terms of practical submission. Wales was successful in getting 80% of its applicatns to submit online but England had to abort its online portal in favour of paper due to technical difficulties. We are still awaiting confirmation and verification of applications this year and there is likely to be a delay in payments being made.

England has opted for the same three regions for payments with a minimum 5 ha claim having transferred from historic to regional payments over time since 2005. Wales had continued with the historic basis until

2015. There were a number of issues with the implementation in Wales and the basis for payment with the ultimate decision further to judicial review and a second consultation period to opt for a redistributive payment - first 54 hectares top up and reduction of historic element over a transitionary period to 2019. In Wales, private contract clauses to transfer entitlements has been particularly difficult in 2015 with complicated European legislation having a particularly adverse affect on tenanted farms.

II. Specific Issues

Modulation Pillar 1 to 2 – 15% in Wales and 12% in England – viewed as very important policy decision to move money from Pillar 1 to Pillar 2. The negative list was used to implement active farmer but is the current definition at cost to those who have diversified? Farrmers must show they are engaging in agricultural activity, detailed interpretation thereafter of how negative list should be applied, and then re-qualification criteria – 36 ha in England, 21 ha in Wales gives you automatic re-qualification. The questionnaire did not mention land at your disposal – should we look at this going forward as a more effective way than active farmer to ensure only true farmers get the payment. What makes you a farmer? Growing a crop, rearing an animal. Why do we allow those who own land but who do not utilise it themselves or do the work or take the risk claim BPS? There was no Small farmer Scheme, and there are no real issues in terms of end of quotas. There is no coupled support except for Scotland which has a Sheep Premium and Beef Premium Schemes. In terms of greening, implementation has followed the EU Regulations, with organic farmers automatically satisfying the requirements.

III. Conclusion

CAP is increasingly complicated. There was increased reliance on advisors and consultants this year for submission of CAP forms. Wales has a particularly effective Farm Liaison Service, government officers who are approachable and knowledgeable about the CAP and the regulations farmers must abide by. The cost and burden of administration however is firmly being passed on to farmers.

B. Commission II – Kommission II

Espace rural: cadre juridique et mise en œuvre

Rural Areas: Legal Framework and Implementation

Ländlicher Raum: Rechtsrahmen und Umsetzung

Rapports nationaux – National Reports – Landesberichte

Résumés – Summaries – Zusammenfassungen

Argentina

Prof. Dr. María Adriana Victoria
Prof. Titular e investigadora de Legislación Agraria de la Universidad Nacional de Santiago del Estero; Prof. Titular de Derecho de los Recursos Naturales y Medio Ambiente de la Universidad Católica de Santiago del Estero

Ass. Prof. Dr. Nancy Lydia Malanos
Protitular de "Recursos Naturales y Derecho Ambiental" en la Facultad de Derecho y Ciencias Sociales del Rosario de la Pontificia Universidad Católica Argentina; Profesora Asociada de "Derecho de los Recursos Naturales" en la Facultad de Ciencias Jurídicas y Sociales de la Universidad del Centro Educativo Latinoamericano

Legal framework of Argentine rural areas, in light of MERCOSUR regulations

As Argentina does not belong to the European Union (EU) it is inapplicable the development of the theme considering the Community Regulation Nº 1305/13, while it is possible considering the normative of the Southern Common Market (MERCOSUR, for its acronym in Spanish). The MERCOSUR is an imperfect custom union that includes Argentina, Brazil, Paraguay and Uruguay since early 1995 and Venezuela since July of 2006.

Argentina incorporates the rules of MERCOSUR from its own legislation since the MERCOSUR normative has no direct and immediate enforceability in the States Members, unlike what happens in the EU.

The States Members, frequently, confront "structural differences" and articulate interests (locals, nationals, regional and global) with the purpose of arrive at better synthesis. They operate "asymmetries" that must be considered since all integration agreement should include safeguards and compensations for those who are in an unequal position and in order to not strengthen their weaknesses. Upon recognition of asymmetries can be agreed and this conforms to political decisions, which are not in the same pace of the different government decisions, let alone of what societies want and need.

The implementation of the Structural Convergence Fund at MERCOSUR (FOCEM, for its acronym in Spanish) constitutes a significant advance in the treatment of the asymmetries, the promotion of social cohesion and the strengthened of integration process. This Fund, which is the first solidary financing mechanism for MERCOSUR countries and aims to reduce the asymmetries of the block, was created by decision Nº 45/04 of the Common Market Council (CMC). Subsequently, decision Nº 18/05 of the CMC refers to the integration and operation of the Fund. The objectives of FOCEM are: "finance programs to promote structural convergence, competitiveness development, promote social cohesion – particularly in minor economies and less developed regions-, and support the functioning of the institutional structure and strengthening the integration process". Based on them, it will develop each one of the Specific Programs.

Likewise, the MERCOSUR has disposed, by CMC decision Nº 45/08, to create the Fund for Family Agriculture of MERCOSUR with the objective to finance programs and projects to stimulate family farming in MERCOSUR, and to allow a wide participation of social participants in activities related with the topic. Later, by CMC decision Nº 06/09, its own Regulations which operates as a financial management tool is approved.

The International Fund for Agricultural Development (IFAD) of the United Nations also contributes to the Family Agriculture (FA) as from IFAD's Regional Program for MERCOSUR.

Taking into account the importance that MERCOSUR assigns to international cooperation, in 2014 the States Members approved the "Politics of International Cooperation of MERCOSUR" (CMC decision Nº 23/14), establishing the principles, objectives and modalities that must orientate the technical cooperation into the MERCOSUR.

In our country, the Union to Rural Change has the mission to coordinate all programs and projects fully or partly financed with external resources under the jurisdiction of the Ministry of Agriculture, Livestock and Fisheries.

Among these, stand: The Program for Rural and Family Agriculture Development (PRODAF, for its acronym in Spanish) that works with funds from de Inter-American Development Bank and national contributions; The Program for Development for Rural Areas (PRODEAR, for its acronym in Spanish) that function with funds from IFAD and national contributions; The Program for Inclusive Rural Development (PRODERI, for its acronym in Spanish) that is solved with IFAD's funds and The Program for Provincial Agricultural Services (PROSAP, for its acronym in Spanish) with funds from the Inter-American Development Bank and the World Bank. All of them on execution.

Regarding the FA, CMC's resolution Nº 25/07 of MERCOSUR establishes the criteria that define the family farmer.

The IFAD Regional Program for MERCOSUR and national programs PROSAP, PRODEAR, PRODERI and PROFAM; realize a specific consideration in agricultural communities. These programs posed some difficulties given the selection criteria and a wide range of criteria used to characterize the FA, resulting their unification as imperative. Besides, with respect to the Funds for FA of MERCOSUR there is no information about destiny of programs and projects in Argentina, so it is unknown if this Fund is performed.

In reference to the support for basic services and population renewal in rural areas, the PROSAP and PRODERI are responsible.

There are programs that include young agricultures and farm women, like the PRODEAR, the PRODERI, a Project for young family farmers and the Project for Women Farmers.

The PRODAF raises the Gender strategy that will have transversal character, which is also considered by the Regional Program for Institutional Strengthening of Gender Equality Policy in Agricultural Family of MERCOSUR. National law Nº 27118/14 referred to the AF tends to: strengthen the organization and upward social mobility of the FA, peasant and indigenous, with special attention to the conditions and needs women and youth.

In specific relationship with the FA, the mentioned Regional Program of IFAD for MERCOSUR has as purpose this kind of agriculture, as equal as the PRODAF and PRODERI.

In general terms the Argentine regulations and programs accompany MERCOSUR requirements.

As for the acquisition of agricultural land in another country (borderline or not) Argentina has no financial agricultural policy; nor it is financed or promote the acquisition of agricultural land by foreign investors. On the contrary, the law Nº 26737/2011, commonly named the foreign ownership law, limits to foreigners (whether natural or legal persons) the acquisition, transference and assignment of possessory rights on rural land in the country. For the purposes of legal limitation, it doesn't matter that the land has or not agricultural destination.

While some exceptions for foreign natural persons are established, the law limited to a maximum percentage the amount of rural land to the ownership or possession by them.

There is an authorization procedure before the National Registry of Rural Lands and also a control system. The law states the total and absolute nullity of all legal acts that are held in violation of the provisions of this law.

Moreover, the ownership or possession by foreigners of "property located in border security zones" referring to the regulations regarding national defense is prohibited.

Urges at level from the community and the legislation of the MERCOSUR's State Members to unify the criteria with the purpose of homogenize the objectives, recipients, requirements of the recipients of programs for rural development, attending to the particularities of the States Members and the prevailing asymmetries, with a view to a comprehensive, sustainable and solidary development.

Austria

Hannes Kronaus
Juristischer Mitarbeiter der Marktordnungsstelle Agrarmarkt Austria, Wien

Das österreichische Programm für die Entwicklung des ländlichen Raums (LE-Programm) wurde mit 12.12.2014, zugleich mit den Programmen für Polen und Dänemark, genehmigt. Das Gesamtvolumen bis 2020 beträgt 7,7 Mrd. €.

Im Rahmen der Programmerstellung wurde vom Bundesministerium für Land- und Forstwirtschaft, Umwelt und Wasserwirtschaft insbesondere auf Maßnahmen mit folgenden Schwerpunkten Bezug genommen: Umwelt, Investition, Kompetenz und Innovation. Eine politische Sonderstellung besitzen die Förderungen für Agrarumweltmaßnahmen sowie für Berggebiete und benachteiligte Gebiete.

Für das Gebiet der Republik Österreich gibt es nur ein LE-Programm und eine zugelassene Zahlstelle (Agrarmarkt Austria). Die Abwicklung der ELER-kofinanzierten Förderungsmaßnahmen erfolgt aufgrund verfassungsrechtlicher Vorgaben auf Grundlage des Landwirtschaftsgesetzes 1992 im Wege der Privatwirtschaftsverwaltung des Bundes. Für Rechtsstreitigkeiten aus diesen Förderungsverträgen sind die allgemeinen Zivilgerichte (mit einer außerordentlichen Gerichtsstandsvereinbarung für Wien) zuständig. EGFL-finanzierte Maßnahmen werden im Gegensatz dazu hoheitlich, im Rahmen von Verwaltungsverfahren abgewickelt.

Aufgrund der föderalen Struktur wird der nationale Kofinanzierungsanteil der ELER-Mittel vom Bund und den Bundesländern gemeinsam aufgebracht. Der Bundesanteil wird zur Verfügung gestellt, wenn das jeweilige Bundesland Landesmittel im Ausmaß von 2/3 der Bundesmittel bereitstellt.

Die Budgetverfügbarkeit der nationalen Kofinanzierungsmittel für ELER-Maßnahmen ist die größte Schwierigkeit angesichts leerer Staatskassen. Dies führt unter anderem dazu, dass – je nach agrarpolitischem Schwerpunkt der Bundesländer – nicht in jedem Bundesland alle ELER-kofinanzierten Maßnahmen im selben Umfang angeboten werden.

Der grenzüberschreitende Erwerb durch österreichische Staatsangehörige oder österreichische Unternehmen wird nicht gesondert gesetzlich geregelt. Dieser richtet sich nach den jeweiligen grundverkehrsrechtlichen Regeln im Erwerberstaat.

Der grenzüberschreitende und außerlandwirtschaftliche Erwerb von Flächen in Österreich wird durch die landesrechtlichen Grundverkehrsgesetze geregelt. Das österreichische Grundverkehrsrecht unterscheidet zwischen:

- Land- und forstwirtschaftlichem Grundverkehr ("Grüner Grundverkehr"),
- Verkehr mit bebauten oder zur Verbauung bestimmten Grundstücken ("Grauer Grundverkehr") und
- Ausländergrunderwerb.

Die drei Bereiche werden in den Bundesländern landesrechtlich unterschiedlich in den jeweiligen Grundverkehrsgesetzen geregelt und insbesondere der Ausländergrunderwerb wurde in den letzten Jahren stark durch die Rechtsprechung des EuGH beeinflusst.

Im Rahmen der Grundverkehrsgesetze der Bundesländer wird typischerweise nicht zwischen natürlichen, juristischen Personen oder Personengemeinschaften entschieden.

Die bestehenden Beschränkungen bei grenzüberschreitendem und außerlandwirtschaftlichen Erwerbs landwirtschaftlicher Flächen beziehen sich auf den Erwerb der Flächen.

Die landesrechtlichen Bestimmungen sehen die Befassung von Grundverkehrskommissionen vor, die auf Antrag über die Zustimmung zu entscheiden haben. Wird die Zustimmung erteilt, kann das Eigentum an den Flächen im Grundbuch eingetragen und damit erworben werden. In das Verfahren sind die Landeslandwirtschaftskammer – als zuständige gesetzliche Interessenvertretung – und die Gemeinden eingebunden.

Versagungsgründe aus den landesrechtlichen Grundverkehrsgesetzen sind beispielsweise Interessentenklauseln, Landwirtebegriff, Selbstbewirtschaftung, Rechtserwerb zu spekulativen Zwecken und zur Vermögensanlage, widmungswidrige Verwendung von land- und forstwirtschaftlichen Grundstücken, Entzug der land- und forstwirtschaftlichen Nutzung, Entstehen einer ungünstigen Agrarstruktur, Bildung von Eigenjagdgebieten oder von Großgrundbesitz, erheblich überhöhte Gegenleistung, Versagung von Umgehungsgeschäften, Widerspruch der beabsichtigten Verwendung von Waldgrundstücken und Beeinträchtigung der Ausübung von Einforstungsrechten.

Belgium

Dr. Marc Heyerick
Ere-Afdelingshoofd Vlaamse Landmaatschappij, Président d'honneur CEDR, Membre de l'Académie d'Agriculture de France

Le rapport donne d'emblée une approche de la notion d'espace rural.
Dans le Charte européenne de l'espace rural le Conseil de l'Europe en donne une définition qui par le liais de la législation sur l'aménagement du territoire, est tout aussi applicable pour la Belgique.
La régression de la superficie agricole, partie importante de l'espace rural, se manifeste d'avantage dans un pays à forte densité de population. Dès 1980 la protection et la restauration de l'environnement ont fait leur entrée dans la législation purement agricole, comme la loi sur le remembrement et la loi sur les baux ruraux. Des législations particulières ont traité de la conservation de la nature, des contrats de gestion, des subventions agro-environnementales, de la directive nitrates, des eaux et forêts, de la protection des ecosystèmes et de la diversité biologique.
Dans le cadre de l'élaboration du Règlement nr. 1305/2013 il y a lieu de souligner les travaux du MER dont le CEDR fait partie.
La Belgique contribue largement à la réalisation de ce règlement : soutien aux invertissements, mesures agro-environnementaux, soutien aux jeunes agriculteurs.

Le décret du 28 mars 2014 fournit en Flandre les instruments nécessaires pour réalisation rapide sur le terrain. Le 26 mars 2014 a vu le jour le décret relatif au code wallon de l'agriculture qui contient des dispositions concernant l'aménagement de biens ruraux, la politique foncière et la gestion de l'espace agricole et rural.

Brazil

Lutero De Paiva Pereira
Agribussiness lawyer in Brazil; Member of Comité européen de droit rural (C.E.D.R.), Comité Americano de Derecho Agrario (C.A.D.A.) and Union mondiale des agraristes universitaires (UMAU); President of Agroacademia.

The rigor of the Law concerning the business operations imposes on the foreign purchaser absolute compliance with its terms to result in a deal with legal support.

Once business has been conducted with the authorization of the State, and the formal legal requirements of the purchasing act have been met, the purchaser may rely on the support instruments to conduct the agricultural activity.

Food production is relevant to the country, and in the Federal Constitution it is stated that the State is responsible for its fostering (Art. 23, VIII).

The agricultural policy of the country, in turn, based on Art. 187 of the Federal Constitution, regulated by Law 8171/91, has several support instruments aimed at the primary production sector.

The rural credit, for example, is a special line of credit that is part of the agricultural policy placed within reach of the farmer to contribute to its development.

By legally acquiring rural property in Brazil the foreign person may have access to rural credit for investment in his property, taking into account the realization of their projects.

Germany

Udo Hemmerling
Deutscher Bauernverband, Berlin

Grenzüberschreitender Erwerb – nationale Gesetzgebung für den Eigentumserwerb

In den vergangenen Jahren sind die Kauf- und Pachtpreise landwirtschaftlicher Flächen in sehr vielen Regionen Deutschlands kräftig gestiegen. Neben dem innerlandwirtschaftlichen Wettbewerb um knappe Flächen haben externe Investoren die Landwirtschaft entdeckt. Viele Landwirte haben die Sorge, in einem aufgeheizten Bodenmarkt nicht mehr mithalten zu können und wichtige Flächen für die betriebliche Entwicklung zu verlieren. Insbesondere in den östlichen Bundesländern werden auch Beteiligungen oder Übernahmen ganzer landwirtschaftlicher Betriebe angestrebt. Die Grenzen zwischen "außerlandwirtschaftlichen" und "innerlandwirtschaftlichen" Investoren sind häufig schwierig zu ziehen. "Grenzüberschreitender Erwerb" durch Mitbürger anderer EU-Mitgliedstaaten ist wegen des EU-Gleichheitsgrundsatzes dagegen kein Diskussionspunkt. Die Flächennachfrage wird auch von den einzelbetrieblichen und regionalen Agrarstrukturen mitbestimmt, beispielsweise der Viehhaltung, der Biogaserzeugung, den Sonderkulturen und anderen Faktoren. Hinzu kommt der Flächenverlust durch Siedlung, Verkehr und einen fachlich unnötigen bzw. falsch gesteuerten Naturschutzausgleich.

Ziele der Bodenmarktpolitik in Deutschland. Die landwirtschaftliche Fläche ist die zentrale Existenzgrundlage für die Bauern. Boden ist anders als andere Produktionsfaktoren nicht vermehrbar. Damit ist der Bodenmarkt (Eigentum und Pacht) von zentraler Bedeutung für die Entwicklung der Landwirtschaft. Der Deutsche Bauernverband steht für nachhaltige und generationenübergreifend ausgerichtete Familienunternehmen jeglicher Rechtsform. In der Bodenmarktpolitik sollten daher aus berufsständischer Sicht folgende Ziele verfolgt werden:

- Es sollte ein bodenpolitischer Vorrang für aktiv wirtschaftende Landwirte bestehen. Dies gilt grundsätzlich für alle Rechtsformen, in denen Eigentümer/haftende Gesellschafter als Landwirte tätig sind.

- Wettbewerbsschädliche Eigentums-Konzentrationen auf den regionalen Bodenmärkten sind zu vermeiden. Angestrebt werden eine möglichst starke Stellung des bäuerlichen Eigentums und ein Erhalt der Eigentumsstreuung bei Grund und Boden.
- Erhalt landwirtschaftlicher Nutzflächen: Flächenverbrauch und Zweckentfremdungen sind soweit wie möglich zu unterbinden. Soweit möglich, sollte eine Entsiegelung bzw. Rekultivierung in landwirtschaftliche Flächen erfolgen.

Prinzipien:

Bei der Umsetzung der Ziele der Bodenmarktpolitik sollten sich Bund und Länder aus Sicht des Deutschen Bauernverbandes an folgenden Prinzipien orientieren:

- Der Staat ist grundgesetzlich dem Schutz des Eigentums verpflichtet. Staatliche Eingriffe in den Bodenmarkt sollten nur insoweit erfolgen, als dass Gefahren für eine bäuerlich-unternehmerisch getragene Agrarstruktur abzuwenden sind. Eine unmittelbare staatliche Lenkung bzw. Mengen- oder Preisregulierung des Bodenmarktes wird abgelehnt.
- Staatliche Regelungen beim Grundstücksverkehr, insbesondere über das Grundstückverkehrsgesetz, sollten sich an folgenden Maßstäben orientieren: Ertragsorientierte und nachhaltige land- und forstwirtschaftliche Nutzung der Flächen, das heißt grundsätzlich Versagungsmöglichkeit bei spekulativ überhöhten Kauf- und Pachtpreisen.
- Ortsgebundenheit bzw. regionale Verankerung der Eigentümer;
- Qualifikation / Leistungsfähigkeit des Bewirtschafters der Flächen.

Bei den Bestrebungen einiger Bundesländer zur Novelle des Grundstücksverkehrsgesetzes ist aus berufsständischer Sicht wichtig, dass außerlandwirtschaftliche Erwerber nicht Landwirten gleichgestellt werden. Speziell mit Blick auf die Agrarstrukturen der neuen Länder sollte eine Abfindung weichender Alt-Gesellschafter vorrangig in Boden statt in Geld als zulässig eingestuft werden. Der Bund und die Länder sind gefordert, ihre bodenmarktpolitischen Zielsetzungen deutlicher als bisher zu formulieren, damit die zuständigen Behörden und Gerichte künftig wieder klarere Maßstäbe für die Anwendung des Versagungsgrundes, dass die Veräußerung dem Ziel Verbesserung der Agrarstruktur widerspricht, haben. Unternehmenszusammenschlüsse in der Landwirtschaft sollten wettbewerbsrechtlich daraufhin überprüft werden, ob hierdurch eine übermäßige Konzentration am regionalen Bodenmarkt entsteht.

Flankierung der Bodenmarktpolitik

Zur Flankierung der Bodenmarktpolitik ist aus Sicht des DBV die Wiedereinführung der Steuerbefreiung bzw. Steuerermäßigung bei der Grunderwerbsteuer für landwirtschaftliche Flächen wichtig. Eine staatliche Förderung des Bodenerwerbs wird strikt abgelehnt. Wichtig ist auch eine Förderung der Betriebsübernahme/des Anteilserwerbs von landwirtschaftlichen Unternehmen und / oder von Flächen durch Bürgschaften und Eigenkapitalhilfe-Darlehen für eine langfristige Finanzierung durch jüngere, qualifizierte Landwirte sein. Die Möglichkeit zur Reinvestition nach dem Einkommensteuerrecht muss flexibilisiert werden.

Der Ausgleich nach dem Naturschutzgesetz ist flächenschonend umzusetzen, die geplante Bundeskompensationsverordnung ist darauf auszurichten. Darüber hinaus ist eine Änderung des Naturschutzgesetzes notwendig, um eine Flächenschonung wirkungsvoll umzusetzen. Flächenentsiegelungen und produktionsintegrierter Kompensation ist Vorrang einzuräumen.

Netherlands

Bertram Burggraaf
Senior legal advisor, Ministry of Economic Affairs, Legal Department, Section Agriculture and Energy

The Dutch rural development programme is characterized by the fact that it consists in a limited selection of the rural development measures provided for in Regulation 1305/2013. This is because the national programme puts the focus on measures contributing to innovation and sustainability and therefore does not aim to make a direct contribution to all EU-priorities, but only those that are considered relevant at a national level.

Diffulties encountered with the national implementation concern the definition of "young farmers" and the implementation of a collective AECM-scheme.

In addition, the interplay and division of responsibilities between the national government and regional authorities (provinces) who will be responsible for the major part of the rural development measures to be implemented, will have a prominent place on the agenda the coming years.

As regards cross-border acquisitions and acquisitions by non-agricultural capital of agricultural land, it should be noted that currently in the Netherlands there is no specific legislative framework in place dealing with these issues. Nor do such acquisitions raise major concerns in policy terms.

That means that such acquisitions can take place under the same conditions that apply to everyone wishing to buy agricultural land and that there are no extra or specific requirements for cross-border acquisitions or acquisitions by non-agricultural capital in this respect.

Poland

Ass. Prof. Dr. Teresa Kurowska
Ass. Prof. Dr. Dorota Lobos–Kotowska
Dr. Pawel Gala
Department of Agricultural Law and Spatial Planning, Faculty of Law and Administration, University of Silesia

According to official data, surface of agricultural areas acquired by foreigners is rather small. However, it should be noted that even the current regulations envisage the possibility to acquire agricultural real estate without the permit by the minister in charge of internal affairs, and irregularities occurring in practice even expand the scale of the acquisition beyond the control of agricultural real estate by the foreigners. In that regard, the applicable legislation appears inadequate.

The end on 30.04.2016 of the transition period in the acquisition of agricultural real estate by the foreigners from EEA and Switzerland placed new challenges before Poland for preparation of legislation enabling control of trading of real estate in concern. It inter alia results in the need to amend the Act on ShAS and create a coherent concept of principles for agricultural real estate trading. Moreover, the practice of the European Union Member States is not without importance, where the legislation of these States shapes the terms of agricultural real estate trading and professional qualifications running agricultural holdings, as well. The adopted solutions shall ensure economic efficiency to agricultural holdings, in particular family farms which in view of Article 23 of the Polish Constitution form the basis of the agricultural system.

Romania

Dr. Victor Marcusohn
Chargé de cours, Faculté de Droit, Université Ecologique de Bucarest

La stratégie de développement de la Roumanie pour les prochains cinq ans s'inscrit dans le contexte de réforme et de développement proposé par l'UE. Le Programme national de développement rural (PNDR) 2014-2020 est conforme aux lignes générales tracées par la stratégie éuropéenne; la Roumanie entend donc soutenir fermement et intelligemment le développement économique et social des zones rurales.

PNDR 2014-2020 se propose de continuer et renforcer les mesures pour le développement de l'espace rural. A cet égard plusieurs objectifs stratégiques seront poursuivis: restructurer et augmenter la viabilité des exploitations agricoles; gérer de manière durable les ressourcess naturelles et lutter contre le changement climatique; diversifier les activités économiques, créer de nouvelles places de travail, améliorer les infrastructures et les services et en général la qualité de la vie dans les zones rurales, coformément aux disposition de l'accord de partenariat.

PNDR a été élaboré conformément au Règlement UE 1305/2013 *concernant l'appui pour le développement rural accordé du Fonds européen de développement rural (FEADR) et l'abrogation du Règlement (CE) n° 1698/2005 du Conseil* et il préconise une série des mesures économiques, environnementales et sociales conçue dans le but de développer les zones rurales de Roumanie. PNDR 2014-2020 sera financé par le Fonds européen agricole pour le développement rural (FEADR).

La trasmission du droit de propriété sur les terrains du fonds foncier roumain bénéficie d'un régime juridique spécial quel que soit leur propriétaire et leur destination. La noi 17/2014 vise notammment à l'établir des mesures concernant la réglementation de la vente/achat des terrains agricoles situés extra-muros ainsi que la possibilité de regroupement des terrains agricoles dans le but d'augmenter les dimensions des fermes agricoles et la création des exploitations économiquement viables.L'aliénation par vente des terrains agricoles situés extra-muros doit respecter aussi *le droit de préemption* des copropriétaires, métayers, propriétaires voisins ainsi que de l'Etat roumain exercé par l'intermédiaire de l'Agence des domaines de l'Etat, dans cet ordre et à un prix et dans des conditions équivalentes, à l'exception des terrains agricoles situés extra-muros où se trouvent des sites archéologiques classés.

Spain

Esther Muñiz Espada
University of Valladolid

Practicamente no hay país donde se haya dejado de advertir que el desarrollo de las áreas urbanas esté afectando cada más drásticamente a la extensión de las zonas rurales[1], a sus servicios, estructuras y densidad poblacional[2]. La gestión o implantación de unas nuevas relaciones entre lo urbano y rural plantea numerosos desafíos, en los que se implica, para empezar, qué posición estratégica darse a la ciudades en el desarrollo rural, cómo pueden actuar para la revitalización, innovación, equilibrio geográfico o cómo obtener ventajas para favorecer simplemente la actividad económica de las áreas rurales, pues esta simetría es crucial en el futuro de la sostenibilidad[3]. El impacto de la urbanización tiene otros problemas, que repercuten en la protección de los derechos del individuo[4], en España de manera particular erosionando el Derecho de propiedad, aunque podrían traerse a colación graves problemas de medio ambiente[5]; pero la protección de los recursos naturales también ha planteado entre nosotros

1 Diferentes alternativas para su definición, *Medelsson, R.-Bollman, D.*, en Rural and Small Town Canada Analysis Bulletins, vol 3 No. 3, nov. 2001; *Benoît-Catin*, PH., "La définition des secteurs périurbains", *Construction-Urbanisme*, 2005, ps, 21 y ss.

2 Sobre la concreción de este espacio vid. *Hynynen*, A., "Slow networks and landscape cities", Effective Rural an Urban Innovation Policies, International Conference, Seinäjoki, 2009.

3 Sobre ello se focalizan *Vaz*, T. *De Noronha-Van Leeuwen*, E.-*Nijkamp*, P., Town in a Rural World, Surrey, 2013.

4 Así, el Derecho a la alimentación.

5 Vid. Resolución del Parlamento Europeo de 26 de marzo de 2009, (2010/C 117 E/ 31). Así mismo, Dictamen del Comité de las Regiones-Eficiencia energética en las ciudades y las regiones, incluido un estudio sobre las diferencias entre las zonas rurales y urbanas.
Vidalenc, G., "La gestión économe des sols: du Grenelle de l´environnement à la loi du 12 juillet 2010, traduction ou trahison?", *JCP N*, 2010, ps. 25 y ss; "Les Régions d´Europe réclaent le maintien des acquis de la Constitution européenne", (Rédaction), Revue Lamy des Collectivités Territoriales, 2007, ps, 42 y ss.; *Crespo-*

colisiones no resultas con el derecho de propiedad[6]. Así mismo, hay un proceso de ruralización de las ciudades, a través del fenómeno de la agricultura vertical, con efectos sobre la definición de agricultura[7]. De manera más general, sin duda, en este entorno desempeña un papel especial la agricultura, porque afecta a la calidad de los ecosistemas, a la inclusión o marginalización de la población y a la revitalización de las territorios rurales; destacando la trascendencia de la agricultura para el acondicionamiento de los territorios, que es algo más que una gestión sostenible de los recursos naturales; por tanto, esta protección forma parte de la multifuncionalidad de la agricultura, como prueba de su fuerza expansiva y aglutinadora hacia nuevos dominios; entonces, qué instrumentos jurídicos –por tanto, qué políticas, en cuanto la política es la racionalización del Derecho- y qué tecnologías, promoverán nuestros objetivos, y cuáles deberían ser estos exactamente[8]; lo que implica plantearse qué modelo de agricultura para qué mundo rural. A mayor abundamiento, las disparidades entre lo urbano y lo rural afectan a otros retos sociales[9], las decisiones políticas no aparecen fácilmente desvinculadas las unas de las otras, The Millennniun Development Goals, llama precisamente a integrar estrategi-

---

Brauner, M.C.-*Graff*, L., "Réflexions sur la production agricole et la sécurité alimentaire sous l´angle de la justice environnementale", Rev. juridique de l´Ouest, 2012, ps. 43 y ss.

6 Explicados en *Muñiz Espada*, E., "La urgencia de legislar sobre la cohesión territorial. Urbanismo y espacio rural", Rev. de Derecho agrario y alimentario, nº 63, jul-dic. 2013, ps. 93-140.

7 *Bourges*, L., Agricultura y Urbe: Ventajas y desafíos frente a la necesidad de un desarrollo integral, Revista Revista española de derecho agrario y alimentario, año XXI, n°65. 2015; *Bourges*, L.- *Muñiz Espada*, E., Ruralisant les villes et urbanisant l'espace rural, Encuentro de Institutos de Derecho agrari*o*, Nova Tesis, Argentina, 2014.

8 Ampliamente en *Coudel*, E.-*Devaotour*, C.T.-*Soulard*, C.T.-*Faure*, G.-*Hubert*, B., Renewing innovation systems in agricultura and food: How to go towards more sustainability, Wageningen Academic Publishers, 2013; *Ortiz Miranda*, D.-*Moragues-Faus*, A.-*Arnalte-Alegre*, E., Agriculture Mediterranean Europe, between old and new paradigms, Bingley, 2013; *Clavel*, D., Knowledge and Rural development: Dialogue at the heart of innovation, Montpellier, 2014.

9 Con especial implicación con el nivel de pobreza, vid. *Chambers*, R., Rural Development: putting the Last First, New York, 2013, en el capítulo Rural Poverty unperceived. También con implicaciones sobre igualdad de oportunidades, vid. *Oberhauser*, A.M.-*Johnston-Anumonwo*, I., Global Perspectives on Gender an Space, London, 2014; FAO Policy on Gender Equality: attaining food security goals in agricultura and rural development, 2013.

as[10]. Especialmente, para nosotros, todo ello debe constituir un debate en la UE: el Tratado de Lisboa impone, más allá de la cohesión social y económica, una cohesión territorial. Y las cuestiones para el debate sería, según Libro Verde sobre la Cohesión Territorial, Convertir la diversidad territorial en un punto fuerte COM(2008) 616 final, la definición más apropiada de cohesión territorial?, ¿Qué nuevos elementos podría aportar al actual enfoque de la cohesión económica y social tal y como la práctica la Unión Europea? , ¿Tiene un papel la UE en el fomento de la cohesión territorial? ¿Cómo podría definirse ese papel respetando el principio de subsidiariedad? ¿En qué medida la escala territorial de la intervención política debe variar en función de los problemas abordados? ¿Las zonas con características geográficas específicas requieren medidas políticas especiales? En caso afirmativo, ¿cuáles? ¿Cuál debe ser el papel de la Comisión para estimular y apoyar la cohesión territorial? ¿Son necesarias nuevas formas de cohesión territorial? ¿Es preciso desarrollar nuevos instrumentos legislativos y de gestión para facilitar la cooperación, incluyendo las regiones fronterizas exteriores? ¿Cómo se puede mejorar la coordinación las políticas sectoriales y territoriales? ¿Qué políticas sectoriales deben prestar una mayor atención a sus implicaciones territoriales en el momento de su concepción? ¿Qué instrumentos deben desarrollarse a ese respecto? ¿Cómo se puede reforzar la coherencia de las políticas territoriales? ¿Cómo se pueden combinar mejor las políticas comunitarias y nacionales para contribuir a la cohesión territorial? ¿Será necesaria para la consecución de la cohesión territorial la participación de nuevos actores en la elaboración de políticas, como representantes de la economía social, interlocutores locales, organizaciones de voluntariado y organizaciones no gubernamentales? ¿Cómo puede alcanzarse el nivel de participación deseado? ¿Qué indicadores cuantitativos/cualitativos deben desarrollarse a nivel comunitario para controlar las características y tendencias de la cohesión territorial?

Objetivo vital de todo ello: el deber de proporcionar alimentos y, por ello, mantener una agricultura productiva[11]; un difícil equilibrio a cuenta de un mercado cada vez más inestable, con exigencias de elevados niveles de

---

10 World Bank, International Monetary Fund, 2013, Global Monitoring Report, 2013, Rural-Urban Dynamics and the Millennium Developments Goals.

11 En el año 2050 habrá que alimentar a 9 mil millones de personas y la producción habrá de aumentar el 70% -según la FAO-, lo que quiere decir que se necesitan 120 millones de has. suplementarias de terreno agrícola de aquí al 2030.

calidad alimentaria, respeto del medio ambiente y de los acuerdos comerciales (OMC).

De otro lado, forma parte de la estrategia de crecimiento y competitividad de la UE y d'un proceso de mayor convergencia.

La pregunta, entonces, es si Europa está a la altura de las circunstancias en ese nuevo equilibrio institucional desde el Tratado de Lisboa en orden a una política de cohesión territorial.

Switzerland

Jörg Amsler
Dipl. Ing. ETH / SIA, Stv. Leiter Direktionsbereich Direktzahlungen und ländliche Entwicklung, Bundesamt für Landwirtschaft BLW, Bern

Die ländlichen Räume der Schweiz stehen vor grossen Herausforderungen. Diese Herausforderungen sind komplex und räumlich heterogen: auf der einen Seite unterstehen periphere Regionen, insbesondere im Berggebiet, einem forcierten Strukturwandel in der Tourismus-, Land- und Forstwirtschaft. Mit dem Strukturwandel ist ein Beschäftigungsrückgang verbunden, was dazu führt, dass attraktive Arbeitsplätze für die lokale Bevölkerung zunehmend fehlen. Auf der anderen Seite erfahren periurbane, d.h. agglomerationsnahe Regionen aufgrund des Bevölkerungs- und Wirtschaftswachstums sowie der stetig wachsenden Pendlermobiliät in der Schweiz eine dynamische räumliche Entwicklung. Diese Entwicklung geht mit einem hohen Siedlungsdruck einher. Der Druck auf das Kulturland und intakte Natur- und Erholungsräume hat in diesen Regionen in den vergangenen Jahren massiv zugenommen.

Unabhängig von ihren strukturellen Voraussetzungen sind alle ländlichen Regionen mit einer zunehmenden institutionellen Komplexität konfrontiert. Viele gesellschaftliche, wirtschaftliche und ökologische Problemstellungen sind heute weder innerhalb von institutionellen noch sektoriellen Grenzen lösbar. Dies führt zu zunehmendem Koordinations- und Abstimmungsbedarf für alle Akteure der ländlichen Entwicklung – sei es staatlich, privatwirtschaftlich oder zivilgesellschaftlich.

Mit dem Inkrafttreten des Raumplanungsgesetzes (RPG) im Jahre 1980 wurde eine strikte Trennung zwischen Baugebiet und Nichtbaugebiet vollzogen und damit ein wichtiger Schritt hin zu einer guten Strukturierung der ländlichen Räume getan. Mit dem Vollzug dieser Trennung wurden die Kantone betraut. Kantonale Unterschiede im Vollzug führten jedoch dazu, dass sich bis heute trotz RPG der hohe Kulturlandverlust in den ländlichen Räumen kaum verlangsamte. Per 2013 ist daher das RPG in revidierter, stärker auf den Schutz des Kulturlands ausgerichteter Form in Kraft getreten.

Neben dem RPG sind seit den 1970er-Jahren weitere gesetzliche Grundlagen zum Schutz des Kulturlands und weiterer natürlicher Ressourcen ausserhalb des Siedlungsgebiets geschaffen oder umfassend revidiert worden, wie z.B. das Bäuerliche Bodenrecht (BGBB, neu ab 1994), das Waldgesetz (WaG, umfassend revidiert 1991) und das Gewässerschutzgesetz (GschG, umfassend revidiert 1992).

Mit der Agrarpolitik AP 14 – 17 wurde im Bundesgesetz über die Landwirtschaft (LwG) der Kulturlandschutz ebenfalls gestärkt. Beispielsweise werden keine Direktzahlungen mehr auf unüberbauten, aber (noch) landwirtschaftlich genutzten Bauzonen entrichtet, und dem Bundesamt für Landwirtschaft (BLW) wurde bei Vorhaben mit Beanspruchung von Fruchtfolgeflächen (FFF) ein Beschwerderecht eingeräumt.

Die Agrarpolitik unterstützt im Rahmen des aktuellen LwG die räumliche und wirtschaftliche Entwicklung ländlicher Räume weiterhin aktiv mit baulichen, planerischen und regionalwirtschaftlichen Maßnahmen:

- Mit dem Instrument der *Landwirtschaftlichen Planung (LP)* soll vor einem grösseren Planungsschritt oder vor der Realisierung eines grösseren Projektes eine möglichst nachhaltige Nutzung des Bodens erreicht werden. Die überregionale Sichtweise, die im teilrevidierten RPG eine gesetzliche Grundlage erhalten hat, soll dazu führen, dass eine optimale Abstimmung aller raumwirksamen Tätigkeiten erreicht werden kann. Die LP zeigt anhand eines klar strukturierten Vorgehens die Möglichkeiten und die Perspektiven der verschiedenen Akteure, insbesondere der Landwirtschaft, auf und stellt die für die Umsetzung notwendigen Massnahmen realistisch dar. Durch ihre Vielseitigkeit hat sie sich zu einem wichtigen Werkzeug des Landmanagements zur Entwicklung regionaler Räume gewandelt.
- *Gesamtmeliorationen* (Landumlegungen, Güterregulierungen) sind ein multifunktionales Raumordnungsinstrument, um Ziele der Landwirtschaft (Rationalisierung, Nachhaltigkeit), der Ökologie (Erhaltung und Aufwertung der Kulturlandschaft und Naturwerte) und der Raumplanung (vielfältige öffentliche Interessen) zu koordinieren und umzusetzen.
- Mit den *Projekten zur regionalen Entwicklung (PRE)* steht ein umfassendes regionalwirtschaftliches Instrument zur Verfügung. Ziel der PRE ist u.a. die Verbesserung der Wertschöpfung in der Landwirtschaft durch Zusammenarbeit mit dem Gewerbe. Im Vordergrund steht die Produktion, Verarbeitung und Vermarktung regionaler Produkte. Die

finanzielle Unterstützung einer Vorabklärung mit professionellem Coaching wird rege beansprucht und verteilt sich gleichermassen auf die unterschiedlichen Regionen der Schweiz. Ein Controlling-Konzept begleitet die Realisierung der PRE über längere Zeit und dient als Grundlage für die Evaluation der einzelnen Projekte sowie des Instruments als Ganzes.

United Kingdom

Ludivine Petetin
Lecturer in Law, University of Hull

Michael Taylor
FRICS FAAV Chartered Surveyor

Presently there are no restrictions on ownership of land by forgein nationals or companies within the UK in respect of most agricultural real estate. Despite this there are political moves within Scotland to limit ownership by non – EU nationals. The political mood in Scotland is that there are too many non-domiciled or otherwise distant landowners owning large rural estates, and that the sustainable development of the countryside is adversly effected. This is not a universally held view.

Throughout the remainder of the UK there are various restrictions on the use of agricultural land which derive from policies intended to protect the rural economy and landscape. There are also fiscal policies designed to restrict corporate ownership of domestic property in order to limit avoidance of Stamp Duty Land Tax, which is a tax on real estate transfers.

The first part of this report is restricted to England whilst the second part is written in respect of the whole of the United Lingdom (UK), however different laws apply in Scotland and to a lesser degree in Wales and Northern Ireland.

I. Part I

The Rural Development Programme for *England* (RDPE) focuses on four objectives: environmental land management; farming and forestry competitiveness, productivity and skills; rural growth including rural communities; and LEADER. The greatest part of the programme (and funds) focuses on delivering biodiversity and environmental benefits. Countryside Stewardship is the newly established, competitive scheme. It provides incentives for land managers to look after the environment.

A decisive aspect of the RDPE is its emphasis on "local areas" for its implementation in relation to all four objectives through the establishment of various programmes, groups and partnerships. The RDPE is situated in a local context to respond to local problems and therefore increase responsiveness to specific issues.

II. Part II

Currently there are no restrictions on ownership of land by forgein nationals or companies within the *UK* in respect of most agricultural real estate. Despite this there are political moves within Scotland to limit ownership by non – EU nationals. The political mood in Scotland is that there are too many non-domiciled or otherwise distant landowners owning large rural estates, and that the sustainable development of the countryside is adversley effected. This is not a universally held view.

Throughout the remainder of the UK there are various restrictions on the use of agricultural land which derive from policies intended to protect the rural economy and landscape. There are also fiscal policies designed to restrict corporate ownership of domestic property in order to limit avoidance of Stamp Duty Land Tax, which is a tax on real estate transfers.

United States of America[1]

Margaret Rosso Grossman
Professor Emerita, Bock Chair in Agricultural Law Emerita,
University of Illinois

The United States, with abundant rural land and natural resources, is an agrarian nation, where 2.1 million farms occupy almost 915 million acres of land. Rural areas are valued for production of food, fiber, and timber; as living space for rural residents; and for their natural beauty, habitat, recreational opportunities, and other amenities. The majority of rural land is privately-owned.

Rural development has played an important role in the United States since the 1930s, and US agricultural legislation, along with other laws and regulations, includes measures designed to encourage economic development, enhance the quality of rural life, and protect environmental resources, including agricultural land. The Agricultural Act of 2014, the most recent Farm Bill, governs many aspects of US agriculture, including commodities, crop insurance, conservation, nutrition, forestry, and rural development.

Conservation is an important component of rural development, and the United States offers a number of conservation programs for farmers. The 2014 Farm Bill consolidated and amended USDA conservation programs. Conservation compliance requires producers who participate in government support programs to conserve highly erodible land and to protect wetlands. Conservation incentives include support for land retirement and for conservation practices on working land. The Conservation Reserve Program and the new Agricultural Conservation Easement Program (replacing several repealed programs) provide payment, under contracts or easements, for retirement of vulnerable rural land. The Environmental

1 This Abstract is based on work supported by USDA, National Institute of Food and Agriculture, Hatch Project No. ILLU-470-309. For references, see Margaret Rosso Grossman, Rural Areas: Legal Framework and Implement, Report for the United States, Commission II, XXVIII European Congress of Agricultural Law, 9-12 September 2015, Potsdam, Germany.

Quality Incentives Program promotes agricultural production and environmental quality as compatible goals, and the Conservation Stewardship Program is a payment for performance program that encourages existing and new conservation activities. Other programs provide support for sustainable forestry. These federal conservation programs are voluntary; they offer incentives for conservation practices, but do not impose requirements.

Other Farm Bill provisions foster development in rural areas. Specialized producers may qualify for federal support. Producers who transition to organic production may receive support for certification costs and may be eligible to enter contracts under USDA conservation programs. Farmers who sell products in local and regional food markets benefit from USDA programs that develop market opportunities and encourage use of local products. Grants to qualified organizations and producers encourage development of value-added agricultural products.

Some USDA programs make certain farmers and ranchers eligible for priority consideration, enhanced financial support, special educational opportunities, priority for federal loans, and other benefits. Depending on the program, these include beginning farmers and ranchers, socially disadvantaged producers (including women), limited resource producers, and (since 2014) military veterans.

Ownership of productive agricultural and forest land in the United States is attractive for investors, as well as for producers. National concerns about ownership of agricultural land by foreign investors resulted in enactment of the Agricultural Foreign Investment Disclosure Act of 1978. This law requires foreign investors in US agricultural land to report their holdings, but does not restrict foreign investment. In 2012, only about 2 percent of US agricultural land was in foreign ownership.

States use their general police power to regulate land within their borders. Some states have restricted ownership of farmland by aliens, residents of other states, or business entities, particularly nonfamily corporations. State laws that discriminate against, or unduly burden, interstate commerce are vulnerable to constitutional challenge under the Commerce Clause of the US Constitution.

US rural development measures, along with other programs, provide opportunities to ensure continued agricultural production, promote environmental sustainability, stimulate economic development, and improve living conditions in rural areas in the United States.

C. Commission III – Kommission III

Les évolutions récentes et significatives du droit rural

Significant Current Developments in Rural Law

Bedeutende aktuelle Entwicklungen im Recht des ländlichen Raums

Rapports nationaux – National Reports – Landesberichte

Résumés – Summaries – Zusammenfassungen

Austria

Michael Maschl
Mag., LL.M.; Referent in der niederösterreichischen Landes-Landwirtschaftskammer, St. Pölten

Die österreichische Strategie zur Anpassung an den Klimawandel

1. Globale und europäische Rahmenbedingungen

Der Klimawandel als globales Phänomen stellt eine der größten umweltpolitischen Herausforderungen des 21. Jahrhunderts dar. Die Verpflichtung zur Erstellung einer Klimawandelanpassungsstrategie basiert auf dem Klimarahmenübereinkommen der UNO 2007 sowie auf dem Kyoto-Protokoll.

Auf Ebene der EU-Kommission gibt es seit 2007 ein Grünbuch sowie seit 2009 ein Weißbuch zur Anpassung an den Klimawandel: Im Weißbuch sind v.a. Erforschung der Risiken und Folgen des Klimawandels sowie Kosten möglicher Maßnahmen dagegen bzw. Intensivierung der internationalen Zusammenarbeit vorgesehen.

Die österreichische Anpassungsstrategie wurde 2007 gestartet, am 23.10.2012 beschlossen und hat zum Ziel nachteilige Folgen des Klimawandels zu vermeiden und die natürliche, gesellschaftliche und technische Anpassungskapazität zu stärken. Die Maßnahmen lassen sich in graue (d.h. rein technische), in grüne (Erhaltung oder Verbesserung der natürlichen Funktionen von Ökosystemen) sowie in softe Maßnahmen (zielen auf Bewusstseinssteigerung und Wissenszuwachs) unterteilen.

Im Auftrag des BMLFUW wurden für 14 Aktivitätsfelder (Land- und Forstwirtschaft, Schutz vor Naturgefahren, Raumordnung ...) schrittweise Handlungsempfehlungen entwickelt.

In Österreich wurde seit etwa 1850 ein Anstieg der durchschnittlichen Jahrestemparatur von rund 2 Grad Celsius verzeichnet.

2. Zukünftige Auswirkungen des Klimawandels für Österreich

Für den Bereich der Land- und Forstwirtschaft sind das die Abnahme der Niederschlagshäufigkeit während des Sommers, die Zunahme der Häufigkeit von Trockenperioden sowie die Hitzebelastung von Pflanzen.

Es gibt auch verschiedenste Aktivitäten der österreichischen Bundesländer zum Thema Klimanpassung: So setzt das Burgenland z.B. auf erneuerbare Energieträger, Tirol hat Maßnahmen zur Hochwasserprävention im Bereich des Inn gesetzt, Niederösterreich hat ein Forschungsprojekt zum Thema Auswirkungen des Klimawandels in Niederösterreich in Auftrag gegeben.

3. Wissenschaft und Forschung im Bereich Klimawandel

Dieser kommt zentrale Bedeutung zu, weil es Lösungen nur geben kann, wenn die Ursachen für die Klimaänderung und die Folgen auf die Menschen abgeschätzt werden können. Als Beispiele können angeführt werden: Klimaforschungsprogramm StartClim sowie Austrian Climate Research Programm und schließlich Climate Change Austria (fünf österreichische Universitäten haben das Ziel, durch Vernetzung und Förderung von Kooperationen die Qualität und Effizienz der Klimaforschung zu verbessern).

4. Good-Practise-Beispiele

Weinbau in der Modellregion Traisental, das Projekt ADAPT der Österreichischen Bundesforste, sowie Förderungen von Dachbegrünungen in Wien und Hochwasserschutzmaßnahmen in Salzburg.

Belgium

Franz, Louise et Henry Van Maleghem
Avocats au Barreau de Tournai

Le droit rural est défini comme l'ensemble des règles juridiques en vigueur dans une société rurale et étymologiquement est un adjectif qui concerne les paysans, la campagne et plus généralement les territoires et les activités non urbains.

Le droit rural serait donc l'ensemble des règles juridiques qui concernent les paysans, les territoires et les activités non urbains.

Le droit rural a pourtant évolué.

La sphère d'activités du droit rural dépasse maintenant la campagne, s'étend au territoire national et est directement influencée, voir régie par le droit européen.

Historiquement, après le Code civil belge, la première compilation du droit rural est contenue dans le Code rural du 7 octobre 1886.

Ce Code rural n'a jamais été abrogé et est toujours d'application.

Viendra ensuite la loi organique du 27 février 1982 sur la chasse.

Seront promulguées ensuite les diverses lois sur le bail à ferme dont la dernière en date est la loi organique du 7 novembre 1988 ayant suivi elle-même les lois sur le remembrement légal des biens ruraux, loi du 22 juillet 1970 et loi du 12 juillet 1976.

Sous la pression des prises de conscience écologiques, le Conseil Régional Wallon codifiera le 27 mai 2004 toutes les dispositions relatives à l'environnement et ce dans la foulée de tous les arrêtés pris par la Région Wallonne depuis 1987 réglementant la gestion des déchets avant de promulguer, le 14 mai 1984, le Code Wallon de l'Aménagement du Territoire, de l'Urbanisme, du Patrimoine et de l'Energie.

Les différentes réformes de la PAC entraîneront pour l'agriculteur et les territoires exploités de multiples règlements européens directement applicables dans chaque Etat membre, lesquels sont à l'origine du Code Wallon de l'Agriculture du 27.03.2014, publié au Moniteur Belge le 5 juin 2014 et entré vigueur depuis le 16 juin 2014.

C'est essentiellement de ce Code Wallon de l'Agriculture qu'il sera question dans la présente étude.

Ce Code Wallon en fait est un véritable « fourre-tout » synthétique de toutes les dispositions législatives et réglementaires en matière d'agriculture, d'environnement, de police du territoire, de subventions, d'aides agricoles, de statistiques et d'aménagement du territoire.

Mais il a semblé également impossible aux auteurs de la présente étude de ne pas se pencher très brièvement sur ce qui a été exposé de manière beaucoup plus complète par Maître *Etienne Gregoire* dans la Commission I.

Le Code Wallon de l'Agriculture est un outil extraordinaire, qui, s'il est appliqué, peut effectivement servir une politique agricole dont l'objectif est effectivement de favoriser la réalisation du droit à une alimentation adéquate en garantie sur un approvisionnement en aliments de qualité et en quantité suffisante, de permettre aux agriculteurs d'accéder à un revenu décent basé sur la rémunération de leur travail et assurer la pérennité de l'activité agricole en améliorant la rentabilité des exploitations agricoles par une approche alliant maîtrise de coûts de production, prix rémunérateurs de nature à préserver et à améliorer l'environnement et la biodiversité contre les changements climatiques et ses conséquences et enfin de renforcer les liens entre la société et l'agriculture par, d'une part, la reconnaissance par la société du rôle essentiel des agriculteurs, la reconnaissance, la valorisation, le développement et les services rendus par l'agriculture et, d'autre part, la reconnaissance des attentes sociétales par les agriculteurs.

L'objectif est merveilleux et les moyens prévus par le Code Wallon de l'Agriculture doivent permettre la réalisation desdits objectifs.

Mais encore faut-il que cette volonté soit mise en œuvre par la création réelle des centres de recherche, des centres pilote, des comités de concertation et des multiples Comités, Fonds, Agences, etc… créés par le Code Wallon.

Il faut que la Région Wallonne propose avant toute chose une enveloppe budgétaire générale destinée à l'agriculture et que les arrêtés d'exécution du Code soient pris.

A la connaissance des auteurs, aucun budget général n'est prévu pour la mise en œuvre du Code Wallon de l'Agriculture et aucun arrêté d'exécution n'est pris à ce jour.

Certes, des fonds et des aides sont prévus mais aucune enveloppe budgétaire globale et suffisante n'est à ce jour décidée par le Gouvernement Wallon.

Ce n'est qu'à ce prix que le Code Wallon de l'Agriculture pourra être mis en œuvre.

Mais heureusement, la volonté est là et en principe, celui qui veut peut et ce d'autant plus que les objectifs sont très louables et ne sont pas irréalisables.

Brazil

Flavia Trentini
Docteure en Droit (USP), Post-Docteure en Administration (USP) Professeure de l'Université de São Paulo (USP)

Carolina Costa de Aguiar
Etudiante de Master en Droit de l'Université de São Paulo (USP)

Rabah Belaidi
Docteur en Droit de l'Université Panthéon-Assas (Paris 2) Professeur de l'Université Fédérale de Goiás (UFG)

Il ne fait pas de doutes que le Programme National d'Appui à l'Agriculture Familiale soit d'une grande importance pour la politique agricole brésilienne. Il a en effet cherché à s'adapter aux diverses réalités de l'agriculture familiale du Brésil ainsi qu'aux anciennes et nouvelles nécessités, comme celle du maintien des jeunes au sein des territoires ruraux et l'inclusion des femmes dans l'accès au crédit. Mais il y'a encore beaucoup à faire, surtout en ce qui touche à la transition vers l'agroécologie et la production bio (organique) ainsi que pour la concrétisation du développement rural durable.

Pour faire face à ces défis, il faudra maintenir une croissance continue de la couverture en crédits PRONAF et instaurer ou intensifier une série de mesures comme le soutien à la diversification des activités et des sources de financement des unités de production familiales : améliorer l'infrastructure du milieu rural ; amplifier et garantir la qualité de l'assistance technique et de l'extension rurale, au moyen d'actions de formation des agriculteurs ; harmoniser les instruments de politique publique existants ; dépasser les entraves institutionnels du système financier ; adapter les programmes et les politiques aux réalités et spécificités géographiques, aux segments sociaux et aux conditions socioéconomiques, sans oublier que les agriculteurs familiaux à faible revenus sont les plus exposés aux limitations institutionnels.

Quant aux orientations et directives internationales, il conviendrait de renforcer la Réunion Spécialisée sur l'Agriculture Familiale du MER-

COSUL et le Fonds pour l'Agriculture Familiale, de manière à concrétiser les plans d'élaboration des politiques régionales d'appui aux agriculteurs familiaux du bloc économique. Par ailleurs il est nécessaire d'attendre le nouvel accord sur l'agriculture de l'Organisation Mondiale du Commerce, qui peut impliquer d'importants changements dans l'actuel politique agricole brésilienne ainsi que pour le financement de ses agriculteurs familiaux.

Colombia

Luis Alexánder Gonzales Martin
Sara Patricia Guzman Suarez
Milena Acevedo Prada
Professeurs à la Faculté de Droit de l'Université Pontificale Bolivarienne de Bucaramanga Colombie

Pour les populations mexicaines le maïs reste symboliquement très important. Cette céréale est située au cœur des traditions, des modes de vie, de la culture populaire, ce qui explique une partie de l'attachement des paysans mexicains à sa culture, cela en dépit de coûts de productions élevés et malgré la concurrence d'importations massives à bas prix. Mais il existe d'autres motivations à cette résistance. Les producteurs souhaitent également maintenir une part importante d'auto-approvisionnement dans des variétés compatibles à la préparation des plats traditionnels. Celle-ci est beaucoup plus difficile, voire impossible, avec les variétés importées. Tout cela explique que cette céréale soit toujours présente sur le quart des surfaces agricoles du pays. *Le maïs… a soutenu sans faiblir l'éclat des civilisations ou demi-civilisations des Incas, des Mayas et des Aztèques, ses authentiques créations. Il fait ensuite une fortune singulière à l'échelle du monde.*

Les deux affaires étudiées ont été remportées par les Etats-Unis, ce succès a eu des conséquences perverses. C'est le cas de la confirmation de la crise de la filière du maïs mexicaine au profit de celle des États-Unis et par ricochet de celle du sucre mexicain. En effet, en 2009 le Mexique devient le premier importateur de maïs à niveau mondial (8 mll tonnes) en provenance des Etats-Unis. On peut donc affirmer que la dépendance du Mexique vis-à-vis des produits nord américains est désormais estimée. Ainsi, vu les résultats des contentieux devant l'Organe de règlement des différends de l'OMC concernant le Mexique, l'on est obligé à bien réfléchir sur les bienfaits du libre-échangisme en matière agroalimentaire. Car aujourd'hui, ce dogme est le principe qui commande les relations commerciales internationales, et cela, même si dans l'histoire de ces relations, son influence ne s'est pas toujours avérée.

Les agriculteurs mexicains, ont subi les conséquences des politiques agricoles des États-Unis. Les entreprises multinationales de ce pays ont été bien impliquées dans le dumping agricole. Ces politiques ont comme conséquence une privation de revenus, une aggravation de la pauvreté, une insécurité alimentaire, ainsi qu'une migration rurale mexicaine vers les villes nord américaines.

Finland

Jukka Antilla
Administrative Court of Hämeenlinna

Protected designations of origin for agricultural products and foodstuffs (AOP) are as quality policy measures one part of common agricultural policy in the EU. The system relating to quality and origin of these products is meant to improve product price and marketing and also to shield rights of producers and consumers. Protected designation of origin can be definied as a special collective trademark and an intellectual property right for an agricultural producer group. Product denomination can be covered through registration applied from EU Commission via competent national authority. The opposition procedure connected to application is meant to prevent collisions of rights. The essential contents of AOP in union legislation have come from classification and definition of quality grape wine. The most important legal norms at sector are in Parliament and Council regulations (EU) No 1151/2012 on quality schemes for agricultural products and foodstuffs, (EU) No 1308/2013 on common organisation of markets in agricultural products and in the Treaty on the functioning of the European Union. Besides product specification the essential elements of AOP are:

Designation of origin specifies as a name a product that cames from a certain region or place and in exceptional cases a country.
Product is produced and processed within a limited geografical area.
Product quality is essentially due to a particular geographical environment with its inherent natural and human factors. By human factors is meant good agricultural production practices and traditional know-how of people aiming to high quality product taking into account circumstances of nature.

Hungary[1]

Dr. Klaudia Holló
Wissenschaftliche Assistentin, Eötvös Loránd Universität

Dr. Zsófia Hornyák
Wissenschaftliche Assistentin, Universität Miskolc

Dr. Zoltán Nagy, PhD
Dozent, Universität Miskolc

Zwischen 2013 und 2015 trat die bedeutendste Veränderung beim landwirtschaftlichen Grundverkehr im Bereich der agrarrechtlichen Regelung auf. Es war notwendig wegen unseren Unionsverpflichtungen, eine neue Grundverkehrs-Rechtsnorm in Ungarn zu schaffen. Also entstand das Gesetz Nr. CXXII von 2013 über den Verkehr von land- und forstwirtschaftlichen Böden, das am 1. Mai 2014 voll und ganz in Kraft trat. Während der Ausarbeitung des neuen Gesetzes war die grundlegende Zielsetzung, dass der Grunderwerber fähig und bereit ist, den Boden zu bewirtschaften. So wurde der Begriff des Landwirtes als Bedingungen des Eigentumserwerbs für Böden und zur Bodennutzungsberechtigung bestimmt. Beim Eigentumserwerb der Böden und bei der Bodennutzung erscheint die behördliche Bewilligung als ein neues Rechtsinstitut. Die Stellungnahme der örtlichen Grundverkehrskommission ist ein neues Element, aber nur beim Eigentumserwerb; in diesem Zusammenhang stellten sich mehrere verfassungsrechtliche Fragen. Gesetz Nr. VII von 2014 bestimmt spezielle Verfügungen in Verbindung mit den nichtigen Bodensgeschäften.

Das vierte Nationale Umweltschutzprogramm für die Periode von 2015-2020 als fachpolitische Strategie wurde im Juli 2015 verkündet. Der Anhang des Programms ist der nationale Naturschutzgrundplan, der die fachpolitische Strategie des Naturschutzes für die Periode von 2015-2020

1 Die Abhandlung wurde als der Teil des ausgesetzten Projekts TÁMOP-4.2.1.D-15/1/KONV-2015-0009 – im Rahmen des Neuen Széchenyi Plans – mit der Unterstützung der Europäischen Union und mit der Partnerfinanzierung des Europäischen Sozialfonds verwirklicht.

darstellt. Der Grundplan bestimmt als wichtigste Aktionsrichtungen die gesetzliche Verkündigung der Naturschutzbehandlungspläne der Nationalparke auf den geschützten Naturschutzgebieten. Die Strategie der Bewahrung der Biodiversität für die Periode 2015-2020 wurde im Jahr 2015 verkündet. Das Ziel der Strategie ist die Erhaltung der Vielfalt der Natur und des Erdenlebens. Die Strategie steht mit den internationalen und europäischen Zielen und auch mit der Strategie des Umweltschutzprogramms in Einklang.

Im Allgemeinen kann man feststellen, dass die Steuerregeln in 2010 bedeutend geändert wurden. Diese diese Veränderungen beeinflussten den Agrarsektor tangierende grundlegende Vorschriften, die der Gesetzgeber in früheren Jahren bestimmte, nicht. Seit 2013 tangieren nur kleinere steuerrechtliche Abänderungen den Agrarsektor.

Italia

Giuliana Strambi
Research assistant in rural law, Institute of international and comparative rural law (IDAIC), Florence, Consiglio Nazionale delle Ricerche (CNR)

This report is the result of an arduous selection of the signs of significant current development in Italian agricultural law and is, therefore, necessarily succinct and non-exhaustive. Starting from the premise that Italian agricultural law is inevitably influenced by the evolution of EU policies and strategies, which in turn are sometimes conditioned by decisions, recommendations or suggestions adopted at international level, this report only marginally takes into consideration the main news related to the two pillars of CAP 2014-2020, that are examined in the national reports of Commissions I and II, but instead takes into account the 2013 National Report.

The main significant developments in Italian agricultural law since the last Congress are related to:

1. The application of Regulation (EU) No 1169/2011 on the provision of food information to consumers. In particular, the focus is on the debate on the absence of "the site of production or packaging" information among mandatory indications for pre-packed food, and on additional mandatory information about the place of provenance of food.
2. The protection of quality products and the fight against counterfeiting that the Italian government is currently carrying on especially in the PDO and the PGI sectors, thanks to the ex officio protection provided for in regulation (EU) No 1151/2012, and in the extra virgin olive oil sector, through the introduction of the mandatory use of non-refillable bottle caps.
3. The issue of land use, with special reference to agricultural land consumption and abandonment, e.g. through the creation, at Regional level, of "Land Banks" which manage and repurpose an inventory of underused and abandoned rural lands in order to promote productive and sustainable use of uncultivated arable lands especially by young farmers.

Sustainable Food Security has been chosen as the specific theme addressed in this report. As it is the overarching theme of Expo 2015, it has been attracting the attention of the Italian Government, Regions, Universities and Research Institutes during the last year. The various legal issues related to this topic include, for example: compatibility of 2014-2020 CAP with article 39 TFEU; competing interests of energy production and food production in situations of arable land use scarcity; promotion of the so-called "short supply chain" as an instrument of food waste prevention, and the promotion of local agriculture and food chains as instruments to support local rural economies reducing land abandonment; explicit mention of "food security" as exclusively national State legislation in the constitutional reform draft currently before the Italian Parliament and debate concerning the introduction into the Italian Constitution of explicit recognition of the fundamental right to food.

Norway

Marianne Barstad
Norwegian Agriculture Agency

This report has aspired to sum up the main developments in agricultural/rural law the last two years. National legislation is still the main source of changes, although there is a growing influence from international law.

These years have marked a change in policy in Norway. While the main framework for Norwegian agriculture for the next decade was set in a white paper relased in December 2011, the change in government in October 2013 also signaled a change in agricultural policy.

The annual negotiations between the farmers' organisations and thc government still constitue the most important changes to ongoing policy, and has seen a shift of production grants toward the larger farms.

While there have been few large revisions of law in 2013-2015, the government has initalised reports and committees to evaluate the larger legal framework of agriculture in Norway. The report on market balancing and the proposal to repeal the Concession Act both concern main pillars of agricultural law.

Climate change is an important factor for agriculture in Norway, and work on a proposal for a new Climate Act, as well as a report on climate change and agriculture has started.

Existing legislation will be modernised, with the new Nature Damage Act and the preparation for digitalisation of the Land register as the main examples in agricultural law.

Changes to the Ground Lease Act following a ruling of the European Court of Human Rights will enter into force on 1st July 2015.

Protection of agricultural land remains a main concern. The government's new strategy to protect cultivated soil will be an important factor beside existing legislation in the Land Act and the Building and Planning Act.

The future of the fur industry in Norway may be decided following a report on possible alternatives. In contrast, the government is examining new measures to encourage agricultural entrepreneurship and the use of a farms resources in farm-based industries in addition to traditional agriculture and forestry.

Spain

Prof. Dr. Maria José Cazorla González
University of Almería

The regulation of transgenic crops (Genetically Modified Organisms GMOs) is of great significance for both farmers and consumers, and has also had relevant legal effects on the area of coexistence, that being so, in the past fifteen years, international rules, Community legislation and national regulations have succeeded each other with the aim to ensure coexistence of genetically modified crops with conventional and organic farming. And at the same time, strategies have been developed based on the principle of freedom: freedom to cultivatc as a farmcr's right and freedom of choice as a consumer's right, in order not to restrict any form of agriculture and therefore not to contravene economic policies, but increasing the obligations and responsibilities of the farmer, bearing a disproportionately heavy burden in comparison with companies that sell genetically modified seeds and with the Administration that authorizes, controls and monitors its use. Furthermore, from a consumer perspective, freedom of choice was based on the fulfillment of facilitating a truthful information under existing legislation, but that is not always adjusted to reality. Regarding States or regions, it depended on the era we focus on, as in the last ten years we have had from a moratorium to the admission of certain seeds for cultivation, linked to some surveillance and control systems that were connected with national regulations, as it happened in Spain, where some buffer zones were established (to isolate GM crops from others and to prevent possible contamination in ecological production systems).

In this context, The Protocol on Biosafety entered into force in the year 2003, as one of the most important international instruments of biodiversity due to its binding nature (but respecting States) and due to the inner complexity of the subjects covered; where the potential adverse impacts were minimized avoiding damage resulting from transboundary movements of living modified organisms, in relation to the conservation and sustainable use of biological diversity, and human health. We understand it did so, to show, in the content of article 16, risk management from a global perspective, and making it clear that Member States are the ones that will establish and maintain appropriate mechanisms, measures and strategies to regulate, manage and control risks identified in the risk assessment provisions associated with the use, handling and transboundary movement of living modified organisms. I.e., that shows a protocol signed by many States, who signed it in order to establish a legal framework that would serve as a shield against the release and marketing of GMOs and whose impact can entail a twofold risk in two protected subject-matters: environment and human health.

Switzerland

Christa Preisig
MLaw, Wissenschaftliche Assistentin und Doktorandin am Lehrstuhl für öffentliches Recht und Recht des ländlichen Raums, Universität Luzern

Die Rechtsentwicklungen des Schweizer Agrarrechts stehen über die Zeit der Berichterstattungsperiode ganz im Zeichen dreier Brennpunktthemen, die im gegenseitigen Spannungsverhältnis zueinanderstehen. Es sind dies die ökologischen Anforderungen an die Landwirtschaft und den Schutz von Kulturland, die Erhaltung oder gar Erhöhung der Produktion zwecks Ernährungssicherheit und -souveränität sowie die internationalen Entwicklungen bezüglich Agrarfreihandel.

Wichtige Änderungen für das Recht des ländlichen Raums in der Schweiz hat seit dem letzten Kongress vor allem die neue Agrarpolitik 2014-2017 gebracht. Speziell zu erwähnen ist dabei die Neustrukturierung des Direktzahlungssystems, dessen Instrumente zielgerichteter die in der Verfassung vorgegebenen, an die Landwirtschaft gestellten Aufgaben fördern sollen. Besonderes Augenmerk legt die Agrarpolitik 2014-2017 hierbei auf die Unterstützung einer naturnahen, umwelt- und tierfreundlichen Landwirtschaft. Insbesondere wird keine Intensivierung, sondern der Erhalt der bisherigen Produktionskapazitäten angestrebt. Umweltrechtlich ist das neue Direktzahlungssystem zu begrüßen, auch die OECD attestiert den Änderung Potential zur umweltförderlichen Reduktion des Tierbesatzes insbesondere in den Hügel- und Bergzonen, wenn die ökologischen Auswirkungen im Ackerbau auch gering ausfallen dürften.

Die Entwicklungen stehen ganz im Zeichen des Kompromisses. So findet sich im Spannungsfeld zwischen den Forderungen nach erhöhtem Umweltschutz in der Landwirtschaft auf der einen und Rufen nach der Rückbesinnung auf eine produktionsorientierte Ausrichtung auf der anderen Seite neu auch eine Bestimmung im Landwirtschaftsgesetz, wonach Maßnahmen des Bundes sich am Grundsatz der Ernährungssouveränität der Schweiz – sprich insbesondere dem Selbstversorgungsgrad mit einheimisch produzierten Lebensmitteln – auszurichten haben.

Angesichts des bereits vor 2014 unumstrittenen und in der Bundesverfassung festgehaltenen Ziels der sicheren Versorgung der Bevölkerung dank einer produktionsorientierten Landwirtschaft erscheint diese Bestimmung zwar als überflüssig. Aufgenommen wird die Versorgungsfunktion indirekt überdies auch in den Bemühungen zum Erhalt von genügend Kulturland für die Schweizer Landwirtschaft. Die Teilrevision des Raumplanungsgesetzes hat gewichtige Änderungen gebracht, die dem Kulturlandverlust Einhalt gebieten sollen. So sind die Bestimmungen zur kantonalen Richtplanung verschärft worden. Unter anderem soll mit der Siedlungsentwicklung nach innen und einer verdichteten Bauweise der Zersiedelung entgegengewirkt werden, überdimensionierte Bauzonen sind zu reduzieren. Eine zweite Revisionsetappe ist bereits aufgegleist. Sie sieht unter anderem die kontrovers diskutierte strikte Kompensationspflicht für überbaute Fruchtfolgeflächen und ein Einzonungsverbot bei Nichteihaltung des kantonalen Mindestumfangs an Fruchtfolgeflächen vor. Es bleibt abzuwarten, ob die Vorlage in dieser strikten Form durch die parlamentarischen Beratungen kommen wird.

Der Erhalt von genügend Kulturland für die Produktion von Nahrungsmitteln ist nicht nur mit dem Ernährungssouveränitätspassus im Landwirtschaftsgesetz zum Thema geworden, sondern auch durch drei Initiativen, die die Versorgung mit inländischen Lebensmitteln aufs politische Tapet bringen. Die beiden Initiativen widerspiegeln das Spannungsfeld zwischen vermehrter ökologischer Ausrichtung auf der einen und Produktionsorientiertheit auf der anderen Seite: Das bereits zustande gekommene Volksbegehren des Schweizerischen Bauernverbands verlangt die stärkere Förderung der inländischen Produktion zwecks Erhöhung des Eigenversorgungsgrades. Auch die Grüne Partei Schweiz verlangt wegen der besseren Umweltbilanz sowie erhöhten Sozial- und Lebensmittelstandards eine Fokussierung auf die Produktion und den Konsum einheimischer Lebensmittel, allerdings aus umweltschutzbedingten Überlegungen. Zwar widersprechen sich die Gründe hinter den Initiativen mit der verlangten Intensivierung der Produktion auf der einen und dem Umweltschutz auf der anderen Seite fundamental. Beiden Anliegen gemeinsam ist die Besorgnis gegenüber einem Bedeutungsverlust der Landwirtschaft und das Bedürfnis nach vermehrtem Grenzschutz.

Entsprechend genau werden in der Schweiz auch die Entwicklungen rund um das TTIP mitverfolgt. Zwar ist die Schweiz als Nicht-EU-Mitglied weder in die Verhandlungen involviert noch wird sie Vertragspartei sein. Von den Auswirkungen eines Freihandelsabkommens zwischen der EU und den USA wäre die Schweizer Landwirtschaft aber dennoch betroffen, da es sich bei den verhandelnden Parteien um die beiden wichtigsten Handelspartner der Schweiz handelt, die über das gegenseitige Zustehen von präferentiellen Handelsvorteilen verhandeln, was für die Schweiz ein erhöhter Konkurrenzdruck bedeuten dürfte. Es wird deshalb unter anderem befürchtet, dass das Abkommen zur Senkung Schweizer Lebensmittelstandards führen könnte, da sich der Gesetzgeber dazu gezwungen sehen könnte, zwecks Exportchancen die Bestimmungen des TTIP einseitig zu übernehmen. Auch Handelsnachteile als Nicht-Partei des Freihandelsabkommens und die Prüfung allfälliger Beteiligungsmöglichkeiten werden thematisiert. Aus all diesen Gründen behält der Bundesrat die Entwicklungen im Auge.

Turkey

Ass. Prof. Dr. Selma Ayture
Chief of the section responsible for EU legislation in the Minitry of Agriculture, Ankara

One of the problems in Turkey that had gangrene of agriculture and prevented the agriculture is the inheritance law envisages shared equally among the heirs of the inherit. So small-scale agricultural land has already shrunk over time, the number of land per farm has increased, as a result of this agricultural structures has moved away from being used in efficient agriculture.

In this regard there was a need to make a new arrangement on Inheritance law, for this purpose, preparations began in 2006. Survey was conducted with 50 thousand farmers engaged in actual farming countrywide. 71 percent of farmers have supported the collection of a single shareholder of the land by inheritance.

The draft law preventing the division of agricultural land by inheritance was adopted in the Parliament last year.

The arrangements introduced by the new law are outlined as follows: agricultural land and farms cannot be divided under the minimum size by taking account of regional differences. In order to have agreement between them will be given a 1-year period. In addition, except transfer to one brother, land can be farm by limited company established under the Turkish Commercial Law. That land may be sold as a whole by the heirs. If children heirs don't agree, the parties maybe go to the Court. Heritage land, will be transferred to the eligible heirs with the market value. If there are no eligible heirs, land will be transferred to the willing heir giving highest price. The Ministry will provide technical support.

This last arrangement has been made in the Law of Inheritance is an important step to facilitate the structural adjustment of the EU to Turkey. The issue is expected to reflect to the 2015 Progress Report as a significant improvement.

United Kingdom

Christopher Price
Director of Policy and Advice, CLA

I. Introduction

This paper is concerned with developments in rural environmental law in the broadest sense of the term. As such it considers a range of topics including biodiversity, climate, water and soils.

II. What are the main developments in rural law since the last Congress?

A. Common Agricultural Policy

The details of the new CAP will be well known. There most significant impacts on rural environmental law is the so called "greening measures" included in the Basic Payment Scheme; though a series of exemptions mean not all farms will have to adhere to all of them.

B. No Net Loss

The Commission consulted on the introduction of the principle of "No Net Loss", requiring all planned developments expected to have an impact on biodiversity to adhere to a strict "mitigation hierarchy".

C. Birds and Habitats Directives – Refit

The Commission is evaluating whether the Birds and Habitats Directives, the ("Nature Directives") are "fit for purpose" on the basis of their relevance, effectiveness, efficiency, and coherence, as well as its EU added value. Early indications suggest there is little desire for any major changes to the Directives themselves.

D. Invasive Alien Species

The Invasive Alien Species Regulation seeks to address the problem of invasive alien species in a comprehensive manner.

III. What are the sources for each of these developments?

A. Pre- existing Commitments

There are a number of pre existing international commitments such as the Convention on the Conservation of European Wildlife and Natural Habitats (Bern Convention) and the Ramsar Convention. The terms of these various obligations are so general and aspirational in their tone; their relevance is primarily in the political realm.

B. Recent Commitments

1. United Nations Conference on Sustainable Development (Rio+20)

At the conference, also known the Earth Summit, heads of state renewed their commitment to sustainable development.

2. Biodiversity 2020

In 2011 the Commission adopted a new strategy aimed at halting the loss of biodiversity and ecosystem services in the EU by 2020: 'Our life insurance, our natural capital: an EU biodiversity strategy to 2020. It list six main targets, and 20 actions to help reach this goal.

3. Seventh Environmental Action Programme (EAP7)

This sets out the EU's long-term view on where it wants to be by 2050. It identifies three key Thematic Priorities.

- To protect, conserve and enhance the Union's Natural capital.
- To turn the Union into a resource – efficient green and competitive low carbon economy.
- To safeguard the Union's citizens from environmental –related pressures and risks to health and well being

A number of horizontal measures, described as" an enabling framework" are introduced so as to achieve the Thematic Priorities.

- Improved implementation
- Increased information
- Secured investments
- More integration

4. Water Framework Directive Implementation Report 2015

A review of the 2007-13 financing period showed that many Member States had not exploited available EU funding to support water objectives, for instance to treat waste water or to reduce flood risks by restoring flood plains and wetlands.

IV. What are their effects; and do any difficulties in implementation arise?

We may see new legislation, for example depending on the outcome of the No Net Loss initiative.

It seems highly likely we will see a push to complete the implementation of certain legislation which has a direct impact on existing rural law, such as the Water Framework Directive, the Bathing Water Directive and Drinking Water Directive. To ensure the better integration of various policy initiatives, the Strategic Environmental Assessment Directive and the Environmental Impact Assessment Directive will be fully implemented.

The review of the Birds and Habitats Directives may be supplemented by some guidance on, say, proportionality, but the emphasis is still likely to be on implementation if biodiversity targets are going to be achieved.

Strategies such as the Blueprint to Safeguard Europe's Water Resources together with agreeing and implementing an EU Strategy on adaptation to climate change, including the mainstreaming of climate change adaptation into key Union policy initiatives and sectors, will almost certainly go ahead.

We are likely to see an increasing emphasis on enforcement, including binding inspection targets for regulators and more exchanging of good practice between regulators in different Member States. In addition, efforts will be made to increase the awareness of citizens in the Member States, so they know what their governments should be doing and how to complain if they do not do it.

Money will be needed, which will see the continued exploration of payments for ecosystem services such though No Net Loss and biodiversity offsetting. There will also be greater emphasis on sending the right signals to encourage environmentally aware behaviour; such through the polluter pays principle and the taxation system.

Achieving these aims will not always be straightforward though. There are a number of clear challenges.

With water, diffuse-source pollution from agriculture, the over-abstraction of water including the over-allocation of water resources and illegal abstractions remain a major challenge, as do the continuing pollution problems caused by inadequate investment and failing wastewater treatment and sewerage systems. There are also problems with insufficient evidence, insufficient capacity; and disproportionate cost of implementation

With the wider environment, perhaps the main challenge is perceived conflict between the protection of the natural environment and economic, social and cultural requirements arising from the needs of industry, agriculture and development. Moreover, there is frequently a lack of public awareness and insufficient understanding of legislative procedures as well as which habitats and species are protected and why restrictions apply.

VII.
Rapports Individuel – Individual Reports – Individuelle Berichte

Patente auf Pflanzen und Tiere

Dr. Ernst Bleibaum
Rechtsberater beim Bundesministerium für Ernährung und Landwirtschaft, Berlin (Deutschland)

Nach § 2a Abs. 1 Nr. 1 PatG werden Patente nicht erteilt für Pflanzensorten und Tierrassen sowie im Wesentlichen biologische Verfahren zur Züchtung von Pflanzen und Tieren und die ausschließlich durch solche Verfahren gewonnenen Pflanzen und Tiere. In Artikel 4 Abs. 1 lit. a und b der Biopatent-Richtlinie (98/44/EG) ist die Patentierungsausnahme für ausschließlich durch im Wesentlichen biologische Verfahren gewonnenen Pflanzen und Tiere nicht geregelt. Hierzu hat das Europäischc Patcntamt (Große Beschwerdekammer) am 25.3.2015 in den Verfahren G 2/12 – "Tomate II" und G 2/13 – "Brokkoli II" entschieden, dass Pflanzen und Tiere, die ausschließlich aus im Wesentlichen biologischen Verfahren gewonnen wurden, patentiert werden können. Mit diesen Entscheidungen des EPA steht fest, dass die Auslegung des europäischen Patentrechts, wie sie Eingang in das deutsche Patentrechtgefunden hat, von der Patenterteilungspraxis des EPA nicht berücksichtigt werden wird. Das für das Patentrecht federführende BMJV und das BMEL sind dabei, Verhandlungsspielräume für eine Änderung der Biopatent-Richtlinie bei der EU-Kommission und anderen Mitgliedstaaten auszuloten.

Climate Change in Agriculture: A question of Development, Territory and Human Rights

Dr. Leticia A. Bourges
Secretary General of the CEDR

Climate Change in Agriculture: A question of Human Rights[1]

I. Delimitation of new approach

Agriculture has had imposed upon it an **integrative perspective**.

The preoccupation with environmental issues, food safety crises, commodity price volatility, consumers' concerns, the development of human and women's rights, as well as family farming considerations, and the international community concern on the effects on the recent researches[2] and events related to climate change[3](needing action also at local level[4]) calls for a new approach recognizing agriculture's economic and social connotations[5]. A valued and viable rural territory will be assured only by

---

1 Submitted by CEDR – European Council for Rural Law – to the Working Group Climate Change & Human Rights, Democracy, Social Cohesion and Global Challenges Committee, INGOs' Conference of the Council of Europe on June 2015. Written by Dr. Leticia *Bourges* (Secretary General – CEDR) with the collaboration of Mr. Geoff *Whittaker* (Executive Board – CEDR) and contributions from Ms. Anne Hanndatter *Kismul* and Mr. Erlend *Daling* (NO), Prof. Dr. Esther *Muñiz Espada* (ES), Prof. Michael *Cardwell* (GB), and MinRat. Prof. Dr. Dieter *Schweizer* (DE). Revised and approved by Prof. Dr. Roland *Norer* (Delegate General – CEDR).

2 IPCC 5th Assessment Report (AR5).

3 See Sendai Framework for Disaster Risk Reduction 2015-2030, Third UN World Conference on Disaster Risk Reduction, Sendai, 14-18 March 2015, A/CONF. 224/.2 (UNISDR). UNICEF, The Challenges of Climate Change: Children on the front line, 2014.

4 Through a new perspective of "glocalization": the simultaneity, the co-presence, of both universalizing and particularizing tendencies" (*Robertson*, Harvard Business Review).

5 The increasing in payments related to environment, the extension of eco-conditionality and the implementation of a "green direct payment" has been seen as the recognition that agriculture produces both market and public goods. See regulation

incentivizing the exchange of information[6] and the use of technology to assure sustainable development[7]. The practices of **agro-ecology/climate-**

(EU) n°1307/2013 of the European Parliament and of the Council of 17 December 2013, preamble (37) et seq.; art.43 et seq.

6 Information is vital to assure using the most convenient production methods adapted to the local environment. It is also advisable to incorporate the local traditional/native knowledge – very common in rural areas and in some countries – and to protect that knowledge from misappropriation by use of appropriate intellectual property law. An effective management of traditional knowledge, genetic resources and local innovations must be organized.

7 Paris' negotiating text (FCCC/2015/ADP/1) is a bottom-up approach. The individual goals should be ratcheted up in order to strengthen countries' commitments gradually.

8 FAO defines climate smart agriculture: "Climate-smart agriculture (CSA) is an integrative approach to address the interlinked challenges of food security and climate change, that explicitly aims for three objectives: (1) sustainably increasing agricultural productivity, to support equitable increases in farm incomes, food security and development; (2) adapting and building resilience of agricultural and food security systems to climate change at multiple levels; and (3) reducing greenhouse gas emissions from agriculture (including crops, livestock and sheries). CSA invites to consider these three objectives together at different scales – from farm to landscape – at different levels – from local to global – and over short and long time horizons, taking into account national and local specificities and priorities" and specifies that "what is new about CSA is an explicit consideration of climatic risks that are happening more rapidly and with greater intensity than in the past. New climate risks require changes in agricultural technologies and approaches to improve the lives of those still locked in food insecurity and poverty and to prevent the loss of gains already achieved. CSA approaches entail greater investment in: 1– Managing climate risks, 2 – understanding and planning for adaptive transitions that may be needed, for example into new farming systems or livelihoods, and 3 – exploiting opportunities for reducing or removing greenhouse gas emissions where feasible." http://www.fao.org/climatechange/climatesmart/en/. CGIAR Research Program on Climate Change, Agriculture and Food Security (CCAFS), Climate-smart agriculture, Success Stories, https://cgspace.cgiar.org/bitstream/handle/10568/34042/Climate_smart_farming_successesWEB.pdf?sequence=5.
The issue is to improve technologies, methodologies and approaches for sustainable farm management/production methods. Agroecology is strongly enhanced by the French Minister of Agriculture. See Conference at UNESCO July 2015. See: Action contre la Faim, Rapport, Ensemble, créons un climat contre la faim (http://faimetclimat.com/docs/4PAGES_Climat.pdf) et Call from Civil Society organizations to fight hunger and climate change (http://faimetclimat.com/appel.pdf), 2015.

smart-agriculture[8] or **ecological intensification**[9], are based on respect for biodiversity, working with nature, rotating crops and rationalized use of water and other resources in a perspective of social responsibility, which requires the assumption of the **correct policies and regulations** for the practice of agriculture **increasing productivity and mitigating capacity against climate risks**, while **assuring farms' viability** and **agriculture's social and economic externalities**.

II. Needing regulation

Agriculture is one of the sectors that will be most greatly **affected by climate change**. Crop yields will be affected and so will the instability of farmers' income and costs of production which in turn affects development and food security. This puts in danger basic **human rights**. Poor farmers are particularly affected by this type of risk. Most **countries**[10] **agree on the need to adopt coordinated measures** of adaptation and mitigation[11] and integrate them in agriculture and forestry policies more effectively in order to manage the risks of climate change (heatwaves – producing heat stress in lactating cows or expanding disease vectors; droughts – increasing irrigation needs or reducing water availability; floods – af-

---

9 See: R. *Bommarco*, D. *Kleijn*, S.G. *Potts*, Ecological intensification: harnessing ecosystem services for food security, Trends in Ecology & Evolution, Vol.28, Issue 4, April 2013, pages 230-238. T. *Doré*, D. *Makowski*, E. *Malézieux*, N. *Munier-Jolain*, M. *Tchamitchian*, P. *Tittonell*, Facing up to the paradigm of ecological intensification in agronomy: Revisiting methods, concepts and knowledge, European Journal of Agronomy, Vol.34, Issue 4, May 2011, pages 197-210. Colloque Utilisation du potentiel biologique des sols, un atout pour la production agricole (in http://www.academie-agriculture.fr/colloques/utilisation-du-poten-tiel-biologique-des-sols-un-atout-pour-la-production-agricole) and Agroforesterie tempérée et tropicale (http://www.academie-agriculture.fr/colloques/agroforesterie-temperee-et-tropicale), Académie de l'agriculture de France, 2015.

10 M. *Cardwell*, European Union Agricultural Policy and Practice: The New Challenge of Climate Change, Environmental Law Review, 2011. For the new PAC, see http://ec.europa.eu/agriculture/cap-post-2013/index_fr.htm and for Rural Development Policy as part of the European Common Agriculture Policy (CAP), see: http://ec.europa.eu/agriculture/rural-development-2014-2020/legislation/index_en.htm

11 UNFCCC, Clean Development Mechanism – Methodology booklet, Sixth Edition, Nov. 2014.

fecting harvest and wildlife population, cyclones and wildfires)[12] and build resilience to shocks.

III. Human Rights in Agriculture

The recognition of human rights is essential to the development of freedom, justice and peace in the world[13]. The recognition of right to adequate food, the evolution of women's rights and the concern on family farming[14] and climate change, has served to emphasize the importance of agriculture for development. The accent has been put on **rights related to food** (to adequate food[15], to be free from hunger[16], to food[17], food security[18], food sovereignty) which are indivisibly linked to the inherent dignity of the human person. Food being the principal destination of agricultural produc-

12 IPCC 5th Assessment Report (AR5) identifies key adaptation actions for reducing the risks and minimizing adverse impacts on the agriculture sector – early warning systems for extreme events (FCCC/SBSTA/2015/MISC.1 and Add.1). The issue would be considered at SBSTA 43 (2015). See e.x. Norwegian Ministry of Agriculture and Food, Summary in English: Report No.39 (2008-2009) to the Storting, Climate Challenges – Agriculture part of the Solution.

13 UN Charter, International Bill of Human Rights, International Covenant on Civil and Political Rights (ICCPR).

14 L. *Bourges* and E. *Muñiz Espada* (dir.), Agricultura Familiar – Reflexiones desde cinco continentes, Ministerio de agricultura, alimentacion y medio ambiente, Madrid, 2014.

15 After ICESCR, World Food Summit in 1996. CEDR, XXIII European Congress in Rural Law, Commission I: Right to adequate food, http://www.cedr.org/congresses/roros/rorosc1.php in particular A.*Ede*, General Report.

16 ICESCR, art.11.1 and 11.2. Hunger threatens the freedom of thought and it may be seen as weapon of destruction or of political manipulation. See: Annual FAO Reports on world food insecurity. Between the right to adequate food and the right to be free from hunger, there all the grey tones between those two ends, which determine the grades of hunger, the requirements of citizens to satisfy their eating and the actions the State should take.

17 Oliver *de Schutter* and Kaitlin *Cordes*, Accounting for Hunger: the Right to Food in the Era of Globalisation: http://www.hartpub.co.uk/BookDetails.aspx?ISBN=9781849462266. World Food Conference, Rome 1974, governments solemnly proclaimed that "every man, woman and child has the inalienable right to be free from hunger and malnutrition in order to develop their physical and mental faculties"

18 Rome Declaration on World Food Security, 1993, http://www.fao.org/docrep/003/w3613e/w3613e00.htm

tion, it becomes important to recognize that **agriculture is an activity that links several human rights**[19] which States should take into consideration when creating policies and regulations concerning agriculture.

In addition, agriculture employs a large population in several poor regions and consequently it is becoming essential to development, especially in areas where food disruptions are relevant as well as where actions for climate change resilience are fundamental[20].

IV. Recommendations

- Call on governments, international organizations and stakeholders to **link the implementation** of the post-2015 development agenda to other relevant processes at international and regional level; to **set up pro-**

---

19 To work and be remunerated; property (European Court of Human Rights, Lindheim and others v. Norway (applications nos. 13221/08 and 2139/10)); freedom of enterprise; self-determination and the freedom to pursue one's development without prejudice to others' rights or to state obligation; dignity; equal access to economic resources, including the right to inheritance and the ownership of land (land has become a critical issue, in particular because of land grabbing, so it is claimed, for responsible investments in agriculture (see: TNI, The Global Land Grab – A Primer, Revised edition, Amsterdam, 2013. *Cotula*, L., *Vereulen*, S., *Leonard*, R. and *Keeley*, J., 2009, Land Grab or development opportunity? Agricultural investment and international land deals in Africa, FAO, IIED and IFAD, London/ Rome)); access to credit and appropriate technology; freedom from discrimination (article 2.2 ICESCR); religious freedom; freedom of thought (in extremis we may consider that hunger threatens this freedom and, even worse, it may be seen as weapon of destruction or of political manipulation (see: annual FAO reports on world food insecurity); adequate standard of living (ICESCR, art. 11. Convention on the Rights of the Child (CRC) art.27.1, 27.3 and 24.2c, 24.2e.: stating the child's right to the highest attainable standard of health implemented through among other previsions the provision of adequate nutritious food and clean drinking water); safe environment; landscape (European Landscape Convention – at present, a landscape approach implies to integrate and ensure coherence between agricultural, nature conservation, forest management and territories policies); respecting equality and equity.

20 The relationship between human rights and climate change has been put forward internationnally. V. Human Rights Council, XXIX Session, A/HRC/29/L.21, 30 June 2015, Bangladesch, France and others, Draft resolution, 29/… Human rights and climate change: "Reaffirming the UN FCCC […] emphasizing that parties should, in all climate change-related actions, fully respect human rights as enunciated [FCCC/CP/2010/7/Add/.1, dec.1/CP.16] […]".

grammes to ensure the realization of the new integrative approach[21] and to **implement existing** useful legal instruments;

- Call on governments, international organizations and stakeholders to **incorporate** the consideration of agriculture in climate change negotiations;
- Call on governments to **integrate** the different interests, and to **coordinate** the different policies[22] and regulations in a **coherent** and **effective** way, notably on territory, paying attention to simplification and avoiding bureaucracy;
- Call on governments, international organizations and stakeholders to commit themselves to maintain, respect and incentivize the **key role** and **contribution of agriculture** in sustainable development, notably its contribution to the balance of ecosystems, to mitigate climate change effects, and to the economical and demographic balance that influences in reduction of poverty and general economic prosperity;
- Call on governments to **incentivize** smart-climate and pro-sustainable development practices in agriculture; and to integrate climate **financing** with traditional sources of agricultural investment[23];
- Recognize the multiple destinations of agricultural products in order to fulfill human needs and social needs, in particular for food and for energy production from renewable resources;
- Call on Legislators to respect and fulfill **human rights**, paying due regard to the key role of **women**, the needs of **elder rural people** and to the different functions that **farmers** fulfill;
- Call on governments and authorities to improve training of farmers and rural people and to incentivize **civil participation** (notably of farmers)

---

21 In particular, it is to respect a balanced integration of the three fundamental pillars: environment, economy and social impact (See Position Paper of NGOs' Conference … op.cit.).

22 FCCC/ADP/2015/1, 82.1 Option 1, 82.1 Option (a) [climate finance]: c. support the integration of climate objectives into other policy-relevant areas and activities such as energy, agriculture, planning and transport, national fiscal accounts, development policy and plans in line with country circumstances and in accordance with countries' priorities."

23 FAO, Climate-smart Agriculture - Sourcebook, 2014; http://www.fao.org/docrep/018/i3325e/i3325e.pdf

in information measures[24] and in mitigation, conversion and adaptation measures against climate change[25], giving priority to local strategies and taking into account the differences in agro-ecological zones and farming systems; recognizing the importance of **information** in order to form social choices and to afford actions needed;

- Recognize the importance of **cooperation** to exchange information, to enhance and protect scientific, technical[26], traditional and indigenous knowledge and to ensure the conservation of cross-border protected areas, migrating species, bees and other pollinators, and to strengthen coordination and synergies when implementation;
- Recognize the right of access and benefit-sharing arising from the utilization of **genetic resources**.
- Implement programmes to inform and educate on nutrition and food consumption in order to prevent **food waste** and **nutrition disarrangements**;
- Implement programmes to invest in **renewable energies** taking into consideration the influence on the quantity and price of food production from agriculture.
- Call governments and authorities to regulate **cohesion policies**[27] with an integrated perspective taking into consideration the protection of ru-

---

24 The participation of actors like farmers may be a useful tool not only to make known the constraints of the profession but also to develop other type of tools like short circuit and eat-local.

25 See of public and private sector actors, see http://climateaction.unfccc.int/?utm_source=UNFCCC+Newsletter%2C+French%2C+May%2C+2015&utm_campaign=UNFCCC+Newsletter+May+2015&utm_medium=email

26 See: Global forum for innovations in agriculture Africa edition.

27 Europe promotes the adoption of a cohesive territorial policy (new target since Lisbon Treaty). Even though, there is a limited and ineffective treatment in regulatory instruments (see E. *Muñiz Espada*, La urgencia de legislar sobre la cohesión territorial. Urbanismo y espacio rural, RDAA, Segunda época, n°63, año XIX, 93-140). The development of a viable and competitive agriculture contributes to establishment of population in rural areas, to preservation of rural patrimony (buildings, cultural) and assurance of some public goods (landscape, biodiversity – see International Treaty on Plant Genetic Resources for Food and Agriculture; Gangwon Declaration on biodiversity for Sustainable Development; Nagoya Protocol on Access to Genetic Resources and the fair and equitable sharing on benefits arising from their utilization to the CBD). FAO statistics: 38,5% of land is dedicated to agriculture.
In this perspective, agriculture is an essential element of territorial structure. The diversity of the destinations of its products justifies the protection of the activity,

ral areas and arable land, regulating and promoting **agriculture near or in cities**.

---

but agriculture being the principal source of food, it is important to have a firm position and clear instructions to limit or control the advancement of urban areas and to prevent rural areas from becoming denatured (see L.*Bourges*, Agricultura y Urbe: Ventajas y desafíos frente a la necesidad de un desarrollo integral, Revista Revista española de derecho agrario y alimentario, año XXI, n°65. Position Paper of NGOs' Conference of the Council of Europe on Climate change and Human rights recommends "to steer urban planning and architecture towards less space consumption, energy savings and to seek thermal inertia". Ruralia Institute, Effective Rural and Urban Innovation Policies – International Conference in Seinäjki 5.-6.2.2009. CEDR, XXVIII European Congress on Rural Law, Commission II, www.cedr.org)

Private Properties in Protected Natural Spaces: The Role of Property Registration

Dr. María Aránzazu Calzadilla Medina
Civil Law, Faculty of Law, University of La Laguna, Tenerife (Spain)

Private properties in Protected Natural Spaces (from now on, PNS) are allowed in Spain, even in national parks. Certainly, we can´t mistake public domain with PNS. Because of this, to speak of private property in those is not something inviable, since the primordial public purpose is not the ownership of the property – contrary to the public domain – but the limitations or restrictions that this ownership has on the environment of an PNS. The general rule that exists in this matter is that the declaration of a certain territory as PNS doesn't include the change of ownership of it, in such a way that there are numerous private proprietors that have land declared as PNS in the practice. The Administration has many prerogatives (similar to the existent ones for the public domain) to limit and to define the faculties that the proprietors of land declared as PNS possess. Certainly, these limitations can be of very different nature and vary in intensity, because of which it is interesting to try to specify when these affect the essential content of the right, being due, in consequence, to reimburse the holder.

In my opinion, the declaration of an PNS like National Park should be incompatible with the existence of private property inside its territorial environment. The National Parks are PNS barely transformed by the exploitation or human occupation and whose natural beauties, singularity of their fauna, flora and geomorfologics formations or representativeness of their ecosystems confer a great relevance to the conservation of their ecological, aesthetic, educational and scientific values that are of general interest for being representative of the main Spanish natural systems. Becaused this it is clear that these spaces are those that possess the biggest protection grade in Spain. All this makes the territorial environment that covers the National Parks is the perfect candidate to be affected as public domain, given the characteristics that these properties possess (inalienability, inembargability, imprescriptibility). In my opinion, without necessity of entering a priori to value the concrete case, we should part from the maxim that in these cases the reasonability of the expropiatory measure is more than justified in attention to the entity of the property that one wants to protect (a territory declared National Park). If it weren´t like that it would be the exceptions to the general rule that confirms it and can exist and in this way, justify maintaince of the holder´s right in certain situations (think, for example, in properties located on the border of the Park with a completely integrated use in the habitat).

It is obvious that we must use all existing resources to protect the environmental and the PNS. Property registration was initially not devised as an instrument for environmental protection (in fact, this possibility was never considered). However, the situation is completely different nowadays: property registration could work as an instrument for environmental protection in the sense that preventive measures are taken in order to reduce as much as possible the risk of damage to the environment. Natural resources have been degraded very rapidly and the last decades have witnessed a strong urban growth. Property registration has the power to protect soils, subsoils, coasts, inland waters or even groundwater. Thus, property registration must work as an instrument for environmental protection in our country. Property registration is carried out by a highly skilled public servant and fulfils the role of a public service with social interest.

But in my opinion, property registration has limits too. Today, it cannot provide a perfect and integrated environmental protection (therefore, new administrative registers have been created). It should be pointed out here that, under the rogatory principle, citizens are free to decide whether or not to register their properties in the Land Registry; according to the general rule, registration is not constitutive. An express request by the entitled is required for the registration. Accordingly, if the legal transaction is not registered in the Land Registry, all information recorder in the Public Deed by the Notary could only be consulted during the Notarial Protocol. It is much more complicated in the case of private documents because there is no record of the transaction (a priori).

On the contrary, a property in good state of conservation provides economic added value. However, planning restrictions to meet environmental concerns would result in a diminishment of the property value (at least initially). All these factors, that is, the existence or the absence of limitations and/or prohibitions which are mandatorily to be met by the owner will have a direct impact on the positioning of the property in the property market. The only justification for these limitations is the particularity of the object itself (that is, the land).

Die Transatlantische Handels- und Investitionspartnerschaft (TTIP) – wo stehen wir?[1]

Dr. Berend Diekmann
Referatsleiter im Bundesministerium für Wirtschaft und Energie

I. USA wichtigster Handelspartner Deutschlands

Die USA waren 2015 erstmalig seit 40 Jahren der wichtigste Absatzmarkt deutscher Waren und Dienstleistungen. Der Anteil an den deutschen Gesamtexporten betrug 9,5%. Die Nummer Zwei, Frankreich, kam auf 8,6%.

Zugleich waren die USA das Land mit der größten positiven Veränderung bei den deutschen Exportanteilen seit 2011 mit einem Zuwachs um 2,6 Prozentpunkte. Zwar trugen Wechselkurseffekte, d.h. die Aufwertung des Dollars, wesentlich zu dieser Entwicklung bei. Für die Erlösbilanz deutscher Exportunternehmen und ihre Bewertung des amerikanischen Absatzmarktes spielt das allerdings keine Rolle.

Die USA waren 2015 Nummer Vier bei den deutschen Einfuhren mit einem Anteil von 6,2% an den Gesamteinfuhren. Die Einfuhren aus den USA verzeichnen seit 2011 einen leicht steigenden Trend.

Schließlich sind die USA das Land, demgegenüber Deutschland den größten Handelsbilanzüberschuss aufweist (2014: +47,5 Milliarden € bzw. 21,9% des gesamten Handelsbilanzüberschusses; das entsprach mehr als 50 Prozent des gesamten US- Handelsdefizits mit der EU)

Der transatlantische Agrarhandel macht etwa 5 Prozent des gesamten EU-US-Handels aus. Die USA sind die Nummer Eins bei den EU-Agrarexporten. Umgekehrt ist die EU Nummer Fünf bei US-Agrarexporten. Wichtig für das Verständnis der jeweiligen Interessenlagen ist, dass die EU-Agrarimportzölle im Durchschnitt bei etwa 13% liegen (für Industriegüter ungefähr 4%), während die US-Agrarimportzölle sich im Durchschnitt bei etwa 4,7% (Industriegüter: 3%) bewegen.

---

1 Teilaktualisierte Textversion eines Vortrags, gehalten beim 28. Europäischen Agrarrechtskongress, Universität Potsdam, 10. September 2015.

Die TTIP ist folglich schon vor dem Hintergrund dieser Daten von großer aussenwirtschaftspolitischer Bedeutung für Deutschland. Ebenso wichtig ist, dass mit Hilfe eines Abkommens zwischen der EU und den USA hohe Standards mit globalem Anspruch verankert werden könnten.

II. Hindernisse beim Marktzugang

Der Marktzugang soll u. a. durch einen fast vollständigen Zollabbau verbessert werden. Zugleich sollen sich die Konzepte zu Ursprungsregeln einander annähern.

Zwar liegt noch bei keinem der bisher verhandelten Kapitel ein abschließendes Ergebnis vor. Die beiden Seiten haben sich in den Gesprächen aber schon bereit erklärt, fast alle Zollinien mit Inkrafttreten der TTIP – zum Teil mit Übergangsfristen – abzubauen. Sie haben zugleich Ausnahmen gemacht, die auf der EU-Seite nur Agrargüter, auf der US-Seite auch Textilwaren und Zollinien im Automobilsektor betreffen. Bei allen Unterschieden im Detail sind die Angebote aber statistisch-technisch nun gut vergleichbar und lassen so folglich Verhandlungen in der Sache machbar erscheinen.

Im Dienstleistungsbereich ist eine Bindung der bisherigen, autonomen Liberalisierung an den höchsten in bestehenden Abkommen (z. B. CETA, TPP) erreichten Liberalisierungsgrad Verhandlungsziel. Zugleich streben beide Seiten weitere Marktöffnungen, z. B. einen Rahmen für die gegenseitige Anerkennung von Berufsqualifikationen (z. B. Architekten, Wirtschaftsprüfer) an. Generell soll die Inländerbehandlung bei Niederlassungen verankert werden. Laut EU-Verhandlungsmandat sind dabei audiovisuelle Dienstleistungen ausgenommen.

Schwierige Themen sind namentlich die –auf den Anhängen des General Agreement on Trade in Services (GATS) von 1995 beruhenden - Vorbehalte der EU-Mitgliedstaaten (die EU zählt insgesamt etwa 250 Ausnahmen von Öffnungsverpflichtungen, da die Mitgliedstaaten hier autonom agieren, die USA nur 9 – breiter gefasste - Ausnahmen im sogenannten Annex II) sowie eine sehr restriktive Haltung der USA bei maritimen Dienstleistungen und im Luftverkehr.

Die USA haben beim E-commerce oder beim direct marketing besonders starke offensive Marktöffnungsinteressen, z.B. mit Blick auf freie Datenflüsse, eine Nichtdiskriminierung digitaler Inhalte oder ein Verbot von Datenlokalisierungsbestimmungen. Im Hintergrund schwingt stets der unterschiedliche Umgang mit dem Datenschutz mit: In den USA herrscht grundsätzlich ein freier Fluss von Informationen. Einschränkungen gibt es vor allem wegen nationaler Sicherheit, wobei der Datenschutz einzelfallbezogen praktiziert wird. Die EU fasst dagegen persönlichen Datenschutz als Grundprinzip auf.

Eine Absicherung von Diensten von allgemeinem Interesse (das entspricht der „Daseinsvorsorge" im Deutschen) ist Teil des Mandats für EU-Kommission. Auf diesem Feld besteht eine besondere Autonomie der Mitgliedstaaten. Schon 1995 wurden im General Agreement on Trade in Services (GATS) von den EU-Mitgliedstaaten Ausnahmen für „public utilities" festgelegt.

Dabei handelt es sich beispielsweise um:

- öffentliche Monopole oder ausschließliche Rechte für priv. Betreiber (z. B. Konzessionen)
- sektorspezifische Ausnahmen (z.B. Wasser, Bildung), wo eine Diskriminierung möglich bleibt,
- die Möglichkeit allgemeiner Regulierung der Daseinsvorsorge (z.B. Akkreditierung von Universitäten, Universaldienstleistungspflichten für die Post)
- oder die Möglichkeit, weiter exklusive Subventionen an inländische Träger geben zu können

Die USA verfolgen hier vielfach den gleichen Ansatz und sind ihrerseits nicht bereit, Verpflichtungen für den Gesundheits- oder den Bildungssektor zu übernehmen.

Die EU hat eine Verbesserung des Marktzugangs zu den US-Beschaffungsmärkten auf allen Verwaltungsebenen (national, regional, lokal) und Regeln zum Abbau etwa von lokalen Herstellungs- oder Inhaltsvorgaben („Buy American Klausel") zu einem ihrer zentralen Verhandlungsziele gemacht. Es handelt sich um ein handelspolitisch wichtiges Feld, da der US-Beschaffungsmarkt: Schätzungen zufolge ~11% des US-BIP (US-Bundesebene: 600 Mrd. USD, Bundesstaaten: 1.000 Mrd. USD; zum Vergleich. D: ~16% BIP) im Jahr ausmacht. Beim Handelsabkommen mit Kanada, CETA, konnte dies erreicht und festgeschrieben werden. Die USA haben sich bisher jedoch u.a. unter Verweis auf ihr Verfassungsrecht nur bereit erklärt, die Bundesebene einzubeziehen und weigern sich, US-Bundesbehörden (z. B. Amtrak, Federal Aviation Administration) oder die subzentrale Ebene auch nur ansatzweise zu berücksichtigen.

III. Wesentliche Fragen beim Investitionsschutz offen

Investitionsschutz war womöglich seit Beginn der TTIP-Verhandlungen Ende 2013 eines der umstrittensten Themen.

Bei der Frage der Gestaltung des Investitionsschutzes liegen die Positionen von EU-Kommission und US-Regierung noch weit auseinander. Nach wie vor sind eine ganze Reihe von Fragen nicht abschließend gelöst.

- Wie soll das Verhältnis zwischen regulärem Rechtsweg und Schiedsgerichten gestaltet werden?
- Wie können offensichtlich unberechtigte Klagen, z. B. über Briefkastenfirmen vermieden werden?
- können die USA und die EU einen Musterinvestitionsschutz mit globalem Anspruch (z.B. auch gegenüber China) entwickeln?
- Wie kann das "right to regulate" der Parlamente und der Vertragsparteien gesichert werden?
- Wie setzen sich die Schiedsgerichte zusammen; brauchen die Richter einen „Code of Conduct"?
- Soll ein Berufungsmechanismus eingeführt werden?

Die Kommission hat versucht, auf diese Fragen eine Antwort zu geben, indem sie den USA im November 2015 einen Vorschlag für einen reformierten Investitionsschutz übermittelte, der sich u.a. durch folgende Elemente auszeichnete:

- das „right to regulate" wird besser gesichert, indem z. B. erweiterte Arbeitnehmerrechte, Regelungen zur Daseinsvorsorge oder neue ökologische Standards nicht Gegenstand von Klagen sein können, wenn sie nach rechtstaatlichen Grundsätzen zustande kommen
- eine Untersagung von Beihilfen durch die EU kein Klagegrund mehr sein soll
- grundlegende gängige Investitionsschutzstandards besser definiert werden
- ein bilateraler Investitionsgerichtshof entstehen soll, aus dem jeweils 3-köpfige Kammern zu konkreten Streitfällen gebildet werden. Diese Richter unterliegen einem „Code of Conduct",
- ein Berufungsmechanismus nach dem Vorbild des WTO „appellate body" Ein Investor ein internationales. Schiedsgericht nur anrufen kann, wenn er alle nationalen Verfahren beendet hat („no U-turn") geschaffen wird.

Die USA halten bisher am alten ISDS-System fest und kritisieren insbesondere die vorgeschlagenen Verfahren zur Benennung von Richtern – anstelle von ad hoc Schiedsgerichten mit Anwälten – und die neu geplante Berufungsinstanz.

IV. Annäherung bei Regulierungsfragen, Auffassungsunterschiede beim Abbau nichttarifärer Handelshemmnisse (TBT)

Vom Abbau von Handels- und Investitionshemmnissen durch Verbesserung regulatorischer Kompatibilität, sowie einer Annäherung von Normen und Konformitätsbewertungsverfahren versprechen sich gerade Exporteure von komplexen Waren und Dienstleistungen wie Deutschland im Zuge der Vertiefung globaler Wertschöpfungsketten besondere Impulse. Zu diesem Verhandlungskomplex gehören insbesondere:

- Horizontale Regeln für bessere Rechtsetzung (Transparenz, Öffentlichkeit, Gesetzesfolgenabschätzung)
- Regulatorische Zusammenarbeit (Frühwarnmechanismus, Regulierungsdialog).
- Sektorspezifische Bestimmungen („Sektorannexe"): u. a. zur Automobilindustrie, zur chemischen sowie pharmazeutischen Industrie, zu Medizingeräten, Kosmetika und zum Maschinenbau

Die EU-Kommission hat einen Vorschlag über Grundsätze zur Zusammenarbeit vorgelegt, über den – bei Differenzen im Detail - weitgehend Einvernehmen herrscht:

- keine Einschränkung des Rechts der Vertragsparteien, souverän Standards weiterzuentwickeln
- Kooperativer Charakter: besserer Informationsaustausch, engere Kooperation, aber keine Anwendung einer Staat-Staat-Streitschlichtung
- institutioneller Rahmen: keine Kompetenz zum Erlass verbindlicher Rechtsakte oder Änderung von TTIP-Anhängen für gemeinsame Ausschüsse
- keine Verzögerung bei Regulierungen durch die Kooperation, keine Zementierung der Rechtslage durch gegenseitige Anerkennungen

Die USA haben ein besonderes Interesse an besserer Rechtssetzung erkennen lassen.

Es gibt viele Optionen beim Thema Standards und Normung:

- Gegenseitige Anerkennung von regulatorischen Zertifikationsabläufen
- Gegenseitige Anerkennung von Regulierungen,
- Gegenseitige Anerkennung von Konformitätsbewertungen bei international harmonisierten Normen
- technische Harmonisierung

Die USA kritisieren das EU-System als schwerfällig bzw. innovationsfeindlich und beklagen ein EU-Übergewicht bei den internationalen Standardisierungsorganisationen ISO, IEC und ITU. Sie sehen US-Standards als international und gleichwertig zu harmonisierten EU-Standards und fordern, unabhängige. US-Konformitätsbewerter auch in der EU anzuerkennen.

Die EU kritisieren das US-System als Flickenteppich, willkürlich und nachteilig für KMU. Das nationale Delegiertensystem der EU schaffe Transparenz und Einigung. Außerdem praktiziert die EU anders als die USA in vielen Fällen die Hersteller-Konformitätsbewertung. Eine Anerkennung von US-Konformitätsbewertern kommt nur in Frage, wenn es eine volle US-Fachaufsicht und eine staatliche Akkreditierung gibt.

V. Grundlegende Meinungsunterschiede über Sanitäre und Phytosanitäre Massnahmen (SPS):

Die EU und die USA sind Vertragsparteien des WTO-SPS-Abkommens von 1995, das wesentliche Prinzipien insbesondere für den Handel mit Lebensmitteln bzw. zusatzstoffen festlegt, u.a.:

- die Freiheit, national über notwendige Schutzstandards zu entscheiden
- das Gebot der Einhaltung internationaler Standards (z.B. Codex Alimentarius)
- die Möglichkeit einer Abweichung nur mit wissenschaftlicher Risikoeinschätzung
- die Möglichkeit der gegenseitigen Anerkennung abweichender Regulierungen, soweit ein gleiches Schutzniveau verfolgt wird.

Aber eine Risikobewertung ist (auch) kulturell bzw. traditionell bedingt und damit zwangsläufig Gegenstand von handelspolitischen Auseinandersetzungen. So begegnen die EU-Importrestriktionen für Hormonfleisch und gentechnisch veränderte Organismen seit Jahren einer scharfen US-

Kritik an. Hier führen die USA regelmäßig „nicht wissenschaftlich" begründete EU-Regulierung beim US-Fleischexport ins Feld.

Während die USA infolgedessen Gleichwertigkeitsanerkennungen nach den Kriterien Entscheidungen des WTO-SPS-Ausschusses, Arbeit internationaler Gremien wie Codex Alimentarius und wissenschaftsbasierter Kenntnis von Behörden verlangen und auf eine Beurteilung der Angemessenheit des Schutzniveaus zielen, will die EU nicht über das WTO-SPS-Abkommen hinausgehen und betont die Autonomie für ein beabsichtigtes Schutzniveau nach Art. 5 WTO-SPS-Abkommen sowie das im EU-Primärrecht (Art. 191 AEUV) verankerte Vorsorgeprinzip.

VI. Transatlantische Regeln für den Welthandel?

Schon das EU-Mandat enthält das Verbot, durch Absenkung von Sozialstandards Handel zu fördern.

Ein Ziel der TTIP ist es, für die Weiterentwicklung von Regeln für den globalen Handel zunächst transatlantisch Pflöcke einzuschlagen. Dazu gehören:

- das Recht geistigen Eigentums (u.a. Schutz von geografischen Herkunftsbezeichnungen der EU, Patentrecht),
- eine Zoll- und Handelsvereinfachung,
- ein KMU-Kapitel
- Grundprinzipien der Wettbewerbspolitik und zum Umgang mit Staatsunternehmen
- ein Energie- und Rohstoffkapitel
- ein Nachhaltigkeitskapitel mit Passagen zu Umweltschutz, Arbeitsschutz oder Fischerei

Bei aller Nähe in den grundsätzlichen Zielsetzungen gibt es Konflikte im Detail:

Bei Arbeitsrecht und –schutz gibt es Kompetenzen des US-Kongresses und der US-Bundesstaaten, wodurch der Handlungsspielraum der US-Regierung stark eingeschränkt ist. Die EU verlangen bisher keinen sanktionsbewehrten Ansatz während die USA Verstöße im Nachhaltigkeitskapitel im Rahmen einer streitschlichtung sanktionierbar machen wollen. Die USA lehnen ein eigenständiges Energie- und Rohstoffkapitel bisher ab. Beim Schutz geografischer Herkunftsangaben gibt es einen grundlegenden Konflikt zwischen dem EU-System und der US-Praxis bei Markenrechten.

VII. Drittstaaten: Zaungäste oder Partner?

Das Transatlantische Projekt wird auch mit Blick auf seine globalen, indirekten politischen und handelspolitsichen Effekte kritisiert:

- So könnte es die Bildung von mit der Transatlantischen Partnerschaft und dem WTO-System inkonsistenten regionalen Freihandelszonen („Gegenblöcke") fördern.
- Das gut funktionierende WTO-System der Schlichtung von Handelsstreitigkeiten würde durch Etablierung paralleler Streitbeilegungsmechanismen durch zwei Schwergewichte geschwächt.
- Der Aufbau hoher Erwartungen ist riskant: Was ist, wenn TTIP scheitert?

Dem lässt sich entgegenhalten, dass TTIP ein wichtiges „Experimentierfeld" werden kann, um Lücken im seit über 20 Jahren unveränderten multilateralen Regelwerk zu schließen. Eine regulatorische Konvergenz der beiden weltweit führenden und einheitlich regulierten Wirtschaftsräume könnte globale Standards schaffen. Eine Diskriminierung von Drittstaaten über absichtliche Handelsumlenkung ist unwahrscheinlich, da die Vertiefung bereits gut etablierter Handels- und Investitionsbeziehungen im Mittelpunkt steht. Weder konkurrieren die USA nenneswert etwa mit afrikanischen Staaten um den EU-Markt noch gilt dies umgekehrt. Auch Drittstaaten profitieren, insbesondere bei gemeinsamen transatlantischen Standards, wodurch doppelte Zulassungsverfahren entfallen könnten. Schließlich können neue Vorschläge zur transatlantischen Partnerschaft auf multilateraler Ebene eine eigene Liberalisierungsdynamik aufbauen.

VIII. Ausblick

> "Wir werden die Arbeit an allen TTIP-Themen umgehend beschleunigen und dabei Fortschritte in allen Elementen der Verhandlungen gewährleisten mit dem Ziel, baldmöglichst, vorzugsweise bis Ende dieses Jahres, Einvernehmen über die Grundzüge eines Abkommens zu erzielen." *(G7 Erklärung Schloss Elmau, 8. Juni 2015).*

Die beim G7 Gipfel unter deutscher Präsidentschaft verabschiedete Erklärung zur TTIP belegt die politische Erwartungshaltung in Bezug auf den Zeithorizont, die sich in der Frühphase der Verhandlungen mit dem möglichen Abschluß der Verhandlungen verband. Mehr als ein Jahr später ist offensichtlich, dass der Abschluß einer umfassenden TTIP zum Jahresende 2016 ausgeschlossen ist. Der politische Kalender könnte die weiteren Entwicklungen vorschattieren – Stichwort US-Präsidentschaftswahlen sowie Präsidentschaftswahlen in Frankreich im Mai 2017, Bundestagswahl im September 2017, Aulaufen der handelspolitischen Vollmacht (Trade Promotion Authority) für den US-Präsidenten 2018 sowie Europawahl im Frühjahr 2019 verlässliche Prognosen zum weiteren Zeitplan sind deshalb kaum möglich.

Food Safety and Food Security: Biotechnological challenge

Roberto Grassi Netto
Associate Professor, Doctor and Master of Law by the University of São Paulo (USP); Brazil Environmental and Agrarian Institute Board Member (IBRAA); Justice of the Appellate Court of Justice of the State of São Paulo (Brazil)

Food production has always had a vital role within societies. The impact caused by the recent finding that poverty was the main cause for hunger and malnutrition has had such a repercussion in the contemporary notion of food safety that it initially focused on the global concern with the volume and stability of food supplies intended to meet individual basic needs. In the mid-1990s, however, it had already achieved a new dimension, failing to meet the mere individual requirements to change into a set of global actions that might grant people access to quality food that ensures an active and healthy life.

This new approach combined the perspectives both of rural producers and consumer and environmental defense to seek solutions for controversial arguments, such as the concerns with the eventual correlation between food insecurity and biofuel production, or forest preservation.

Raised to the category of a fundamental right as of 2006, the access to proper food has been guaranteed in Brazil by constitutional and statutory principles.

However, the Brazilian model has been found insufficient to settle the heated debates that have arisen, for instance, regarding whether the use of new agricultural and cattle-raising technologies is convenient, especially those involving transgenic techniques.

On the one side, transnational agricultural companies and part of the producers hold that the creation of cultivars by using genetically-modified seeds would be a safe solution against crop pests, capable of ensuring both the supply of the ever growing consumer market, and raising Brazil to the status of agricultural commodity exporting power. On the opposite side, environmentalists and consumer entities assure that the inconsequent cultivation exposes both consumers and the environment to unnecessary risks.

Seed producers state that soil cultivation with genetically-modified products resistant to pesticides would reduce the use of pesticides, and significantly increase agricultural production.

Notwithstanding, there is growing concern that this real "nature's leap", which is the genetic manipulation, might be harmful to human health. Results published in 1998 by Fares and El-Sayed of studies with mice fed with transgenic potatoes indicated the possibility of damage to mammal intestine cells; more recent lab tests performed between 2005 and 2009 by the Seralini team found, on their turn, disturbing transgenic corn side effects, indicative of signs of liver and kidney toxicity, possibly due to the use of new pesticides. Furthermore, the use antibiotic-resistant gene technology in genetic transfers is also controversial, because if the bacteria that normally exist in the human organism acquired such DNA they might become antibiotic-resistant themselves.

The concerns with consumer health risks strengthen the notion of "precaution" that was raised to the status of a legal principle. If the genetically modified products are not effectively and properly controlled, dramatic situations involving poisoning, allergies and other problems might occur, not to mention the appearance of glyphosate-resistant weeds in the transgenic crops, which might further result in the need to use larger amounts of such herbicides; farmers that use transgenic seeds, on their turn, are at the mercy of the companies that hold such technology, such as Monsanto and Syngenta, that impose on producers contracts with clearly abusive clauses.

It cannot be ignored, however, that the use of biotechnology in food production is not limited to the transgenics; such situation may be evidenced by the success obtained with the development of non-transgenic hybrid seeds, such as corn and soy, by simply crossing different lineages of the vegetable, and by their high productivity comparable to and sometimes even higher than the productivity obtained with transgenic seeds.

However, there is much to be done. Among the proposal that we consider feasible for the sector, the following are worth highlighting:

a) Creation of really effective policies that guarantee the right to proper nutrition, with the creation of the National Agency of Food Security, an independent regulatory agency that would be part of the National System of Food Security with the purpose of establishing policies and promoting a satisfying offer of food both quantitatively (food security) and qualitatively (food safety);

b) Gradual extension of the range of foods subject to mandatory traceability, with the immediate inclusion of GMO-content food;
c) Veto of Bill no. 4148/2008 that releases food industries from informing in their labels whether the product has transgenic origin;
d) Governmental agencies to be prohibited from taking decisions based on opinions of researchers funded by biotechnology companies;
e) Transfer of the additional costs resulting from the adoption of procedures to prevent the contamination of conventional farms from the farmers to producers of the genetically modified crop or to companies that supply genetically modified seeds;
f) Lastly, the Judiciary Power should go beyond the mere award of indemnifications for contingent damages, so that, upon construing the constitutional rules, it may boldly recognize the unenforceability of the food security-related provisions which, directly or indirectly, may violate the principles guaranteed by such constitutional rules.

The Effectiveness of Production Risk Management in Agriculture – the Assessment of the Legal Tools

Izabela Lipińska, PhD,
University of Poznan (Poland)

The aim of the article was to define the essence and the role of state in managing the risk in agricultural production, as well as to evaluate the effectivness of selected legal instruments. Nowadays risk management is one of the core priorities of reformed CAP. Wherefore it was necessary to highlight the variety of tools and essay the reason why the farmers do not implement them. The main method applied in the work was a descriptive method and a dogmatic analysis of normative acts. Reference books and international analyses and reports were also used. The weather conditions, as well as climate change have fair impact on agricultural production, its quality and quantity, as well as farmers' income. They are infrequent but lead to severe damage to a whole region, like the droughts occurrence this year. Such events fall under the catastrophic risk layer, for which market solutions plays a less important role, mostly due to public involvement. Due to the current legislation, Member States have the authorization for granting subsidies for farmers who had loss. They set up provisions for damage recovery and compensation. It seems to be one of the main reasons why the farmers do not try to avoid the risk themselves applying some on-farm strategies. Proposed by European Commission legal tools of risk management do not cover all the measures that might apply in agricultural production. The legislator proposes only the most significant ones which need the proper regulation. As a result, everything is left to the decisions of the Member States. There is still the lack of juridical solutions in Poland. Without some - quite often political movements, less social ad hoc support and stricter responsibilites concerning incurance the farmers will not take the responsibility of the risk management within their farms.

VIII.
Liste des Rapports nationaux – List of National Reports – Liste der Landesberichte

VIII. Liste des Rapports nationaux – List of National Reports – Liste der Landesberichte

Les rapports nationaux suivants ont été présentés au XXVIIIe Congrès et Colloque Européen de Droit Rural. Ils sont accessibles sur le site Internet du C.E.D.R, cf. www.cedr.org.

Country	Commission I	Commission II	Commission III
President			
	Pablo Amat **Llombart**	Rudy **Gotzen**	Volkmar **Nies**
General Reporter			
	José **Martìnez**	János Ede **Szilágyi**	Alessandra **Di Lauro** Luc **Bodiguel**
National Reports			
Argentina		María Adriana **Victoria** Nancy **Malanos**	
Austria	Anton **Reinl**	Hannes **Kronaus**	Michael **Maschl**
Belgium	Etienne **Gregoire**	Marc **Heyerick**	Franz **Van Malleghem**
Brasil		Lutero **de Paiva Pereira**	Flavia **Trentini** Rabah **Belaidi** Carolina **Aguiar**
Colombia			Luis **Gonzalez Martin** Sara **Guzman Suarez** Milena **Acevedo Prada**
Finland			Jukka **Anttila**
France	Bernard **Peignot** Jean-Baptiste **Millard**	Michel **Cassasus**	Guilhem **Nogarede** Julien **Dervillers**
Germany	Christian **Busse** Meinhard **List**	Peter **Pascher** Udo **Hemmerling**	Bernhard **Polten**
Hungary	István **Olajos** Krisztina **Bányai** Tamás **Andréka**	Csilla **Csák** Bianka **Kocsis** Anikó **Raisz**	Klaudia **Holló** Zsófia **Hornyák** Zoltán **Nagy**
Italy	Luigi **Russo**	Antonio **Sciaudone**	Giuliana **Strambi**
Netherlands	Rianne **Verbakel**	Bertram **Burggraaf**	Willem **Bruil**
Norway		Erlend **Daling** Ingrid **Aasen**	Marianne **Barstad**

Poland	Adam **Niewiadomski** Monika A. **Król**	Teresa **Kurowska** Dorota **Łobos–Kotowska** Pawel **Gala**	
Romania		Victor **Marcusohn**	
Slovenia	Franci **Avsec**		
Spain	Jose Maria **de la Cuesta**	Esther **Muñiz Espada**	Maria José **Cazorla González**
Switzerland	Thomas **Maier**	Jörg **Amsler** Gustav **Munz**	Christa **Preisig**
Turkey			Selma **Ayture**
United Kingdom	Nerys **Llewelyn Jones**	Ludivine **Petetin** Mike **Taylor**	Christopher **Price**
United States		Margaret **Rosso** Grossman	
Individual Reports			
		Maria Aránzazu **Calzadilla Medina** Leticia **Bourges**	Roberto **Grassi Neto** Ernst **Bleibaum** Eduardo **Chiziane** Izabela **Lipińska** Berend **Diekmann**